# La Palma

Susanne Lipps

Reise-Taschenbuch

# Inhalt

Schnellüberblick 6

Ewiger Frühling 8

Lieblingsorte 10

## Reiseinfos, Adressen, Websites

Informationsquellen 14
Wetter und Reisezeit 16
Rundreisen planen 18
Anreise und Verkehrsmittel 21
Übernachten 25
Essen und Trinken 28
Aktivurlaub, Sport und Wellness 32
Feste und Unterhaltung 37
Reiseinfos von A bis Z 41

## Panorama – Daten, Essays, Hintergründe

Steckbrief La Palma 52
Geschichte im Überblick 54
Vulkane aus dem Ozean 58
Von Drachenbäumen und Natternköpfen 63
Zwei starke Männer – Lugo und Tanausú 68
Handel und Wandel – bewegte Zeiten 70
Jakob Grünenberg und seine Kollegen 73
Glaube in Bilder gefasst 77
Alte Kunst – Einflüsse aus Andalusien und
    Flandern 80
Bauernkaten und Ermitas –
    Architektur auf dem Land 84
Inselmusik – Folklore und Pop 86
Sternengucker unter weißen Kuppeln 89
Europa und die Zwergbanane 91
Tourismus – quo vadis? 94

# Unterwegs auf La Palma

| | |
|---|---|
| **Inselhauptstadt Santa Cruz** | 100 |
| **Die einstige Handelsmetropole** | 102 |
| Santa Cruz – die City | 102 |
| Rund um die Plaza de España | 103 |
| Plaza de San Francisco | 110 |
| Plaza de La Alameda | 110 |
| Jenseits des Barranco de Las Nieves | 111 |
| Oberstadt | 116 |
| Baden & Beachen | 117 |
| Am oberen Stadtrand | 127 |
| Las Nieves | 129 |
| | |
| **Der Südosten und die Südspitze** | 132 |
| **Gärten und Vulkane** | 134 |
| Los Cancajos | 134 |
| Baden & Beachen | 135 |
| Breña Baja | 138 |
| Breña Alta | 140 |
| San Pedro | 140 |
| San Isidro | 140 |
| Villa de Mazo | 144 |
| El Pueblo | 144 |
| Parque Arqueológico de Belmaco | 147 |
| Baden & Beachen | 147 |
| Fuencaliente | 149 |
| Volcán de San Antonio/Volcán Teneguía | 150 |
| Punta de Fuencaliente | 156 |
| Baden & Beachen | 157 |
| | |
| **Der Westen und Los Llanos** | 164 |
| **Von der Sonne verwöhnt** | 166 |
| Las Manchas | 166 |
| El Paso | 169 |
| Petroglifos | 170 |
| Tajuya und Celta | 173 |
| La Laguna und Todoque | 174 |
| Puerto Naos | 176 |
| Baden & Beachen | 177 |
| Abstecher nach El Remo | 178 |
| Los Llanos de Aridane | 183 |
| Plaza de España | 183 |

# Inhalt

Plaza Chica 185
La Ciudad en el Museo (CEMFAC) 185
Südlich der Plaza de España 186
Argual Abajo 195
Tazacorte 196
Puerto de Tazacorte 202
Baden & Beachen 204

**Der Nordwesten** 208
**Lieblich und ursprünglich** 210
Mirador El Time 210
Tijarafe 210
Baden & Beachen 212
Puntagorda 214
El Pueblo 214
El Pinar 215
Las Tricias 219
Santo Domingo de Garafía 224
San Antonio del Monte und La Zarza 225

**Der Norden und Nordosten** 230
**Es grünt so grün** 232
La Mata und Roque del Faro 232
Franceses und Gallegos 234
Barlovento 234
Ruta de las Fuentes 236
Ausflüge an die Küste 237
Los Sauces 240
Abstecher nach Puerto Espíndola 242
San Andrés 243
Baden & Beachen 244
Los Tilos 245
Wanderungen in Los Tilos 245
La Galga 251
Puntallana 254

**Caldera und höchste Gipfel** 256
**Wanderparadiese im Inselinnern** 258
Cumbre de La Caldera 259
Aussichtspunkte 259
Roque de Los Muchachos 259
Caldera de Taburiente 261
Südrand des Nationalparks 268
Cumbre Vieja 272
Llano del Jable 272
El Pilar 273

Sprachführer                                      280
Kulinarisches Lexikon                             282
Register                                          284
Abbildungsnachweis/Impressum                      288

# *Auf Entdeckungstour*

Altem Handwerk auf der Spur – im Inselmuseum
    von Santa Cruz                               112
Prunkvolle Stadtpaläste – Zeugen einer Blütezeit 118
Weinberge und Bodegas – Weinbau live erleben     152
So lebten die Ureinwohner –  archäologische
    Spurensuche                                  190
Zuckerrohr und Bananen – gestern und heute       198
Durch bäuerliche Landschaft – ein Hauch von
    Nostalgie                                    220
Rätselhafte Zeichen – im Kulturpark La Zarza     226
Lehrpfad durch den grünen Dschungel von
    Los Tilos                                    246
Naturschätze der Caldera –
    in La Palmas Nationalpark                    264
Die Vulkanroute –
    Wanderung auf der Cumbre Vieja               274

## Karten und Pläne

Santa Cruz de la Palma                           104
Weinbergwanderung bei Fuencaliente               155
Los Llanos de Aridane                            184
Wanderung durch bäuerliche Landschaft bei
    Las Tricias                                  222
Lehrpfad durch den Lorbeerwald von Los Tilos     248
Wanderung durch die Caldera de Taburiente        265

▶ Dieses Symbol im Buch verweist auf die
  Extra-Reisekarte La Palma

# Schnellüberblick

**Der Nordwesten**
Ein grandioser Ausblick bietet sich vom
Mirador El Time. Tijarafe besitzt eine male-
rische Altstadt und einen alten Schmuggler-
hafen. Mandelplantagen prägen die Umgebung von Puntagorda. Bei Las Tricias
gedeihen Drachenbäume und Wanderer
entdecken prähistorische Höhlen. Windmühlen sind das Kennzeichen von Santo
Domingo de Garafía. S. 208

**Caldera und höchste Gipfel**
Einmaliges Panorama auf der Cumbre de La
Caldera, sagenumwoben der höchste Berg
La Palmas, der Roque de Los Muchachos.
Die Teleskope einer Sternwarte schmücken
seinen Gipfel. Steile Felswände säumen die
Caldera de Taburiente, ein Paradies für
Wanderer. Schöne Aussichten vom Berg-
sattel La Cumbrecita wie vom Kieferngipfel
Bejenado. Einfach großartig die Vulkan-
route. S. 256

**Der Westen und Los Llanos**
Nach Las Manchas locken das Weinmuseum
und der fantastische Gartenplatz La Glo-
rieta. El Paso liegt malerisch im oberen
Valle de Aridane. Villenorte dehnen sich in
den tieferen Lagen aus. Fischerkneipen und
Flair besitzen Puerto Naos und Puerto de
Tazacorte. Los Llanos gilt als heimliche
Hauptstadt. Tazacorte mit seinen Bananen-
plantagen hieß früher Klein-Paris. S. 164

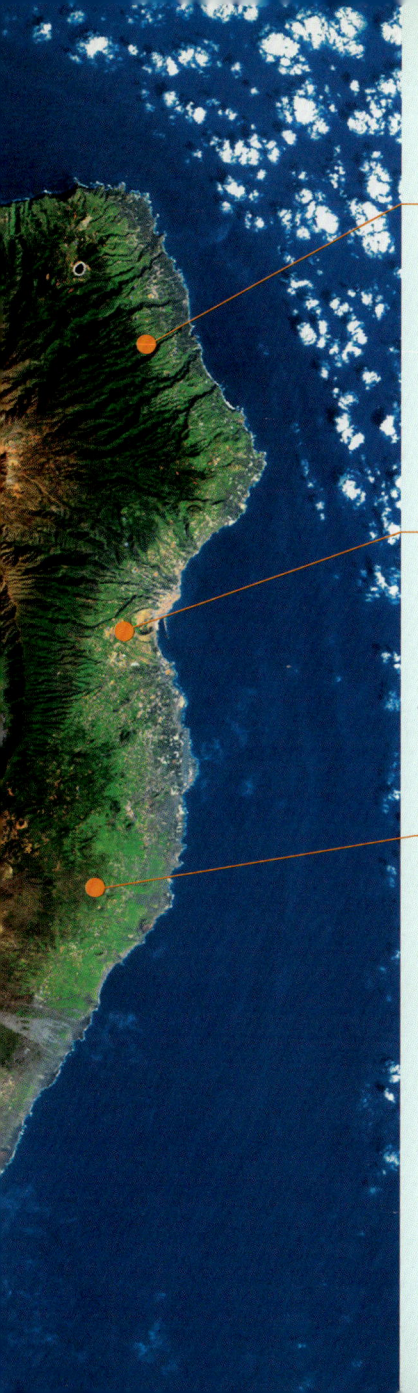

### Der Norden und Nordosten

Geheimnisvolle Felsritzungen von La Zarza. Einsam und ursprünglich die Dörfer des Nordens. Ein Drachenbaumwald in La Tosca, Brandungspools und ein Kratersee in Barlovento. Los Sauces lebt vom Bananenanbau, beschaulich wirkt der historische Küstenort San Andrés. Dschungelartige Lorbeerwälder bei Los Tilos und La Galga. Ländlich ruhig präsentiert sich Puntallana. S. 230

### Inselhauptstadt Santa Cruz

Ehrwürdige Paläste, Kirchen und Klöster, dazu lebendiges Leben in der Inselhauptstadt. Lauschige Plätze, Straßencafés und Boutiquen mit Flair, eine Markthalle mit exotischem Angebot. Oberhalb der Stadt der Felsenzoo Maroparque und mit Kraterblick der Mirador de La Concepción. La Palmas Inselheiligtum, die Wallfahrtskirche der Schneejungfrau in Las Nieves. S. 100

### Der Südosten und die Südspitze

Auf der grünen Seite La Palmas prächtige Gärten und die berühmten Zwillingsdrachenbäume im Doppelort Las Breñas. An der Küste der größte Ferienort der Insel, weiter südlich einsame Individualistenstrände. Kunsthandwerk und Wein in Villa de Mazo, Zeugnisse der Ureinwohner in Belmaco. Ganz im Süden windumtoste Vulkane, schimmernde Salinenbecken und einsame Playas. S. 132

**Die Autorin**

**Mit Susanne Lipps unterwegs**
Susanne Lipps studierte Geografie, Geologie und Botanik. Seit Jahren reist sie regelmäßig nach La Palma, leitet dort Studien- und Wanderreisen, erkundet Wege und Abstecher, besichtigt Bekanntes und Neues und hält sich über das Inselgeschehen auf dem Laufenden. In ihrer Arbeit als Reiseschriftstellerin hat sich die Autorin auf den spanisch- und portugiesischsprachigen Raum spezialisiert. Für den DuMont Reiseverlag schrieb sie u.a. Reiseführer über Gomera, Fuerteventura, Madeira, Andalusien und Mallorca.

# Ewiger Frühling

Wie kaum eine andere Insel des Archipels wird La Palma diesem Image, das allen Kanaren anhaftet, gerecht. Dank der ausgleichenden Wirkung des Atlantiks ist es auf der Isla Verde – der grünen Insel – nie zu heiß oder zu kalt. La Palma fasziniert vor allem Wanderer und Naturliebhaber, die hier rund ums Jahr voll auf ihre Kosten kommen. Grandiose Vulkanberge, dschungelartige Wälder und gewaltige Schluchten hinterlassen unvergessliche Eindrücke. An der sonnenverwöhnten Küste finden Individualisten kleine Strände in verträumten Buchten.

## Mystische Ursprünge
Gern halten Einheimische wie Touristen Ausschau nach San Borondón, der achten Kanareninsel. Nach Belieben taucht sie angeblich am Horizont im Westen auf und verschwindet ebenso unverhofft wieder, wenn jemand versucht, sich ihr zu nähern. Viele wollen sie gesehen haben. Einer davon war der irische Mönch Brandan (Borondón) de

Clonfert, der sich im 6. Jh. auf der Suche nach dem Paradies auf Erden befand. Üppiger Pflanzenwuchs soll nach seiner Beschreibung die wunderbare Insel bekleiden, das ganze Jahr über von verschwenderischen Flüssen gespeist. Aber ist es wirklich nötig, dem verlorenen San Borondón nachzutrauern? Bäume, Blumen und Wasser (fast) im Überfluss gibt es auch auf La Palma, einer Insel, der tosende Brandung, unzugängliche Schluchten und Wälder, plötzlich aufziehende Nebelschwaden und geheimnisvolle Zeichen der Ureinwohner in der Tat etwas Mystisches verleihen.

## Zwischen Tradition und Moderne
Faszinierend ist auch die Lebensart der Einheimischen, der Palmeros. Sie pflegen alte Bräuche und feiern Feste, wie sie fallen. Kleine, aber feine Museen dokumentieren das Kunsthandwerk ebenso wie historische und ethnografische Aspekte. So gibt es also jede Menge ›Kulturelles‹ zu besichtigen.

Zwei archäologische Parks bringen Besuchern Leben und Magie der vorspanischen Bewohner La Palmas nahe. Die glorreiche Vergangenheit der Insel als Handelsstützpunkt zwischen Alter und Neuer Welt wird in der Hauptstadt Santa Cruz wie auch in der ehemaligen Zuckerhochburg Tazacorte offenbar. Prunkvolle Stadtpaläste, Gutshöfe und Kirchen zeugen vom einstigen Glanz. Ein Straßencafé kann der Ort sein, wo die Gedanken abschweifen. Noch sitzen alte Männer mit schwarzen Hüten in aller Ruhe plaudernd an den Stadtplätzen. Doch durch die Fußgängerzonen spazieren modebewusste junge Frauen, Geschäftsleute in Anzug und Krawatte führen dringliche Handy-Telefonate und Jugendliche tragen stolz ihre Piercings zur Schau. Auf dem Land geht es beschaulich zu. In den Dörfern fungiert die einzige Bar zugleich als Lebensmittelladen und zentraler Treff. Hektisches Treiben kommt höchstens bei der sommerlichen Fiesta auf. Urlauber können an dem einen oder anderen Lebensstil teilhaben, indem sie sich in einem stilvollen Stadthotel oder einem renovierten Bauernhof einmieten.

### Wandern und mehr

Im Vordergrund aller Aktivitäten steht eindeutig das Wandern. Bei gutem Wetter geht es hoch hinaus zu den höchsten Gipfeln, in den stillen Talkessel der Caldera de Taburiente, auf die grandiose Vulkanroute oder in weite Lorbeerwälder. Präsentiert sich das Inselinnere von Wolken verhüllt, lacht meist an der Küste noch die Sonne.

Steile Straßen und Pisten sind für Motorradfahrer und Mountainbiker wie geschaffen. Taucher lieben die Inselgewässer wegen ihrer tropisch anmutenden Meeresfauna. Wer La Palma aus der Vogelperspektive bewundern möchte, startet mit dem Gleitschirm. Auf dem Pferderücken lassen sich Kiefernwälder und Vulkanaschefelder erobern. Nur wer einen reinen Strandurlaub im Sinn hat oder in trendigen Clubs feiern möchte, wird enttäuscht. Denn kilometerlange Sandstrände und riesige Urlaubsstädte gibt es nicht. La Palma bedeutet Ruhe und Natur. Viele Besucher kommen immer wieder. Die Insel wurde für sie zum Paradies, wie es der irische Mönch Borondón einst erträumte.

**Das Schauspiel der Wolkenkaskaden
verfolgen auf dem Pico Birigoyo, S. 278**

**Ein Erlebnis für beinahe alle Sinne – die
Saline an La Palmas Südspitze, S. 158**

# *Lieblingsorte!*

**Ein Bad nehmen im urwüchsigen
Felsschwimmbad von La Fajana, S. 238**

**Originelle Küche mit Meerblick genießen
in der Taberna del Puerto, S. 206**

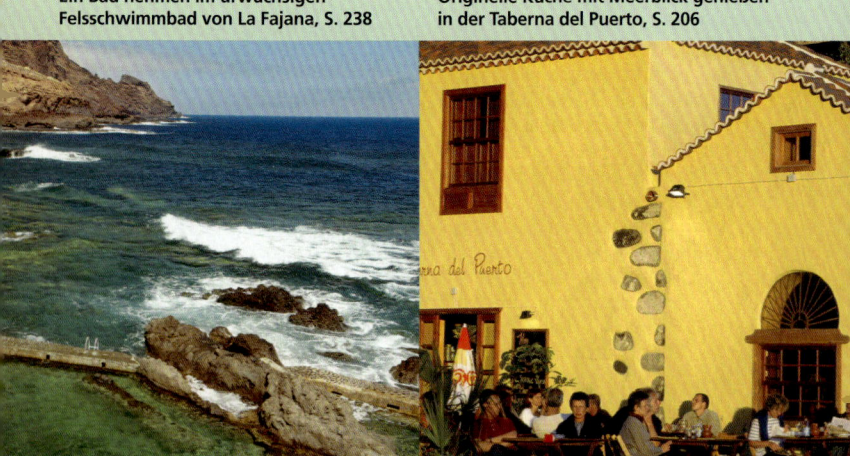

Ein Ort mit verzaubernder Aura: die
Ermita Virgen del Pino, S. 270

Der Legende um die Zwillingsbäume von
San Isidro nachspüren, S. 142

Im Bistro La Placeta in Santa Cruz bei schmackhaften Tapas relaxen oder unter
den romantischen Zwillingsbäumen, den Dragos Gemelos, die Gedanken
schweifen lassen. Kenner kaufen handwerklich hergestelltes Salz direkt in der
musealen Saline von Fuencaliente, bestaunen die glitzernden Salzberge und
genießen anschließend die Abendsonne am Naturstrand von Charco Verde. Rus-
tikales Speisen in Puerto de Tazacorte bei Meerblick und einer guten Flasche
Wein, Baden oder Schauen an den Lavapools von La Fajana. Geheimnisse birgt
die heilige Kiefer beim Waldheiligtum Ermita Virgen del Pino, klar auf der Hand
liegen die Vorzüge des wunderbaren Aussichtsgipfels Pico Birigoyo.

Sehen und gesehen werden im Bistro La
Placeta, S. 124

Sich rundum wohlfühlen an der Playa de
Charco Verde, S. 180

# Reiseinfos, Adressen, Websites

Die Bodegón Tamanca – eine Höhlenkneipe in einem alten Weinkeller in Las Manchas

# Informationsquellen

## Infos im Internet

**www.la-palma-aktuell.de**
Private Seite mit interner Suchmaschine. Täglich aktuelle News von der Insel, auch abrufbar für die vergangenen Jahre. Viele Links, Reportagen, Bildergalerie.

**www.lapalmalive.de**
Die Seite ist auf die Vermittlung von Unterkünften spezialisiert und liefert wertvolle Informationen über die verschiedenen Urlaubsorte. Links zu Aktivangeboten und Flügen.

**www.tourlapalma.com**
Seite von ADER, einer Gesellschaft zur Entwicklung des ländlichen Raumes auf La Palma. Mehrsprachig, auch Deutsch. Infos und Links zu praktisch allen für Urlauber interessanten Aspekten.

**www.la-palma-service.de**
Vielseitige private Website mit Wanderbeschreibungen, aussagekräftig bebilderten Infos zu Stränden und Restauranttipps. Links zu Anbietern von Flügen, Ferienhäusern und Aktivurlaub.

## Informationsstellen

**Spanisches Touristen-Informationsbüro Turespaña**
www.spain.info

**... in Deutschland**
10707 Berlin
Kurfürstendamm 63
Tel. 030 882 65 43
berlin@tourspain.es

40237 Düsseldorf
Grafenberger Allee 100

Tel. 0211 680 39 81
dusseldorf@tourspain.es

60323 Frankfurt
Myliusstr. 14
Tel. 069 72 50 38
frankfurt@tourspain.es

80336 München
Schubertstr. 10
Tel. 089 530 70 60
munich@tourspain.es

**... in Österreich**
1010 Wien
Walfischgasse 8/14
Tel. 01 512 95 80
viena@tourspain.es

**... in der Schweiz**
8008 Zürich
Seefeldstr. 19
Tel. 044 253 60 50
zurich@tourspain.es

**Touristeninformation auf La Palma**
Auskünfte über die ganze Insel erteilt das Tourismuspatronat:

**Patronato de Turismo**
38700 Santa Cruz de La Palma
Avenida Marítima 34
Tel. 922 42 33 40, Fax 922 42 33 47
gestion@lapalmaturismo.com
www.lapalmaturismo.com

Das Tourismuspatronat betreibt auf La Palma drei Büros (Oficina de Información Turística) für das persönliche Einholen von Informationen: in **Santa Cruz de La Palma, Villa de Mazo** und **Argual Abajo**. Die Adressen finden Sie bei den jeweiligen Ortsbeschreibungen. Als erste Anlaufstelle gibt es darüber hinaus auch ein Büro in der Ankunftshalle des Flughafens (Tel./Fax 922 42 62 12).

Außerdem unterhalten einige Gemeinden auf La Palma ein eigenes Tourismusbüro, das sogenannte Oficina Municipal de Turismo, das jeweils für ihr Gebiet zuständig ist. Solche Informationsstellen gibt es in **Los Cancajos** (Gemeinde Breña Baja), **El Paso, Los Llanos de Aridane** (zuständig auch für Puerto Naos), **Tazacorte** und **Barlovento**. Auch diese Adressen finden Sie bei den jeweiligen Ortsbeschreibungen.

## Lesetipps

### Aktivurlaub

**Lipps, Susanne:** DuMont aktiv: Wandern auf La Palma. Ostfildern, 2008. Ausführliche Beschreibungen von 30 Tages- und Halbtagestouren aller Schwierigkeitsgrade mit praktischen Infos, Karten und Höhenprofilen.
**Schanze, Ralf & Schüler, Siegmund:** Mountainbike-Guide La Palma. Essen, 2006. Mit GPS-Daten zu allen Touren.

### Naturführer

**Schönfelder, Peter & Ingrid:** Die Kosmos-Kanarenflora. Stuttgart, 2005. Umfassendes Bestimmungsbuch zur Pflanzenwelt des Archipels mit großzügiger Bebilderung.
**Wirtz, Peter:** Unterwasserführer Madeira, Kanaren, Azoren (Fische). Bielefeld, 1994. Von einem erfahrenen Meeresbiologen, der die Gewässer des Mittelatlantiks seit vielen Jahren erforscht. Für Taucher und andere Interessierte.
**Wirtz, Peter:** Unterwasserführer Madeira, Kanaren, Azoren (Niedere Tiere). Bielefeld, 2002. Gleiche Ausstattung wie der Fischführer. Hier geht es um die wirbellosen Meerestiere (Korallen, Krebse, Seesterne, Tintenfische).

### Historisches

**Concepción, José Luis:** Die Guanchen. Ihr Überleben und ihre Nachkommen. La Laguna, 1992. Unterhaltsam geschriebene, illustrierte Schrift über die kanarischen Ureinwohner. Im örtlichen Handel oder antiquarisch im Internet erhältlich.

### Lektüre

**Braem, Harald:** Tanausú – König der Guanchen. Teneriffa 2003. Roman, der die Conquista aus Sicht der Ureinwohner schildert.
**Gumpert, Gregor (Hrsg.):** Kanarische Inseln. Ein Reisebegleiter. Frankfurt am Main/Leipzig 2004. In der Textsammlung kommen 26 verschiedene Autoren zu Wort, u. a. Agatha Christie, Olivia Stone und Miguel de Unamuno.
**Körke, Harald:** Noch ein verdammter Tag im Paradies. Tübingen, 1988. Kurzgeschichten mit vielen Hintergrundinformationen über La Palma.
**Rabsch, Udo:** Tazacorte. Tübingen, 1989. Roman über die Wirklichkeit des Aussteigerlebens.
**Vázquez-Figueroa, Alberto:** Ikarus. Berlin, 2004. Der neueste Roman des kanarischen Bestseller-Autors. Es geht um einen wagemutigen Pionier der Luftfahrt in Südamerika.

### Karten

Eine **Wanderkarte La Palma** (auch zum Radwandern und als Straßenkarte geeignet) im Maßstab 1 : 50 000 gibt der Kompass-Verlag heraus.
**Kanarische Inseln:** Teneriffa, Gran Canaria, Fuerteventura, Lanzarote, La Palma, Gomera, Hierro, mit Ortsregister und Kennzeichnung von Sehenswürdigkeiten und landschaftlich schönen Strecken, Maßstab 1 : 150.000 (ADAC Kartografie, Juni 2005).

# Wetter und Reisezeit

## Klima

Dank der südlichen Lage mitten im Atlantik ist das Klima auf La Palma ganzjährig ausgeglichen. Extreme Temperaturschwankungen gibt es – zumindest in den Küstenbereichen – nicht. In den kältesten Monaten (Dezember bis Februar) werden dort tagsüber ca. 17 °C erreicht, nachts fällt das Thermometer auf etwa 12 °C. Im August und September, den wärmsten Sommermonaten, schwanken die Temperaturen am Meer zwischen 23 °C am Tag und 17 °C in der Nacht. Temperaturextreme, wie sie für die nahe gelegene Sahara charakteristisch sind, werden durch den Kanarenstrom – einen relativ kühlen Ausläufer des Golfstroms – gemildert. Die Meteorologen vom Wetteramt Teneriffa rechnen allerdings für die nächsten Jahre – bedingt durch den Klimawandel – mit einer Tendenz zu stärkeren jahreszeitli-

chen Unterschieden. In den letzten Jahren maßen sie immer mehr sogenannte tropische Nächte mit Temperaturen von mehr als 25 °C.

Demgegenüber werden etwas kühlere Winter als bisher erwartet. Bislang sind sommerliche Tagesspitzenwerte über 30 °C allerdings noch die Ausnahme. Sie werden vorwiegend dann gemessen, wenn der Scirocco weht – ein heißer Saharawind, der manchmal tagelang, im Extremfall wochenlang anhält.

Mit der Höhe nimmt die Temperatur auf La Palma deutlich ab. Schon oberhalb von 300 m über dem Meeresspiegel kann es vor allem nachts recht kühl werden. Im Winter schneit es immer einmal in den Gipfelregionen der Cumbre de La Caldera und der Cumbre Vieja und es weht dort oft ein schneidend kalter Wind.

Regen fällt in den Küstengebieten vor allem im Winterhalbjahr, zwischen Oktober und März, in den höheren Lagen des Inselnordens durchaus aber auch im Sommer. Insgesamt werden im Norden La Palmas etwa 1000 mm Niederschlag im Jahresdurchschnitt gemessen, wogegen der Westen relativ regenarm ist. In Tazacorte sind z. B. nur 300 mm Jahresniederschlag zu verzeichnen.

**Klimadiagramm Santa Cruz**

## Kleine Windkunde

### Nordostwind (Passatwind)
Stabiles Wetter mit kräftigem, aber gleichmäßig wehendem Wind. Vor die Nord- und Ostküste der Insel schlagen hohe Wellen und es bildet sich dort in mittleren Höhen eine mehr oder weniger geschlossene Wolkenschicht, aus der es vor allem in den Lorbeerwald-

## Wetterbericht

**www.wetteronline.de/Spanien/LaPalma.htm:** Vorhersage auf Deutsch für drei Tage mit Trend für weitere drei Tage.

gebieten oft regnet. In Leelagen, speziell also in der Caldera de Taburiente und im Valle de Aridane, entsteht ein Föneffekt, d. h. es ist dort warm und trocken.

### Südostwind (Saharawind)

Heißes, sonniges Wetter auf der ganzen Insel. Der Wind bringt feinen, rötlichen Staub aus Afrika mit, der den Himmel verdüstert.

### Westwinde

Warm- und Kaltluftfronten ziehen im Wechsel über die Insel. Sie bringen unbeständiges Wetter mit Regenschauern. An der windexponierten Westseite der Insel ist das Meer dann oft aufgewühlt. Im Winter kann es in den Bergen schneien.

## Baden oder Wandern?

Spanier vom Festland und von den bevölkerungsreicheren Inseln Gran Canaria und Teneriffa reisen gerne in den Sommerferien nach La Palma. Dann ist in den Urlaubsorten und an den Stränden am meisten los. Prinzipiell ist Schwimmen im Meer ganzjährig möglich. In den Monaten November bis April kommen jedoch kühlere, regnerische Wetterlagen vor, die das Badevergnügen trüben. Die Wassertemperaturen im Meer schwanken zwischen 18 °C (Februar/März) und 23 °C (August bis Oktober).

Mitteleuropäer steuern La Palma allerdings selten ausschließlich zum Baden an. Die meisten kommen zum Wandern, das ebenfalls das ganze Jahr über möglich ist, vorwiegend aber im Winter und in den Übergangszeiten praktiziert wird. Als Winterreiseziel zum Wandern – oder Mountainbiken, Motorradfahren u. a. – empfiehlt sich La Palma nicht nur wegen des vergleichsweise milden Klimas, sondern auch deswegen, weil die Tage dann dank der Nähe zum Äquator länger sind als bei uns. Dies bedeutet im Dezember/Januar bis zu zwei Stunden mehr Tageslicht, was sich sehr angenehm bemerkbar macht.

## Kleidung, Ausrüstung, Unterkunft

Pullover gehören zu allen Jahreszeiten mit ins Gepäck, im Winterhalbjahr außerdem ein etwas dickerer Anorak. Wanderer sollten auch im Sommer Windjacke und Regenschutz mitführen, denn bei plötzlich aufziehender Bewölkung kann es sogar in den wärmsten Monaten in den Bergen feucht und klamm werden.

Bei der Wahl des Urlaubsorts ist es nicht unwichtig, ob er auf der West- oder Ostseite der Insel liegt. Der Westen gilt als sonnensicherer, vor allem im Winter. Ausnahmen bestätigen die Regel. Im Sommer kann es im Westen, speziell an der Küste, schwülwarm werden. Auf der Ostseite ist die Vegetation üppiger, die Blütenfülle prächtiger. Allerdings bewölkt es sich häufiger. Entscheidend ist auch die Höhenlage des Quartiers. Oberhalb von 300 m über dem Meer empfiehlt sich in den kältesten Monaten eine Unterkunft, die über eine Heizung verfügt. Im Sommer hingegen macht sich die luftige Höhenlage angenehm bemerkbar.

# Rundreisen planen

Prinzipiell ist auf La Palma jedes Ziel von einem festen Standort aus erreichbar. Selten müssen auf Tagesausflügen mehr als 100 km zurückgelegt werden. Doch gestalten sich die Fahrten recht anstrengend, denn die Straßen weisen aufgrund großer Höhenunterschiede auf engstem Raum sowie zahlreicher Schluchten, die zu queren sind, viele Kurven auf. So bieten sich ein oder mehrere Quartierwechsel durchaus an, um die Insel wirklich umfassend kennenzulernen.

Wer eine echte Rundreise unternehmen möchte, muss zumindest für einige Nächte sehr einfache Pensionen in Kauf nehmen. Komfortablere Hotels, die auf Geschäftsreisende eingestellt sind, gibt es nur in den Städten Santa Cruz de La Palma und Los Llanos de Aridane. Bei allen anderen ›besseren‹ Unterkünften handelt es sich um Ferienanlagen, die in der Regel über Reiseveranstalter vom Ausland aus gebucht werden. Ferien-

häuser und kleinere Apartmentanlagen verteilen sich über die ganze Insel, meist wird dort aber eine Mindestaufenthaltsdauer von mehreren Tagen gefordert. Als Quartiere eignen sie sich daher nur bei Reisen mit einem oder zwei festen Standorten.

## Achttägige Rundreise per Linienbus

**1. Tag:** Ankunft auf La Palma. Mit Linie L 8 nach **Santa Cruz,** dort umsteigen in L 2 nach **Los Sauces** (Fahrzeit insgesamt 1 1/4 Std.). Zwei Übernachtungen in Los Sauces oder im Nachbarort **San Andrés** (Bus L 12).

**2. Tag:** Tagesausflug zu Fuß oder per Taxi nach **Los Tilos,** dort kleine Wanderung im Lorbeerwald.

**3. Tag:** Mit Linie L 2 nach **Los Llanos** (Fahrzeit 3 1/2 Std.). Unterwegs Zwischenstopp am **Parque Cultural de La Zarza.** Drei Übernachtungen in Los Llanos.

**4. Tag:** Tagesausflug zu Fuß oder per Taxi in den **Barranco de Las Angustias,** dort beliebig weite Erkundung der Schlucht.

**5. Tag:** Tagesausflug mit Bus L 21 nach **Tazacorte** und weiter nach **Puerto de Tazacorte** zum Baden oder zur Teilnahme an einer Bootsfahrt.

**6. Tag:** Standortwechsel nach **Fuencaliente** (Los Canarios) mit Bus L 3 (Fahrzeit 30 Min.). Dort Wanderung durch die Vulkanlandschaft bis zur **Punta de Fuencaliente** und zurück mit L 31 (Fahrzeit 45 Min.). Eine Übernachtung in **Los Canarios.**

**7. Tag:** Mit L 2 nach **Santa Cruz de La Palma** (Fahrzeit 45 Min.), eventuell mit Zwischenstopp in **Villa de Mazo.** Eine Übernachtung in Santa Cruz.

**8. Tag:** Mit L 8 zum Flughafen (Fahrzeit 30 Min.), Rückflug.

## Zweiwöchige Reise mit zwei Standorten

Auch komfortable Unterkünfte lassen sich mit einem Standortwechsel vereinbaren. Einen Mietwagen für die gesamte Aufenthaltsdauer vorausgesetzt, reichen zwei verschiedene Ausgangspunkte für Tagesausflüge völlig aus. Ein Quartier sollte sich im Osten, das andere im Westen der Insel befinden. Bei dem folgenden Vorschlag können die Ausflüge je nach Wetterlage ausgetauscht werden. An den freien Tagen bieten sich Abstecher in die nähere Umgebung an, sofern Sie die Zeit nicht zum Baden und Relaxen nutzen möchten.

**1. Tag:** Ankunft auf La Palma und Übernahme eines (am besten schon vorausgebuchten) Mietwagens am Flughafen. Fahrt nach **Los Cancajos,** dort sieben Übernachtungen. 4 km.
**2. Tag:** Städtetrip nach **Santa Cruz:** Kultur, Shopping, Eintauchen in das Leben der Einheimischen. Abstecher zum Wallfahrtsort **Las Nieves.** 12 km.
**3. Tag:** Hinauf zur **Cumbre de La Caldera** mit La Palmas höchstem Gipfel, dem Roque de Los Muchachos. Oben wandern oder Aussichtspunkte anfahren. 86 km.
**4. Tag:** Frei.
**5. Tag:** Ausflug in den Nordosten La Palmas mit Wanderung durch den Lorbeerwald von **Los Tilos** und Genuss des Kleinstadtflairs von **San Andrés.** 66 km.
**6. Tag:** Erkundung des Südostens und Südens. Highlights sind der **archäologische Park von Belmaco** und die **Vulkanlandschaft bei Fuencaliente.** 64 km.
**7. Tag:** Frei.
**8. Tag:** Heute steht der Standortwechsel an. Fahrt durch den Cumbre-Tunnel

nach **Todoque/Puerto Naos,** dort sieben Übernachtungen. 38 km.
**9. Tag:** Erkundungstour durch das Valle de Aridane mit Auffahrt zu **La Cumbrecita,** Kulturgenuss und Atmosphäre in **Los Llanos** und Sunset-Bootsfahrt oder Fisch essen in **Puerto de Tazacorte.** 62 km.
**10. Tag:** Fahrt in den **Barranco de Las Angustias** und ausgiebige Wanderung durch den Nationalpark **Caldera de Taburiente.** 36 km.
**11. Tag:** Frei.
**12. Tag:** Heute geht es bei **El Pilar** auf die legendäre **Vulkanroute.** Eine kürzere Alternative zu dieser langen, anstrengenden Wanderung ist die Besteigung des Aussichtsgipfels **Pico Birigoyo.** 60 km.
**13. Tag:** Zum Abschluss ein Ausflug in den lieblichen und noch recht ursprünglichen **Nordwesten** La Palmas, dem Mandelhaine und Drachenbäume ihren Stempel aufdrücken. 119 km.
**14. Tag:** Frei.
**15. Tag:** Fahrt zum Flughafen und Rückflug. 40 km.

# Zu Fuß über die Insel in neun Etappen

La Palma bietet zwei markierte Fernwanderwege. Der 160 km lange **GR 130** umrundet als **Camino Real de la Costa** (Königlicher Küstenweg) die Insel auf vorwiegend alten Verbindungswegen. Hingegen folgt der **GR 131** (87 km) von Puerto de Tazacorte bis zur Punta de Fuencaliente dem zentralen Gebirgskamm. Letzterer bleibt wegen fehlender Übernachtungsmöglichkeiten hartgesottenen Wanderern vorbehalten.

Leichter organisieren lassen sich Übernachtungen auf dem GR 130, an dem u. a. die Inselregierung mehrere brandneue Berghütten *(albergues)* eingerichtet hat (Eröffnung Ende 2009 oder im Verlauf des Jahres 2010).

Im Norden der Insel sind angesichts der starken Höhenunterschiede kaum mehr als 3 km/Std. drin, erfahrene Wanderer rechnen mit Tagesetappen von 15–20 km. Südlich der Linie Los Llanos – Santa Cruz ist das Relief sanfter, dort sind 4 km/Std. realistisch und 30 km am Tag zu bewältigen. Letztendlich bestimmt aber die Lage der wenigen in Frage kommenden Quartiere und Campingplätze die Länge des Tagespensums.

---

**La Palmas Fernwanderwege**

**im Internet:** www.senderosdelapalma.com (u. a. Höhenprofile) und www.gr130.de (u. a. Google-Earth-Karte). **Patronato de Turismo:** Übersichtskarte des Wanderwegenetzes auf La Palma (gratis) und Topoguía mit Etappenbeschreibungen und Karte im Maßstab 1:40.000 (20 € zuzügl. Versandkosten) Beide sind auch vor Ort in den Oficinas de Información Turística erhältlich.

---

**1. Etappe: Santa Cruz – Puntallana.** Gemütlicher Beginn, oft fernab der Landstraße. Übernachtung in der Albergue de Puntallana. 11 km.

**2. Etappe: Puntallana – Barlovento.** Bis San Andrés quert der Weg mehrere spektakuläre Schluchten, dann folgt ein Anstieg durch Bananenplantagen nach Los Sauces. Übernachtung auf dem Campingplatz Laguna de Barlovento (zu erreichen auf dem PR LP 8). 23 km.

**3. Etappe: Barlovento – El Tablado.** Ab und Auf durch Schluchten. Übernachtung in der Herberge El Tablado. 19 km.

**4. Etappe: El Tablado – Santo Domingo de Garafía.** Karge Landschaft, in der Ziegen weiden, bestimmt das Bild. Camping Montaña de San Antonio (zu erreichen auf dem PR LP 9). 17 km.

**5. Etappe: Santo Domingo de Garafía – Puntagorda.** Santo Domingo – Puntagorda. Drachenbäume und Mandelhaine am Wegrand. In Puntagorda Pension oder Campingplatz. 18 km.

**6. Etappe: Puntagorda – Tijarafe.** Unter- oder oberhalb der Landstraße verläuft die ausblickreiche Route weiterhin durch Mandelplantagen. Übernachtung in der Albergue de Tijarafe im Ortsteil El Pinar. 16 km.

**7. Etappe: Tijarafe – Los Llanos.** Durchquerung des gewaltigen Barranco de Las Angustias. In Los Llanos mehrere Pensionen und Hotels. 13 km.

**8. Etappe: Los Llanos – Fuencaliente.** Ohne große Höhenunterschiede geht es durch Weinberge und Kiefernwälder. Übernachtung Los Canarios (Pension oder Zeltgelände). 22 km.

**9. Etappe: Fuencaliente (Los Canarios) – Santa Cruz.** Fast höhenparallel durch bizarre Lavafelder, dann durch Gartenlandschaft hinab zur Inselhauptstadt. Übernachtung in Santa Cruz (mehrere Pensionen und Hotels). 27 km.

# Anreise und Verkehrsmittel

## Einreisebestimmungen

### Ausweispapiere

Zwar wird in Spanien bei Einreise aus Schengen-Ländern (z. B. Deutschland, Österreich, Schweiz) nicht kontrolliert, die Fluggesellschaften lassen sich aber beim Einchecken am Heimatflughafen Personalausweis oder Pass zeigen. Diese Papiere werden auch auf La Palma von Hotels und Autovermietern verlangt. Ab drei Monaten Aufenthaltsdauer benötigen Schweizer ein Visum und EU-Bürger müssen sich im Registro de Extranjeros (Ausländerregister) eintragen lassen (Antragsformular unter http://extranjeros.mtas.es).

### Zollvorschriften

Die Kanarischen Inseln sind zollfreies Gebiet und nicht voll in den Binnenmarkt der EU integriert. Daher gelten für Reisende aus Deutschland und Österreich wie auch aus der Schweiz die internationalen Freigrenzen: 200 Zigaretten oder 50 Zigarren oder 250 g Tabak, 1 l Wein und 0,75 l Spirituosen sowie Geschenke im Wert bis zu 175 € bzw. 300 sfr.

### Mitnahme von Haustieren

Für Hunde, Katzen und Frettchen ist der EU-Heimtierpass (beim Tierarzt, ca. 12 €) mit Angabe des Datums, wann das Tier gegen Tollwut geimpft wurde (muss mindestens 30 Tage zurückliegen) und der Art des Impfstoffes vorgeschrieben. Als Kennzeichnung werden eine Tätowierung oder ein am Hals implantierter Mikrochip verlangt (ca. 40 €).

Tiere bis 6 kg Gewicht (inkl. Tragebox) fliegen meist in der Fluggastkabine (ca. 25 €), größere Tiere im Frachtraum (Aufpreis wie bei Übergepäck). Unbedingt rechtzeitig anmelden! Manche Bungalowanlagen und Ferienhausvermieter auf La Palma akzeptieren Haustiere, das sollte vor der Buchung erfragt werden.

## Anreise und Ankunft

### Flugverbindungen

La Palma wird von den Fluggesellschaften **Air Berlin** (www.airberlin. com), **Condor** (www.condor.com), **TUIfly** (www.tuifly.com) und **NIKI** (www.flyniki.com) von zahlreichen Flughäfen in Deutschland, Österreich und der Schweiz nonstop oder mit einer Zwischenlandung angeflogen. Die Flugzeit beträgt 4–5 Std. (nonstop). Buchbar mit oder ohne Pauschalarrangement, hin und zurück zwischen 300 und 800 €.

Mit anderen Kanareninseln ist La Palma durch Propellermaschinen der Gesellschaften **Binter** (Tel. 902 39 13 92, www.bintercanarias.com) und **Islas** (Tel. 902 47 74 78 o. 922 01 51 15 (aus dem Ausland), www.islasnet.com) verbunden. Täglich kommen von Teneriffa (Nordflughafen) ca. 10–20 Flüge und von Gran Canaria ca. 3–6 Flüge. Kosten pro Strecke: je nach Tarif 26–64 € bzw. 26–94 €. Binter fliegt außerdem ca. 3 x pro Woche nonstop von La Palma nach Lanzarote.

### Aeropuerto de La Palma

Der Flughafen von La Palma liegt im Osten der Insel in der Nähe des Ferienortes Los Cancajos, etwa 7 km von Santa Cruz de La Palma entfernt. In der Ankunftshalle unterhalten mehrere internationale und lokale Autovermietungen Büros.

**Land in Sicht – Glück voraus!**

**Flughafen-Information:** Tel. 922 42 61 00, www.aena.es.

**Taxi:** Fahrpreis vom Flughafen nach …
Los Cancajos ca. 7 €
Santa Cruz ca. 10 €
Los Llanos ca. 40 €

**Linienbus:** Ab Flughafen verkehrt Linie L 8 über Los Cancajos nach Santa Cruz de La Palma (ca. stündlich). In alle anderen Inselorte kommt man nur mit Umsteigen in Santa Cruz. Weitere Infos s. S. 23.

### Fährverbindungen

In der südspanischen Hafenstadt Cádiz legt einmal pro Woche eine Autofähre der Gesellschaft **Acciona Trasmediterránea** nach Santa Cruz de Tenerife ab (Tel. 902 45 46 45, www. trasmediterranea.es, Fahrzeit 41 Std., einfache Fahrt pro Person ca. 75 €, für zwei Personen mit Auto ca. 300 €). In den Sommermonaten verkehrt außerdem eine Autofähre der **Naviera Armas** (Tel. 902 45 65 00, www. naviera armas.com) einmal wöchentlich vom portugiesischen Hafen Portimão (Algarve) über Funchal (Madeira) nach Santa Cruz de Tenerife (Konditionen wie bei Acciona Trasmediterránea, aber auf der Hinfahrt 10-stündiger Zwischenstopp auf Madeira). In Santa Cruz de Tenerife besteht 2–3 x wöchentlich Anschluss mit Naviera Armas nach Santa Cruz de La Palma (Fahrzeit 6 Std., einfache Fahrt pro Person ca. 24 €, für zwei Personen mit Auto ca. 76 €), teilweise bietet die Acciona Trasmediterránea ebenfalls Anschluss nach La Palma. Schneller (Fahrzeit 2 Std.) geht es mit der **Express-Autofähre der Lineas Fred Olsen** (Tel. 902 10 01 07, www.fredolsen.es), die 6 x wöchentlich zwischen Los Cristianos (Teneriffa) und Santa Cruz de La Palma pendelt (einfache Fahrt pro Person ca. 46 €, für zwei Personen mit Auto ca. 142 €).

Auf direktem Seeweg ist La Palma durch Naviera Armas außerdem an Gomera (San Sebastián) und Hierro je nach Saison bis zu 5 x wöchentlich bzw. 1 x wöchentlich angeschlossen (Fahrzeit je 4 Std., einfache Fahrt pro Person ca. 36 bzw. 24 €, für zwei Personen und ein Auto ca. 120 € bzw. 75 €). Die drei östlichen Kanareninseln sind nur über Teneriffa zu erreichen.

# Verkehrsmittel auf der Insel

## Busse

Fast alle Orte der Insel sind an das Liniennetz der Busgesellschaft **Transportes Insular La Palma** angeschlossen (Fahrpläne unter www.transportes lapalma.com). Als Drehkreuze dienen die zentrale Endstation in Santa Cruz de La Palma (Av. de Los Indianos 14, Tel. 922 41 19 24) und der Busbahnhof in Los Llanos de Aridane (Calle Ramón Pol s/n, Tel. 922 46 02 41). Zwischen Santa Cruz und Los Llanos verkehren Linienbusse halbstündlich bis stündlich. Alle anderen wichtigen Orte der Insel sind zumindest mit einer dieser Städte verbunden. Keine Busverbindungen gibt es für den Wanderer in interessanten Gebirgsregionen. Weitere Hinweise finden Sie bei den jeweiligen Ortsbeschreibungen.

Die meisten Strecken werden nur tagsüber bis ca. 21 Uhr bedient. In den Ferienort Los Cancajos fahren Busse ab Santa Cruz de La Palma aber noch bis nach Mitternacht, nach Puerto Naos ab Los Llanos immerhin bis ca. 23 Uhr. Am Sonntag ist der Busverkehr auf allen Linien auf etwa die Hälfte der an anderen Tagen üblichen Verbindungen eingeschränkt.

Bei den meisten Ortschaften handelt es sich um sehr weitläufige Streusiedlungen. Linienbusse befahren nur die Durchgangsstraßen, wo sich Haltestellen in relativ dichter Folge reihen, zu erkennen an den Wartehäuschen. Zentrale Abfahrtsstellen gibt es lediglich in einigen größeren Orten mit Endstationen von Linien. Diese sind dann bei den jeweiligen Ortsbeschreibungen ausdrücklich beschrieben. Generell sind die Busse pünktlich. Gezahlt wird beim Fahrer.

**Preisbeispiele**
Santa Cruz – Los Llanos: 4,15 €
Santa Cruz – Los Cancajos: 1 €
Los Llanos – El Paso: 1 €
Los Llanos – Puerto Naos: 1,25 €
Flughafen – Los Cancajos: 1 €

**Organisierte Busrundfahrten** (z. B. Süden, Nordosten, Roque de Los Muchachos; jeweils ganztags) unter deutschsprachiger Führung bieten örtliche Veranstalter für ca. 30–40 € pro Person an. Kinder unter 12 Jahren erhalten meist 50 % Ermäßigung. Buchbar in der Sprechstunde des Reiseveranstalters im Hotel oder in Reisebüros auf La Palma.

## Taxis

Die Taxipreise variieren je nach Gemeinde, außerdem gibt es innerörtliche und Überlandtarife sowie Flughafen-, Nacht- und Gepäckzuschläge. Pro gefahrenem Kilometer wird bei Überlandfahrten ca. 1 € abgerechnet. Bei Rundfahrten, die im selben Ort wieder enden, schlägt der Kilometer nur mit ca. 0,50 € zu Buche. Ein Mindesttarif von rund 3 € wird immer fällig. Taxistände und Rufnummern finden Sie bei den jeweiligen Ortsbeschreibungen.

## Mietwagen

Ein Leihwagen (Seat Ibiza, Opel Corsa o. Ä.) kostet einschließlich Vollkaskoversicherung und Steuern 25–50 € am Tag bzw. 110–180 € pro Woche. Wer für die gesamte Aufenthaltsdauer einen Wagen wünscht, kann diesen von zu Hause aus im Reisebüro oder via Internet anmieten und direkt am Flughafen übernehmen. Aber auch Vorausbuchung für nur zwei oder drei Tage Mietdauer mit Auslieferung am Hotel ist möglich. Vor Ort unterhalten verschiedene Verleihfirmen Büros am Flughafen sowie in den wichtigen Ferienorten. Adressen finden Sie bei den jeweiligen Ortsbeschreibungen. Auch Hotelrezeptionen und örtliche Reiseleitungen der Veranstalter übernehmen die Vermittlung von Leihwagen. Die Fahrzeuge befinden sich in der Regel in gutem Zustand.

Voraussetzung für das Mieten eines Wagens ist der nationale Führerschein. (mindestens ein Jahr alt). Außerdem verlangen die Vermieter ein Mindestalter des Fahrers (meist 21 Jahre). In der Regel ist eine Kreditkarte vorzulegen, manchmal genügt eine Kaution.

### Geländewagen und Motorräder

Wer den besonderen Fahrspaß liebt, kommt bei **Auto Soyka** (Los Llanos, Calle General Yagüe 13, Tel. 922 46 33 90, www.autosoyka.de) auf seine Kosten. Auto Soyka vermietet außer normalen Pkw auch Geländewagen (z. B. Jeep Wrangler für 427 € pro Woche) und Motorräder der Marke Honda (435 € pro Woche).

Mietmotorräder der Marken Suzuki, Honda und Yamaha gibt es bei **Moto-Tours** (Puntagorda, Tel. 922 49 34 86, www.mototours.de) für 40–60 € pro Tag, außerdem werden geführte Enduro-Touren angeboten.

## Straßenverkehr auf La Palma

Das Fahren auf La Palma ist relativ unproblematisch, die Verkehrsdichte ge-

ring. Die Verkehrsregeln entsprechen im Wesentlichen denen in Mitteleuropa.

Die erlaubte **Promillegrenze** liegt bei 0,5. **Höchstgeschwindigkeit** innerorts 40 km/h, auf Landstraßen 90 km/h, soweit nicht anders ausgeschildert. Mit Radarkontrollen ist zu rechnen (z. B. an der LP-3 oberhalb von El Paso). Verwarnungsbescheide werden inzwischen in alle EU-Länder zugestellt, es drohen verhältnismäßig hohe Bußgelder.

### Besonderheiten

Wer links blinkt, will nicht unbedingt abbiegen. Oft zeigt der Vorausfahrende damit an, dass ein Hindernis naht und nicht überholt werden soll. Auf stark befahrenen Landstraßen biegt man manchmal nicht direkt nach links ab, sondern wird nach rechts auf eine Abbiegerspur geführt, um von dort aus die gesamte Straße zu überqueren. Beim Einbiegen in eine Landstraße nach links trifft man zuweilen auf einen Mittelstreifen, auf dem man wartet, bis die gegenüberliegende Spur frei ist.

Recht häufig sind Kreisverkehre. Der Kreisverkehr hat Vorfahrt, falls nicht anders ausgeschildert.

Halten im Parkverbot ist für maximal zwei Minuten erlaubt. Der Fahrer darf dabei keinesfalls aussteigen, auch nicht zum Be- oder Entladen.

### Tanken

Dank weitgehender Steuerfreiheit ist das Tanken auf den Kanarischen Inseln sehr günstig. Der Benzinpreis liegt um etwa 0,50 € niedriger als z. B. in Deutschland. In entlegenen Gegenden sind Tankstellen selten und dazu oft an Sonn- und Feiertagen geschlossen. Zwei Tankstellen an der LP-3 – in Buenavista (Breña Alta) und bei El Paso – bieten 24-Stunden-Service.

# Übernachten

## Reservierung

Wer bei einem Reiseveranstalter bucht, tut dies in der Regel über ein Reisebüro. Ob man dabei ein Internet-Reisebüro (z. B. www.opodo.de, www. travelchannel.de) bevorzugt oder lieber einen direkten Ansprechpartner hat, ist eine Frage des persönlichen Geschmacks. Preise und Leistungen sind vergleichbar. Veranstalter vermitteln Unterkünfte entweder im Pauschalpaket (mit Flug und Flughafentransfer oder Mietwagen) oder aber immer öfter auch einzeln und tageweise.

Da Veranstalter meist günstigere Konditionen erhalten als Einzelgäste und diesen Preisvorteil teilweise an ihre Kunden weitergeben, sind viele Unterkünfte auf diese Weise preiswerter erhältlich als bei Direktbuchung per Telefon, Fax oder Internet. In den Katalogen und Internetseiten sind nicht nur Strandhotels, Bungalow- und Apartmentanlagen in den Ferienorten zu finden, sondern auch Stadthotels, ländliche Unterkünfte und über die Insel verteilte Ferienhäuser. Hotels, teilweise auch Apartmentanlagen sind in der Regel wahlweise einschließlich Frühstück oder Halbpension buchbar. *All inclusive* ist auf La Palma weniger verbreitet, wird aber von manchen größeren Häusern angeboten. Dabei sind sämtliche Mahlzeiten und alle oder die meisten Getränke im Preis inbegriffen.

## Hotels und Pensionen

Luxushotels der 5-Sterne-Kategorie gibt es auf La Palma nicht und im Gegensatz zu anderen Kanareninseln ist auch die Zahl der mit 4 Sternen deko-rierten Komforthotels recht begrenzt. In den Urlauberorten Los Cancajos und Puerto Naos finden sich mit dem **Hotasa Taburiente Playa** bzw. dem **Sol La Palma** je ein Haus dieser Kategorie. Darüber hinaus wartet Los Cancajos noch mit mehreren gut ausgestatteten Aparthotels auf, die auch die Möglichkeit zur Selbstversorgung bieten. Auf recht noble Weise verbindet der **4-Sterne-Parador Nacional** in Breña Baja klassische spanische Gastlichkeit mit einer landschaftlich herausragenden, einsamen Lage. La Palmas größtes Hotel, die 4-Sterne-Doppelanlage **La Palma Princess & Teneguía Princess** bei Fuencaliente, ist mit einer Vielfalt von Einrichtungen eine Welt für sich. Mehrere Stadthotels der 3-Sterne-Kategorie gibt es in Santa Cruz und Los Llanos. Ein abseits vom Trubel gelegenes, überschaubar

### Welchen Standort wählen?

Ausgesprochene Ferienorte, die sich sowohl als Stützpunkt für Wanderer als auch für einen Badeurlaub eignen, sind **Los Cancajos** und **Puerto Naos**. **Santa Cruz** bietet zwar kein nennenswertes Strandleben, kommt aber als Standort in Frage, wenn Sie individuelle Unterkünfte bevorzugen, viel auf eigene Faust per Linienbus unternehmen und dabei nicht auf lebendige Urbanität verzichten möchten. Beide Vorteile bietet auch **Los Llanos** im Westen der Insel. Außerdem gibt es einfachere Quartiere, die meist nicht über Veranstalter buchbar sind, z. B. in Fuencaliente, El Paso, Tazacorte, Puerto de Tazacorte, Puntagorda und San Andrés.

## Preise

Bei den in diesem Führer unter den jeweiligen Ortsbeschreibungen aufgeführten Preisen für Doppelzimmer (DZ) ist das Frühstück – in Hotels meist Buffet, in Pensionen Kontinentalfrühstück – für zwei Personen enthalten. Die Preise für Apartments oder Ferienhäuser gelten ohne Verpflegung.

großes 3-Sterne-Komforthotel ist das **La Palma Romántica** in Barlovento.

Einfachere Hotels und Pensionen – außer in Santa Cruz und Los Llanos nur in wenigen Orten zu finden – werden eher nicht von Veranstaltern vermittelt. Ihr Publikum setzt sich aus Einheimischen und Travellern zusammen. Wegen der begrenzten Zahl dieser Unterkünfte ist eine telefonische Anmeldung praktisch unabdingbar. Auch in den Ferienhotels, deren Bettenkapazitäten in der Hand von Reiseveranstaltern sind, ist nur in Ausnahmefällen spontan ein Zimmer zu bekommen. Dies gilt insbesondere für die Hauptsaisonzeiten (Sommerferien, Weihnachten, Ostern).

## Ferienhäuser, Ferienwohnungen, Bungalows

Im Trend bei Individualreisenden liegt der ländliche Tourismus (Turismo Rural). Geschmackvoll renovierte ehemalige Bauernhäuser, die sich über die ganze Insel verteilen, werden über die **Asociación Turismo Rural – isla bonita** vermietet: Santa Cruz, Calle O'Daly 39, Tel. 922 43 06 25, Fax 922 43 03 08, www.islabonita.com. **Vermittlung in Deutschland:** Karin Pflüger, Lohkoppelweg 26, 22529 Hamburg, Tel. 040 56 04 488, www.turismorural.de. Sie kosten bei Belegung mit zwei Personen

um 300 € pro Woche. Traumhafte Häuser, edel eingerichtet und mit Pool, die natürlich etwas teurer sind (bis 150 € pro Tag), vermietet die Agentur Las Casas Canarias (Tel. 0034 922 49 11 32, www.lascasascanarias.com).

Eine Alternative zum eigenen Haus kann die Ferienwohnung oder der Bungalow in einer kleinen, familiären Anlage sein. Solche Unterkünfte, oft von schönen Gärten umgeben und sehr ruhig gelegen, finden sich etwas abseits vom Meer im Osten der Insel vor allem in Breña Baja und Breña Alta, im Westen zwischen El Paso und Los Llanos und in La Laguna/Todoque. Adressen finden Sie bei den jeweiligen Ortsbeschreibungen. Manche dieser Unterkünfte vermitteln anspruchsvolle Reiseveranstalter. Ein Mietwagen tut bei allen ländlichen Quartieren während des gesamten Aufenthalts gute Dienste.

## Herbergen und Camping

### Staatliche Herbergen

Eine Jugendherberge gibt es auf La Palma nicht. Ende 2009 oder im Verlauf des Jahres 2010 gehen mehrere staatliche Herbergen (albergue) für Wanderer entlang des Fernwanderwegs GR 130 (s. S. 20) in Betrieb. Sie befinden sich in Tigalate (Villa de Mazo), El Charco (bei Fuencaliente), Tijarafe, El Tablado (Villa de Garafía), Las Lomadas (bei Los Sauces) und Puntallana. Aktuelle Infos unter **www.senderosde lapalma.com**.

### Privat geführte Zeltplätze

Privat geführte Zeltplätze gibt es in **La Laguna** und **Puntagorda**. Ein recht komfortables Campinggelände stellt außerdem die Gemeinde **Barlovento** zur Verfügung. Es werden jeweils auch Hütten vermietet. Weitere Infos und

Idyllische Rückzugsmöglichkeiten bieten viele Unterkünfte auf La Palma

Adressen finden Sie bei den entsprechenden Ortsbeschreibungen.

## Öffentliche Zeltgelände

Für Wanderer eignen sich die öffentlichen Zeltgelände *(zonas de acampada)* **Campo de Fútbol de Fuencaliente, El Pilar** und **Montaña de San Antonio (Garafía)**. Sanitäre Einrichtungen sind dort entweder gar nicht vorhanden oder sehr einfach. Benutzung gratis, aber nur mit schriftlicher Genehmigung. Diese erteilt die Umweltbehörde des Inselrats (Medio Ambiente, Santa Cruz, Avenida de Los Indianos 20, Tel. 922 41 15 83, Fax 922 42 01 87, educacion.ambiente@cablapalma.es, Mo–Fr 8–15 Uhr). Sie muss spätestens zwei Tage vor dem geplanten Aufenthalt abgeholt werden.

Außerdem gibt es mitten im Nationalpark Caldera de Taburiente das Zeltgelände an der **Playa de Tabu-**riente (s. S. 263), für dessen Benutzung eine schriftliche Genehmigung des Besucherzentrums des Nationalparks einzuholen ist (Centro de Visitantes, LP-3 Santa Cruz – El Paso Km 20,5, Tel. 922 49 72 77, Fax 922 41 34 48, caldera@mma.es, tgl. 9–18.30 Uhr). Sie wird bis zu zwei Monate im Voraus erteilt, bei genügend verfügbaren Stellplätzen auch sofort. Erforderlich sind der Personalausweis des Antragstellers (evtl. in Kopie) sowie Namen und Ausweisnummern aller Begleitpersonen.

Die Aufenthaltsdauer ist bei fast allen genannten Plätzen auf einen oder wenige Tage begrenzt. Weitere Infos unter www.senderosdelapalma.com und bei den Ortsbeschreibungen.

**Wildes Campen** ist auf La Palma nicht erlaubt und Zelten unmittelbar am Meer nirgends möglich.

# Essen und Trinken

## Küche und typische Lokale

Traditionell wird auf La Palma deftig gekocht. In den meisten Familien gab es früher fast täglich **Eintopf**, der alles enthielt, was gerade Saison hatte. Neben Getreide (Weizen, Mais), Kartoffeln, *ñame* (einer stärkehaltigen Wurzel, die auf Deutsch Taro heißt), Hülsenfrüchten und verschiedenem Gemüse wie Kohl oder Möhren kamen je nach Geldbeutel Wurst, Fleisch oder Stockfisch hinein. Solche Gerichte essen die Palmeros nach wie vor eher zu Hause oder – in Form von *raciones* (Tellerportionen) – als Mittagessen in Bars und einfachen Restaurants.

**Fleisch** – zu Schmortöpfen verarbeitet oder gegrillt – spielte auf La Palma immer eine größere Rolle als Fisch, der in vergleichsweise geringen Mengen aus dem als fischarm geltenden Mittelatlantik gezogen wird. Vor allem im Norden der Insel weiden große Ziegenherden, die meisten Bauern halten Hühner und mästen ein Schwein und Jäger bringen Kaninchen nach Hause. Stadtbewohner fahren daher an Wochenenden zum ausgiebigen Mittagessen aufs Land. Überall auf der Insel gibt es Ausflugslokale, die sich *parilla* (Grillstube) nennen und für riesige Portionen von kräftig mit Knoblauch gewürztem Fleisch bekannt sind.

An Stränden, Badeplätzen und in Fischerhäfen bietet oft ein **Kiosco** auf seiner schattigen Veranda fangfrischen Fisch an, meist einfach in der Pfanne gebraten. Dazu gibt es die geradezu unverzichtbaren *papas arrugadas* (Schrumpelkartoffeln , s. u.) und *mojo*, eine pikante Knoblauchsauce. Es lohnt sich aber auch, einmal eine *paella* zu probieren. Dieses Reisgericht wurde zwar in Valencia erfunden und hat auf den Kanarischen Inseln noch keine lange Tradition, wird aber heute auch von den Palmeros gerne verspeist. Bei den ebenfalls sehr beliebten **Meeresfrüchten** handelt es sich meist um Importware aus den nordspanischen Atlantikhäfen. Muscheln und Meeresschnecken sind auf den Kanaren stark gefährdet, ihr Sammeln war bei Redaktionsschluss bis auf Weiteres verboten. Gambas und Langusten waren ohnehin schon immer Mangelware auf den Inseln. Eine Ausnahme stellen die recht verbreiteten Tintenfische dar, die häufig in den verschiedensten Zubereitungsformen angeboten werden.

Weder die Palmeros noch die zahlreichen Deutschen und Niederländer, die La Palma entweder als Zuwanderer oder als Touristen bevölkern, begnügen sich mit dem nicht wirklich vielseitigen Inselangebot an traditionellen Speisen. In den Städten und Ferienorten gibt es preisgünstige Pizzerien und China-Restaurants. Vor allem aber typisch für das moderne La Palma ist eine **kreative deutsch-kanarische Küche,** die vegetarische Gerichte nicht zu kurz kommen lässt. Ambitionierte deutsche und immer öfter auch palmerische Köche zaubern Trendiges auf den Teller, das gern auf bewährten spanischen oder mediterranen Rezepten fußt – nach Möglichkeit unter Verwendung einheimischer Zutaten. Das Preisniveau liegt in solchen Lokalen etwas höher.

## Regionale Spezialitäten

**Queso blanco:** Frischer, milder Ziegenkäse, der auf La Palma traditionell gern geräuchert wird, um ihn haltbar zu machen. Als Zwischenmahlzeit auf einem *bocadillo* (Brötchen) oder gebacken bzw. gegrillt mit *mojo* (s. u.) als Vorspeise.

**Sopa de garbanzos:** Eine nahrhafte Vorsuppe aus Kichererbsen, die meist auch etwas Fleisch enthält und in vielen typisch palmerischen Restaurants auf der Speisekarte steht.

**Sopa de berros:** Deftige Brunnenkressesuppe, die manchmal auch mit Fleisch und Kartoffeln zu einem Eintopf erweitert wird.

**Sopa picadillo:** Hühnerbrühe mit ein wenig Fleisch und Ei, dazu geröstete Weißbrotwürfel. Eine leichte Vorsuppe.

**Ropa vieja:** »Alte Wäsche« heißt dieser beliebte Eintopf aus Kichererbsen, Suppenfleisch, Paprikawurst, Zwiebeln, Tomaten und Paprikaschoten.

**Puchero canario:** Kräftiger Eintopf aus Gemüsen der Saison, meist mit Kürbis, Bohnen und Kichererbsen, dazu bis zu sieben Sorten Fleisch.

**Cabrito en adobo:** Das Fleisch junger Ziegen gibt es zur Schlachtzeit in den Wintermonaten. Es schmeckt hervorragend, wenn es vor dem Braten in Wein mit Kräutern, Knoblauch und Gewürzen eingelegt und dann langsam im Backofen gegart wird.

**Conejo en salmorejo:** Kaninchen ist ein beliebtes Jagdwild, aber die Restaurants verwenden meist Hauskaninchen. Es wird in einer kräftig mit Kräutern, Knoblauch, Safran und Chili gewürzten Brühe gegart.

**Zarzuela:** Kanarische Variante der Bouillabaisse mit mehreren Fischsorten, Kartoffeln, Tomaten und Zwiebeln.

**Vieja:** Papageifisch, einer der begehrtesten Speisefische. Er wird gegrillt *(a la parilla)* oder auf einer Eisenplatte gebraten *(a la plancha)*. Andere, häufig angebotene Fischsorten sind Thunfisch *(atún)*, Goldbrasse *(dorada)*, Seehecht *(merluza)*, Zackenbarsch *(mero)* und Makrele *(caballa)*.

**Papas arrugadas:** Die berühmten kanarischen Schrumpelkartoffeln werden in stark gesalzenem Wasser (ursprünglich Meerwasser) gegart, bis dieses völlig verdunstet ist und sich eine Salzkruste gebildet hat. Sie werden mit Pelle gegessen. Man zerbricht sie mit den Fingern und nimmt Saucen damit auf.

## Gofio

Diese kanarische Spezialität schlechthin steht selten auf Speisekarten. Palmeros bestellen *gofio* oft zum Essen dazu. Serviert wird die mehlähnliche Substanz entweder mit Wasser, Zwiebeln und Kräutern verknetet. Die Einheimischen rollen diesen Teig zu kleinen Kugeln und essen ihn zum Wein. Oder sie rühren gofio einfach als trockenes Pulver unter Suppen und Saucen, die dadurch recht gehaltvoll werden. Auch in Süßspeisen findet *gofio* Verwendung.

Das vielseitige Produkt war schon wichtigste Ernährungsgrundlage der Ureinwohner, denen das Brotbacken unbekannt war. Um Gerste und Wildgetreide nicht roh essen zu müssen, rösteten sie die Körner in einer Tonschale über dem offenen Feuer und mahlten sie anschließend per Hand in einer Steinmühle. Vor dem Verzehr rührten sie dieses vorgegarte ›Mehl‹ mit Wasser oder Ziegenmilch an. Auch nach der Conquista blieb *gofio* ein wichtiges Nahrungsmittel der Palmeros. Allerdings ersetzten sie die Gerste nun häufig durch Mais, Weizen oder Kichererbsen. In schlechten Zeiten mussten ärmere Bevölkerungsschichten auf zerriebene Farnwurzeln zurückgreifen oder getrocknete Pilze untermischen.

Im 20. Jh. kam *gofio* ein wenig aus der Mode. Es galt als schick, stattdessen Brötchen und Kartoffeln zu essen. Mit der Rückbesinnung auf kanarische Traditionen seit den 1980er-Jahren erlebte der *gofio* jedoch eine Renaissance. Sein hoher Nährwert wird wieder geschätzt.

**Mojo rojo:** Die rote Würzsauce besteht aus Knoblauch, Paprika, Olivenöl und Essig. Es gibt auch eine scharfe Variante *(mojo picón)*. Beide werden gern zusammen mit *papas arrugadas* zu Fisch serviert.

**Mojo verde:** Die mildere, grüne Variante mit Paprika und Kräutern (Petersilie, Koriander u. a.).

**Bienmesabe:** »Schmeckt mir gut« ist ein beliebtes kanarisches Dessert aus Eiern, Mandeln und Honig.

**Plátanos flambé:** Flambierte Bananen. Die Früchte werden in der Pfanne gebraten und mit Cointreau, Cognac und Orangensaft abgelöscht. Dazu schmeckt Vanilleeis.

## Essgepflogenheiten

Die Palmeros nehmen das **Mittagessen** üblicherweise gegen 13 oder 14 Uhr ein, am Sonntag kann es auch einmal 16 Uhr werden. Dann speisen ganze Familien in Ausflugslokalen oft recht ausgiebig bis in den späten Nachmittag hinein. An Werktagen bieten viele Restaurants ein günstiges dreigängiges Mittagsmenü (m*enu del día*) an, das Berufstätige gerne in Anspruch nehmen. Ein Getränk und ein kleiner Kaffee danach sind meist im Preis eingeschlossen.

**Abends** essen die Einheimischen vorwiegend zu Hause. In Restaurants schauen sie wenn, dann eigentlich nur am Freitag und Samstag und frühestens gegen 21 Uhr vorbei. An anderen Tagen bevölkern sich die Lokale eher zu aus Mitteleuropa gewohnten Zeiten mit ausländischen Touristen und Residenten. Wer im Hotel Halbpension gebucht hat, den erwartet in der Regel zum Abendessen ein üppiges Buffet schon ab etwa 18 Uhr. Internationale Gerichte sind darauf ebenso zu finden wie spanische und kanarische Spezialitäten.

**Speisekarten** sind fast überall auch in deutscher Sprache verfasst. Andererseits gibt es in ländlichen Lokalen manchmal gar keine Speisekarte. Dort empfiehlt der Wirt den Gästen die Spezialität des Tages noch persönlich. In der Rechnung wird immer ein Bedienungsgeld ausgewiesen. Dieses ist in feineren Lokalen oft nicht in den Preisen auf der Speisekarte enthalten, sondern wird anschließend aufgeschlagen. Wenn das der Fall ist, muss es auf der Karte vermerkt sein. So oder so erwartet die Bedienung bei gutem Service ein zusätzliches Trinkgeld (5–10 %).

## Das Frühstück

In den **Hotels** lassen die Frühstücksbuffets kaum Wünsche offen. Je nach Größe des Hauses borden sie geradezu über vor unterschiedlichsten Brotsorten (auch Vollkornbrot), Müsli, Obst und Salaten, Variationen vom Ei sowie einer Auswahl an Wurst, Schinken und Käse.

Hingegen fällt das erste Frühstück bei den **Einheimischen** – wie in Spanien allgemein üblich – sehr bescheiden aus. Zu einem Kaffee wird vor der Arbeit rasch ein trockenes Stück Zwieback oder ein *churro* (süßer Krapfen) gegessen. Im Verlauf des Vormittags suchen Berufstätige gern in der Nähe ihrer Arbeitsstätte eine Bar auf, worunter in Spanien kein Nachtlokal, sondern eine allgegenwärtige Mischung aus Cafeteria und Kneipe zu verstehen ist, die vom frühen Morgen bis spät in den Abend hinein öffnet. Dort stillen sie den bis dahin aufgekommenen Hunger ohne großen Zeitaufwand bei einem weiteren Kaffee, oft im Stehen oder auf einem Hocker am Tresen. In ländlichen Lokalen besteht dabei oft nur die Auswahl zwischen verschiedenen *bocadillos* (kalt oder warm belegte Brötchen).

In den Städten sowie am Flughafen und in größeren Tankstellen an den Landstraßen halten die Bars zu diesem Zweck allerdings in einer Kühltheke *enyesques* bereit, die kanarische Variante der aus Spanien wohlbekannten **Tapas**. Da dieser Begriff den meisten Touristen geläufiger ist, werben inzwischen auch viele Lokale auf La Palma damit. Im Gegensatz zum Festland, wo die Einheimischen meist wirklich *tapas* (winzige Häppchen) als Snack zwischendurch zur Begleitung eines Getränks bestellen, bevorzugen die Canarios sättigende Mengen in Form einer *ración* (Portion auf großem Teller, kann ein Mittagessen ersetzen) oder *media ración* (halbe Portion). *Enyesques* werden entweder kalt serviert, z. B. Russischer Salat, Tintenfischsalat oder *boquerones* (mit Knoblauch und Petersilie sauer eingelegte Sardellen). Oder der Wirt erhitzt die vorbereiteten Speisen kurz in der Mikrowelle, wobei die Auswahl zwischen verschiedenen Eintopfgerichten, Ragouts, *albóndigas* (Hackfleischbällchen in Tomatensauce), paniertem Fischfilet, gegrillten Sardinen, *tortilla* (Kartoffelomelett) u. a. besteht.

Übrigens verzehren Palmeros die Enyesques nicht ausschließlich zum zweiten Frühstück. Es gibt sie den ganzen Tag über bis spät in den Abend hinein. Nur am Sonntag werden sie oft nicht angeboten.

## Getränke für jede Gelegenheit

Zum Essen trinken die Palmeros meist **Wein**. Er wird immer noch in großen Mengen vom spanischen Festland importiert, obwohl La Palma seit einigen Jahren eine dynamische Produktion eigener, hochwertiger Tischweine vorweisen kann (s. S. 152). Letztere sind in der Regel etwas teurer. Dazu bestellt man Tafelwasser ohne Kohlensäure *(agua sin gas)*. Wer stattdessen Mineralwasser mit Kohlensäure *(agua mineral con gas)* möchte, muss dies ausdrücklich sagen. Jüngere Einheimische gönnen sich auch schon einmal ein **Bier** *(cerveza)* zum Essen, während die Älteren ein solches eher zwischendurch in einer Bar trinken. Wer Bier vom Fass möchte, fragt nach einer *caña*. Die Marke Dorada wird auf Teneriffa gebraut. Das Dorada expecial ist etwas milder, das Dorada Pilsen etwas herber im Geschmack. Alkoholfreies Bier (cerveza sin alcohol) gewinnt immer mehr Marktanteile.

Zum Abschluss einer Mahlzeit gehört **Kaffee**, ein *café solo* (Espresso) oder *cortado* (Espresso mit viel süßer Kondensmilch). Eher für zwischendurch gedacht ist der *café con leche* (Milchkaffee). Wer einen großen schwarzen Kaffee bevorzugt, bestellt *café americano* (mit heißem Wasser aufgegossener Espresso). Schwarzer Tee *(té)* und Kräutertee *(infusión)* sind weniger verbreitet.

Die Auswahl an **Spirituosen** ist groß. Natürlich sind Brandys vom spanischen Festland, z. B. der Marke Osborne, gut vertreten. Weißen und braunen Rum *(ron)* produziert in geringen Mengen die Destillerie Ron Aldea am Puerto Espíndola bei San Andrés. Vorwiegend kommt er aber von Gran Canaria (Ron de Arehucas). Beliebte Mixgetränke sind *carajillo* (Kaffee mit Cognac) und *ron con miel* (Rum mit Honig). Im Trend sind Cocktails, von denen es in Hotelbars und Lounges immer auch eine kleine Auswahl ohne Alkohol gibt. An alkoholfreien Getränken sind außerdem – neben den international üblichen Softdrinks – Appletiser (eine fruchtige Apfellimonade) und Bitter Kas (Mixgetränk aus Tonic und Orange, ähnelt geschmacklich dem Campari) zu nennen.

# Aktivurlaub, Sport und Wellness

## Gleitschirmfliegen

Die bunten Schirme der Paraglider sind im Westen La Palmas ein gewohntes Bild. Als Startplätze bieten sich der Gipfel des Pico Birigoyo und der Vulkankegel von Jedey an. Gelandet wird am Strand von Puerto Naos, wo sich die Gleitschirmbasis Palmaclub befindet. Aufgrund der Windverhältnisse und der extremen Landschaft empfiehlt sich die Insel nicht unbedingt als Fluggebiet für Anfänger. Erfahrene Flieger können bei Palmaclub Kurse buchen und Gerät leihen. Die Basis organisiert auch den Transport zu den Startplätzen. Wer noch nie geflogen ist, kann bei Palmaclub einen Tandemflug buchen.

## Höhlenerkundung

Das sogenannte Caving liegt im Trend. Mit Ekalis in Fuencaliente wird das Abenteuer wahr, eine unerschlossene Vulkanröhre zu erkunden – den Tubo de Todoque (25 €, Kinder 22 €). Unter Leitung eines erfahrenen Führers steigen die Teilnehmer in kleinen Gruppen in die Unterwelt hinab. Schutzhelme und Taschenlampen stellt der Veranstalter. Wegen Einsturzgefahr wird nicht empfohlen, Erkundungen auf eigene Faust vorzunehmen.

## Motorradfahren

Im Winter, wenn die Ausübung dieses Sports in Mitteleuropa kaum möglich ist, erweist sich La Palma als Eldorado für Motorradfahrer. Allerdings erfordern die Straßenverhältnisse umsichtiges Fahren. Deutschsprachige Firmen in Los Llanos und Puntagorda vermieten Motorräder (s. S. 24). In Puntagorda werden auch geführte Enduro-Touren angeboten.

## Radfahren

Radwanderer und Mountainbiker haben es auf La Palma aufgrund der erheblichen Steigungen nicht leicht. Aber genau darin besteht ja für viele der Reiz. In Los Cancajos, Fuencaliente, Los Llanos und Puerto Naos gibt es Verleihstationen, die teilweise auch geführte Touren anbieten (Einzelheiten bei den jeweiligen Ortsbeschreibungen). Am

besten fährt es sich natürlich mit dem eigenen Drahtesel. Gegen Aufpreis nehmen die meisten Fluggesellschaften Fahrräder mit, vorherige Anfrage ist obligatorisch. Die Linienbusse auf La Palma befördern Räder u. U. im Gepäckraum. Bei der Routenplanung ist zu beachten, dass der neue Cumbre-Tunnel für Radfahrer gesperrt und der alte Cumbre-Tunnel Einbahnstraße (in Ost-West-Richtung) ist.

## Reiten

Stille Kiefernwälder und Vulkanaschefelder prägen die Berglandschaft La Palmas in großen Teilen und eignen sich perfekt für Ausritte. Zwei Reitställe in El Paso veranstalten neben geführten Ausritten auch Reitunterricht, ab San Isidro (Breña Baja) sind Ausritte möglich. Einzelheiten bei den jeweiligen Ortsbeschreibungen.

Eine Besonderheit ist der in Fuencaliente, beim Volcán de San Antonio, angebotene Kamelritt. Diese auch für Kinder geeignete Gaudi kann sich jeder ohne Vorkenntnisse gönnen.

## Wandern

Die milden klimatischen Verhältnisse erlauben es ganzjährig, Berge, Täler und Küsten zu Fuß zu erkunden. Wanderer treffen ein gut ausgebautes und markiertes Wegenetz an (Infos unter

**La Palma – nicht nur für Wanderer ein Paradies**

www.senderosdelapalma.com). Wer auf eigene Faust unterwegs sein möchte, findet bei den Ortsbeschreibungen einige Vorschläge für kürzere und längere Touren in den landschaftlich schönsten und interessantesten Gebieten. Für darüber hinausgehende Ambitionen sei weiterführende Literatur empfohlen (s. S. 15). Besonders spektakuläre Wanderziele sind das »Dach der Insel« (Cumbre de La Caldera), der Nationalpark **Caldera de Taburiente** und die sogenannte **Vulkanroute** (Ruta de Los Volcanes). Auch im **Lorbeerwald** im Nordosten der Insel lassen sich schöne Touren unternehmen (Los Tilos, Cubo de La Galga). Reizvoll sind zudem die alten Pflasterwege, die früher – vom Seeweg einmal abgesehen – die einzige Verbindung zwischen den Orten rings um die Insel herstellten. Gut erhalten blieben z. B. der **Nordküstenweg** und der »**Königsweg**« über die Cumbre Nueva.

Verschiedene Veranstalter bieten **Wanderwochen** an (Wikinger, Studiosus, Alpinschule Innsbruck u. a.). **Tageswanderungen** in kleinen Gruppen können auch vor Ort gebucht werden. Anbieter gibt es in Los Cancajos, Villa de Mazo, Fuencaliente, Puerto Naos und Los Llanos. Adressen und weitere Infos finden Sie bei den jeweiligen Ortsbeschreibungen.

# Wassersport

## Bootstouren

Im neuen Hafen von Puerto de Tazacorte starten – geeignetes Wetter vorausgesetzt – täglich mehrere Ausflugsfahrten per Boot. Es besteht die Qual der Wahl zwischen dem ehemaligen **Fischkutter** Agamenón, dem **Glasboden-Katamaran** Fancy II und dem aus Deutschland überführten Büsumer **Krabbenkutter** Bussard. Die Pro-

gramme beinhalten in der Regel die Einfahrt in die nur vom Meer aus erreichbare Lavahöhle Cueva Bonita, eine Badepause vor der Playa de la Veta sowie die Suche nach Delfinen und Walen. Delfine und Grindwale sind recht häufig zu sehen, mit etwas Glück auch Schwert- und Pottwale. Einzelheiten finden Sie bei der Ortsbeschreibung von Puerto de Tazacorte.

## Schwimmen und Baden

Auf La Palma gibt es zwar nur wenige Strände und die meisten sind dunkelsandig bis kiesig. Doch sind sie selten überfüllt, und die Wasserqualität gilt als hervorragend. An drei Stränden (Playas de Los Cancajos, Playa de Puerto Naos, Playa de Charco Verde) weht sogar die Blaue Flagge. Nur in seltenen Fällen treten gehäuft Quallen auf (span. *medusa*), dann ist es angenehmer im Hotelpool zu baden.

Die **Playa de Bajamar** beim Hafen der Inselhauptstadt Santa Cruz ist weniger attraktiv. Dafür wurden beim Ferienort Los Cancajos in zwei Buchten künstliche, sehr gepflegte Strände geschaffen. Vorgelagerte Wellenbrecher und eine Erste-Hilfe-Station machen das Baden vergleichsweise sicher. Vor allem für Familien mit Kindern ist diese Strandzone zu empfehlen. Umkleidekabinen und sanitäre Anlagen sind vorhanden. Südlich von Los Cancajos gibt es ein paar nur über Pisten erreichbare Naturstrände. Lediglich die **Playa Salemera** besitzt Straßenanschluss und gilt immer noch als ein wenig als Geheimtipp.

Einige schöne Strände befinden sich an der Küste von Fuencaliente (Los Canarios): Die **Playa de El Faro** an der Südspitze La Palmas ist grobkiesig und wegen Brandung und unkalkulierbarer Strömungen nicht ungefährlich. Sandiger sind die **Playa Echentive** (auch Playa Nueva) und der Doppelstrand **Playas de La Zamora,** wobei an Letzterem aller-

### Vorsicht

Nur wenige Strände auf La Palma sind bewacht. Vorsicht ist also stets angebracht. Allgemein unterschätzt wird der Tidenhub, der um 2 m beträgt und damit sehr viel ausgeprägter ist als z. B. am Mittelmeer. Bei Ebbe ist es schwierig, gegen den Strom anzuschwimmen. Wenn Brandung vor die Küste schlägt, kann es recht gefährlich werden, ins Wasser zu gehen. An beaufsichtigten Strandabschnitten (vormittags meist erst ab 11 Uhr) wird Badeverbot durch ein rotes Flaggenzeichen angezeigt. Gelb bedeutet Vorsicht, bei Grün ist Baden sicher. Bei Schwarz ist kein Wächter anwesend.

dings Steinschlaggefahr herrscht. Alle diese Strände sind nicht bewacht.

Den vielleicht schönsten Sandstrand La Palmas besitzt **Puerto Naos.** Es gibt dort Umkleidekabinen, sanitäre Anlagen und eine Erste-Hilfe-Station, außerdem werden Liegestühle und Sonnenschirme verliehen. Einziger offizieller **FKK-Strand** auf La Palma ist bei Puerto Naos die Playa de las Monjas, eigentlich eher eine Felsbucht, in der Schwimmen im Meer wegen starker Brandung oft nicht möglich ist. (Obwohl FKK in Spanien prinzipiell fast überall erlaubt ist, schränken Verbote der Gemeinden diese Freizügigkeit an den meisten Stränden der Insel ein.) Großer Beliebtheit erfreut sich die ebenfalls südlich von Puerto Naos gelegene, etwas größere und mit einer guten Infrastruktur versehene, bewachte **Playa de Charco Verde.** Der recht lange Strand von Puerto de Tazacorte wurde durch den Bau einer Schutzmole und das Aufschütten von Sand aufgewertet.

Ein sehr schöner, im Sommer sandiger, allerdings nur zu Fuß oder per Boot erreichbarer Strand ist die **Playa de la Veta** unterhalb von Tijarafe. An der Nordküste ist Baden im offenen Meer wegen des häufig starken Wellengangs nicht üblich. Ersatz bieten durch die Brandung geschaffene Felspools. Bei ruhiger See ist darin gefahrloses Baden möglich. Barlovento besitzt mit **La Fajana** ein sehr schönes derartiges Naturschwimmbad. Eine ähnliche Anlage ist der bis auf Weiteres wegen Felssturz gesperrte **Charco Azul** bei San Andrés. Bei der **Playa de Nogales** unterhalb von Puntallana handelt es sich um einen der attraktivsten Strände La Palmas, doch das Schwimmen im Meer gilt hier als gefährlich.

### Seekajak

Kajaktouren verschiedener Schwierigkeitsgrade veranstaltet Axel von Partner4LaPalma (Tel. 661 90 57 11, www.partner4lapalma.com). Wer noch nie auf dem Meer gepaddelt ist, kann einen Schnupperkurs buchen. Anspruchsvoller wird es bei den zwei- oder vierstündigen Exkursionen. Die Ausfahrten (ab 18 € pro Person) starten meist in Puerto Naos oder Puerto de Tazacorte, je nach Wetterverhältnissen aber auch in Santa Cruz. Termine nach Verabredung. Auch Ekalis in Fuencaliente (Teilnahme und Preis nach Verabredung; s. S. 163) führt Touren durch und verleiht Kajaks (Einer 20 €, Zweier 22 € pro Tag).

### Tauchen und Schnorcheln

Unter Wasser erschließen sich eine artenreiche Meeresfauna mit vielen tropischen Elementen und bizarre Felsformationen. Als Tauchrevier für Anfänger empfiehlt sich Los Cancajos. In kleinen Höhlen in Strandnähe leben dort Fische, Seepferdchen und Seeanemonen. Die bekanntesten Spots liegen an der Südspitze der Insel. An der Playa de Las Cabras ziehen Hochseefische vorbei. Die Playa de Punta Larga liegt innerhalb der **Reserva Marina de La Palma,** die sich von der Punta de Fuencaliente entlang der Südwestküste erstreckt. Dort zeigen sich Sägebarsche, Papageifische und die kanarische Languste. Ein submariner Basaltturm, der **Torre de Malpique,** ist mit seinem schwarzen Korallenbesatz die besondere Attraktion. In 17 m Tiefe befinden sich hier 40 Kreuze für die sogenannten Märtyrer von Tazacorte (s. S. 199 u. 201). An den **Arcos del Charco Verde,** drei bizarren Felsbögen, gibt es besonders gute Beobachtungsbedingungen. Nördlich von Puerto Naos befinden sich die Tauchgründe **El Laberinto**, ein Labyrinth aus Spalten, Höhlen und Felsvorsprüngen mit zahlreichen Muränen, und Las Gorgonias, ein Unterwasserwald aus schwarzen Korallen und roten Gorgonien (Seefächern). Puerto de Tazacorte hat das einzige Schiffswrack La Palmas zu bieten, den in den 1940er-Jahren gesunkenen Dampfer Santa Úrsula.

Tauchbasen, die Kurse auf Deutsch für Anfänger und Fortgeschrittene durchführen, Tauchgänge organisieren und Ausrüstung verleihen, gibt es in Los Cancajos, Fuencaliente und Puerto Naos. Mitzubringen ist ein ärztliches Attest, das noch mindestens sechs Monate Gültigkeit hat. In der **Reserva Marina de la Palma** ist Tauchen nur mit Genehmigung der Reservatsverwaltung erlaubt (Tel. 922 48 02 23, erledigt bei organisierten Tauchgängen die Basis).

Wer die Unterwasserwelt auf eigene Faust und ganz unkompliziert in Augenschein nehmen möchte, bringt vielleicht die eigene Schnorchelausrüstung mit. Als bestes Revier gilt in den Monaten August bis Oktober die Felsküste beim **Puerto de Talavera,** im Gemeindegebiet von Barlovento.

## Wellness

In den meisten großen Hotels gibt es das übliche Angebot wie Pool und Sauna und Massagen. Hingegen verfügt die Großanlage der Hotelkette Princess in Fuencaliente nicht nur über eine äußerst großzügige Poollandschaft mit 12 Becken, sondern auch über den mit zwei Saunen, Dampfbad, Jacuzzi ausgestatteten Spa-Bereich Centro Aqua Princess (Zugang nur ab 18 Jahre), der außerdem Wasserbettmassage, Lichttherapie, Thalasso-Anwendungen und manches mehr bietet. Eine deutschsprachige kleine Wellnessfinca ist Aurora in El Paso. Das kreative Angebot umfasst diverse fernöstliche Anwendungen, aber auch Tanz- und Musikseminare.

*Mein Tipp*

### Sternenbeobachtung

Auf La Palma sind die Bedingungen optimal. Am **Roque de Los Muchachos** befindet sich eines der größten astronomischen Observatorien der Welt. Allerdings besteht dort für Laien keine Möglichkeit, einen Blick auf den nächtlichen Sternenhimmel zu werfen. Im **Hotel Sol La Palma** in Puerto Naos können Interessierte jedoch nach vorheriger Anmeldung zu Hobby-Astronomen werden (2 x wöchentlich). Auch das **Hotel La Palma Romántica** in Barlovento verfügt über ein kleines Observatorium für seine Gäste. Außerdem gibt es die professionell ausgestattete **Feriensternwarte Astropalma** in Tacande (bei El Paso), u. a. mit einem 40-cm-Teleskop (zweistündige, englisch- oder spanischsprachige Sitzung zur Sternen- oder Sonnenbeobachtung für Einsteiger 20 €; Infos: www.astropalma.com).

# Feste und Veranstaltungen

## Traditionelle Feste

### Reyes Magos

Traditionell ist nicht zu Weihnachten, sondern am 5. Januar, dem Vorabend des Dreikönigsfestes, Bescherung für die Kinder. In den größeren Orten findet ein Umzug statt, bei dem die ›Heiligen Drei Könige‹ auf Mauleseln reiten und Bonbons auf die begeisterten kleinen Zuschauer werfen. Anschließend wird vielfach ein Mysterienspiel *(auto de Reyes Magos)* aufgeführt, in Santo Domingo de Garafía unter Verwendung uralter Texte. S. auch S. 79.

### Carnaval

Südamerikanisch lebhaft feiern die Palmeros den Straßenkarneval, oft noch weit über die eigentlichen Karnevalstage hinaus. Nicht nur beim **Ball der Betttücher** (Verbena de las Sábanas) kommen viele Männer als Frau verkleidet. Höhepunkt in Santa Cruz ist am Rosenmontag die **Ankunft der Indianer** (Llegada de los Indianos), eine Parodie auf die aus Venezuela heimgekehrten Emigranten. Ganz in Weiß gekleidet fahren sie mit einem Schiff auf Rädern durch die Stadt, um von den Zuschauern mit Talkumpulver beworfen zu werden. Ursprünglich handelte es sich um einen uralten Fruchtbarkeitskult, den man früher mit Mehl vollzog.

In Los Llanos blieb die Tradition der *murgas* erhalten. Sänger setzen sich dabei in heiter-ironischer Form mit der Lokalpolitik auseinander. Tränenreich gestaltet sich in den größeren Orten am Aschermittwoch die Feuerbestattung einer überdimensionalen Sardine aus Pappmaché. Zu diesem Anlass ist dunkle Kleidung angebracht.

### Semana Santa

Besonders feierlich wird die Osterwoche in Santa Cruz begangen. Düsterer Höhepunkt ist die nächtliche Karfreitagsprozession, zu der die Passion Christi in den Straßen der Stadt nachgespielt wird. In Kapuzenmäntel gehüllt ziehen die Mitglieder der verschiedenen Bruderschaften mit Fackeln hinter den Figuren der Madonna und des Christus mit dem Kreuz her. Auch in Tijarafe finden besonders inbrünstige Prozessionen statt, s. S. 213.

### Fiesta de la Cruz

Das Kreuzfest am 3. Mai erinnert sowohl an die Auffindung des angeblich wahren Kreuzes Christi in Jerusalem im Jahr 326 als auch an die endgültige Eroberung La Palmas durch die Spanier am 3. Mai 1493. Besonders aufwendig wird es in Santa Cruz begangen, dessen Bürger zugleich auch die Gründung der Stadt feiern. Auch in Breña Baja, Breña Alta und vielen anderen Orten hüllen die Menschen am Vorabend Hunderte von Wegkreuzen in Stoff oder Papier und verzieren sie mit Blumen und Kerzen. Am Festtag finden die Prozessionen statt, ertönen Kracher und Böllerschüsse. Neben den Kreuzen, aber auch auf Balkonen und Terrassen stellen die *mayos* – groteske, überlebensgroße Puppen – Szenen mit aktuellem Bezug nach.

### Día del Corpus/Corpus Christi

Fronleichnam feiern die Gläubigen in vielen Inselorten, indem sie in mühevoller Arbeit Blumenteppiche in den Straßen auslegen. Schon nach wenigen Stunden zerstört die abendliche Prozession die ganze Pracht. Besonders farbenprächtig wird das Fest in Villa de Mazo und San Andrés begangen, wo aufwendige ›Bögen‹ die Stadtzentren zieren, s. auch S. 79, 149 und 245.

## Fiestas de San Juan

Der Johannistag (24. Juni) ist, wie in ganz Spanien, ein großes Ereignis. Böllerschüsse leiten am Vorabend in verschiedenen Orten die Feierlichkeiten ein, um Mitternacht entflammen dann Johannisfeuer. Besonders eindrucksvoll in Puntallana, s. S. 255.

## Bajada de La Virgen

Alle fünf Jahre (2010, 2015 usw.) Anfang Juli bis 5. August. Bedeutendstes Inselfest mit Feuerwerk, Sportwettkämpfen, Wahl einer Festkönigin und viel Musik. Am ersten Sonntag im Juli tragen – um die Ankunft der Jungfrau vom Schnee in Santa Cruz vorzubereiten – in Trachten gekleidete Männer ihren silbernen Thron von **Las Nieves** hinab in die Stadt. Damit leiten sie die **Semana Chica** (Kleine Woche) ein, deren Höhepunkt ein nächtlicher Kinderumzug darstellt. Berühmt sind die in der **Semana Grande** (Woche ab dem 2. Sonntag im Juli) aufgeführten allegorischen Spiele: der »Zwergentanz« am Donnerstag und der »Triumphwagen« am Freitag. Alles kulminiert am Samstag der Semana Grande in der eigentlichen Bajada, der Herabführung der Jungfrau vom Schnee aus ihrem Heiligtum in Las Nieves in einer Sänfte nach Santa Cruz. Dort verbringt sie nach einer feierlichen Messe die erste Nacht in der **Parroquia de La Encarnación,** vor der die Pilger bis in die Morgenstunden ausharren. Am Sonntag geleitet eine Prozession die Madonna nach dem »Dialog zwischen Festung und Schiff« (s. o.) in die **Parroquia de El Salvador,** wo sie bis Maria Schnee (5. August) verweilt. Dann wird sie – abermals im Rahmen eines aufwendigen Umzugs – nach Las Nieves zurückgebracht. Als 1676 wegen einer großen

Dürre eine Missernte auf La Palma drohte, ließ der Bischof von Gran Canaria die erste Bajada durchführen, um das Unglück abzuwenden. In der Tat regnete es kurz darauf. Der Bischof ordnete daraufhin an, die Bajada regelmäßig zu wiederholen, was seit 1680 im Fünf-Jahres-Rhythmus geschieht (s. auch S. 78).

## Fiestas del Carmen

Um den 16. Juli feiern die Fischer ihre Schutzheilige, Nuestra Señora del Carmen. Die aufwendigsten Feste zu Ehren der Jungfrau vom Karmelberg, die auch den Beinamen *stella maris* (Stern der Meere) trägt, richten die drei Inselhäfen Santa Cruz, Puerto de Tazacorte und Puerto Espíndola mit bunt beflaggten Bootsprozessionen aus.

## Fiestas Parroquiales

Jede Pfarrgemeinde feiert im Sommerhalbjahr ihre Kirmes, die normalerweise – ungeachtet des eigentlichen Ehrentags des Kirchenpatrons – in den August verlegt wird. Fast noch wichtiger als die feierliche Prozession mit der Statue des Heiligen ist das ausgelassene Volksfest am Vorabend, das sich auch über mehrere Tage hinziehen kann. Die Termine werden auf Plakaten und den Internetseiten der Gemeinden angekündigt bzw. sind in den Touristeninformationsbüros zu erfahren.

## Navidad (Weihnachten)

In der Vorweihnachtszeit, die am 8. Dezember auf Maria Empfängnis beginnt, sind in den Kirchen liebevoll hergerichtete Krippen zu besichtigen. Musikgruppen ziehen von Haus zu Haus und tragen alte Lieder *(villancicos)* vor. Das besinnliche Fest von einst ist Weihnachten allerdings nicht mehr. Überall ertönen aus Lautsprechern Weihnachtslieder in ihrer spanischen Ver-

# Festkalender

## Januar/Februar
**Reyes Magos (Heilige Drei Könige):** 5. Jan., s. S. 37

**Fiestas del Almendro en Flor:** Mandelblütenfest, Ende Jan. od. Anfang Feb., Puntagorda, s. S. 219

**Carnaval:** s. S. 37

## März/April
**Semana Santa (Ostern):** s. S. 37

## Mai/Juni
**Fiesta de la Cruz:** 3. Mai, s. S. 37

**Fiesta de San Isidro:** um den 15. Mai, s. S. 144

**Fiesta de las Cruces de La Laguna:** Fest der Kreuze von La Laguna, letztes Maiwochenende, Barlovento, s. S. 240.

**Fiesta y Feria Ganadera San Antonio del Monte:** Fest und Viehmesse, zwei Tage um den 13. Juni, Villa de Garafía, s. S. 229.

**Fiesta Nuestra Señora de Los Remedios:** Patronatsfest, zwei Wochen Mitte Juni, Los Llanos, s. S. 194.

**Día del Corpus (Fronleichnam):** s. S. 37

**Sagrado Corazón:** Herz-Jesu-Fest, am zweiten Sonntag nach Fronleichnam, El Paso, s. S. 173.

**Fiestas de San Juan:** 24. Juni, Puntallana, s. S. 38.

## Juli
**Bajada de La Virgen:** Herabführung der Jungfrau, alle fünf Jahre (2010, 2015 usw.) Anfang Juli bis Anfang Aug., Santa Cruz, s. S. 38.

**Santos Mártires de Tazacorte:** Prozession zu Ehren der »Märtyrer von Tazacorte« am 15. Juli, Tazacorte, s. S. 201.

**Fiestas del Carmen:** 16. Juli, s. S. 38.

**Festival de Ópera:** mehrere Tage im Juli in Santa Cruz, s. S. 40.

## August
**Fiestas Parroquiales (Pfarrgemeindefeste):** s. S. 38

**Bajada de Nuestra Señora del Pino:** Fest der Kiefernjungfrau, alle drei Jahre (2012, 2015, …) Anfang Aug. bis Anfang Sept., Ermita Virgen del Pino und El Paso, s. S. 272.

**Fiesta del Pino:** Fest der Kiefernjungfrau, zweiter Sonntag im Aug., Fuencaliente, s. S. 163.

**Fiesta de la Virgen del Rosario:** Rosenkranzfest, alle drei Jahre am 2. Augustsonntag (2012, 2015 …), Barlovento, s. S. 240.

**Fiesta de San Bartolomé:** Fest des Hl. Bartholomäus, 24. Aug., La Galga, s. S. 255.

**Fiesta de la Vendímia:** Fest der Weinlese, alle 2 Jahre (in geraden Jahren) in der letzten Augustwoche, Fuencaliente, s. S. 163.

## September
**Nuestra Señora de Montserrat:** Patronatsfest, erste beide Septemberwochen, Los Sauces, s. S. 242.

**Fiesta del Diablo:** »Teufelsfest«, 7./8. Sept. in Tijarafe, s. S. 214.

**Fiestas en Honor de San Miguel:** Patronatsfest, 2. Septemberhälfte, Tazacorte, s. S. 201.

## Oktober/November
**Outdoor & Walking Festival:** drei Tage Anfang Okt., Hauptort Los Llanos, s. S. 194.

**Fiesta de San Martín:** 11. Nov., Breña Baja und Breña Alta, s. S. 140

## Dezember
**Navidad (Weihnachten):** s. S. 38

**Noche Vieja (Silvester):** s. S. 40

sion. Dekoriert wird sehr üppig mit bunten Girlanden und auf Fensterscheiben aufgesprühten Sternen. Der Brauch, Bäume zu schmücken, war früher nicht verbreitet. Inzwischen sind Plastik-Tannenbäume in Mode gekommen. Am **Heiligabend** (Nochebuena) besuchen die Familien gemeinsam die Mitternachtsmesse, zu der in San Andrés noch eine Bethlehemszene mit traditionellem Gesang aufgeführt wird und in Fuencaliente die Hirten Opfergaben überbringen. Anschließend steigt oft bis zur Morgendämmerung eine lebhafte *fiesta* mit Tanz auf dem Dorfplatz.

### Noche Vieja (Silvester)

Zu Silvester machen sich die Palmeros besonders fein und feiern vielerorts in Festsälen. Das **Neue Jahr** (Año Nuevo) begrüßen sie – wie allgemein in Spanien üblich – mit Weintrauben. Die Feiernden versammeln sich auf dem Kirchplatz und verzehren zu jedem Glockenschlag eine Beere. Danach gibt es in größeren Orten ein Feuerwerk.

# Nachtleben und Kulturelles

Richtig heiß zur Sache geht es nachts auf La Palma nicht. Auch in den Städten Santa Cruz und Los Llanos werden die Bürgersteige – für Spanien ungewohnt – schon recht früh hochgeklappt. Die Jugend trifft sich dort am Freitag und Samstag in den Kinopalästen, ältere Semester flanieren vielleicht noch um die Plazas oder nehmen den einen oder anderen Drink in einer Bar. Spätestens um 24 Uhr schließen die meisten Lokale. Szenige Lounges und Cocktailbars gibt es (noch?) ganz vereinzelt.

Auch in den Ferienorten Los Cancajos und Puerto Naos kann von wirklichem Nachtleben keine Rede sein. Das abendliche Programm beschränkt sich auf einige wenige Lokale und vor allem auf die großen Hotels. Diese bieten in ihren Bars Unterhaltung in Form von Folklore, Flamenco, Showeinlagen im Musical-Stil und Live-Tanzmusik.

### Schnellmalerei

Jedes Jahr an einem Samstag Ende Juni findet seit 2007 auf La Palma der **Concurso de pintura rápida »Francisco Concepción«** statt, ein offener Wettbewerb für jeden, der Spaß am Malen hat und mindestens 18 Jahre alt ist. Francisco Concepción (1929–2006) bildete in unzähligen Werken seine Heimatinsel La Palma ab und repräsentiert damit wie kaum ein anderer die kanarische Landschaftsmalerei des 20. Jh. So dreht sich auch bei dem nach ihm benannten Wettbewerb thematisch alles um La Palma. Stil und Technik bleiben den Teilnehmern überlassen. Die Einschreibung erfolgt morgens in verschiedenen Inselorten. Am selben Abend sind die Werke in der Casa Principal de Salazar in Santa Cruz abzuliefern, wo anschließend auch die Preisverleihung stattfindet. Es winken Prämien von bis zu 2000 €, nicht prämierte Bilder haben die Chance an einer Ausstellung teilzunehmen. Infos (auf Spanisch): Cabildo Insular de La Palma, Consejería de Educación y Cultura, Tel. 922 42 31 00, www.cabildo lapalma.es.

### Festival de Ópera

Im Juli in Santa Cruz. Im Teatro Circo de Marte und im Innenhof des ehemaligen Franziskanerklosters geben Gastensembles ein oder zwei Opern, jeweils mehrere Aufführungen. Karten unter operaenlapalma@canarias.org, Infos unter www.operaenelconvento.es.

# Reiseinfos von A bis Z

## Apotheken

In jedem größeren Ort gibt es eine gut sortierte Apotheke *(farmacia)*. Man erkennt sie an einem weißen Kreuz auf grünem Grund. Übliche Öffnungszeiten sind Mo–Fr 9–13 und 17–19 Uhr. Ein Schild an der Tür gibt an, welche Apotheke Notdienst hat.

## Ärztliche Versorgung

### Krankenhäuser

**Hospital Insular:** Santa Cruz de La Palma, Tel. 922 18 50 00. Inselkrankenhaus an der LP-3 Richtung Los Llanos.
**Centro Médico Cancajos:** Los Cancajos, Centrocancajos, Ladenlokale 307–308, Tel. 922 43 42 11 od. 653 81 31 58 (Notdienst). Privatklinik, in der Deutsch verstanden wird.

### Gesundheitszentren

Einfacher ausgestattete Gesundheitszentren *(Centro de Salud)*, in denen nicht mit Fremdsprachenkenntnissen zu rechnen ist, wo man aber Erste Hilfe leistet und unkomplizierte Fälle medizinisch betreut, finden sich in allen größere Orten: **Barlovento** (Calle El Calvario s/n, Tel. 922 18 63 60), **Breña Baja** (San Antonio, Carretera General s/n, Tel. 922 43 59 35), **El Paso** (Avenida José Antonio, Tel. 922 48 65 30), **Fuencaliente** (Los Canarios, Calle Emilio Quintina Sánchez s/n, Tel. 922 44 41 28), **Los Llanos** (Calle Angélica Luis Acosta 2, Tel. 922 40 30 70), **Los Sauces** (Carretera General, Tel. 922 45 26 35), **Puerto de Tazacorte** (Casa del Mar, Tel. 922 48 20 21), **Puntagorda** (Camino El Pinar s/n, Tel. 922 48 78 10), **Puntallana** (Plaza San Juan s/n, Tel. 922 43 02 06), **Santa Cruz** (Calle Pérez Galdós 5, Tel. 922 41 80 27), **Santo Domingo de Garafía** (Calle Díaz y Suárez s/n, Tel. 922 18 09 70), **Tazacorte** (Calle Primero de Mayo 2, Tel. 922 48 20 04), **Tijarafe** (Calle de La Molina 3, Tel. 922 49 19 96), **Todoque** (Carretera General de Puerto Naos s/n, Tel. 922 46 05 19), **San Pedro de Breña Alta** (Calle La Constitución 64, Tel. 922 43 80 00), **Villa de Mazo** (El Pueblo, Calle Maximiliano Pérez Díaz 9, Tel. 922 44 08 04).

### Deutsche Ärzte

**Allgemeinmedizin:** Dr. Siegfried Kapser, Santa Cruz, Avenida del Puente 31 (5. St.), Tel. 922 41 38 47; Dr. Roland Klassert, Breña Baja, San Antonio 255, Edifício La Chatita, Tel. 922 18 14 14; Claus Voss, El Paso, Tajuya, Camino Espigón 20, Tel. 922 48 60 28 u. 666 22 34 82 (Notfälle), www.clausvoss.de.
**Gynäkologie:** Norbert Zeeh, Santa Cruz, Glez. del Yerro 13, Tel. 922 46 06 57 u. 647 88 15 44 (Notfälle).
**Orthopädie:** Dr. H. Schaar, Los Llanos, Avenida Carlos Francisco Navarro 19, Tel. 922 40 21 41 u. 661 70 64 44 (Notfälle).
**Zahnmedizin:** Lothar Hötzel, Los Llanos, Avenida Venezuela 11, Tel. 92 46 04 19.

### Behandlungskosten

EU-Bürger und Schweizer, die Mitglied einer gesetzlichen Krankenkasse sind, können sich bei Vorlage der Europäischen Krankenversicherungskarte (EHIC) im Krankheitsfall kostenlos behandeln lassen.

In privaten Ärztezentren und Arztpraxen wird die EHIC nicht akzeptiert. Auch im öffentlichen Krankenhaus und in den Gesundheitszentren der Gemeinden sind u. U. nicht alle Leistungen abgedeckt. In solchen Fällen müssen die Behandlungskosten zunächst selbst bezahlt werden. Zu Hause werden die

# Reiseinfos

Kosten von der Krankenkasse erstattet, allerdings nicht immer in voller Höhe. Daher bewährt sich der Abschluss einer privaten Reise-Krankenversicherung.

Privatversicherte zahlen Behandlungs- und Krankenhauskosten vor Ort und bekommen sie zu Hause gegen Vorlage der Rechnung erstattet (möglichst detailliert ausstellen lassen).

## Diplomatische Vertretungen

### Deutsches Konsulat Gran Canaria
35007 Las Palmas
Calle Albareda 3 (2. St.)
Tel. 928 49 18 80, Passstelle Tel. 928 49 18 70, in dringenden Notfällen Tel. 659 51 76 00, Fax 928 26 27 31
www.las-palmas.diplo.de
Mo–Fr 9–12 Uhr, Fei geschl.

### Deutsches Honorarkonsulat La Palma
(im Notfall auch für Bürger anderer EU-Staaten)
38700 Santa Cruz de La Palma
Avenida Marítima 66 (Palmasol Immobiliaria)
Tel. 922 42 06 89, Fax 922 41 32 78
Mo–Do 9–13, 17–19, Fr 9–13 Uhr

### Österreichisches Honorarkonsulat Teneriffa
38300 La Orotava
Calle Hermano Apolinar 12
Tel. 922 32 59 61, Fax 922 32 21 84
www.bmeia.gv.at/aussenministerium
Mo und Mi/Do 15.30–18.30 Uhr
Keine Pass- und Sichtvermerksbefugnis.

### Schweizer Konsulat Gran Canaria
Playa de Tarajalillo
Urbanización Bahía Feliz
Tel. 928 15 79 79, Fax 928 15 79 00
www.eda.admin.ch
Sämtliche Korrespondenz bitte an die Schweizer Botschaft, 28001 Madrid, Calle de Núñez de Balboa 35 A.

## Elektrizität

Die Wechselstromspannung beträgt 220 Volt. Adapter werden in der Regel nicht benötigt.

## Feiertage

In Spanien werden die 14 gesetzlichen Feiertage in den einzelnen Regionen jährlich neu festgelegt. Auf den Kanaren sind dies in der Regel:

**1. Januar:** Neujahrstag (Año Nuevo)
**6. Januar:** Dreikönigsfest (Reyes)
**1. Mai:** Tag der Arbeit (Día Internacional del Trabajo)
**30. Mai:** Tag der Kanaren (Día de las Canarias)
**25. Juli:** Sankt Jakob (Santiago)
**15. August:** Mariä Himmelfahrt (La Asunción)
**12. Oktober:** Tag der Entdeckung Amerikas (Día de la Hispanidad)
**1. November:** Allerheiligen (Todos los Santos)
**6. Dezember:** Tag der Verfassung (Día de la Constitución)
**8. Dezember:** Mariä Empfängnis (Inmaculada Concepción)
**25. Dezember:** Weihnachten (Navidad)
**Variable Daten** haben **Gründonnerstag** (Jueves Santo), **Karfreitag** (Viernes Santo) und **Fronleichnam** (Día del Corpus).

Darüber hinaus bestimmt jede Gemeinde **zwei örtliche Feiertage.** Ostermontag, Christi Himmelfahrt, Pfingstmontag und der zweite Weihnachtstag sind keine Feiertage. Wenn ein Feiertag auf einen Sonntag fällt, wird am darauf folgenden Montag nicht gearbeitet.

## FKK/oben ohne

Recht freizügig ist seit einigen Jahren die Gesetzeslage in Spanien, was FKK betrifft. In der Praxis schränken viele Gemeinden das Recht auf hüllenloses Baden ein. Auf La Palma gibt es nur einen offiziell ausgewiesenen FKK-Strand, die kleine **Playa de las Monjas** bei Puerto Naos. »Oben ohne« wird an Stränden wie auch an Hotelpools weitgehend toleriert, ist allerdings eher die Ausnahme als die Regel.

## Geld

Währung in Spanien und damit auch auf den Kanarischen Inseln ist der Euro. Schweizer tauschen zum Kurs: 1 € = 1,51 sfr. (Sommer 2009).
**Geldautomaten:** Bei allen Bankfilialen sowie – in den Städten und Ferienorten – in Straßenabschnitten mit vielen Geschäften stehen Automaten, an de-

nen man mit ec/Maestro-Karte und Geheimnummer maximal 200 € pro Tag abheben kann (ca. 5 € Gebühr). Sie können in deutscher Sprache bedient werden.
**Kartenzahlung:** Kreditkarten und ec/Maestro-Karten werden von größeren Hotels, Tankstellen, vielen Restaurants und Geschäften angenommen. In Autovermietungen kann man zwar meist mit ec/Maestro-Karte zahlen, sie verlangen aber zusätzlich die Vorlage einer Kreditkarte.

## Medien

### TV & Radio

Hotels und Apartmenthäuser bieten ihren Gästen meist einen Fernseher im Zimmer. In Urlauberhotels besteht in der Regel die Auswahl zwischen mehreren deutschsprachigen Sendern.
Programm und Sendefrequenzen der Deutschen Welle (Radio und TV) sind

**Religiöse Feste werden auf La Palma noch mit viel Inbrunst begangen**

der Internetseite **www.dw-world.de** zu entnehmen.

## Zeitungen

Die größeren deutschen Tageszeitungen und Zeitschriften sind in den Hauptorten schon am selben Tag oder mit eintägiger Verspätung am Kiosk und in den Ferienorten auch in Supermärkten erhältlich.

Kostenlos liegen in vielen Supermärkten, Hotels und Tourismusbüros drei Anzeigenblätter aus: **La Palma Info** erscheint halbjährlich in deutscher Sprache, **D'Ocasión** alle zwei Wochen auf Spanisch mit deutschsprachigen Seiten. Beide enthalten Hintergrundinformationen über La Palma, Kleinanzeigen und Hinweise auf Veranstaltungen. **El Palmero** erscheint alle zwei Wochen ausschließlich in spanischer Sprache,

### Internetzugang

**WLAN:** Mit dem eigenen Laptop kann man auf La Palma in immer mehr Hotels und sogar in manchen Ferienhäusern *wireless* surfen. Oft ist das Angebot gratis.

**Internet-Points**: Die größeren Hotels und Apartmentanlagen bieten ihren Gästen den Service eines Internet-Points gegen Gebühr (ca. 2 € pro Viertelstunde). Öffentlichen Internetzugang gibt es für 2–3 € pro Stunde z. B. in **Santa Cruz** (copy.com, Calle Cabrera Pinto 15, hinter der Cafetería Tajurgo), **Los Cancajos** (Planitel Internet, Centrocancajos, Ladenlokal 306, hier auch günstiges Telefonieren möglich), **Los Llanos** (Las Vegas Bazar Video, Av. Dr. Fleming 12; Contacto, Calle General Yagüe 13), **El Paso** (Info Center La Palma, Calle Antonio Pino Pérez 12) und **Puntagorda** (öffentliche Bibliothek, Calle Pino de La Virgen).

kann aber wegen der ausführlichen Programme der jeweils aktuellen Feste interessant sein.

## Notruf

**Notfall:** 112 (Polizei, Feuerwehr, Ambulanz), auch in deutscher Sprache.

## Öffnungszeiten

**Geschäfte:** Meist Mo–Fr 10–13/14 und 16/17–20, Sa 10–13/14 Uhr. Im ländlichen Bereich bleiben Läden im Juli und August oft nachmittags geschlossen. In Los Cancajos und Puerto Naos hingegen öffnen manche Geschäfte ganzjährig auch über Mittag, abends bis ca. 21 Uhr und am Sonntag bis ca. 13.30 Uhr. In größeren Supermärkten kann man von Montag bis Samstag durchgehend von 8–20 oder 9–21 Uhr einkaufen. Das Einkaufszentrum San Martín in Breña Alta (an der LP-3 Santa Cruz – Los Llanos) öffnet auch am Sonntag 9–15 Uhr.
**Banken:** Mo–Fr 9–14; zwischen September und Juni auch Sa 9–13 Uhr.
**Kirchen:** Viele öffnen nur zu Gottesdiensten, meist täglich gegen 19 Uhr und an Sonn–/Feiertagen zusätzlich am Vormittag. Bei speziellem Interesse ist es oft möglich, den Schlüssel in der Nachbarschaft zu bekommen.

## Post

**Öffnungszeiten:** Die Öffnungszeiten der Postämter *(correos)* sind in der Regel Mo–Fr 9–13/14 und Sa 9–12/13 Uhr. Reduzierter Dienst in Santa Cruz (Plaza de la Constitución) Mo–Fr bis 20.30 Uhr. Briefmarken *(sellos)* gibt es auch an Hotelrezeptionen und in jedem Tabakladen *(estanco)*. Am besten nur Marken der staatlichen Post (Aufschrift *correo*) verwenden und die damit frankierten Briefe und Postkarten entweder in die gelben Briefkästen mit Posthornzeichen einwerfen oder an der Hotelrezeption abgeben.

**Porto:** Briefe bis 20 g sowie Postkarten kosten nach Deutschland, Österreich und in die Schweiz 0,62 €.

# Rauchen

Seit 2006 ist in Spanien das Rauchen in öffentlichen Gebäuden (z. B. Flughafen) grundsätzlich verboten, außer in eigens ausgewiesenen Zonen. In Hotels ist das Rauchen in der Regel in den öffentlichen Innenbereichen (Restaurant, Lobby, Bar) nicht gestattet. Restaurants, Cafés und Bars müssen ab einer bestimmten Größe eine Nichtraucherzone ausweisen. Kleinere Gaststätten dürfen wählen, ob sie reine Nichtraucher- oder reine Raucherlokale sein möchten (durch einen Aufkleber am Eingang angezeigt).

# Reisekosten und Spartipps

La Palma ist kein ausgesprochen billiges Reiseziel. In den Supermärkten der Ketten San Martín und Spar, die auf der Insel gut vertreten sind, entspricht das Preisniveau etwa dem in Deutschland. Recht günstig und qualitativ gut kauft man auch in den Markthallen von Santa Cruz und Los Llanos sowie auf den Wochenendmärkten von Villa de Mazo und Puntagorda. Insgesamt etwas niedriger als in Deutschland liegen die Preise von Hotels, Restaurants und Taxis.

**Restaurantbesuch:** Mittags Tagesmenü 8–10 €, Tapas *(media ración)* 2–5 €; abends Hauptgericht 6–15 €.

Die im Buch angegebenen Essenspreise beziehen sich, falls nicht anders angegeben, auf ein Hauptgericht ohne Getränke. Eine Flasche Wein kostet im Restaurant 10–15 €, ein halber Liter offener Hauswein ca. 8 €, ein kleines Bier 1,50–2 €, eine Tasse Kaffee 1,50 €.

**Verkehrsmittel:** Taxi pro Kilometer ca. 1 €, Mindesttarif 3 €; Busfahrt von Santa Cruz nach Los Llanos 4,15 €, von Santa Cruz nach Los Cancajos 1 €; Mietwagen pro Tag 25–50 €; organisierte Ausflugsfahrt per Bus 30–40 €; Ausflugsfahrt per Boot 20–45 € (Kinder ca. halber Preis).

**Benzin:** Eurosuper (95 Oktan) ca. 0,78 €/l (Stand: Sommer 2009).

**Eintritt:** staatliche Museen z. T. gratis, sonst 1–4 €, Kinder frei oder starke Ermäßigung; private Zoos, Gärten 6–11 €, Kinderermäßigung jeweils 50 %.

# Reisende mit Handicap

Auf La Palma gibt es mehrere barrierefrei eingerichtete Hotels. Einzelheiten sind im Reisebüro zu erfahren.

Allgemeine Informationen zu Gruppenreisen und zur Organisation von Individualreisen erteilt die Bundesarbeitsgemeinschaft der Clubs Behinderter und ihrer Freunde e. V. (51465 Bergisch Gladbach, Langenmarckweg 21, Tel. 02202 989 98-11, www.bagcbf.de).

# Sicherheit

### Kriminalität
La Palma gilt als verhältnismäßig sicher. Dennoch sind Wertsachen am besten im Hotelsafe (ca. 2 € pro Tag) aufgehoben. Grundsätzlich empfiehlt es sich, nichts von Wert im Auto liegen zu lassen, auch

nicht im Handschuhfach oder Kofferraum. Diebstähle sind bei der Guardia Civil anzuzeigen, die eine Bescheinigung für die Reisegepäckversicherung ausstellt. Die Guardia Civil unterhält Dienststellen in allen größeren Orten (zu erfragen an der Hotelrezeption).

### Gefährliche Tiere
Auf La Palma gibt es keine wild lebenden Schlangen oder giftigen Skorpione. Lediglich ein 15 bis 25 cm langer Hundertfüßler verteilt Bisse, die allergische Reaktionen hervorrufen und ärztlicher Behandlung bedürfen. Das nachtaktive Tier ist allerdings äußerst scheu und beißt nur dann zu, wenn es sich bedrängt fühlt. Haie kommen im Atlantik vor, Badeunfälle mit ihnen sind aber nie bekannt geworden.

## Souvenirs

### Kunsthandwerk
Das wohl typischste Mitbringsel von La Palma ist **Seide**. Handgewebte Schals, Tücher und Krawatten aus dem wert-

**Ideal zum Beleben einer kleinen Brotmahlzeit und auch als Mitbringsel geeignet: Mojo**

vollen Material entstehen im Museo de la Seda »Las Hilanderas« in El Paso und werden auch dort verkauft. **Stickereien,** ebenfalls von Hand gefertigt, haben die meisten Kunsthandwerksläden im Angebot. Die Palette reicht von Tischdecken, Sets und Servietten bis hin zu Blusen und anderen Kleidungsstücken. Oft sind sie mit den für La Palma charakteristischen, farbintensiven Blumen- oder Vogelmotiven versehen.

**Webarbeiten** wie Decken, Tischläufer oder Taschen aus Stoffresten liegen ebenfalls in den Regalen der zahlrei-

chen Kunsthandwerksgeschäfte. Außerdem ist dort **Flechtwerk** aus Palmstroh, wie Hüte, Taschen und Matten, erhältlich. Anspruchsvolle **Keramik,** gefertigt nach altkanarischen Vorbildern, bietet aus eigener Produktion eine Töpferei in Hoyo de Mazo.

Wer traditionelles Kunsthandwerk erstehen möchte, wird vor allem in den offiziellen Verkaufsstellen des Inselrats in Santa Cruz, Villa de Mazo und Argual Abajo fündig, aber auch in den Kunsthandwerkszentren und Spezialgeschäften, die einige Gemeinden eingerichtet haben (z. B. Breña Baja, Fuencaliente, Barlovento, Puntallana). Darüber hinaus gibt es viele Boutiquen, in denen modernes Kunsthandwerk von La Palma, z. B. geschmackvoller **Schmuck aus Lavagestein,** verkauft wird. Auch auf den Wochenendmärkten von Villa de Mazo und Puntagorda lohnt es sich, nach handgefertigten Dekorationsgegenständen, Kleidungsstücken und Accessoires Ausschau zu halten.

### Kulinarische Spezialitäten

Auf Märkten, in Souvenirläden und Supermärkten ist **Mojo,** die berühmte kanarische Würzsoße (s. S. 30), in verschiedenen Varianten in kleinen Gläsern erhältlich. Dazu schmeckt zu Hause ein palmerischer **Ziegenkäse,** den man sich in Supermärkten ganz oder in Teilen transportsicher in Folie einschweißen lassen kann. Er führt die geschützte Bezeichnung »Queso Palmero« und wird in verschiedenen Reifestufen angeboten. Typisch für die Insel ist vor allem der geräucherte Käse, der das Aroma von Mandelschalen, Kiefernnadeln oder getrocknetem Feigenkaktus haben kann. Weitere Infos: **www.quesopalmero.es.**

An der Punta de Fuencaliente produziert eine kleine Saline noch auf handwerkliche Weise **Meersalz.** Eine sehr aufwendig gewonnene Variante schätzen Gourmets als »Salzblüte« *(flor de sal)*. Beide Salzsorten werden im Salinengebäude verkauft (s. S. 158).

Typisch für La Palma sind die mit sehr viel Zucker hergestellten **Süßigkeiten**, eine Tradition, die auf den einst sehr bedeutenden Zuckerrohranbau zurückgeht. Rapaduras, eine Mischung aus Zuckersirup und Gofio, sind eine in allen Farben erhältliche Miniaturausgabe von Zuckerhüten. Außerdem gibt es allerlei Sorten von Keksen, die in kleinen Betrieben auf der Insel gebacken werden. **Mandeln** werden geröstet oder roh, gesalzen oder gezuckert, als Mandelmus oder in Form von *queso de almendras* (Mandelkäse), einem lange haltbaren kleinen Kuchen, in den außerdem Eier, Zucker, Zitronenschale und Zimt gehören, angeboten. Diese Spezialitäten bekommt man auf den Märkten, in Souvenirläden und Konditoreien. Dort gibt es auch **Marmelade** von La Palma in ausgefallenen Sorten, z. B. aus Kaktusfeigen, Tomaten oder Maulbeeren.

Schließlich gewinnt **Honig** in der Gunst der Käufer immer mehr an Bedeutung. Er kommt vor allem aus dem Nordwesten der Insel, aus den Gemeindegebieten Tijarafe, Puntagorda und Garafía, wo die Bienen nicht nur zur Mandelblüte reichlich Nahrung finden.

### Spirituosen und Rauchwerk

Begehrt ist **Wein** von La Palma, den die Bodegas von Villa de Mazo, Fuencaliente und Tijarafe sowie das Weinmuseum in Las Manchas de abajo vor dem Kauf zum Probieren anbieten. Aber auch jeder gut sortierte Supermarkt führt Inselwein. Der schwere **Aperitif der Sorte Malvasier** war in früheren Jahrhunderten ein wichtiger Exportartikel. Dem modernen Geschmack kommen die leichteren, trockenen Tischweine eher entgegen (s. S. 152).

Weißer und brauner **Rum** *(ron)* kommt in geringen Mengen aus San Andrés (Ron Aldea), vorwiegend aber von Gran Canaria (Ron de Arehucas). Er steht in Supermärkten im Regal. Eine Spezialität, die auf den Kanaren gern als Aperitif getrunken wird, ist *ron con miel* (Rum mit Honig). Auch diesen bieten die genannten Firmen – bereits fertig gemixt – in Flaschen an. Kräuterschnäpse, nach alten palmerischen Rezepten hergestellt, findet man in Souvenirläden. Sehr intensiv im Geschmack ist Bananenlikör von Teneriffa.

**Handgedrehte Zigarren** *(puros)* fertigen noch einige kleinere Werkstätten in Santa Cruz, San Pedro de Breña Alta und El Paso. Sie werden in vielen Geschäften und Bars verkauft. Eine spezielle Adresse ist die Tabakfinca von San Isidro (Breña Alta).

## Telefonieren

### Festnetz

Das Telefonieren mit Münzen von öffentlichen Fernsprechern ist relativ teuer. Günstiger wird es mit einer Telefonkarte *(teletarjeta)* mit Geheimzahl zum Abrubbeln, die man z. B. in Tabakläden *(estancos)* erhält (ab 6 €). Das Benutzen des Telefons im Hotelzimmer kann ins Geld gehen.

### Mobilfunk

**Netzbetreiber:** Das Mobilfunknetz ist auf La Palma sehr gut ausgebaut. Ausländische Handys wählen sich problemlos in das spanische Netz ein. Man kann sich vor der Reise bei seinem Anbieter erkundigen, welcher spanische Netzbetreiber – die wichtigsten sind Vodafone, Movistar-Telefónica und Amena (Orange) – günstiger ist und diesen vor Ort einstellen.

**Tarife:** Pro Minute zahlt man rund um die Uhr für Gespräche nach Deutschland, Österreich und in die Schweiz maximal 0,49 €, für ankommende Gespräche maximal 0,24 €. In den kommenden Jahren sollen die höchstzulässigen Gebühren weiter gesenkt werden. Für Telefonate innerhalb Spaniens (Landesvorwahl 0034 mitwählen) werden 25 % Aufpreis auf die nationalen Gebühren verlangt.

**Internationale Vorwahlen**
**Deutschland:** 0049
**Österreich:** 0043
**Schweiz:** 0041

**Gespräche nach Spanien:** Landesvorwahl 0034 plus neunstellige Teilnehmernummer. Ortsvorwahlen gibt es in Spanien nicht.

# Trinkgeld

Zimmermädchen erhalten ca. 1 € pro Tag, Gepäckträger 0,50 € pro Gepäckstück. Andere Hotelangestellte (Restaurant, Rezeption) freuen sich am Ende des Urlaubs ebenfalls über einen angemessenen Betrag. Taxifahrer erwarten meist kein Trinkgeld, man kann aber den Fahrpreis aufrunden.

In Restaurants wird von der Bedienung ein Trinkgeld in Höhe von 5–10 % des Rechnungsbetrags erwartet, in einfachen Bars oder Cafeterias ist hingegen kein Trinkgeld üblich.

# Umgangsformen

### Lebensart
Die Palmeros sind im Allgemeinen eher zurückhaltend. Das öffentliche Leben spielt sich vor allem am Vormittag und in den frühen Abendstunden beim Einkaufen und in den Bars ab. Eine lange Mittagspause *(siesta)* ist immer noch üblich. Viele Geschäfte

schließen am Nachmittag für mehrere Stunden. Dies gilt speziell für die Zeit der Sommerferien. Allerdings gibt es, wie allgemein in Spanien, eine Tendenz zur Abschaffung der vor allem von Pendlern als unpraktisch empfundenen Siesta. In manchen Büros wird inzwischen durchgearbeitet und dafür früher Feierabend gemacht, und Einkaufszentren und größere Supermärkte öffnen durchgehend. Um sich unter Palmeros zu mischen, bietet sich vor allem das Wochenende an, wenn die Familien vom Mittag bis in den Abend hinein Strände, Ausflugslokale und Picknickplätze bevölkern.

### Kleidung
Die ehemals recht deutlichen Unterschiede zwischen formell gekleideten Canarios und leger gewandeten Touristen sind aufgrund starker gesellschaftlicher Veränderungen in Spanien mittlerweile verwischt. Im Berufsleben tragen die Einheimischen je nach Position korrekte Kleidung, aber in der Freizeit ist alles erlaubt. Kurze Hosen sieht man bei den Palmeros dennoch nur im Sommer, da die Wintermonate mit ihren frühlingshaften Temperaturen dafür als zu kalt empfunden werden. Auffällig fein machen sich die Einheimischen zum Ausgehen am Abend und für besondere Anlässe. Hotels und Restaurants der gehobeneren Kategorien erwarten zum Abendessen bei den Herren lange Hosen.

# Wasser

Das Leitungswasser gilt als hygienisch in Ordnung. Fürs Zähneputzen ist es unbedenklich. Da es jedoch manchmal mit Chlor behandelt ist, empfiehlt es sich, Trinkwasser im Supermarkt zu kaufen.

# Panorama – Daten, Essays, Hintergründe

Ein Felsthron für eine Rast am Rande der Caldera de Taburiente

# Steckbrief La Palma

## Daten und Fakten

**Fläche:** 708 km$^2$
**Hauptstadt:** Santa Cruz de La Palma
**Amtssprache:** Spanisch
**Einwohner:** 87 000
**Währung:** Euro
**Vorwahl:** 0034 + neunstellige Teilnehmernummer
**Zeitzone:** Westeuropäische Zeit (WEZ). Die Uhr ist im Sommer wie im Winter um eine Stunde gegenüber Mitteleuropa zurückzustellen.

## Geografie und Natur

La Palma, fünftgrößte der Kanarischen Inseln, liegt im Nordwesten des Archipels auf 18° westlicher Länge und 29° nördlicher Breite. Die Entfernung nach Teneriffa beträgt 85 km, nach Afrika 445 km, nach Spanien knapp 1500 km. Das Inselinnere wird durch den 2000 m tiefen Talkessel der Caldera de Taburiente charakterisiert. Ihn umgeben hohe Gebirgszüge, die Cumbres. Höchste Erhebung ist der Roque de Los Muchachos (2426 m). Der Lorbeerwald bei Los Tilos war die Keimzelle für das UNESCO-Biosphärenreservat, als das heute die gesamte Insel firmiert.

## Geschichte

Bevor die Spanier 1493 La Palma eroberten, war die Insel von einer steinzeitlichen Bevölkerung besiedelt. Diese hinterließ rätselhafte Schriftzeichen und kulturelle Spuren. Nach der Conquista erwarben zugewanderte spanische Adlige und flämische Händler durch den Export von Zucker enorme Vermögen. Zugleich fungierte die Hauptstadt Santa Cruz de La Palma als Drehscheibe im Handel mit dem gerade entdeckten Amerika. An diese Blütezeit konnte die Insel nie wieder anknüpfen.

Zu einem gewissen Aufschwung kam es in der ersten Hälfte des 20. Jh. durch Anbau und Ausfuhr von Bananen. Eine moderate Entwicklung hin zur Ferieninsel für Wanderer und Individualisten setzte Ende der 1980er-Jahre ein.

## Staat und Politik

Seit 1982 bilden die Kanaren innerhalb Spaniens eine Autonome Gemeinschaft. Sie wählen ein Parlament mit 60 Abgeordneten, von denen La Palma 8 stellt. Die Regierung wechselt ihren Sitz alle vier Jahre zwischen Gran Canaria und Teneriffa. Auf La Palma ist der Inselrat (Cabildo Insular) für die Verwaltung zuständig.

## Wirtschaft und Tourismus

Über nennenswerte Industrie verfügt La Palma nicht. Wichtigste Säule der Wirtschaft ist der Anbau von Bananen (98 % Exportanteil). Andere Kulturen dienen dem Eigenbedarf der Insel. So wurde der einstmals bedeutende Weinbau in jüngerer Zeit mit Erfolg wiederbelebt. Mandeln und Ziegenkäse sind weitere wichtige Agrarprodukte. Fischfang spielt eine geringere Rolle. Etwa drei Viertel aller Lebensmittel müssen importiert werden. Einen nicht unerheblichen Anteil des Inseleinkommens erwirtschaftet heute der Tourismussektor. Rund 125 000 ausländische Gäste besuchen La Palma pro Jahr, davon kommen etwa 80 % aus Deutschland. Rund 10 000 Gästebetten sind offiziell registriert. Riesige Ferienzentren besitzt La Palma im Gegensatz zu anderen Kanareninseln nicht. Die größten, aber überschaubaren Urlauberorte sind Los Cancajos und Puerto Naos. Überall auf der Insel werden Bauernhäuser sowie Bungalows und Ferienwohnungen in kleinen, familiären Anlagen vermietet.

## Umwelt

Strom erzeugt zu über 90 % ein mit Heizöl betriebenes E-Werk im Süden von Santa Cruz. Hinzu kommen einige kleinere Windenergieparks, speziell in den Gemeinden Fuencaliente und Villa de Garafía. Bei Los Tilos befindet sich das einzige Wasserkraftwerk.

La Palma ist die wasserreichste Kanareninsel. Allerdings liegt der jährliche Verbrauch pro Kopf mit ca. 1200 m³ etwa doppelt so hoch wie in Deutschland. Grund dafür ist der enorme Wasserbedarf der Bananenplantagen. So entfallen 95 % des Verbrauchs auf die Landwirtschaft und nur 1 % auf den Tourismus. Tiefbrunnen in Küstennähe und Grundwasserstollen (galerías) in den Bergen stellen heute die Versorgung sicher. Wegen Übernutzung gehen die Fördermengen allerdings seit Jahren zurück. Hingegen fließt in den Wintermonaten, in denen der meiste Regen fällt und zugleich wenig bewässert wird, ein Großteil des Quell- und Niederschlagswassers ungenutzt ins Meer. Daher forcierte der Inselrat den Ausbau von Wasserspeicherbecken.

Die größeren Orte verfügen über Kläranlagen. Auf dem Land entsorgen die Bewohner ihr Abwasser in Sickergruben. Müll wird bislang weitgehend verbrannt. Eine zentrale Anlage zur Müllsortierung auf dem Gemeindegebiet Villa de Mazo soll die Verbrennung demnächst überflüssig machen. Organische Abfälle werden dort kompostiert, Restmüll wandert auf eine Deponie. Recyclebare Wertstoffe werden derzeit schon nach Gran Canaria oder auf das spanische Festland verschifft.

## Bevölkerung und Religion

Mit ca. 120 Einwohnern/km$^2$ ist La Palma mäßig dicht besiedelt. Die meisten Menschen leben in der Hauptstadt Santa Cruz (14 000 Einw.) und im Wirtschafts- und Dienstleistungszentrum des Inselwestens, Los Llanos de Aridane (15 000 Einw.). Viele Deutsche haben sich auf der Insel dauerhaft oder zum Überwintern niedergelassen. Ihre Zahl wird offiziell mit rund 2000 angegeben, inoffiziell auf bis zu 8000 geschätzt. Immerhin sollen sich etwa 2000 Immobilien auf La Palma in deutscher Hand befinden.

Die Palmeros, wie sich die Inselbewohner nennen, sind zu über 90 % römisch-katholisch. Gottesdienste und Kirchenfeste werden nach wie vor gut besucht.

**Kanarische Inseln**

53

## Altertum

**um 1100 v. Chr.**
Vermutlich besitzen die Phönizier schon Kenntnis von den Kanarischen Inseln.

**8. Jh. v. Chr.**
Homer beschreibt in seiner Odyssee mit den »elysischen Gefilden« möglicherweise die Kanaren.

**um 500 v. Chr.**
Die Kanarischen Inseln werden endgültig von Nordwestafrika aus besiedelt. Sprachreste und archäologische Funde lassen die Abstammung der Ureinwohner von den Berbern vermuten.

**1. Jh.**
Plinius der Ältere berichtet über eine Expedition, die König Juba II. von Mauretanien etwa 100 Jahre zuvor zu den Kanaren unternommen haben soll.

**2. Jh.**
Ptolemäus verzeichnet die Kanarischen Inseln auf seiner Weltkarte.

## Eroberungszeit

**13./14. Jh.**
Händler aus Südeuropa kommen auf der Suche nach Naturfarbstoffen und zum Sklavenfang.

**1344**
Papst Clemens VI. in Avignon verleiht Luis de la Cerda, einem Sohn des kastilischen Königs Alfons, den Titel König der Kanarischen Inseln.

**1402**
Jean de Béthencourt aus der Normandie erobert Lanzarote. Ein Jahr später überträgt ihm König Heinrich III. von Kastilien, Erbe des Titels König der Kanarischen Inseln, die Lehnsherrschaft über den Archipel.

**1405**
Béthencourt nimmt Fuerteventura und Hierro ein, scheitert aber auf den anderen Inseln am Widerstand der Urbevölkerung, so auch auf La Palma (Benahoare), wo damals 6000–8000 Menschen leben.

**1430**
Guillén de Las Casas erwirbt die Lehnsherrschaft über die Inseln durch Kauf und vererbt sie 1445 an seinen Schwiegersohn Hernán Peraza. Dieser lässt sich auf Gomera nieder.

**1447**
Peraza entsendet Truppen nach La Palma, die sich nach erbittertem Widerstand der Urbevölkerung zurückziehen müssen. Sein Sohn Guillén kommt bei den Kampfhandlungen ums Leben.

**1492**
Alonso Fernández de Lugo landet im Auftrag der katholischen Könige Isabella von Kastilien und Ferdinand von Aragón auf La Palma. Nennenswerten Widerstand setzt ihm nur der Stammesführer Tanausú

entgegen. Im Frühjahr des Jahres 1493 besiegt Lugo die Ureinwohner durch eine List und erobert La Palma endgültig.

**1496**  Mit der Einnahme Teneriffas durch Alonso Fernández de Lugo beenden die Spanier die Eroberung des Archipels. Auf den wasserreichen Inseln Teneriffa, Gran Canaria und La Palma beginnen sie im großen Stil mit dem exportorientierten Anbau von Zuckerrohr. Lugo wird Gouverneur der beiden von ihm eroberten Inseln. Er lässt sich auf Teneriffa nieder und setzt auf La Palma seinen Neffen Juan als Statthalter ein.

### Zuckerboom und Amerikahandel
**ab 1508**  Santa Cruz de La Palma nimmt am Amerikahandel teil und entwickelt sich rasch zu einer der wichtigsten Handelsmetropolen Spaniens.

**1513**  Jakob Grünenberg aus Köln erwirbt große Ländereien im Valle de Aridane und verdient mit dem Anbau von Zuckerrohr ein Vermögen. Um diese Zeit lassen sich zahlreiche ausländische Kaufleute auf La Palma nieder, die Zucker nach Europa exportieren.

**1514**  Ein Gesetz stellt die Ureinwohner den Spaniern rechtlich gleich. Von nun an heiraten Einwanderer aus Europa häufig einheimische Frauen. Die Benahoaritas lassen sich taufen und nehmen spanische Namen an. Schon Ende des 16. Jh. sind die vorspanische Sprache und Kultur bis auf geringfügige Reste verschwunden. Doch scheinen nach jüngeren Forschungen bis zu 90 % der Palmeros altkanarische Vorfahren zu haben.

**1553**  Die spanische Krone legt Kontingente für den Amerikahandel fest. Im selben Jahr wird Santa Cruz de La Palma Ziel eines verheerenden Korsarenangriffs. Der französische Freibeuter Le Clerc plündert und brandschatzt die anschließend schnell wieder aufgebaute Stadt.

**ab 1554**  Der Zuckerrohranbau auf La Palma lohnt immer weniger. Die Konkurrenz in Mittel- und Südamerika produziert kostengünstiger. Fast alle Plantagen auf der Insel werden in Weinberge umgewandelt.

**1566**  La Palma wird Sitz eines königlichen Registergerichts. Es soll die Einhaltung der Handelskontingente und die Abgabe von Zöllen überwachen – sehr zum Leidwesen der Palmeros, da viele in illegale Geschäfte mit den amerikanischen Kolonien verwickelt und dadurch zu Reichtum gekommen sind.

**1585**  Ein Angriff des englischen Korsaren Francis Drake kann vor Santa Cruz dank verbesserter Befestigungsanlagen abgewehrt werden.

### Wirtschaftliche Stagnation

**1610**  Sevilla festigt sein Monopol im Amerikahandel. Die Im- und Export-kontingente der Kanarischen Inseln werden limitiert.

**1655**  Englische Händler gründen eine Gesellschaft mit dem Ziel, den Wein-export der Kanaren nach England und in die englischen Kolonien zu monopolisieren. Auf Druck der kanarischen Weinbauern muss die Kompanie 1667 wieder aufgelöst werden.

**1657**  Das Registergericht in Santa Cruz wird geschlossen. La Palma gerät ins wirtschaftliche Abseits.

**ab 1715**  Der Weinexport von den Kanaren nach England nimmt drastisch ab. England bezieht seinen Wein nun vorwiegend aus Portugal.

**1778**  König Carlos III. gibt den Amerikahandel für alle spanischen Häfen frei. Kanarische Schiffe exportieren Wein und Schnaps nach Übersee und kehren mit Kakao, Zucker und Tabak zurück. Allmählich erholt sich La Palma von den Rückschlägen der Wirtschaftskrise.

### Erneuter Aufschwung

**1852**  Um die kanarische Wirtschaft zu beleben, erklärt Königin Isabella II. den Archipel zur Freihandelszone. Der Anbau von Opuntien entwickelt sich zu einer wichtigen Einnahmequelle auf La Palma. Auf diesen Kakteen lassen sich Koschenilleläuse züchten, die einen roten Naturfarbstoff liefern.

**um 1880**  Künstliche Anilin-Farben lösen das Koschenillerot auf dem Weltmarkt ab. Als gegen Ende des 19. Jh. mit der Unabhängigkeit der letzten spanischen Kolonien auch der Amerikahandel zum Erliegen kommt, müssen sich die Kanarischen Inseln wirtschaftlich neu orientieren.

**1896**  Englische Handelshäuser führen den Bananenanbau auf La Palma ein, bis heute wichtigster Wirtschaftszweig der Insel.

**1898**  Frankreich, Belgien und Deutschland versuchen vergeblich, einige der Inseln zu kaufen.

**1912**  La Palma erhält durch die Einführung des Inselrats (Cabildo Insular) gewisse Selbstverwaltungsrechte.

**1927**  Aufteilung der Kanaren in eine Ost- und eine Westprovinz. La Palma gehört zusammen mit Gomera und Hierro zur Provinz Teneriffa.

## Bürgerkrieg und Diktatur

**1936**　Der faschistische Putsch gegen die republikanische Regierung in Madrid geht von Teneriffa aus, wo sich General Franco in der politischen Verbannung befindet. Auf La Palma können sich Vertreter der Republikaner noch eine Woche halten, bevor Franco-Anhänger die Kontrolle übernehmen. Auf dem Festland dauert der Bürgerkrieg bis 1939.

**ab 1950**　Allmählich erholt sich die spanische Wirtschaft von den Folgen des Bürgerkriegs. Auf La Palma investieren vor allem in den 1960er- und 1970er-Jahren ehemalige Emigranten, die in ihre Heimat zurückkehren.

**1971**　An der Südspitze La Palmas ereignet sich der vorerst letzte Vulkanausbruch der Kanarischen Inseln. Der Vulkan Teneguía entsteht.

## Moderne Entwicklung

**1975/76**　Nach dem Tod Francos leitet sein Nachfolger, König Juan Carlos, in Spanien die Demokratisierung ein.

**1982**　Innerhalb Spaniens erhalten die Kanarischen Inseln ein Autonomiestatut. Der Regierungssitz wechselt alle vier Jahre zwischen Las Palmas (Gran Canaria) und Santa Cruz de Tenerife.

**1983**　Der Lorbeerwald von Los Tilos wird UNESCO-Biosphärenreservat.

**1985**　Einweihung des Observatoriums auf dem Roque de Los Muchachos.

**1986**　Spanien tritt der EG (heute EU) bei. Die Kanaren bleiben Freihandelszone und damit außerhalb des Binnenmarkts.

**1987**　Die erste Chartermaschine mit Urlaubern landet auf La Palma.

**2002**　Die Insel La Palma wird UNESCO-Biosphärenreservat.

**2003**　Eröffnung des 2,6 km langen neuen Cumbre-Tunnels.

**2004**　Bei Los Sauces wird mit der Puente de Los Tilos die höchste Einbogenbrücke Europas eingeweiht.

**2007**　In Los Llanos eröffnet das zukunftsweisende Archäologische Museum.

**2009**　Auf dem Roque de Los Muchachos geht das Teleskop MAGIC II in Anwesenheit von König Juan Carlos in Betrieb. Im August 2009 verwüstet ein Waldbrand die Weinberge von Fuencaliente.

# Vulkane aus dem Ozean

**Der bislang letzte Vulkanausbruch der Kanarischen Inseln fand 1971 auf La Palma statt. Sechs weitere Eruptionen waren in historischer Zeit zu verzeichnen. So viel Aktivität schürt das Interesse der Öffentlichkeit. Die Reaktionen schwanken zwischen Faszination und Angst vor der Zukunft.**

Über drei Wochen lang hielt der Volcán Teneguía die Inselbewohner und ihre Besucher in Atem. Ganz plötzlich floss am 26. Oktober 1971 im Süden La Palmas Lava aus vier Schlünden, Dampf- und Rauchwolken stiegen empor. Als nach zwei Tagen ein Lavastrom in der Nähe des Leuchtturms von Fuencaliente das Meer erreichte, waren schon zahlreiche Wissenschaftler, Journalisten und Neugierige zur Stelle, um Lavafontänen zu bestaunen, die Hunderte von Metern hoch waren. Zwei Tage später startete der erste Rundflug über das Ausbruchsgebiet. In der ersten Woche wurden 15000 Touristen

gezählt, und das zu einer Zeit, als La Palma noch nicht als Ferieninsel entdeckt war. Pausenlos trafen Schaulustige mit Sonderflügen oder gecharterten Maschinen ein. Unterkünfte und Verkehrsmittel waren hoffnungslos überlastet. So etwas hatte man auf der Insel noch nicht erlebt. Als der Teneguía nach 25 Tagen seine Aktivität einstellte, hatte er La Palma eine gigantische Geldsumme eingebracht und viele hofften damals auf einen baldigen erneuten Ausbruch.

## Das San-Juan-Inferno: ein Tourismusspektakel

Bereits zuvor hatte La Palma einen gewissen ›Vulkantourismus‹ zu verzeichnen, während der San-Juan-Eruption 1949. In jenem Jahr stand am 24. Juni, dem Tag des hl. Johannes (San Juan), plötzlich eine gigantische Rauchwolke über der Cumbre Vieja. Aus mehreren Schlünden ergoss sich ein rot glühender Gesteinsfluss, zerstörte fruchtba-

**Geoinfos vor Ort**
**Centro de Visitantes Volcán de
San Antonio:** Fuencaliente, am
gleichnamigen Vulkan, Tel. 922 44
46 16, tgl. 9–18 (Sommer bis 21)
Uhr, Eintritt 3,50 € (einschließlich
Weg auf dem Kraterrand).

**Centro de Visitantes La Caldera de
Taburiente:** El Paso, LP-3 Richtung
Santa Cruz, Tel. 922 49 72 77, tgl.
9–18.30 Uhr, Eintritt frei.

**Centro de Visitantes Ruta de Los
Volcanes:** El Pilar, Tel. 922 41 15 83
(Umweltbehörde Medio Ambiente
in Santa Cruz), tgl. 9–17 Uhr, Eintritt frei.

res Ackerland und floss weiter zur
Küste, wo die heiße Lava das Meerwasser zischend verdampfen ließ. Ab
dem 12. Juli spie der Hoyo Negro elf
Tage lang schwarze Asche. Erdbeben
brachten Häuser zum Einsturz und lös-
ten Erdrutsche aus. Erst am 30. Juli,
nach über vier Wochen, fanden die Ereignisse, die alle Palmeros in Angst und
Schrecken versetzten, mit einem letzten Ausbruch des Duraznero ein Ende.
Das Zeitalter des Massentourismus war
zwar noch nicht hereingebrochen,
dennoch fanden sich zahlreiche Schaulustige auf der Insel ein. Zimmerver-
mieter, Gastwirte und Taxifahrer hatten Hochkonjunktur.

## Angst vor
## der Katastrophe

Inzwischen hat ein Nachdenken einge-
setzt. Seit dem Jahr 2001 macht – ge-
schürt durch Presseberichte – das Ge-
rücht die Runde, La Palma könne an der

Cumbre Vieja durch eine vulkanische
Explosion in zwei Hälften zerfallen.
Auch wenn seriöse Wissenschaftler
eine solche Katastrophe nicht unbedingt schon für morgen voraussagen,
so mag doch in diesem Zusammenhang
niemand mehr an Geschäftemacherei
denken.

In der Tat ist die Cumbre Vieja, der
lange Gebirgszug, der den Inselsüden
von Nord nach Süd durchzieht und –
geologisch betrachtet – erst an der
Punta de Fuencaliente endet, La Palmas
vulkanisch aktive Zone. Dafür hält die
Forschung einen spaltenförmigen Riss
in der Erdkruste für verantwortlich, an
dem immer wieder Magma zur Erd-
oberfläche empordringt. Über 100 Vulkankegel und Krater reihen sich auf der
Cumbre Vieja aneinander, einige davon
erst in historischer Zeit entstanden.

Ein amerikanisch-britisches For-
scherteam befürchtet nun, es könnte
zu einem gigantischen Erdrutsch kommen, ähnlich wie 1980 beim Ausbruch
des Mount St. Helens in den USA beobachtet. Dort wölbte sich zunächst
eine Flanke des Vulkans durch im Inneren aufsteigendes Magma, bis es zu
einem Abrutschen riesiger Gesteins-
massen kam. Der enorme Druckver-
lust, den die darunter liegenden
Schichten erfuhren, führte zu einer
gewaltigen Explosion. Ob und wann
ein solches Ereignis, das obendrein einen Tsunami auslösen könnte, an der
Cumbre Vieja eintrifft, steht in den
Sternen. Die Wahrscheinlichkeit, dass
es zu unseren Lebzeiten passiert, ist
praktisch gleich null, wie der federführend an der Katastrophentheorie
beteiligte britische Geophysiker Simon
Day selbst zugibt. Allerdings erklären
Geologen heute die Entstehung der
Caldera de Taburiente (s. S. 261) und
des südlich angrenzenden Valle de
Aridane auf diese Weise.

# Auferstanden aus dem Meer

Zwar ist La Palma insgesamt vulkanischen Ursprungs, wie auch die anderen Kanareninseln. Doch scheint die Aktivität im Norden, im Umkreis der Caldera de Taburiente, schon lange erloschen. Dort ereigneten sich die ersten Ausbrüche vor Jahrmillionen am Meeresboden, etwa 4000 m unter dem heutigen Meeresspiegel. Nachträglich durch tektonische Hebung und Erosion ans Tageslicht gelangte Tiefengesteine und submarin gebildete Kissenlava, die im Barranco de Las Angustias zu sehen sind (s. S. 267), dokumentieren diese frühe Vulkantätigkeit. Sie bilden den Basalkomplex, den geologischen Grundstock der Insel.

Vor rund 1,8 Mio. Jahren tauchte La Palma aus dem Meer auf. Zahlreiche Eruptionen schufen einen riesigen Schichtvulkan im Norden der Insel, der einst wohl 3500 m über die Meeresoberfläche hinausragte. Damit war La Palma einschließlich seines submarinen Teils etwa 7500 m hoch. Auch heute noch ist die Gesamthöhe mit 6500 m – vom Tiefseeboden aus gerechnet – beachtlich. Der größte Teil des Inselkörpers, rund 90 %, befindet sich, ähnlich wie bei einem Eisberg, unterhalb des Meeresspiegels.

An den steilen Felswänden der Caldera de Taburiente und in den Barrancos (Schluchten) des Nordens sind die erkalteten Lavaströme des alten Schichtvulkans angeschnitten. Sie geben sich durch dunkle oder hellgraue Farben zu erkennen, die den Gesteinen Basalt und Trachyt entsprechen. Grau ist auch der eher seltene Phonolith (Klangstein), der seiner Eigenschaft, beim Aufeinanderschlagen einzelner Brocken recht melodische Töne zu erzeugen, den Namen verdankt. Die Lavaströme wechseln mit rötlichem Tuff ab – also mit vulkanischen Auswurfmassen, die bei explosionsartigen Ausbrüchen herausgeschleudert wurden. Dieses Gestein ist weich und bietet der Erosion kaum Widerstand.

## Vulkanausbrüche in historischer Zeit

**15. Jh.: Montaña Quemada.** Vor der Eroberung La Palmas durch die Spanier und nur mündlich überliefert, genaue Dauer unbekannt.

**1585: Tajuya, Jedey** (84 Tage). Durch Leonardo Torriani beschrieben, ein italienischer Festungsbaumeister, der im Auftrag des spanischen Königs auf La Palma weilte. Lavamassen wälzen sich die Gebirgsflanken hinunter nach El Paso und in das Gebiet von Las Manchas. Hier wie dort zerstören sie fruchtbares Ackerland.

**1646: Martín** (82 Tage). Beginn am Martinstag, dem 11. November. Auswurf enormer Massen an Asche und Schlacken. Zwei Lavaströme fließen zur Südostküste und schaffen dort die Montes de Luna (Mondberge), eine unwirtliche Landschaft bei Tigalate.

**1677/78: San Antonio** (66 Tage). Am Nordrand des bereits rund 3000 Jahre alten Vulkans bildet sich ein kleinerer Aschekegel, am Fuß der Westflanke treten mehrere Lavaströme aus.

**1712: El Charco** (56 Tage). Lava dringt aus 12 Spalten und bedeckt weite Teile des Südwestens der Insel. Heute erstreckt sich dort das Naturschutzgebiet Tamanca.

**Für Pflanzenfreunde ist La Palma zu jeder Jahreszeit ein Paradies. Irgendwo zwischen den milden, sonnigen Küstenfelsen und der extremen Höhensteppe des »Dachs der Insel« blüht es immer. Insofern hat das Klischee vom ewigen Frühling doch seine Berechtigung.**

Im Norden gedeihen botanische Kostbarkeiten in schroffen, feuchten Schluchten ebenso wie unter dem saftig grünen Kronendach des Lorbeerdschungels. Auch in den lichten Kiefernwäldern der Caldera de Taburiente und der Vulkanroute im Süden lohnt es

Klima auf La Palma feuchter war als heute, auf ihrem kurzen Weg zum Meer tiefe Schluchten in die Hänge des Inselnordens. Die quasi unzugänglichen Steilwände dieser engen Barrancos blieben weitgehend von menschlichen Eingriffen verschont. So gedeihen dort zahlreiche andernorts selten gewordene Pflanzenarten.

Nahe an der Küste sind es die Dickblattgewächse der Gattung Äonium, die sofort ins Auge fallen. Diese wachsen stets an Felswänden, wo nur wenige andere Pflanzen Fuß fassen können. Ihre Wurzeln holen Wasser und Nährstoffe mühsam aus Spalten im Ge-

# Von Drachenbäumen und Natternköpfen

sich, nach seltenen Arten Ausschau zu halten. Etwa die Hälfte davon sind endemisch, kommen also nur auf den Kanarischen Inseln oder sogar ausschließlich auf La Palma vor. Dennoch wirkt die Flora nicht fremd, denn viele Pflanzen sind vor langer Zeit – mit dem Wind oder durch Zugvögel transportiert – aus dem Mittelmeergebiet oder gar aus Mitteleuropa eingewandert und haben dort Verwandte zurückgelassen.

## Endemiten und Exoten

Reißende Gebirgsbäche schnitten in vergangenen Jahrtausenden, als das

**Drachenbäume – auf den anderen Kanareninseln so gut wie ausgestorben**

stein. Mit den sukkulenten (Wasser speichernden) Blättern sind die Äonien gut an Trockenheit angepasst, der rosettenartige Wuchs reduziert die Oberfläche und damit die Verdunstung. Aber auch gegen die zerstörerische Kraft des Regenwassers, das oft kurz, aber heftig die Felsen herabrinnt, schützt die flache Form. Die etwa 40 bekannten Arten von Äonien sind fast ausschließlich auf die Atlantikinseln beschränkt. Allein auf La Palma werden sechs Äonium-Endemiten gezählt.

In den feuchteren Talgründen nebenan gedeiht noch die Kanarische Dattelpalme an ihrem natürlichen Standort. Ihre Früchte sind für Menschen ungenießbar, dienten früher aber als Schweinefutter. Außerdem konnte man ihre Wedel und Pflanzenfasern in vielfacher Weise verwenden. Sie gab La Palma den Namen, obwohl zumindest heute – wie Zählungen ergaben – Gomera die mit Abstand palmenreichste Kanareninsel ist.

Dafür gibt es nirgendwo im Archipel so viele Drachenbäume wie auf La Palma. Auf den anderen Inseln ist diese archaische Pflanze nahezu ausgestorben. Auch die *dragos* (Drachen), wie die Einheimischen die Bäume schlicht und einfach nennen, bevorzugen die Felswände der Schluchten im Norden. Allerdings mögen sie nicht die Nähe des Meeres, erst oberhalb von 200 m sind sie zu finden. Ihre eigenartig verwachsenen Äste, von denen jeder in einem Büschel schmaler, spitzer Blätter endet, lassen tatsächlich an ein gefährliches Reptil mit scharfen Krallen denken. Seefahrer des Altertums, die den Drachenbaum auf ihren abenteuerlichen Expeditionen zu den Kanarischen Inseln kennenlernten, gaben ihm den griechischen Namen *drakaina* (weiblicher Drache), woraus die botanische Gattungsbezeichnung Dracaena wurde. Ob damit aber wirklich auf sein angeblich Furcht einflößendes Äußeres angespielt wurde, ist zumindest umstritten.

In der frühen Neuzeit hatte der Drachenbaum große wirtschaftliche Bedeutung. Nach der Eroberung der Kanaren begannen die Spanier mit dem Export des »Drachenbluts«, einer harzigen Ausscheidung des Baums, die sich an der Luft blutrot färbt. Als Farbstoff für Lacke, Glasuren und Textilien war die Substanz in Europa sehr begehrt. Angeblich half sie auch gegen Tuberkulose, Hitzewallungen, Verdauungsstörungen sowie Zahnausfall und fehlte daher in keiner Apotheke. Zahnpasta, mit Drachenblut angereichert, war ein Verkaufsschlager des 19. Jh.

Die Bäume wurden durch das Abzapfen stark beansprucht, viele starben ab. Um das Jahr 1900 waren sie auf den Kanaren bereits extrem selten geworden. In größerer Zahl haben sie nur im abgeschiedenen Nordwesten und Norden La Palmas überlebt. Bei La Tosca und Las Tricias stehen sogar noch richtige Drachenbaumwälder.

## Botanische Gärten

Dem Centro de Visitantes La Caldera de Taburiente ist der Jardín Didáctico mit Pflanzen der Kanarischen Inseln angeschlossen. Außerdem tragen rund um das Centro de Visitantes Los Tiles und das Centro de Visitantes Ruta de Los Volcanes charakteristische Pflanzen der einheimischen Flora Schilder mit ihren botanischen Namen. Interessante Hinweise zur endemischen Vegetation geben auch die **Naturlehrpfade** von El Fayal (Puntagorda), Los Tilos und Cubo de La Galga.

## Im grünen Berg

Ein immergrüner Pflanzenteppich legt sich wie ein Gürtel über die mittleren Höhen des Inselostens. Monteverde (grüner Berg) nennen die Einheimischen dieses Phänomen, das den fast täglich zwischen 500 und 1500 m über dem Meer aufziehenden Passatwolken seine Existenz verdankt. Im Nordosten bei Los Tilos und La Galga, wo der Wolkennebel besonders dicht ist, herrscht üppiger Lorbeerwald *(laurisilva)* vor (s. S. 246). Vier Bäume aus der Familie der Lorbeergewächse gaben ihm den Namen. Daneben gedeihen rund 15 weitere, kleinere Baumarten in dieser reichhaltigen Vegetation, und der Un-

Ein Wunder an Genügsamkeit: Äoniengewächse gedeihen sogar im Lavagestein

terwuchs besteht aus dichtem Busch-
werk, Farnen und Moosen.

Weiter nach Süden und Westen und
auch oberhalb von 1200 m, wo es trockener wird, geht der Lorbeerwald
fließend in den Fayal-Brezal – so der
örtliche Name – über. Diese wesentlich
artenärmere, wenn auch fast ebenso
grüne Pflanzengesellschaft besteht
praktisch ausschließlich aus zwei Arten: dem Gagelbaum *(faya)*, einem
Verwandten des in norddeutschen
Moor- und Heidegebieten vorkom-
menden Gagelstrauchs, und der Baumheide *(brezo)*, die dicke Stämme aus-
bildet und bis zu 20 m hoch werden
kann. Beide benötigen weniger Wasser und vertragen größere Temperaturunterschiede als die Arten des Lorbeerwalds.

## Fast wie am Mittelmeer

Lichtdurchflutete Kiefernwälder prägen weithin die Gebirgslandschaft La
Palmas. Sie bevorzugen den sonnigen
Westen der Insel, speziell die Caldera
de Taburiente und die Abhänge der
Cumbre Nueva und Cumbre Vieja.
Aber auch im Osten sind sie zu finden,
nämlich in Höhen zwischen 1500 und
2000 m, die dem Monteverde zu trocken und kalt sind. Auch wenn in jüngerer Zeit einige ausländische Kiefern-
arten importiert wurden, so herrscht
doch immer noch die Kanarische Kiefer
(Pinus canariensis) vor, ein anspruchs-
loser Endemit, dem selbst Waldbrände
wenig anhaben können. Ihre mächtige
Borke schützt vor den Flammen. Nadeln und Zweige verbrennen zwar,

Wildprets Natternkopf färbt sich gegen Ende der Blüte blauviolett

doch schon im nächsten Frühjahr treiben Stamm und dickere Äste erneut aus. Oft wird die Kanarische Kiefer mit der Pinie verwechselt. Zwar ist sie mit dieser, wie genetische Untersuchungen zeigten, sehr eng verwandt. Doch die Pinie mit ihrem unverkennbar schirmförmigen Wuchs ist ein Charakterbaum der Mittelmeerländer und auf den Kanaren – wenn überhaupt – nur in Parks zu finden.

Der Unterwuchs im Kiefernwald ist spärlich, dafür aber im Mai und Juni umso attraktiver. Dann öffnen sich überall die großen, rosafarbenen Blüten der endemischen Beinwellblättrigen Zistrose (Cistus symphytifolius). Zistrosengewächse, mit den Rosen verwandt, sind sehr typisch für die mediterrane Flora. Auf den Kanaren haben sich einige zu eigenständigen Arten entwickelt, andere hingegen sind sowohl auf den Inseln als auch im Mittelmeergebiet verbreitet, so die Montpellier-Zistrose mit kleinen weißen Blüten, die schon ab April blüht und auch in das Buschland außerhalb des Kiefernwaldes wandert.

Zu einer erstaunlichen Artenvielfalt haben es die Natternköpfe (Gattung Echium) auf den Kanarischen Inseln gebracht. Ihren seltsamen deutschen Namen verdanken sie dem wie eine Schlangenzunge gespaltenen Griffel, der aus der Blüte ragt. Die Palmeros verwenden die Bezeichnung *tajinaste*, eines der wenigen überlieferten Wörter aus der Sprache der Ureinwohner. Von den 24 auf den Kanaren gefundenen Echium-Arten sind 23 Endemiten. Letztere stammen nach neuesten Forschungen allesamt von nur einer nordafrikanischen Art ab, bei der es besonders häufig zu genetischen Mutatio-

66

nen kam, die aber inzwischen durch die Ausbreitung der Sahara in den vergangenen Jahrtausenden ausgestorben ist. Die Natternkopf-Endemiten erschlossen die unterschiedlichsten ökologischen Nischen und werden daher nur selten untereinander zu Konkurrenten. Am eindrucksvollsten präsentiert sich Webbs Natternkopf (Echium webbii), ein La-Palma-Endemit, der manchen sonnigen, felsigen Platz in der Caldera de Taburiente im April und Mai in ein tiefes Blau taucht. Hingegen bevorzugt der Kurzästige Natternkopf (Echium brevirame) Standorte im trockenen Wolfsmilchgebüsch der Küstenabhänge. Seine gedrungenen Blütenstände changieren zwischen verwaschenem Weiß, Hellblau und Rosa.

**Literatur zum Botanisieren**
**Schönfelder, Peter & Ingrid:** Die Kosmos-Kanarenflora, Stuttgart 2005. Ausführliches, reich bebildertes Bestimmungsbuch. Über den deutschsprachigen Buchhandel.
**Santos, Juan José:** La Palma. Wilde Blumen und Pflanzen, Fuencaliente 2000. Mit dreisprachiger Einleitung (u. a. deutsch) und 60 Endemiten im Bild mit botanischen und spanischen Namen. Vor Ort erhältlich.
**Heene, Andreas:** Botanische Exkursionen La Palma. Broschüre mit drei Exkursionen in den Südosten der Insel. Über www.naturarte-la palma.com oder vor Ort, z. B. bei NaturArte in Villa de Mazo.

## Extrembedingungen

Wildprets Natternkopf (Echium wildpretii), der außer auf La Palma nur noch auf Teneriffa vorkommt, reckt auf der Cumbre de La Caldera im Mai/Juni hier und da seine roten, kerzenförmigen, bis zu 2 m langen Blütenstände in die Höhe. Wer in der Gipfelregion La Palmas darüber hinaus eine reichhaltige alpine Gebirgsflora erwartet, wird sich wundern. Extreme Temperaturunterschiede zwischen Tag und Nacht sowie permanenter Wassermangel lassen in Höhenlagen über 2000 m nur eine Steppenvegetation mit kaum mehr als einem Dutzend hochspezialisierter Arten gedeihen. Diese harten Bedingungen für die Flora sind auf das praktische Fehlen von Wolken zurückzuführen. Als Ausgleichsströmung des Passatwinds weht über die Gipfel fast immer ein trockener Südwind, der Antipassat.

Bei den meisten Pflanzen der Höhensteppe fallen der niedrige, polster-

förmige Wuchs und die kleinen, behaarten Blätter auf. So begegnen sie der Gefahr, zu erfrieren oder zu vertrocknen. Im Sommer verwandelt sich die Cumbre de La Caldera in ein gelbes Blütenmeer – der Klebrigen Drüsenfrucht sei Dank, einer Verwandten des Ginsters. Alle anderen Arten sind durch die früher hier übliche Weidewirtschaft selten geworden, so auch das vom Aussterben bedrohte LaPalma-Veilchen.

# Zwei starke Männer – Lugo und Tanausú

**Als sich der spanische Feldherr Alonso Fernández de Lugo 1492 anschickte La Palma zu erobern, traf er auf wenig Gegenwehr. Nur Stammesfürst Tanausú – sein Name ist etwa mit »der Eigensinnige« zu übersetzen – wollte sich nicht fügen. Lugo besiegte ihn durch eine List, konnte ihn aber nicht wirklich bezwingen.**

Am 29. September 1492 landeten, von Gran Canaria kommend, spanische Truppen in der Bucht des heutigen Puerto de Tazacorte, angeführt von dem andalusischen Ritter Alonso Fernández de Lugo. Dieser hatte sich einige Jahre zuvor bereits bei der Eroberung Gran

Canarias verdient gemacht. Lugo wird von dem Chronisten Viera y Clavijo, der die Conquista begleitete, als äußerst befähigter Militärführer gelobt. Andere Zeitgenossen beschrieben ihn als grausam und skrupellos. Jedenfalls beauftragten ihn Königin Isabella und König Ferdinand, Geldmittel für die Eroberung von La Palma und Teneriffa aufzutreiben und eine kleine Flotte zusammenzustellen. Als Lohn stellten sie ihm den Posten des Gouverneurs sowie die Steuereinnahmen von La Palma – den königlichen Fünften – und die Hälfte der Einnahmen von Teneriffa in Aussicht. Lugo selbst verfügte über keinerlei Vermögen; er tat sich mit zwei italie-

**Die Kesselschlucht Caldera de Taburiente diente dem Stammesfürsten Tanausú seinerzeit als natürliche Trutzburg**

nischen Geschäftsleuten zusammen, die das Unternehmen finanzierten.

## Wie in einer Burg

Nach der Landung zog Lugo mit seinen Truppen quer über La Palma, damals noch Benahoar, und versprach den Oberhäuptern der verschiedenen Stammesgebiete Frieden und die rechtliche Gleichstellung ihrer Untertanen mit den Spaniern. Sie sollten sich nur taufen lassen und die Hoheit der spanischen Krone anerkennen. Einige Fürsten unterwarfen sich sofort, der Widerstand der anderen war bald gebrochen.

Tanausú, Oberhaupt des Gebietes Aceró (altkanar. starker Ort), wollte sich allerdings nicht beugen. Mit seinen Stammesangehörigen verschanzte er sich in dem schwer zugänglichen Caldera de Taburiente wie in einer Burg. Steile Felswände umgeben den Kessel. Das enge Bett des Barranco de Las Angustias, durch das damals ein reißender Gebirgsbach schoss, war kaum passierbar. Als zweiter Zugang kam nur ein halsbrecherischer Pfad über La Cumbrecita in Frage, der bis heute als äußerst gefährlich gilt. Hier wie dort scheiterten die Spanier an der Abwehr Tanausús.

## Falsche Versprechungen

Mehrere Monate zog sich die Belagerung hin. Schließlich griff Lugo zu einer List. Er schickte Juan de Palma, einen bereits getauften Verwandten des Tanausú, der ihm als Übersetzer und Spion diente, zu dem Stammesfürsten, um Verhandlungen und freies Geleit anzubieten. Obwohl Juan ihn möglicherweise sogar warnte, verließ Tanausú die Caldera. Nach Überqueren des Bergsattels La Cumbrecita wurde er im Frühjahr

1493 von den wortbrüchigen Spaniern in dem dicht bewaldeten Tal El Riachuelo überrumpelt und gefangen genommen. Am 3. Mai war die Caldera befriedet, die Eroberung der Insel konnte als beendet angesehen werden.

Lugo ließ Tanausú auf ein Schiff bringen und an einen Mast ketten, um ihn in Spanien der Königin Isabella vorzuführen. Doch sobald La Palma außer Sichtweite war, soll Tanausú gerufen haben: »Vacaguaré!« (Ich will sterben). Daraufhin rührte er keinerlei Nahrung mehr an und starb noch während der Überfahrt. Das Meer wurde sein Grab. So weit die historischen Tatsachen. Hingegen gehört Tanausús angeblich erst kurz zuvor angetraute Ehefrau Acerina ins Reich der Legende. Die mündliche Überlieferung will wissen, sie habe sich nach Erhalt der Todesnachricht aus Liebe und Verzweiflung in einer Höhle einmauern lassen, um ebenfalls aus dem Leben zu scheiden.

Alle Untertanen des Tanausú wurden versklavt, viele von ihnen auf dem spanischen Festland verkauft. Die Angehörigen der anderen Stämme, die sich zuvor unterworfen hatten, behielten hingegen ihre Freiheit – zumindest auf dem Papier, denn manche von ihnen brachten die Spanier auf andere Inseln, um mögliche Aufstände im Keim zu ersticken. So verblieben nach Schätzungen auf La Palma nur ein Drittel der ursprünglichen Bewohner.

### Tanausú in der Literatur
**Braem, Harald:** Tanausú – König der Guanchen. Teneriffa 2003. Der Roman schildert nicht nur die Ereignisse rund um die Conquista La Palmas, sondern befasst sich auch ausführlich mit Kultur und Mythologie der Ureinwohner.

# Handel und Wandel – bewegte Zeiten

**1492, ein Jahr vor der Eroberung La Palmas, hatte Christoph Kolumbus Amerika entdeckt. Bald darauf brach für Santa Cruz de La Palma eine Blütezeit an. Eine der größten Handelsflotten Spaniens war auf der Insel stationiert. So viel Reichtum zog auch Piraten und Korsaren an.**

## Im Zentrum des Geschehens

Die königliche Handelskammer in Sevilla besaß zwar das Monopol im Amerikahandel. Sie teilte den einzelnen Schiffen Warenkontingente zu, bestimmte die anzulaufenden Häfen und überwachte die Zollabfuhr. Die Einnahmen aus dem Warenverkehr mit den neuen Kolonien in Übersee sollten vor allem die Staatskasse füllen. Alle Schiffe hatten sich der königlichen Handelsflotte anzuschließen, die regelmäßig von Sevilla aus in See stach.

Doch die Kolonien mussten mit Lebensmitteln versorgt werden, und von den Kanaren war der Weg dorthin viel kürzer als vom spanischen Festland. Daher erhielten die Inseln 1508 das Privileg freien Warenverkehrs – mit Einschränkungen. Sklaven und Frauen durften nur mit königlicher Genehmigung an Bord genommen werden, der Handel mit Gold und Silber, Pferden und Waffen war verboten. La Palma erwies sich als besonders verkehrs-günstig gelegen. Santa Cruz de La Palma entwickelte sich – heute fast unvorstellbar – innerhalb weniger Jahre zur drittgrößten Handelsmetropole des spanischen Weltreichs nach Sevilla und Antwerpen.

## Piraten und Schmuggler

In der Glanzzeit ankerten regelmäßig mit wertvoller Fracht beladene Schiffe im Hafen von Santa Cruz und in den Handelshäusern lagerten die Exportprodukte der Insel, Zucker und Wein, im Überfluss. Spanien und Portugal hatten mit päpstlichem Segen die gerade entdeckte außereuropäische Welt unter sich aufgeteilt, andere Nationen fühlten sich zu kurz gekommen. So befuhren bald französische Korsaren den Atlantik, mit offiziellen Kaperbriefen ihres Königs ausgestattet, um den Spaniern einen Teil ihres neu erworbenen Reichtums abzujagen. Santa Cruz de La Palma wurde 1537 erstmals Ziel ihrer Angriffe. Doch die Kirchenglocken läuteten Sturm und Kanonenschüsse schlugen die überraschten Franzosen in die Flucht.

1553 wandte sich François Le Clerc, genannt Pie de Palo (Holzbein), mit acht Schiffen den Kanarischen Inseln zu. Unter Seinesgleichen soll er hohes Ansehen genossen haben. Der Schlag

**Das Castillo de la Virgen in Santa Cruz, errichtet zur Abwehr von Piratenschiffen**

**Lesetipp**
Vázquez-Figueroa, Alberto: Insel der Freibeuter. München, 1998. Von dem bekannten kanarischen Bestseller-Autor; die spannende Story von einem jungen Piratenkapitän, der einem skrupellosen Sklavenhändler das Handwerk legt, spielt allerdings in der Karibik.

traf Santa Cruz de La Palma völlig unvorbereitet. Kaum war seine Flotte am Horizont aufgetaucht, gingen schon 500 Mann an Land und besetzten sofort die strategisch wichtigen Punkte. Ein französischer Händler, dessen Besitz die Behörden in Santa Cruz beschlagnahmt hatten, wies Le Clerc vermutlich aus Rache den Weg. Tagelang plünderten die Korsaren Häuser, Kirchen und Klöster. Den Abzug ließ sich Le Clerc noch durch ein Lösegeld erkaufen. Mit Beute im Wert von mehr als 500 000 Golddukaten – einer für die damalige Zeit immens hohen Summe – stach er nach neun Tagen in See.

Mehr noch als diese Form der Piraterie war der Handelskammer in Sevilla der illegale Handel ein Dorn im Auge. Güter, die von den Kanaren aus offiziell mit den Kolonien ausgetauscht werden durften, waren Getreide, Käse, Obst, Zucker, Wein, Vieh, Tierhäute und Holz. Mit dem Schmuggel von Sklaven, Gold, Silber und Luxusgütern ließ sich allerdings viel mehr verdienen. Zudem versuchten ausländische Kapitäne, denen die Teilnahme am Amerikageschäft verwehrt blieb, das Verbot von den Kanaren aus zu umgehen. So gaben sich Schmuggler und Betrüger auf den Inseln ein Stelldichein. Um die Bestimmungen besser zu überwachen, richtete die spanische Krone 1566 auf Gran Canaria, Teneriffa und

La Palma Registergerichte ein. Die Inselräte, selbst nicht zu knapp in den illegalen Handel verwickelt, sahen ihre Pfründe dahinschwinden, protestierten aber vergeblich.

## Auf dem Abstellgleis

Zu allem Überfluss begannen sich jetzt Angriffe englischer Korsaren zu häufen. Seit der Thronbesteigung des spanischen Königs Philipp II. 1556 hatten sich die Beziehungen zu England spürbar verschlechtert. Königin Elizabeth I. förderte dort die Piraterie und sah sie als willkommene Geldquelle an, um eine Seestreitmacht aufzubauen. So war die Stadt Santa Cruz de La Palma genötigt, ihre Verteidigungsanlagen auszubauen. Auch rund um die Insel entstanden Batterien und Geschützstellungen. Wachposten hielten Tag und Nacht nach Piratenflotten Ausschau. Angesichts zahlreicher auf seine Schiffe gerichteter Kanonen musste der englische Korsar Francis Drake 1585 vor Santa Cruz abdrehen. Ähnlich erging es nach ihm weiteren Piraten.

Dennoch geriet La Palma immer mehr ins Abseits, der Handel verlagerte sich nach Teneriffa. Dort wurde 1604 ein neuer Hafen eingeweiht. Die Handelskammer von Sevilla erließ Exportbeschränkungen für kanarische Waren und teilte Santa Cruz de Tenerife die verbliebenen Kontingente zum größten Teil zu. 1657 traf La Palma ein noch weitaus schlimmerer Schlag, die Schließung des Registergerichts. Jedes Schiff auf dem Weg von oder nach Santa Cruz de La Palma musste jetzt zusätzlich Teneriffa anlaufen, um dort die Ladung kontrollieren zu lassen. In den vier Jahren danach sollen nur noch zwei Schiffe ihre Fracht auf La Palma gelöscht haben.

# Jakob Grünenberg und seine Kollegen

**In der Zeit des Zuckerbooms, im 16. Jahrhundert, ließen sich zahlreiche ausländische Kaufleute – allen voran Jakob Grünenberg aus Köln – auf La Palma nieder. Sie exportierten das »weiße Gold« nach Europa, erwarben dadurch immense Vermögen und bestimmten die Geschicke der Insel.**

Alonso Fernández de Lugo setzte nach der Conquista seinen Neffen Juan nicht nur als Statthalter auf La Palma ein, sondern bedachte ihn auch mit riesigen Ländereien, den sogenannten Haciendas de Argual y Tazacorte. Außerdem erhielt er die Wasserrechte der Caldera de Taburiente, wo die ergiebigsten Quellen sprudelten. Die damit verbundene Auflage lautete, das Land urbar zu machen und Zuckerrohr zu pflanzen. Damit versprach sich die spanische Krone gewaltige Steuereinnahmen, denn Zucker war in Europa ein teuer bezahltes Luxusgut. Der überwiegende Teil der Bevölkerung süßte, wenn überhaupt, mit Honig.

Die Casa Sotomayor in Argual: eines der Herrenhäuser aus den Zeiten des Zuckerrohranbaus auf La Palma

## Augsburger Patrizier

Doch Juan de Lugo fehlten sowohl das Interesse und Know-how als auch das Kapital, um Arbeitskräfte zu bezahlen und Zuckermühlen zu errichten. So veräußerte er Land und Wasser 1508 an den andalusischen Kaufmann Jácome Dinarte, der schon drei Monate später an das Augsburger Handelshaus der Welser weiterverkaufte. Die spanischen Autoritäten sahen es nicht gern, wenn größere Ländereien in ausländische Hände übergingen. Andererseits war zu wenig einheimisches Kapital vorhanden, um den Zuckerexport in Schwung zu bringen. Lukas Rem, Spross der Welser-Familie und Leiter von deren Lissabonner Niederlassung, begann 1509 auf La Palma mit dem Anbau von Zuckerrohr. Doch wegen wirtschaftlicher Schwierigkeiten und wohl auch aus Verärgerung darüber, dass die königliche Kaufbestätigung fünf Jahre auf sich warten ließ, überlegte er es sich anders und die Haciendas de Argual y Tazacorte gingen 1513 in das Eigentum von Jakob Grünenberg (1472–1531) aus Köln über.

## Traumhafte Gewinne

Grünenberg war bereits seit Jahren im Zuckerhandel zwischen den Kanarischen Inseln und Antwerpen etabliert. Auf La Palma ließ er sich nach dem Erwerb der Haciendas Jácome Monteverde nennen und machte eines der größten Vermögen des Kanarischen Archipels. Schon nach zwei Jahren zahlten sich seine Investitionen aus, danach ging es finanziell nur noch bergauf.

In Antwerpen blieb Grünenbergs steile Karriere nicht unbemerkt. Mehrere Kaufleute aus Flandern ließen sich auf La Palma nieder, um es ihm gleichzutun. Einer dieser Männer war Louis (Luis) van de Walle (1511–87) aus Brügge, der unter Kaiser Karl V. zu-

**Die Hochzeit des Zuckerrohranbaus auf La Palma ist lange passé**

nächst Stadtrat in Cádiz und später Militärgouverneur von La Palma wurde. Sein Zeitgenosse Pauwel (Pablo) van Dale (um 1510–95) entstammte einer bedeutenden Händlerfamilie aus Antwerpen. Dessen Tochter Maria ehelichte Grünenbergs ältesten Sohn Melchor. Pauwel van Dale kaufte 1562 seinem Schwiegersohn Anteile an den Zuckermühlen von Argual und Tazacorte ab. Doch um 1580 verlor er sein gesamtes Vermögen durch eine Finanzkrise. Dennoch kam sein Sohn Pieter (Pedro) 1607 nach der Veräußerung von Ländereien in Flandern mit seiner Familie nach La Palma, um hier ebenfalls sein Glück zu versuchen – offenbar erfolgreicher als der Vater, obwohl die große Zeit des Zuckerhandels längst der Vergangenheit angehörte. Rasch stieg er zu einem der bedeutendsten Exporteure und Großgrundbesitzer der Insel auf.

## Kein gutes Ende

Jakob Grünenberg erlebte das sich ab 1554 abzeichnende Ende des Zuckerbooms nicht mehr. Schon lange zuvor war er in Schwierigkeiten geraten. Er fühlte sich zum aufkeimenden Protestantismus hingezogen und äußerte sich wohlwollend über Martin Luther, was ihm 1530 die Verfolgung durch die Inquisition einbrachte. Das Inquisitionsgericht konfiszierte ein Zehntel seines Vermögens und verurteilte ihn dazu, in einem Kloster in Sevilla ein Jahr Buße zu leisten. Dort verstarb Grünenberg.

Seinen Söhnen gelang es 1545, den Namen Monteverde rehabilitieren zu lassen. Gegen nennenswerte Zahlungen an die spanische Krone wurden sie sogar in den Adelsstand erhoben. Doch der Besitz zerfiel in der Folgezeit. Lediglich die Rechte am Wasser der Caldera de Taburiente blieben in gemeinsamer Hand der Familie und gehören heute einer auf rund 2000 Personen angewachsenen Erbengemeinschaft. Die Anteilseigner nutzen das Wasser selbst für Bewässerungszwecke oder verkaufen es an andere Landwirte.

## Flandern und Spanien

Das historische Flandern des Mittelalters umfasste außer den heutigen Benelux-Ländern auch Teile Nordfrankreichs. Diese Ländereien brachte das Haus Burgund seit dem 14. Jh. durch Heirat und Kauf unter seine Herrschaft, durch Erbschaft fielen sie 1477 an die Habsburger. Somit gehörte Flandern im 16. Jh. zu dem weltumspannenden Reich Kaiser Karls V., von dem es hieß, die Sonne würde darin nie untergehen. 1556 dankte Karl V. ab und teilte sein Reich, sein Sohn Philipp erhielt Spanien und die Burgundischen Niederlande. Deren nördliche (protestantische) Provinzen wurden 1648 mit dem Westfälischen Frieden unabhängig, andere Teile Flanderns fielen an Frankreich. Die verbliebenen Spanischen Niederlande kamen 1713 an Österreich, später gingen aus ihnen Belgien und Luxemburg hervor.

Kaiser Karl V. war gebürtig aus Gent, daher befanden sich unter seinen Vertrauten und Beratern viele Flamen. Etlichen von ihnen ebnete er den Weg nach Spanien und besetzte dort wichtige Ämter mit ihnen. Neben Van de Walle und Van Dale sind oder waren weitere wichtige – teilweise ins Spanische übertragene – flämische Familiennamen auf La Palma: Avontroot, Aysel, Bandama (Van Damme), Boot, Briel, Grimon, Guisla (Ghiselinck), Massieu, Wangüermert, Westerling …

Geistliche Dramen mit uralten Wurzeln, andernorts längst verschwunden, sind auf La Palma noch feste Bestandteile mancher Kirchenfeste. Die fantasievollen Triumphbögen des Fronleichnamsfestes gehen auf ›lebende Bilder‹ aus dem Mittelalter zurück.

## Kirchliches Theater

Geistliche Spiele waren in Europa einst sehr verbreitet. Ihre Wurzeln sind in den Mysterienspielen, also dem kultischen Theater der Antike zu suchen. Das frühe ten. Anstelle von Latein benutzten die Akteure jetzt meist die Landessprache.

Unter dem Einfluss von Renaissance und Reformation flaute die Welle geistlicher Dramen in vielen Ländern ab. In Spanien aber, der damaligen Hochburg der katholischen Kirche, erreichte sie als Propagandainstrument der Gegenreformation erst im 16./17. Jh. ihren Höhepunkt. Die immer aufwendiger inszenierten geistlichen Spiele *(autos sacramentales)* sollten die Menschen zugleich beeindrucken und belehren. Berühmte spanische Dichter wie Calderón oder Lope de Vega schrieben umfangreiche Lobgesänge *(loas)*, die zu

# Glaube in Bilder gefasst

Christentum entwickelte daraus anschauliche Andachtsformen, die den Gottesdienst zu hohen Feiertagen begleiteten. Kostümgruppen stellten pantomimisch, in Form ›lebender Bilder‹, zum jeweiligen Anlass passende Szenen aus der Bibel nach. Dazu wurden lateinische Verse in einer Art Sprechgesang verlesen.

Im Hochmittelalter verlagerte sich das Geschehen von der Kirche auf die Plätze und Straßen und wurde zum regelrechten Theater. Verantwortlich waren nun nicht mehr die Priester, sondern die Bürger, die sich in Bruderschaften organisierten, um die Spiele auszurichten.

**Fronleichnam in Villa de Mazo: eine Alfombra, ein Blütenteppich, entsteht**

Beginn oder während der Aufführungen rezitiert wurden.

## Eigensinnig hier wie dort

Im Zeitalter der Aufklärung galten geistliche Spiele dann endgültig als nicht mehr zeitgemäß. Beispielsweise wurden sie auch in Bayern im 18. Jh. untersagt. Allerdings hielten sich die eigensinnigen Bürger von Oberammergau nicht an die Anweisungen der Obrigkeit und retteten dadurch die andernorts verschwundenen Passionsspiele bis in die Gegenwart. Ähnlich verhielt es sich auf La Palma. Unter dem Einfluss aufgeklärter Strömungen war in Spanien 1765 das Verbot der *autos sacramentales* durch den Reformkönig

## Zwergentanz

Den Brunnen am Nordrand der Plaza de La Alameda in Santa Cruz ziert die Figur des **Enano,** eines menschengroßen Zwerges aus Bronze. In dieser Verkleidung treten Tänzer bei der Bajada de La Virgen (s. u.) auf. Luis Morera, der bekannte einheimische Künstler, schuf die Skulptur zur Bajada im Jahr 2000 und verwirklichte damit einen Jugendtraum. Früher führten Laiendarsteller anlässlich der Bajada jedes Jahr einen anderen Tanz auf. Einer davon, die berühmte **Danza de Enanos** (Zwergentanz), überlebte. Die ›Zwerge‹ mit riesigen Pappmachéköpfen, unter denen die Oberkörper der Tänzer verschwinden, sind heute so etwas wie das Wahrzeichen von La Palma.

Carlos III. ergangen, der auch gleich das Auftreten von »Riesen, Dickköpfen und Drachen« untersagte – sehr populäre Formen der Verkleidung. Doch die Inselbewohner umgingen das königliche Dekret vielfach.

Am bekanntesten ist das Drama zum **Rosenkranzfest** in Barlovento. Alle drei Jahre im August verwandelt sich der Ort bis heute in eine riesige Freilichtbühne, auf der Laiendarsteller geistliches Theater spielen: Das weiße Segel eines christlichen Schiffes hält quer durch die Felder auf eine türkische Festung aus Pappe zu. Davor wachen Soldaten. Ein osmanisches Schiff eilt zu Hilfe, und es kommt zur Seeschlacht mit Kanonenschüssen und Rauchwolken. Natürlich gewinnen die Christen, zerstören die Burg und nehmen die feindlichen Krieger gefangen. In der Kirche erhalten die ›Heiden‹ dann die Taufe.

Seit Generationen wird das Schauspiel in unveränderter Form aufgeführt. Seine unmittelbaren Wurzeln gehen ins 16. Jh. zurück. Damals führte Papst Pius V. das Fest der Siegesmadonna ein, das später als Rosenkranzfest gefeiert wurde. Es soll an den Sieg der Heiligen Liga in der Seeschlacht von Lepanto am 7. Oktober 1571 gegen die Türken erinnern. Wahrscheinlich nahmen auch zwei Schiffe aus La Palma daran teil.

## Tänze und Dialoge

Drei *autos sacramentales* sind feste Bestandteile der alle fünf Jahre stattfindenden **Bajada de La Virgen** in Santa Cruz. Bei der Danza de Enanos (Zwergentanz) bewegen sich rund 30 Männer zunächst in einer zu jedem Festtermin wechselnden Verkleidung (Soldaten, Mönche, Seeleute, Bischöfe u. a.) eher verhalten durch die Straßen. Dann erfolgt innerhalb von Minuten die magische Verwandlung. Durch riesige Pappmachéköpfe werden die Darsteller zu ›Zwergen‹, die bis zum Morgengrauen eine flotte Polka tanzen, heute wieder begleitet von ›Riesen‹ und ›Dickköpfen‹. Dem Carro Alegórico y Triunfal (Allegorischer Triumphwagen) ist ebenfalls eine ganze Nacht gewidmet. Eine Kostümgruppe inszeniert auf sehr traditionelle Art verschiedene Stationen aus dem Marienleben, begleitet von kanarischer Musik. Als Bühne dient ein Festwagen, der durch die Straßen der Stadt gezogen wird. Auch beim Diálogo del Castillo y la Nave (Dialog zwischen Festung und Schiff; s. S. 111) handelt es sich um ein geistliches Drama.

Magier- oder Dreikönigsspiele, die **Autos de Reyes Magos,** waren in Europa seit dem 11. Jh. üblich. Auf La Palma blieben sie bewahrt und werden am Vorabend des Dreikönigstags (6. Januar) in vielen Orten aufgeführt, besonders traditionsreich in Santo Domingo de Garafía. Dort wird der Diálogo de Herodes unter Verwendung alter Texte zelebriert. In diesem Dialog erfährt König Herodes durch die Heiligen Drei Könige von der Geburt Jesu Christi, der ihm als neuer König der Juden prophezeit worden war. Um ihn auszuschalten, befahl er angeblich den bethlehemischen Kindermord, dem Jesus entging, weil seine Familie mit ihm nach Ägypten floh.

# Farbenfroh und prächtig

Eine andere Entwicklung nahm das **Fronleichnamsfest.** Es wandelte nach dem Verbot der *autos sacramentales* durch König Carlos V. seinen Charakter. *Alfombras* kamen in Mode – farbenfrohe Blumenteppiche, die von den Gläubigen in stunden- oder sogar tagelanger Arbeit auf Straßen und Plätzen zu Bildern und Ornamenten gefügt werden. Da Blüten im Juni auf den Kanaren schon etwas knapp sind, finden auch Blätter, Moose und Flechten, Muschelschalen, Schneckenhäuser, Samen-

kapseln, Sand in allen Farben und sogar Salz Verwendung.

In Villa de Mazo und San Andrés werden *alfombras* an Fronleichnam ausgelegt, in El Paso zwei Wochen später. Die mittelalterlichen lebenden Bilder wurden in hölzerne Triumphbögen *(arcos)* verwandelt, die nun den Prozessionsweg schmücken. Meist handelt es sich nicht wirklich um Bögen, sondern um sehr individuell gestaltete Skulpturen. Sie zeigen Figuren und Bilder, die mit der Eucharistie, also der leiblichen Gegenwart Christi beim Abendmahl, in Zusammenhang stehen. Noch Tage nach dem eigentlichen Fest sind sie in den Straßen zu bestaunen. Wer außerhalb der Fronleichnamszeit nach La Palma kommt, findet die *arcos* im Museo Casa Roja in Villa de Mazo dokumentiert.

---

### Geistliche Spiele
**Autos de Reyes Magos:** 5. Januar. Dreikönigsspiele in Santo Domingo de Garafía und anderen Orten.
**Corpus Christi:** Fronleichnam. Blumenteppiche und *arcos* in Villa de Mazo (El Pueblo) und San Andrés, zwei Wochen später in El Paso.
**Bajada de La Virgen:** alle fünf Jahre (2010, 2015, …) in der Woche nach dem zweiten Sonntag im Juli. Zwergentanz, Allegorischer Triumphwagen und Dialog zwischen Festung und Schiff in Santa Cruz de La Palma.
**Fiesta de la Virgen del Rosario:** alle drei Jahre (2012, 2015, …). am zweiten Sonntag im August. Geistliches Drama zum Rosenkranzfest in Barlovento.
Siehe auch S. 37 u. 38.

# Alte Kunst – Einflüsse aus Andalusien und Flandern

Prachtvoll geschnitzte Holzbalkone zieren viele Gebäude auf der Kanareninsel La Palma. Im Mittelalter entwickelten Mauren diese Form des Kunsthandwerks, den Mudéjar-Stil. Flämischen Familien, die sich nach der Conquista auf La Palma niederließen, sind die Kunstschätze aus Antwerpen in Kirchen und Klöstern zu verdanken.

## Die Unterworfenen

Mauren, die nach der mittelalterlichen Reconquista in Spanien verblieben waren, nannten sich *mudaijan* (Unterworfene). Sie galten als geschickte Künstler und wurden daher geduldet, durften sogar bis zum Einsetzen der Inquisition im 15. Jh. ihre Religion unbehelligt ausüben. Ihr Baustil wurde als

**Von der Nachmittagssonne ausgeleuchtet: die berühmten Balkonhäuser in Santa Cruz**

Mudéjar bekannt und erfreute sich insbesondere in Andalusien, wo der maurische Einfluss am deutlichsten spürbar war, großer Beliebtheit. Von dort gelangte er mit Einwanderern auf die Kanarischen Inseln, um sich zur Volksarchitektur zu verselbstständigen. Auch christliche Handwerker griffen bald diesen ›Kanarischen Stil‹ auf. Speziell auf La Palma ließ der festländische Einfluss nach, als die Insel im 17. Jh. begann, in wirtschaftliche Bedeutungslosigkeit zu versinken.

Die für den Mudéjar in Granada oder Sevilla so typische Ziegelbauweise, Stuckdecken und Fliesenverkleidungen fehlen auf den Kanaren weitgehend. Dafür gerieten dekorative Holzkonstruktionen umso aufwendiger. Detailreich geschnitzte Balkone aus dem widerstandsfähigen Kernholz der Kanarischen Kiefer *(tea)* zieren Bürgerhäuser, Adelspaläste und Kirchen von außen. Ein typischer Balkon wird vom vorgezogenen Hausdach beschattet, das sich auf mehrere Pfeiler stützt. Der untere Teil der Brüstung besteht aus rechteckigen, im Kassettenstil geschnitzten Holzplatten. Darüber steht eine Reihe einfacher Gitterstäbe oder gedrechselter Säulen, manchmal sind die Balkone auch komplett von hölzernem Gitterwerk umschlossen. Paradebeispiele für diese Kunst sind die sogenannten Balkonhäuser in Santa Cruz (s. S. 121) mit den einzigen doppelstöckigen Balkonen der Kanaren.

Innen umgeben hölzerne Galerien und Treppenaufgänge die Patios von größeren Häusern und Palästen, am schönsten zu sehen in der Casa Principal de Salazar, ebenfalls in der Hauptstadt. In vielen Kirchen – allen voran der Parroquia de El Salvador in Santa Cruz – finden sich prächtige, mit geometrischer Täfelung versehene Holzdecken, unterbrochen von verflochtenen Bändermustern. Wegen der vertieften Kassettenfelder heißt diese Schnitzkunst auch *artesanado* (span. *artesón* = Becken).

Genau betrachtet starb die Kunst der ›Unterworfenen‹ nie ganz aus: Einheimische Künstler hielten an dieser Bauweise bis ins 19. Jh. fest, und auch bei der Errichtung von Ferienanlagen, Hotels und Privathäusern wurde sie in jüngerer Zeit wieder häufig aufgegriffen.

## Gegen Zucker getauscht

Die nach der Conquista auf La Palma gegründeten Kirchen erhielten schon recht bald eine wertvolle Ausstattung mit Heiligenstatuen, Tafelbildern und wandfüllenden Altaraufsätzen (Retabeln). Stifter waren in vielen Fällen die auf der Insel seit Beginn des 16. Jh. ansässigen flämischen Zuckerhändler. Einerseits lieferten sie damit den örtlichen Autoritäten einen ›Beweis‹ für ihre katholische Gesinnung, die wegen ihrer Herkunft aus einem Land mit reformatorischen Tendenzen vielfach angezweifelt wurde. Zum anderen verfügten sie über die nötigen finanziellen Mittel, um aus ihrer Heimat – dem damaligen Zentrum europäischer Kunst – hochwertige Stücke zu importieren.

So fuhren mit Zucker beladene Schiffe von La Palma nach Antwerpen, von wo sie nicht nur mit Möbeln, Teppichen, Porzellan, Silber- und Goldschmiedearbeiten, Büchern, Gewändern und Uhren für den Privatbedarf der wohlhabenden Haushalte zurückkehrten, sondern auch mit Holzfiguren und Gemälden für die Gotteshäuser der Insel. So besitzt La Palma heute die meisten flämischen Kunstwerke des 16./17. Jh. aller Kanarischen Inseln.

Später kamen ausländische Kunstwerke kaum noch auf die Kanaren. Die Verbindungen nach Flandern wurden lockerer und einheimische Künstler lieferten immer bessere Qualität. Man-

che führten die Tradition der flämischen Bildhauerschulen noch eine Zeitlang fort, so der Dominikanermönch Marcos Gil (1682–1739) aus Gran Canaria, der während eines vierjährigen Aufenthalts auf La Palma Anfang des 18. Jh. nicht nur das Kloster seines Ordens renovierte, sondern auch eine Reihe von Aufträgen für andere Kirchen ausführte. So schuf er für die Iglesia San Pedro Apóstol in Breña Alta eine Statue des hl. Josef mit dem Jesuskind.

**Genickstarre garantiert: die Mudéjar-Kassettendecke im Rathaus von Santa Cruz lohnt einen langen Blick**

# Bauernkaten und Ermitas – Architektur auf dem Land

**Während in der Hauptstadt Adel und Handelsbürgertum in aufwendigen Palästen residierten und Kirchen und Klöster großen Prunk entfalteten, lebte die ländliche Bevölkerung rund um die Insel in sehr einfachen Verhältnissen. Bis heute sind interessante Zeugnisse der Volksarchitektur erhalten geblieben.**

## Aus Stein und Lehm

In den ärmeren Gebieten im Norden der Insel lebten die Menschen bis zur Zeit um 1900 in schmucklosen, kaum mehr als 6 m langen und 4 m breiten Steinhäusern. Das Baumaterial brachen sie aus dem Fels oder suchten Lesesteine von ihren mageren Äckern dafür zusammen. Ein Dach aus Holzlatten, das dem Regen nicht immer wirklich standhielt, vervollständigte die Konstruktion. Im einzigen Innenraum bestand das Mobiliar aus einer Bettstatt, einem Tisch und ein paar Schemeln sowie ein, zwei Truhen zur Aufbewahrung von Kleidung und Lebensmitteln. Solche Häuser stehen heute noch vereinzelt bei Santo Domingo de Garafía und Franceses.

**Um einen hübschen Glockenstuhl erweiterte Ermita in Las Tricias**

84

In den wohlhabenderen Gebieten La Palmas waren und sind auch heute noch vielfach einstöckige Häuser mit dicken, weiß getünchten Lehmwänden und Stroh- oder Ziegeldach üblich. Meist waren drei Zimmer vorhanden. In der Mitte lag der kombinierte Wohn- und Essraum, zu beiden Seiten grenzten Schlafzimmer an. Die Küche befand sich wegen der Feuergefahr stets einige Meter entfernt vom Haus in einem einfachen Nebengebäude.

Wenn der Platz nicht für einen Innenhof (patio) reichte, so gab es doch zumindest ein Schatten spendendes, mit Weinreben beranktes Vordach an der Sonnenseite des Hauses, also gegen die vorherrschenden Nordwinde geschützt. Wer es sich leisten konnte, baute zweistöckig. Die obere Etage diente dann zum Trocknen und Lagern von Getreide.

## Ermita oder Iglesia?

Den Mittelpunkt vieler Ortschaften auf La Palma bildet eine schlichte Ermita. Damit können im spanischen Sprachraum sowohl Einsiedeleien als auch Kapellen oder Kirchen gemeint sein. In diesem Fall handelt es sich um kleine Kirchen, deren Gründung oft auf die Zeit kurz nach der Conquista zurückgeht und in denen die zunächst nur wenige Köpfe zählenden Gemeinden ihre Messen abhielten. Manchmal wurden Ermitas zum Zweck der Heiligenverehrung auch fernab von Siedlungen errichtet – wie beispielsweise die Ermita Virgen del Pino oberhalb von El Paso.

Ermitas haben nur ein Kirchenschiff. Die ursprünglich rechteckigen Bauten wurden nachträglich vielfach um einen etwas höheren Altarraum

**Urlaub im Bauernhaus**
Als Ferienhäuser erleben viele Bauernkaten auf La Palma, die schon lange von ihren ursprünglichen Bewohnern verlassen waren, heute ihren zweiten Frühling. Ansprechend renoviert und rustikal, aber zeitgemäß eingerichtet werden sie an Urlaubsgäste vermietet.

**Kontakt:** Asociación Turismo Rural – Isla Bonita, Santa Cruz, Calle O'Daly 39, Tel. 922 43 06 25, www.islabonita.com, s. auch S. 26.

erweitert, dessen hölzerne Decke sich ein wenig über das Schiff erhebt. Nur die naturbelassenen Steine an Türen und Fenstern und das Rot der Dachziegel lockern die weiß gekalkten Außenwände auf. Als einziges schmückendes Detail ziert oft ein Holzbalkon die Frontfassade mit ihrem zentralen Glockenstuhl.

Entwickelte sich mit dem Wachstum der Bevölkerung eine Ermita zur Iglesia, einer ›richtigen‹ Kirche, kamen manchmal noch ein oder zwei Seitenschiffe hinzu. Nur selten engagierten die Gemeinden oder die für den Unterhalt der Kirche verantwortlichen Großgrundbesitzer dafür einen Baumeister. In der Regel schufen örtliche Maurer, Steinmetze und Zimmerleute die Bauten als Volksarchitektur in gemeinschaftlicher Arbeit. Elemente der üblichen europäischen Stilrichtungen von der Gotik über Renaissance und Barock bis hin zum Klassizismus sind – wenn überhaupt – nur an den Portalen zu erkennen. Doch auch bei diesen handelt es sich meist um zeitlose Rundbögen aus unbearbeitetem Naturstein.

Einwanderer aus allen Teilen der Iberischen Halbinsel brachten nach der Conquista ihre Tänze und Gesänge mit. Schon bald verschmolzen sie zur typisch palmerischen Volksmusik. Heute peppen Gruppen und Sänger die Folklore mit Einflüssen aus Rock und Pop auf.

Die Texte vieler alter Lieder aus dem 16./17. Jh. sind bildhaft und auf die ländliche Umgebung bezogen. Sie beschreiben die Lebensumstände der Menschen, ihr Vergnügen und ihre Trauer, Arbeit, Religion und Aberglauben. Einer der schönsten Bauerntänze kanarische Folklore geht zum größten Teil auf diese Mode zurück. Geradezu pompös zelebriert werden die Folías, Gruppentänze mittelalterlicher Herkunft, bei denen die Herren den Damen ihren Respekt erweisen, ohne sie zu berühren. Eine populäre und weniger sittsame, doch sentimentale Variante ist die Malagueña, bei der ein Mann und zwei Frauen der Tanzgruppe als Solisten gegenüberstehen und sich improvisierte Verse zuwerfen. Fröhlich und ausgelassen wird die Isa getanzt, begleitet von humorvollen bis anzüglichen Gesängen. Dem für La Palma charakteristischen Sirinoque werden altkanarische

# Inselmusik – Folklore und Pop

La Palmas ist der Baile de trigo (Weizentanz), der jungen Leuten früher auf spielerische Weise alle Arbeitsabläufe rund ums Getreide vermitteln sollte. Portugiesisch beeinflusst sind die Aires de Lima (Lieder aus Lima), die Erntearbeiter sangen, während sie gemeinsam die Maiskolben von ihren Hüllblättern befreiten.

## Inspirationen aus der ›guten alten Zeit‹

Im 18. Jh. ahmten breite Bevölkerungskreise in Spanien die höfischen Tänze des Mittelalters und der Renaissance nach. Eine neue Gattung von Volkstänzen entstand, die bald auch auf den Kanaren Verbreitung fand. Die heutige Ursprünge nachgesagt. Die Konquistadoren brachten ihn nach Europa, wo er als Canario bald weit über die Grenzen Spaniens hinaus bekannt wurde. Vermutlich kam er, zum Hoftanz verändert, im 18. Jh. auf die Inseln zurück.

Ende des 19. Jh. bereicherten noch einmal neue Elemente die kanarische Folklore, diesmal mittel- und osteuropäischen Ursprungs. Die Modetänze hießen damals Polka, Mazurka und Berlina. Zu diesen heiteren Melodien tanzten die Palmeros bis weit ins 20. Jh. hinein auf Volksfesten. Heimkehrer aus Kuba brachten die Caringa mit, einen Paartanz, bei dem der Mann die Frau umwirbt.

**Zum Fest der Mandelblüte in Puntagorda sorgt eine Volkstanzgruppe für Stimmung**

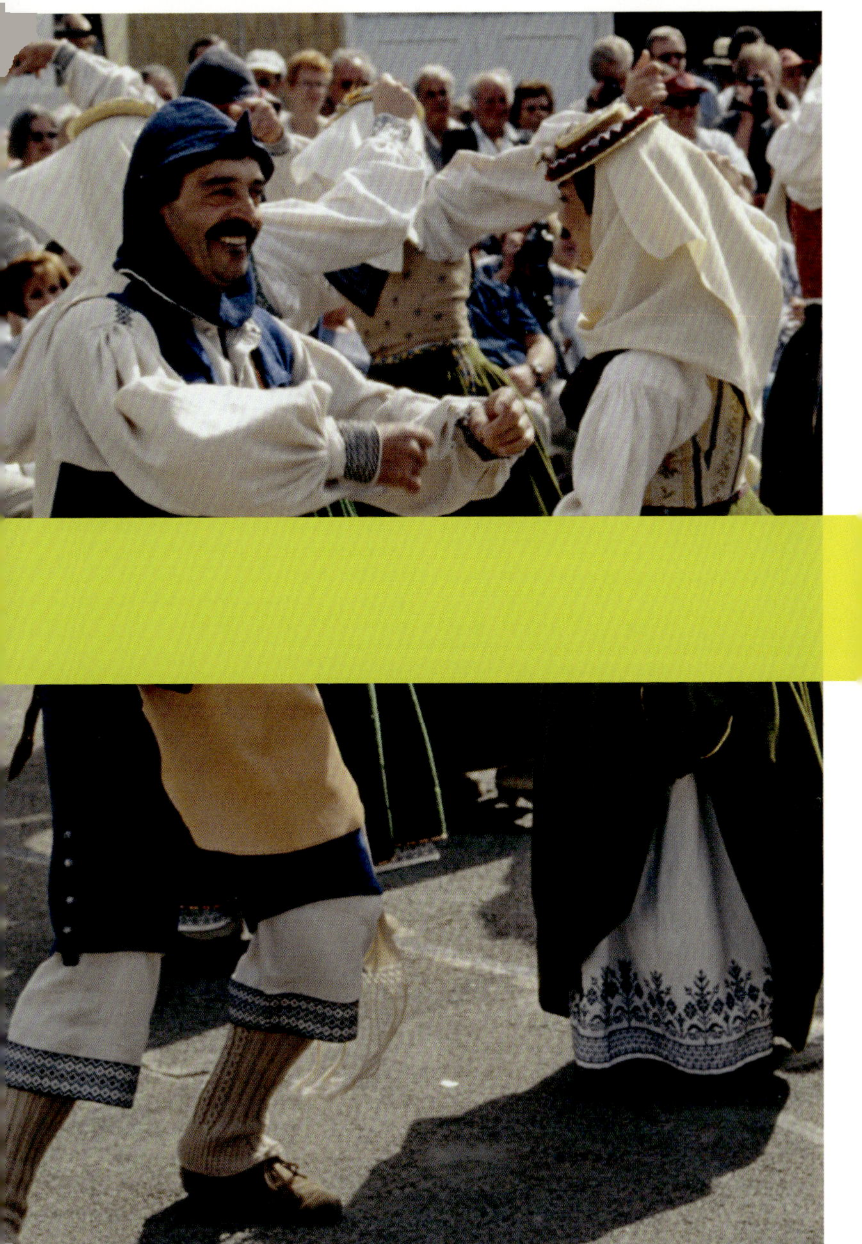

Musiker begleiten die Darbietungen mit *chácaras* (großen Kastagnetten), *tambores* (Trommeln), Flöten, Akkordeon und Saiteninstrumenten. Der *timple* ähnelt einer kleinen Gitarre. Durch Zupfen der Saiten erzeugt der Spieler hohe, scheppernde Töne.

## Frühere Moden

In den vergangenen Jahrzehnten drohten die alten Tänze und Gesänge in Vergessenheit zu geraten. Doch schon bald bildeten sich in vielen Orten der Insel Volkstanzgruppen, die traditionelles Liedgut sammelten und bewahrten. Bei ihren Auftritten auf Fiestas und in den großen Ferienhotels führen sie die alten Inseltrachten vor, die aus dem Alltagsleben längst verschwunden sind. Männer tragen ein weißes Hemd und eine knie- oder wadenlange, luftige Hose, unter der die etwas längere, bestickte Unterhose hervorschaut. Über das Hemd ziehen sie eine dunkle Weste. Den Kopf bedeckt eine Kappe, die bis in den Nacken reicht. Früher schützten sich Bauern und Landarbeiter so vor der Sonne. Die Frauen tragen über reich bestickten Unterröcken weite Woll- oder Seidenröcke, dazu weiße, ebenfalls bestickte Blusen und bunte Seidenwesten. Als Kopfbedeckung dienen ein seidenes Tuch und darauf ein winziger Strohhut.

## Aus Alt wird Neu

Ein neuer Trend zeichnete sich seit den 1970er-Jahren ab und hält bis heute ungebrochen an – die Nueva Canción Canaria (Neues Kanarisches Lied). Als einer der Hauptvertreter dieser Musikgattung etablierte sich die Band Taburiente mit ihrer poetischen Folklore, die häufig aktuelle ökologische Themen aufgreift und von nordafrikanischen Klängen inspiriert ist. Als prominentestes Mitglied war Luis Morera, der sich auch als Maler und Bildhauer auf La Palma einen Namen gemacht hat, von Anfang an dabei. In den vergangenen Jahren veröffentlichte er außerdem zwei Solo-CDs mit eigenen Kompositionen.

Mit sehr poetischen Liedern macht Ima Galguén (www.imagalguen.com) über die Insel hinaus von sich reden. Ihre Musik erinnert an keltische Vorbilder, speziell auch im gemeinsamen Konzert mit der deutschen Harfenspielerin Sylvia Reiß (www.keltische-harfen-musik.de). Eremiot (www.eremiot.com), Gitarrist der einst sehr bekannten und ökologisch engagierten Rock-Band Eso Es aus dem Valle de Aridane, stellte die neue Gruppe Ziriab zusammen, die sich einem Mix aus Flamenco, Jazz und Rock verschrieben hat.

Live-Konzerte gibt es vor allem in den Sommermonaten, speziell in Santa Cruz (Teatro Chico, Teatro Circo de Marte, Plaza de Santo Domingo), Los Cancajos (Anfiteatro) und Los Llanos (Plaza de España).

### CD-Tipps

**Taburiente:** A Tierra (1995), Libre (2008).
**Luis Morera:** Desde Dentro (2002), Espacio Abierto (2004).
**Ima Galguén:** Regreso al Espíritu (1997), Abismo Arriba (2002).
**Eso Es:** La vida es así (1995).
**Ziriab:** La Magía del Momento (2008).

**Bezugsquellen vor Ort:** u. a. Montuno (Santa Cruz), Contacto (Los Llanos).

# Sternengucker unter weißen Kuppeln

Seit 1985 steht am Roque de Los Muchachos eine der größten Sternwarten der Erde. Die extrem klare Luft und der schwarze Nachthimmel sorgen für praktisch optimale Beobachtungsbedingungen. Astrophysiker aus vielen europäischen Ländern erkunden von hier aus das Weltall.

## Kristallklare Nächte

An rund 260 Tagen im Jahr sind die Sichtverhältnisse oberhalb der Passatwolkenschicht, in Höhen über 2000 m, nahezu optimal. Astronomen sprechen dann von kristallklaren Nächten. Damit ist das Observatorio Astrofísico auf La Palma die wichtigste und leistungsfähigste Sternwarte der nördlichen Halbkugel. Als Störfaktoren erweisen sich anderswo nicht nur Wolken und Dunst, sondern auch die nächtliche Beleuchtung. Letztere muss daher in Grenzen

gehalten werden. Zur Kontrolle öffentlicher und privater Lichtquellen auf La Palma erließ die spanische Regierung mehrere Gesetze. Mit hohem Kostenaufwand wurde die gesamte Straßenbeleuchtung umgestellt. Straßenlampen, Leuchtreklamen und andere Außenlampen sind schwach ausgelegt und dürfen nicht nach oben strahlen. Hinzu kommen Richtlinien für den Flugverkehr sowie für Rundfunk- und Fernsehsender. Sogar die Beleuchtung auf Volksfesten bleibt eingeschränkt.

## Immer spektakulärer

Ab den 1970er-Jahren fanden Voruntersuchungen auf dem Roque de Los Muchachos statt, 1985 konnte das Observatorium offiziell eingeweiht werden. Großbritannien übernahm die Führung in dem Projekt und errichtete zunächst gemeinsam mit Irland und den Niederlanden drei Teleskope. Weitere europäische Länder, darunter auch Deutschland, kamen in der Folgezeit hinzu. Spanien stellt das Gelände und die Infrastruktur zur Verfügung und beansprucht dafür 20 % der Beobachtungszeit.

Der britisch-irisch-niederländische William-Herschel-Reflektor ist mit 4,2 m Öffnung das bislang größte Teleskop in Westeuropa. Schweden stellte einen Sonnenbeobachtungsturm auf und installierte gemeinsam mit den anderen skandinavischen Ländern das Nordische Optische Teleskop (NOT). 1999 ging das italienische Teleskop Galileo (TNG) in Betrieb. Sein 3,6-m-Spiegel – er gilt als der glatteste, den es je gab – wurde in Deutschland gegossen und geschliffen. Im November 2001 kam mit dem Liverpool Telescope das erste vollkommen ferngesteuerte Teleskop der Welt hinzu. Es wird ausschließlich von England aus bedient.

2003 war ein weiterer Aufsehen erregender Neuzugang MAGIC I (Mayor Atmospheric Gamma-Ray Imaging Cherenkov Telescope). Mit 17 m Durchmesser ist es das weltweit größte Teleskop für den Empfang von Gammastrahlung und soll die ›dunkle Materie‹ aufspüren, den letzten noch unerforschten Bereich des elektromagnetischen Spektrums. Das Zwillingsteleskop MAGIC II ging 2009 in Anwesenheit von König Juan Carlos in Betrieb. Mit MAGIC I war es bereits gelungen, Reste einer Supernova im Krabbennebel aufzuspüren, die im Jahr 1054 im Sternbild Stier beobachtet wurde. Federführend sind an MAGIC Deutschland, Spanien und Italien beteiligt.

Schon 2007 hatte außerdem Kronprinz Felipe das Gran Telescopio Canarias (auch GTC oder Grantecán) einweihen können, ein ehrgeiziges spanisches Projekt, das von der EU kofinanziert wird und an dem auch Mexiko und die Universität von Florida teilhaben. Mit seinem segmentierten 10,4-m-Primärspiegel ist es eines der leistungsfähigsten Teleskope der Welt. Es soll neue Erkenntnisse über die Anfangszeit des Universums nach dem Urknall, über extrem weit entfernte Galaxien sowie über die ›Schwarzen Löcher‹ bringen.

## Die Wissenschaftlergemeinde

Rund 400 Astronomen arbeiten jedes Jahr auf La Palma. Manche Wissenschaftler kommen nur für kurze Zeit und werten ihre Beobachtungen anschließend in ihrer Heimat aus. Schon eine Stunde Beobachtungszeit liefert genügend Material für monatelange Untersuchungen. Die Forscher wohnen in Gästehäusern unmittelbar neben den Teleskopen. Andere bleiben jahrelang auf der Insel und leben mit ihren Familien in Santa Cruz. Hubschrauber ermöglichen den Zugang zum Observatorium, wenn die Straße einmal wegen Schnee und Eis gesperrt werden muss.

# Europa und die Zwergbanane

**Bananenplantagen prägen die Landschaft im Valle de Aridane, aber auch im Nordosten bei Los Sauces und an der Südwestküste von Fuencaliente. Als wichtigster Wirtschaftsfaktor der Insel kommt ihnen immer noch weit mehr Bedeutung zu als dem Tourismus. Doch die Produktion geht zurück und der hohe Wasserverbrauch erweist sich als Problem.**

Kräftige Männer sind als Erntearbeiter gefragt. Während einer die Staude nach unten biegt, schneidet ein zweiter den bis zu 90 kg schweren Fruchtstand ab. Dieser wird in der Bananenpackerei in die aus dem Supermarkt bekannten ›Hände‹ zerteilt, die dann in großen Kartons auf Lkw verladen und in den Hafen von Santa Cruz gefahren werden.

**Aufwendige Betreuung: Bei der Kleinen Zwergbanane muss bei jedem Individuum der Blütenansatz abgeschnitten werden**

# Krise, Rettung, Rückschlag

Als Ende des 19. Jh. die Wirtschaft der Kanarischen Inseln in einer tiefen Krise steckte, waren Bananen die Rettung für La Palma. Zuvor war jahrzehntelang der Export von Koschenillerot – einem Naturfarbstoff, gewonnen aus Läusen, die auf Kaktusfeigen parasitieren – ein gutes Geschäft gewesen. Doch die Entwicklung künstlicher Farbstoffe bedeutete das Aus für diesen Erwerbszweig. Daraufhin legte 1896 ein gewisser Antonio Herrera Rodríguez in Los Sauces die erste, nur 100 m$^2$ große Bananenplantage an. Noch im selben Jahr folgten andere seinem Beispiel. Englische Firmen, allen voran Elder & Fyffes, pachteten riesige Ländereien im Nordosten sowie im Valle de Aridane, terrassierten die Hänge, verbesserten das Bewässerungssystem und pflanzten *plátanos,* wie die gelben Früchte auf den Kanaren heißen. Auch für den Absatz sorgten englische Firmen, die ihr Heimatland belieferten.

Doch schon bald gab es Rückschläge. Die beiden Weltkriege, Weltwirtschaftskrise und der spanische Bürgerkrieg brachten enorme Einbußen. In den 1950er-Jahren eroberten dann innerhalb weniger Jahre billige lateinamerikanische ›Dollarbananen‹ die europäischen Märkte, später auch Bananen aus AKP-Ländern (den ehemaligen französischen und britischen Kolonien in Westafrika). Die Engländer verloren das Interesse an La Palma. Zurückgekehrte einheimische Emigranten, die in Venezuela Geld verdient hatten, traten an ihre Stelle. Doch der Zug war im Prinzip abgefahren. Der Bananenanbau wurde immer unrentabler, Subventionen sicherten immerhin noch den spanischen Markt. 1972 erließ die Franco-Regierung ein Importverbot für ausländische Bananen.

## Ist die EU schuld?

Für die heutige Absatzkrise machen viele Palmeros die EU verantwortlich. Seitdem Spanien dem Binnenmarkt angehört, gelangen »Dollarbananen« ungehindert ins Land. Der Verbraucher findet sie selbst in der kleinsten Ortschaft in seinem Supermarkt, während kanarische *plátanos* nur in den großen Metropolen angeboten werden. Immerhin überlebt der palmerische Bananenanbau dank Subventionen aus Brüssel, die zumindest bis zum Jahr 2013 zugesagt sind. Allerdings landen im Sommer, wenn die Ernte reichlicher ausfällt und einer geringeren Nachfrage gegenübersteht in den übrigen Monaten, regelmäßig mehrere tausend Tonnen Bananen auf der Mülldeponie – von der EU mit 0,35 Euro pro Kilogramm unterstützt.

Die traditionell auf den Kanaren angebaute Kleine Zwergbanane (Dwarf Cavendish) ist trotz aller Hilfsmaßnahmen schwer zu vermarkten. Dabei wird ihr ein besonders intensiver Geschmack nachgesagt. Experten führen das besondere Aroma auf die relative Wasserknappheit zurück. Trotz künstlicher Bewässerung erhalten die Bananen auf den Kanaren viel weniger Feuchtigkeit als in den tropischen Anbauländern, wo extrem hohe Niederschläge zu verzeichnen sind. Aber die Kleine Zwergbanane verdirbt wegen ihrer dünnen Schale recht schnell. Auch verursacht sie im Anbau jede Menge Handarbeit, denn während die Fruchtstände heranreifen, muss bei jeder einzelnen Banane der Blütenansatz abgeschnitten werden. Andernfalls würde die Frucht an dieser Stelle aufplatzen, Wespen und andere Insekten würden sich am süßen Inhalt laben und die Ernte ginge verloren. Daher ersetzten viele Plantagenbesitzer in jüngerer Vergangenheit die Kleine durch die haltbarere Große Zwergbanane (Giant Cavendish), bei der zudem die Blütenansätze von allein abfallen. Die Umstellung geschah sehr zum Leidwesen der Landschaftsschützer. Denn Letztere gedeiht besser unter Kunststoffplanen, die ganze Felder überdecken, den schädlichen Wind fernhalten und für ein Treibhausklima sorgen. Heute geht der Trend zur auf den Kanaren selektierten Sorte Gruesa, die sich durch Standfestigkeit und Schädlingsresistenz auszeichnet.

Aber auch die neuen Sorten ändern nichts am hohen Lohnniveau gegenüber den Verhältnissen in Lateinamerika. Hinzu kommen erhöhte Produktionskosten durch die künstliche Bewässerung. Um auf La Palma ein Kilogramm Bananen zu erzeugen, werden mehrere hundert Liter Wasser benötigt. Etwa 95 % des gesamten Wasserverbrauchs der Insel entfallen auf die Landwirtschaft, davon der Löwenanteil auf den Bananenanbau. Allerdings konnten in den vergangenen Jahren große Fortschritte beim Einsatz wassersparender Methoden erzielt werden.

## Öko-Banane – ja oder nein

Dennoch ist es nach wie vor erklärtes Ziel der Politiker, die palmerische Wirtschaft nicht allein vom Tourismus abhängig zu machen. Es geht nicht nur um die unmittelbar gefährdeten Arbeitsplätze in den Plantagen. In Los Sauces, Los Llanos und Tazacorte hängt auch der Dienstleistungssektor von der Kaufkraft der *plataneros* (Bananenarbeiter) ab. Um dem Bananenexport

---

**Süßes mit Bananen – zwei kanarische Rezepte**

**Plátanos con miel (Honigbananen):** Vier geschälte Bananen der Länge nach halbieren. In einer Pfanne auf der Außenseite in neutralem Öl oder Butter bei mäßiger Hitze etwa fünf Minuten braten. Dabei keinesfalls wenden, die Früchte zerbrechen sonst. Flüssigen Honig und eventuell etwas Bananenlikör nach Geschmack darüberträufeln, mit Zimt bestreuen.

**Batido de plátano (Bananen-Shake):** Ein bis zwei schon etwas weiche Bananen würfeln. Mit zwei kleinen Tassen frisch zubereitetem, abgekühltem Milchkaffee (aus der Espressomaschine) und 1 EL braunem Zucker fein pürieren. Auf zwei Gläser verteilen und mit eiskaltem Sprudelwasser auffüllen. Mit Schokoladenraspeln bestreut servieren.

---

eine Zukunft zu geben, setzt die Inselregierung seit einigen Jahren auf ökologische Landwirtschaft. Die Käufer von Bio-Bananen schauen nach Erhebungen von Marketingstrategen weniger auf den Preis als vielmehr auf die Qualität. Mit 900 € pro Hektar subventioniert die EU die Umstellung, die langfristig etwa 15 % der palmerischen Bananenanbaufläche erfassen soll. Das Interesse der Plantagenbesitzer hält sich allerdings bislang in Grenzen, wohl auch weil es an günstigen Transportwegen zu den europäischen Märkten fehlt. Hartnäckig halten sich Gerüchte, wonach ökologisch produzierte Bananen nach La Palma sogar von Teneriffa eingeführt werden, wegen der hohen Nachfrage auf den Wochenmärkten und in Bio-Läden.

# Tourismus – quo vadis?

**Für die meisten Urlauber von La Palma spielt das Erlebnis von Natur pur in Kombination mit dem besonderen Flair dieser Insel die entscheidende Rolle während ihres Aufenthalts. Doch die Verantwortlichen setzen für die Zukunft auf Golfplätze und Luxus.**

## So fing alles an

Als es noch so gut wie keinen Tourismus auf La Palma gab, in den 1980er-Jahren und speziell nach dem Reaktorunfall von Tschernobyl 1986, kamen viele junge Deutsche auf der Suche nach dem einfachen, unverdor-

**La Palma – noch eine Insel des ›sanften‹ Tourismus**

benen Leben auf die Insel. Manche quartierten sich in Höhlen ein und versuchten mehr schlecht als recht mit einem Minimum an Geld auszukommen. Ihr Lebenswandel entsprach ganz und gar nicht den Moralvorstellungen der Einheimischen. Gesellschaftliche Probleme wie Aids, Drogen und Sittenverfall wurden ihnen angelastet.

Später arrangierten sich beide Seiten. Viele dieser Aussteiger der ersten Stunde zogen enttäuscht weiter. Diejenigen, die blieben, fassten Fuß und stiegen in ein neues Leben ein. Andere folgten ihnen. Alle miteinander kurbelten gemeinsam mit palmeri-

schen Emigranten, die bei ihrer Rückkehr aus Venezuela Geld mitgebracht hatten, einen vergleichsweise bescheidenen Individualtourismus an. Dieser zehrt bis heute vom Hippie-Flair von einst. Viele Boutiquen, Kneipen und Restaurants werden von Deutschen geführt, sie leiten familiäre Unterkünfte und bieten Aktiv- und Wellnessurlaub in den verschiedensten Varianten an. Andere betreiben alternative Landwirtschaft oder betätigen sich als Kunsthandwerker und verkaufen ihre Produkte in Bioläden und auf Bauernmärkten.

Dieses Angebot lockte wiederum vorwiegend deutschsprachige Urlau-

Am Strand von Puerto Naos

ber auf die Insel. Die praktisch völlige Abhängigkeit vom deutschen Markt begann den Palmeros in den 1990er-Jahren zunehmend Sorgen zu bereiten. Durch Werbekampagnen in anderen europäischen Ländern versuchte die Inselregierung dieses Ungleichgewicht zu korrigieren. Zwar kommen seit einigen Jahren vermehrt auch Niederländer und Festlandspanier auf die Insel. Doch nach wie vor reist die überwiegende Mehrheit der La-Palma-Besucher aus Deutschland an. Denn der zweite große europäische Markt, der Touristen auf die Kanaren entsendet, Großbritannien, war bisher kaum für die »grüne Insel« zu begeistern.

## Und so geht es weiter

Jetzt will sich La Palma ein neues Image zulegen. Vier Golfplätze hat die Kanarische Regionalregierung genehmigt. Noch ist unklar, welche Projekte den Zuschlag erhalten werden, fünf Standorte sind im Rennen. In Los Llanos und Breña Alta sind die erforderlichen Landaufkäufe am weitesten fortgeschritten, Umweltschützer befürchten aber weitreichendere Auswirkungen auf das Landschaftsbild als in Fuencaliente oder Puntagorda. Der Gemeinde Barlovento werden derzeit die geringsten Chancen eingeräumt, sich ein Stück vom erwarteten Luxustourismus-Kuchen abzuschneiden.

96

Hotelprojekte werden sicherlich folgen. Vor allem aber ist in unmittelbarer Nähe der Golfplätze der Bau von Resorts geplant, mit Villen und Apartments, die an zahlungskräftige Kundschaft verkauft werden sollen. Ob die Rechnung aufgeht und die Palmeros tatsächlich von den Golfern profitieren werden, ist heiß umstritten.

Kritiker wenden ein, es ginge weniger um die Golfplätze an sich, sondern um die dadurch mögliche Ausweisung von Bauland außerhalb der bisher dafür vorgesehenen Flächen. Sie würden lieber die bisher praktizierte Variante des Tourismus ausbauen. Wanderer, die bislang einen Großteil der La-Palma-Besucher ausmachen, haben zwar ein geringeres Urlaubsbudget, doch sie geben ihr Geld überall auf der Insel in vielen kleinen Unterkünften, Gaststätten und Geschäften aus. Die Golfer hingegen, so wird befürchtet, werden die Resorts kaum verlassen. Ihr Geld wird also vorwiegend den – auswärtigen – Betreibern derselbigen zugute kommen.

# Die Sache mit der Nachhaltigkeit

Auch die Umweltverträglichkeit der Golfplätze gilt als zweifelhaft. Abgesehen vom hohen Wasserbedarf für die Bewässerung der Rasenflächen ist von einer Belastung des Grundwassers mit Phosphat und Nitrat aus Düngemitteln die Rede. An der Küste von Fuencaliente könnte davon die Heilquelle Fuente Santa betroffen sein, befürchten einheimische Umweltschützer. In Breña Alta und Fuencaliente müssten zudem Zehntausende von Bäumen gefällt werden, bei Los Llanos würden Teile eines Landschaftsschutzgebietes geopfert. Dabei erklärte die UNESCO La Palma in seiner Gesamtheit erst im Jahr 2002 zum Weltbiosphärenreservat (*Reserva Mundial de la Biosfera*). Dieses Prädikat steht für eine künftige nachhaltige Entwicklung der Insel, die beispielhaft sein soll. Ländlicher und ökologischer Tourismus, Wandern und andere ›sanfte‹ Aktivitäten sind dabei gefragt.

## Reserva Mundial de la Biosfera

Die UNESCO weist als Weltbiosphärenreservate Gebiete aus, die charakteristisch für die jeweilige Vegetationszone sind. Weltweit gibt es derzeit rund 550 solcher Reservate. Nicht allein der Schutz von Natur und Umwelt steht im Vordergrund, sondern auch die Erhaltung traditioneller Kulturlandschaften. In der Kernzone ist praktisch keine wirtschaftliche Nutzung erlaubt. Auf La Palma betrifft dies den Nationalpark Caldera de Taburiente, die Naturparks Las Nieves und Cumbre Vieja, den Lorbeerwald von Los Tilos und einige kleinere Naturschutzgebiete. Hingegen dürfen in der angrenzenden Pflegezone schonende Nutzungsformen stattfinden, soweit sie mit den Schutzzielen zu vereinbaren sind. Bei den Entwicklungszonen schließlich handelt es sich um dichter besiedelte, intensiv genutzte Gebiete. Hier soll eine nachhaltige Bewirtschaftung gefördert werden. Auf La Palma sind die genauen Ziele und Maßnahmen noch zu definieren.
**Infos im Internet:** www.lapalmabiosfera.es.

# Unterwegs auf La Palma

**La Palma ist einfach ein Paradies für Wanderer**

# Inselhauptstadt Santa Cruz

## Highlights !

**Santa Cruz – die City:** Die Inselhauptstadt punktet mit ehrwürdigen Baudenkmälern und einer lebendigen Altstadt. Lauschige Winkel, bunte Märkte und trendige Boutiquen sorgen für Flair, auf Plätzen und in Straßencafés verweilt man gern. S. 102

**Las Nieves:** La Palmas Wallfahrtsort schlechthin erwacht alle fünf Jahre zum Leben, anlässlich eines gigantischen Marienfests. Ansonsten ist das Heiligtum der Inselmadonna ein Platz stiller Verehrung und des Staunens und Schauens. S. 129

## Auf Entdeckungstour

**Im Inselmuseum von Santa Cruz:** Ein ehemaliges Franziskanerkloster birgt heute Museumssäle, die viele Aspekte der Insel dokumentieren. Vor allem befasst sich die Sammlung mit vielerlei Handwerkskünsten, von denen manche heute noch lebendig sind. **8** S. 112

**Prunkvolle Stadtpaläste:** In früheren Jahrhunderten war Santa Cruz eine blühende Handelsmetropole im Atlantik. Aus dieser Zeit blieben viele Adels- und Bürgerhäuser erhalten, deren prächtig gestaltete Innenhöfe heute oft zu besichtigen sind. **18** – **27** S. 118

## Kultur & Sehenswertes

**Parroquia de El Salvador:** Die Hauptkirche von Santa Cruz betreten Besucher durch das wohl schönste Renaissanceportal der Kanaren. Aber auch die Mudéjar-Holzdecke ist mehr als einen Blick wert. **3** S. 108

**Ayuntamiento:** Das Innere des Rathauses der Inselhauptstadt schmücken expressionistische Wandgemälde mit palmerischen Motiven. An der Fassade prangt ein Habsburgerwappen. **4** S. 108

## Aktiv & Kreativ

**Concurso de pintura rápida Francisco Concepción:** Spannender, offener Wettbewerb in Schnellmalerei. Auswahl und Preisverleihung finden in Santa Cruz statt. S. 123, 40

## Genießen & Atmosphäre

**Auf der Plaza:** Ein Platz mit Flair ist die Placeta de Borrero im Herzen der Altstadt von Santa Cruz. Hier lässt sich jeder gern auf ein Getränk oder ein, zwei Tapas im Straßencafé nieder. S. 122

**Süßes aus dem Kloster:** Die Einheimischen machen es vor, Gebäck und Marzipan, Likör und Marmeladen kaufen sie besonders gern handgefertigt im Monasterio del Císter. S. 129

## Abends & Nachts

**Einfach überirdisch:** In der Cafetería Sputnik in Santa Cruz lassen sich die Einheimischen sehen, am frühen Abend, aber auch tagsüber auf einen Kaffee oder am Sonntag schon vormittags zum Genuss von Live-Musik. **1** S. 123

**Theaterszene:** Kulturell zeigt Santa Cruz Flagge. Zwei Theater konkurrieren in der Stadt um das attraktivste Programm: Oper und Flamenco, Konzert und Ballett. **4** S. 123, **5** S. 126

# Die einstige Handelsmetropole

Lebendige Plätze, lauschige Winkel und trendige Straßencafés sorgen in Santa Cruz für Flair. An der Uferstraße drängen sich die Flaneure ebenso wie in den Fußgängerzonen der Altstadt.

## Infobox

### Touristeninformation
In Santa Cruz betreibt die Inselregierung ein zentrales Informationsbüro, das Auskünfte sowohl allgemein über La Palma als auch speziell über Santa Cruz erteilt (s. S. 126).

### Anreise und Weiterkommen
**Flugzeug:** Der Flughafen von La Palma (manchmal auch als Santa Cruz bezeichnet) befindet sich etwa 7 km südlich der Stadt, zu erreichen über eine Schnellstraße; dort Linienbusanschluss nach Santa Cruz (L 8, ca. stündl.), Taxistand (Fahrt in die Stadt etwa 10 €) und Büros mehrerer Autovermietungen.
**Fähre:** Der Fährhafen befindet sich vor der Altstadt von Santa Cruz. Unterkünfte im Innenstadtbereich sind zu Fuß oder per kurzer Taxifahrt zu erreichen. Verbindungen s. S. 22.
**Bus:** Santa Cruz ist Dreh- und Angelpunkt für die meisten Buslinien auf der Insel. Es gibt eine schnelle und häufige Verbindung mit Los Llanos im Inselwesten (L 1, Fahrzeit 45 Min.). Die Linien L 2 und L 3 verkehren mehrmals täglich auf der Inselringstraße und verbinden so alle wichtigen Orte miteinander (recht lange Fahrzeiten). Praktikable und häufige Verbindungen zum Ferienort Los Cancajos (L 8) sowie in verschiedene Stadtteile und Orte an der Peripherie von Santa Cruz.

Es macht Laune, in bunt sortierten Boutiquen und ehrwürdigen Antiquariaten zu stöbern oder auf dem Markt aus einem exotischen Angebot zu wählen. Aber auch manches architektonische Kleinod verbirgt sich in den engen Gassen. Ein prächtiges Ensemble **alter Paläste** und nicht zuletzt die berühmten **Balkonhäuser** machen Santa Cruz zur historisch interessantesten Stadt La Palmas. Ehrwürdige Kirchen laden zur Besinnung und zum Entdecken künstlerischer Details ein. In einem mächtigen Kloster wirken die Exponate des **Inselmuseums** wie Miniaturen. Piraten mussten früher vor den mächtigen Festungen an der Meeresfront der Stadt kapitulieren. Heute spielen sie eine harmlosere Rolle bei der **Bajada**, dem nur alle fünf Jahre stattfindenden, rauschenden Inselfest. Ausgangspunkt der Fiesta und La Palmas wichtigster Wallfahrtsort ist das stille **Las Nieves,** wo eine reich dekorierte Madonna auf einem massiven Silberaltar thront. Im **Maroparque** leben Tiere und Pflanzen einträchtig beieinander und erfreuen Eltern und Kinder. Wer grandiose Panoramen bevorzugt, gewinnt vom **Mirador de La Concepción** den besten Überblick.

# Santa Cruz – die City❗ ▶ G 6

In der Inselhauptstadt selbst leben etwa 14 000 Menschen, einschließlich der Vororte sind es über 17 000. Santa Cruz ist Sitz des Inselrats (Cabildo Insular) und aller wichtigen Behörden. Die Rolle als Wirtschafts- und Dienstleistungszentrum La Palmas muss sich die

Stadt allerdings mit Los Llanos im Westen der Insel teilen.

**Alonso Fernández de Lugo** gründete Santa Cruz am 3. Mai 1493, nach der vollständigen Eroberung La Palmas durch die Spanier, an einer der wenigen natürlichen Hafenbuchten der Insel. Er ließ zum Zeichen des Sieges am Strand ein Kreuz errichten und eine Messe lesen. Der 3. Mai gilt zugleich als Tag der Auffindung des angeblich wahren Kreuzes Christi. Diesem Heiligen Kreuz (span. *santa cruz*) verdankt die Stadt ihren Namen.

Schon wenige Jahre später war Santa Cruz eine blühende Handelsmetropole. Prunkvolle Bauten entstanden, eng zusammengedrängt, auf einem schmalen Küstensaum. Dahinter steigen die Hänge steil an, was die Bebauung erschwerte. Daher bestand die Stadt praktisch nur aus einer parallel zur Küste verlaufenden Straße, an der sich Kirchen, Bürgerhäuser und Paläste reihten.

1553 wurde Santa Cruz Ziel eines verheerenden Piratenüberfalls. Französische Korsaren plünderten die Stadt und brannten sie bis auf die Grundmauern nieder. Doch wurde sie in den folgenden Jahrzehnten noch schöner und prunkvoller wieder aufgebaut. Aus dieser Zeit stammen viele Baudenkmäler, die man noch heute in der reizvollen Altstadt besichtigen kann – fast unverändert, denn die wirtschaftliche Blüte war eigentlich schon Mitte des 17. Jh. beendet.

# Rund um die Plaza de España

Im Zentrum der Altstadt liegt die Plaza de España. Viele halten den lebhaften Platz für den schönsten der gesamten Kanaren. Von der Straße durch eine Palmenreihe getrennt, verjüngt sich die beinahe dreieckige Plaza nach oben. An der Spitze tritt eine Quelle aus dem Hang, La Pila genannt. Im Zentrum der Plaza de España ehrt ein Denkmal Manuel Hernández Díaz.

## La Pila 1

Steinmetze verwandelten die Quelle 1588 in einen bemerkenswerten öffentlichen Brunnen im Stil der Renaissance, den einzigen noch erhaltenen seiner Art auf den Kanaren. Bis vor wenigen Jahrzehnten schöpften die Bewohner der umliegenden Häuser aus La Pila (Wassertrog), wie der Brunnen im Volksmund heißt, ihr Trinkwasser. Er trägt das Wappen La Palmas, auf dem der Inselheilige Michael abgebildet ist, und rechts daneben das Wappen des Gouverneurs Jerónimo de Salazar, in dessen Regierungszeit der Brunnen errichtet wurde.

## Denkmal Manuel Hernández Díaz 2

Zu Beginn des 19. Jh. Pfarrer in Santa Cruz, setzte Manuel Hernández Díaz sich in seinen Predigten für die liberale Verfassung Spaniens aus dem Jahr 1820 ein und eröffnete eine Schule, die Kinder aller Bevölkerungsschichten kostenfrei besuchen konnten, eine für die damalige Zeit revolutionäre Neuerung. Doch schon 1823 machte ein erneuter politischer Umschwung in Spanien seine Anstrengungen zunichte. Hernández Díaz wurde vor das Kirchengericht auf Teneriffa zitiert und durfte erst Jahre später nach La Palma zurückkehren. 1895 gaben die Freimaurer, die im 19. Jh. für die Intellektuellen von Santa Cruz ein wichtiges Forum für die Entwicklung fortschrittlichen Gedankenguts darstellten, die Bronzebüste bei dem katalanischen Künstler José Monserrat in Auftrag. Ubaldo Bordanova schuf den steinernen Sockel, an dessen Rückseite er das

Los Sauces, Barlovento

Avenida de Las Nieves

Taxi · M · Policía Nacional
Perez · Galdos
Plaza de la Alameda
Pedro J. de L. Casas

# Santa Cruz de la Palma

**Sehenswert**

1 La Pila
2 Denkmal Manuel Hernández Díaz
3 Parroquia de El Salvador
4 Ayuntamiento
5 Farmacia de Puente de Doctor Argany
6 Mercado La Recova
7 Castillo de Santa Catalina
8 Convento de San Francisco de Asís/ Museo Insular
9 Cruz del Tercero
10 Enano
11 Barco de La Virgen (Museo Naval)
12 Castillo de La Virgen
13 Parroquia de La Encarnación
14 Ermita de San Telmo
15 Convento de San Miguel de las Victorias (Santo Domingo)
16 Ermita de San Sebastián
17 Sociedad La Cosmológica

**Entdeckungstour Stadt-paläste S. 118**

18 Casa Arce y Rojas
19 Casa Sotomayor
20 Casa Principal de Salazar
21 Casa van de Walle
22 Casa Monteverde
23 Casa Massieu Tello de Eslava
24 Casa Pinto
25 Casa Fierro
26 Casa Massieu Sotomayor
27 Casas de los Balcones

**Übernachten**

1 El Galeón
2 Marítimo
3 San Telmo
4 La Fuente
5 Canarias
6 La Cubana

**Essen & Trinken**

1 La Placeta
2 Casa del Mar
3 La Lonja
4 Mambrino
5 La Ola
6 Tajurgo
7 Café Habana
8 El Negresco
9 El Encuentro de la Alameda

**Einkaufen**

1 The Best of La Palma
2 Lava Cristina
3 Chayota
4 Cosas
5 Montuno
6 Flohmarkt

**Abends & Nachts**

1 Cafetería Sputnik
2 La Bodeguilla del Medio
3 Tasca La Esquina
4 Teatro Chico
5 Teatro Circo de Marte
6 Freiluftkonzerte auf der Plaza de Santo Domingo

Einer der schönsten Plätze der Kanaren: die Plaza de España in Santa Cruz

Relief eines Pelikans mit drei Jungen anbrachte.

## Parroquia de El Salvador **3**

*Plaza de España, tgl. 9.30–13, 17.30–19.30 Uhr*

Französische Korsaren zerstörten die Pfarrkirche an der Nordseite der Plaza de España 1553 fast vollständig. Anschließend entstand sie in mehreren Bauphasen, die sich bis ins 18. Jh. hinzogen, neu. Von der ansonsten schlichten Fassade hebt sich das der Plaza zugewandte Portal ab. Baumeister Juan de Ezquerra stellte es 1585 fertig. Abgesehen von dem im 18. Jh. hinzugefügten Barockgesims handelt es sich um das stilreinste Renaissanceportal des Kanarischen Archipels. Zwei Säulenpaare tragen einen dreieckigen Aufsatz (Fronton), den seinerseits drei Pilaster krönen. Der mittlere trägt eine Statue des Heilands, dem die Kirche geweiht ist.

Eine schwere, hölzerne Kassettentür gewährt Einlass ins Innere des dreischiffigen Baus. Deren prachtvolle, im Mudéjar-Stil geschnitzte Holzdecke gilt als schönste ihrer Art auf den Kanaren. Erst Ende des 19. Jh. erhielt das ursprünglich naturbelassene Holz die farbige Bemalung. Auffallend ist auch die klassizistische Altarrückwand mit einem Gemälde von Antonio María Esquivel (1806–57), das die Verklärung Christi auf dem Berge Tabor zeigt.

Um eine kunsthistorisch besonders wertvolle, zu Beginn des 16. Jh. aus Flandern importierte spätgotische Arbeit handelt es sich bei der Kreuzigungsgruppe am zweiten Altar des südlichen Seitenschiffs. Die Stadtbewohner nennen sie El Cristo de los Mulatos (Christus der Mulatten), seit sich 1708 eine Zunft freigelassener Sklaven unter ihren Schutz begab. Westafrikanische Sklaven setzten die Adelsfamilien auf La Palma im 16. Jh. in großer Zahl in den Zuckerplantagen als Arbeitskräfte ein. Nach dem Tod ihrer Besitzer wurden sie häufig freigelassen oder es gelang ihnen sich freizukaufen. Sie gründeten eigene Wohnviertel und Zünfte und betätigten sich auffallend häufig als Holzfäller oder Ochsentreiber, wie in alten Chroniken zu lesen steht. Im Verlauf der Jahrhunderte gingen sie in der Inselbevölkerung auf.

Von den bekannten Bildhauer **Fernando Estévez** aus La Orotava (Teneriffa) stammen die Figuren des Gefesselten Christus (El Señor del Perdón; linkes Seitenschiff vorn) und der Virgen del Carmen (rechtes Seitenschiff vorn), Werke aus der Übergangszeit vom Barock zum Klassizismus. Das Taufbecken und die vier Weihwasserbecken sind italienische Arbeiten aus Marmor (18. Jh.).

Die Sakristei befindet sich im Untergeschoss des wehrhaft gebauten Glockenturms. Da sie ein gotisches Gewölbe besitzt, handelt es sich vermutlich um den einzigen noch erhaltenen Teil des Vorgängerbaus, den die Konquistadoren um 1503 errichteten. Der Turm selbst entstand zwischen 1567 und 1737 in mehreren Bauphasen.

## Ayuntamiento (Rathaus) **4**

*Plaza de España, Mo–Sa 8–13 Uhr*

Zu den Schmuckstücken der kanarischen Architektur zählt das Rathaus an der Plaza de España mit seinen Rundbogenarkaden und einer schattigen Vorhalle, in der sich zur Siesta die älteren Männer aus der Nachbarschaft zu einem Plausch treffen. Nachdem das erste Rathaus 1553 niedergebrannt war, ließ es der Inselrat zwischen 1559 und 1563 neu errichten. Die reich mit Steinmetzarbeiten geschmückte Fassade gilt weit über La Palma hinaus als herausragendes Beispiel des Plateresk-

Stils, der verspielten spanischen Variante der Renaissance.

Im Obergeschoss wird die Fassade links durch zwei Bogenfenster aufgelockert, rechts durch zwei rechteckige Fenster. Dazwischen prangt das Wappen der Habsburger mit dem doppelköpfigen Adler und den Säulen des Herkules. Zwischen den Bogenfenstern ist auf einem Medaillon der aus dem Hause Habsburg stammende König Philipp II. abgebildet, der zur Erbauungszeit des Rathauses über Spanien herrschte. Den Platz zwischen den beiden rechteckigen Fenstern ziert das Inselwappen.

Im Erdgeschoss tagte früher das Gericht, gleich dahinter befand sich der Kerker. Die Ratsherren kamen im nobleren Obergeschoss zusammen. Zum Sitzungssaal (Sala Capitular), in dem sich noch heute Stadt- und Inselrat versammeln, führt eine kunstvoll aus dem Holz der Kanarischen Kiefer geschnitzte Treppe. Das Treppenhaus und die Sala Capitular sind zudem mit aufwendig gearbeiteten Kassettendecken aus Holz im Mudéjar-Stil geschmückt. Im Treppenhaus hielt **Mariano de Cossió** (1892–1960) aus Teneriffa auf expressionistischen Wandgemälden Szenen aus dem Leben der einfachen Leute La Palmas um die Wende vom 19. zum 20. Jh. fest. Zu sehen sind ein Bauer beim Pflügen des Feldes mit einem Ochsen, ein Winzer beim Keltern des Weins, ein Seefahrer beim Abschiednehmen von der Heimat, ein Schmied bei der Arbeit und Landbewohner beim Transport von Lasten.

**Farmacia de Puente de Doctor Argany** 5
*Öffnungszeiten s. S. 41*
Auch wenn man im Urlaub – hoffentlich – keine Medikamente benötigt, sollte man einen Blick in diese sehenswerte Apotheke werfen. Sie ist in

einem Eckhaus an der Einmündung der Calle O'Daly in die Avenida del Puente untergebracht. Der Verkaufsraum wurde zur Blütezeit des Jugendstils reich mit Stuckarbeiten und Mosaiken verziert.

**Mercado La Recova (Plaza del Mercado)** 6
*Avenida del Puente 16, Tel. 922 42 65 00, www.santacruzdelapalma.es/larecova, Mo–Fr 7–14, Sa 7–15 Uhr*
Die jüngst restaurierte historische Markthalle (19. Jh.) an der breiten Shoppingmeile Avenida del Puente ist nicht nur für einen Einkaufsbummel einen Besuch wert. Auch die Architektur beeindruckt. Durch die getönten Glasscheiben ihrer Jugendstilkuppel fällt gedämpftes Licht auf die Auslagen der Gemüse- und Obststände, die eine exotische Auswahl an Früchten, Nüssen und Gewürzen bereithalten. In den seitlichen Ladenlokalen der Metzger baumeln komplette Serrano-Schinken von der Decke, ein Blumenhändler wartet mit Strelitzien, Calla und Anthurien.

# Avenida Marítima

Zur Landseite hin säumen Straßencafés diese Flaniermeile von Santa Cruz. Über ihre ganze Länge erstreckte sich früher eine Stadtmauer mit einem schmalen, kiesigen Strand davor. Als keine Piratenüberfälle mehr zu erwarten waren, ließ die Stadtverwaltung die Mauer abreißen und an ihrer Stelle die heutige, breite Uferstraße aufschütten.

**Castillo de Santa Catalina** 7
*Nur von außen zu besichtigen*
Ganz im Nordosten der Avenida Marítima erhebt sich das Castillo de Santa Catalina, eine Festung von 1553, die bis ins 18. Jh. hinein zur Abwehr von See-

109

räubern diente. Der heutige Bau wurde, nachdem das alte Fort Schaden erlitten hatte, zwischen 1676 und 1701 errichtet. Mit dem sternförmigen Grundriss folgte der zuständige Militärbefehlshaber den Ideen berühmter italienischer Festungsbaumeister der Renaissance. Heute steht das Castillo unter Denkmalschutz. Die abstrakte Metallskulptur neben dem landwärts zur Calle Castillete orientierten Eingangsportal der Festung erinnert an Werke von Eduardo Chillida, stammt aber von dem einheimischen Bildhauer Martín Chinno.

# Plaza de San Francisco

Das ganze Jahr über schmücken rot blühende Afrikanische Tulpenbäume den verkehrsberuhigten Platz, auf dem manchmal Kinder aus dem angrenzenden Wohnviertel spielen. Ansonsten geht es ruhig zu, denn Straßencafés oder Geschäfte gibt es nicht.

### Convento de San Francisco de Asís/Museo Insular 8

*Klosterkirche: i. d. R. nur zu Messen geöffnet, Kloster/Museum: s. S. 112*
Bedeutendstes Baudenkmal im nördlichen Teil der Innenstadt ist das ehemalige Franziskanerkloster am gleichnamigen Platz. Die Franziskaner gründeten ihr Kloster 1508 zunächst dort, wo sich heute die Festung Santa Catalina befindet, errichteten aber den nach dem Korsarenangriff von 1553 notwendig gewordenen Neubau aus Sicherheitsgründen etwas weiter landeinwärts. Damals entstand das Mittelschiff der Klosterkirche **Nuestra Señora de la Inmaculada Concepción** (Unsere Liebe Frau der Unbefleckten Empfängnis), gestiftet vom Plantagenbesitzer Jakob Grünenberg (Jácome Monteverde). Die beiden Sei-

tenschiffe, ebenfalls Stiftungen, wurden 1565 fertiggestellt, im 18. Jh. dann im klassizistischen Stil umgebaut. Zur Plaza weist die Seitenfront der Kirche mit dem schlichten, im Übergangsstil zwischen Renaissance und Barock gehaltenen Portal aus dunklem Naturstein. Im Innern verdient der barocke Hauptaltar mit der spätgotischen, aus Flandern stammenden Statue der Jungfrau der Unbefleckten Empfängnis (Anfang 16. Jh.) Beachtung. Besonders schön ist die holzgeschnitzte Mudéjar-Decke der Kuppel über dem Altarraum. Das Oktogon im Zentrum der Kuppelkonstruktion zeigt die Marienkrönung durch die Heilige Dreifaltigkeit.

In den angrenzenden Gebäuden des 1836 aufgelösten Klosters ist heute das **Museo Insular** untergebracht (s. Entdeckungstour S. 112).

# Plaza de La Alameda

Den Nordrand der Innenstadt markiert dieser lang gestreckte, von hohen Exemplaren der bei uns als Zimmerpflanze bekannten Birkenfeige (Ficus benjamina), Araukarien und Palmen gesäumte Platz. Ein echtes Kleinod ist der zentrale achteckige Kiosk mit seinem verspielten, arabisch anmutenden Neomudéjar-Stil. Manchmal öffnet darin ein Café.

### Holzkreuz Cruz del Tercero 9
An seinem Südrand erinnert das einfache Holzkreuz Cruz del Tercero an den 3. Mai 1493, den Tag der Gründung von Santa Cruz. Der Stadtrat stellte es 1893 anlässlich der 400-Jahr-Feier auf. Das vom Eroberer Lugo persönlich zum Zeichen des Sieges über die Ureinwohner errichtete Kreuz stand weiter nördlich am Rand des Barranco de Las Nieves, wo es einem Hochwasser zum

Opfer fiel. Unter dem heutigen Kreuz steht zu lesen: »Gloria a los heroes españoles y los heroes guanches. Unos y otros derramaron su sangre por su patria.« (Ruhm den spanischen Helden und den Helden der Guanchen. Die einen wie die anderen vergossen ihr Blut für ihr Vaterland.) Als *guanches* bezeichneten die Spanier lange Zeit alle Altkanarier. Allerdings nannten sich selbst wohl nur die Bewohner Teneriffas so, diejenigen La Palmas hingegen hießen Benahoaritas.

### Enano 10

Den Brunnen am Nordrand der Plaza de La Alameda ziert die Figur des Enano, eines menschengroßen Zwerges aus Bronze. In dieser Verkleidung bewegen sich Tänzer anlässlich der Bajada de La Virgen (s. S. 78) durch die Straßen.

### Barco de La Virgen mit Museo Naval 11

*Schifffahrtsmuseum, Mo–Fr 10–14 Uhr, Eintritt 1 €*

Jenseits der Plaza de La Alameda liegt ein recht ungewöhnliches Schiff namens Barco de La Virgen (Schiff der Jungfrau) an Land. Es wäre – aus Beton gegossen und bemalt, als wäre es aus Holz gezimmert – gar nicht seetüchtig. Das im Schiff untergebrachte Museo Naval zeigt alte Seekarten, Navigationsgeräte, Schiffsmodelle und allerlei nautische Gegenstände.

Die heutige Barco de La Virgen wurde 1940 erbaut und der »Santa María« nachempfunden, der Karavelle, die Christoph Kolumbus bei seiner ersten Reise nach Amerika im Jahre 1492 benutzte. Eigentlich hat die Barco de La Virgen mit Kolumbus, der La Palma übrigens nie besuchte, nichts zu tun. Ein Vorgängerbau aus Stein und Holz stand nachweislich schon mindestens seit 1765 an der Plaza de La

Alameda. Damals wie heute spielte das Schiff anlässlich der alle fünf Jahre stattfindenden **Bajada de La Virgen** (s. S. 38 u. 78) eine wichtige Rolle beim »Dialog zwischen Festung und Schiff«. Dieses uralte allegorische Spiel zelebrieren die Stadtbewohner an dem Tag, nachdem die Statue der Virgen de Las Nieves in Santa Cruz eingetroffen ist.

# Jenseits des Barranco de Las Nieves

### Castillo de La Virgen 12

*Frei zugänglich*

Den Gegenpart bei dem Dialog spielt das Castillo de La Virgen in Sichtweite vom Schiff der Jungfrau, das sich der Festung symbolisch nähert. Diese will den vermeintlichen Angreifer zurückschlagen. Doch das Schiff, so stellt sich heraus, gehört der siegreichen Himmelsgöttin. Die Festung gibt den Widerstand auf und salutiert der Madonna mit Kanonenschüssen. Anschließend überführt eine Prozession die Virgen de Las Nieves in die Hauptkirche El Salvador.

Besuchern gewährt ein schlichtes Portal Einlass in das Castillo de La Virgen. Einst errichtete die Stadt Santa Cruz diese kleine Festung zur Abwehr von Piratenschiffen. Unterhalb des Forts sind Reste der Stadtmauer zu erkennen, die ebenfalls gegen die Angreifer von See her schützen sollte.

### Parroquia de La Encarnación 13

*I. d. R. nur zu Messen geöffnet, Tel. 922 41 21 72*

Die Plaza de La Encarnación oberhalb des Castillo de La Virgen ist als Aussichtsterrasse angelegt. Der Blick schweift über die Stadt. Reizvoll präsentiert sich die exotische Bepflanzung des Platzes. Rechter Hand erhebt sich

*Auf Entdeckungstour*

## Altem Handwerk auf der Spur – im Inselmuseum von Santa Cruz

Im ehemaligen Franziskanerkloster von Santa Cruz widmet sich heute das Museo Insular **8** dem palmerischen Handwerk. Im Kontext der ›guten alten Zeit‹ werden Zigarrendrehen, Seidenweberei und allerlei Handwerkskünste für den Hausgebrauch anschaulich dokumentiert.

**Museo Insular de La Palma:** Santa Cruz, Plaza de San Francisco 3, Tel. 922 42 05 58, Juli–Sept. Mo–Sa 10–19.30, Okt.–Juni Mo–Sa 10–20, So 10–14 Uhr, an Feiertagen geschl., Eintritt 4 €, Kinder bis 12 Jahre frei, Einlass bis 30 Min. vor Schließung.

**Dauer:** etwa 2 Std.

Durch den Glockenturm der Kloster-kirche betreten Besucher das Museum. Dessen Säle gruppieren sich vor allem um den kleineren, östlichen Kreuz-gang des Konvents. Die dortigen Oran-genbäume pflanzten Mitte der 1980er-Jahre Staatsoberhäupter aus mehreren Ländern, die anlässlich der Eröffnung des internationalen Observatoriums am Roque de Los Muchachos auf La Palma weilten. Auch der damalige Bundespräsident Richard von Weizsäcker war dabei. Unter Vorsitz des spanischen Königs Juan Carlos erhielt jeder ›seinen‹ Baum.

## Design anno dazumal

Der Kreuzgang zeigt aber auch eine Ausstellung von Gegenständen und Geräten, die früher in Haushalten und Bauernhöfen auf La Palma unverzichtbar waren. So sind **Getreidemühlen** aus Stein zu sehen, mit denen die Frauen früher nach altkanarischer Tradition den *gofio* per Hand mahlten. Sie verwendeten dazu geröstete, also bereits gegarte Körner von Weizen, Gerste oder Mais. Das mehlähnliche Endprodukt wurde mit Milch, Brühe oder Wein verrührt genossen und ersetzte vielfach das Brot. Der ebenfalls **steinerne Wasserfilter** *(pila)* machte Zisternenwasser noch nach monatelanger Lagerung trinkfähig. Er durfte in keinem Haus fehlen. Das Wasser wurde nach Bedarf oben in die trogähnliche Vertiefung gegossen, sickerte durch das poröse Gestein (wobei die Bakterien ausgefiltert wurden) und musste dann sofort verwendet werden. Nördlich grenzen zwei Ausstellungssäle an, die eine naturhistorische Abteilung beherbergen. Sie zeigt Muschel- und Schneckenschalen sowie ausgestopfte Tiere, die auf La Palma vorkommen.

Im Obergeschoss geht es weiter mit der Ausstellung land- und hauswirt-schaftlichen Geräts. Eine schöne dunkle Holztreppe führt hinauf zur Galerie über dem Kreuzgang, wo alte Truhen, Körbe, Milchkannen aus Blech, Dreschflegel und Aufbewahrungsgefäße aus Keramik zu bewundern sind.

## Kleiner Abstecher in die ›Palmerische Pinakothek‹

Im Uhrzeigersinn sind nun die Seitenräumlichkeiten zu besichtigen: Der erste Saal beim Treppenhaus beherbergt sozusagen die Pinakothek von La Palma. Im vorderen Teil verdienen die Ölgemälde der palmerischen Maler **Gregorio de Toledo** (1906–80) und **Manuel González Méndez** (1843–1909) Beachtung. Hinten in einem Nebenraum hängen Aquarelle des einheimischen Malers **Antonio González Suarez** (1915–75) und des Deutschen **Bruno Brandt** (geb. in Berlin 1893, gest. in Breña Baja 1962). Beide bildeten Landschaften von La Palma ab.

## Von Zuckerhüten und Kürbissen

Der längs an die Nordgalerie anschließende, größere Saal zeigt bäuerliche und häusliche Gebrauchsgegenstände, die von der Conquista bis in die jüngste Vergangenheit hinein Verwendung fanden: Aufbewahrungsgefäße und Mörser aus Keramik, Korbwaren, Holzarbeiten, Spinnwirtel für die Wollspinnerei, Webrahmen und Webstuhl. Kleine **Zuckerhutformen aus Ton** dienten zur Herstellung von *rapaduras,* einer süßen Spezialität, die noch heute in jeder Konditorei auf La Palma angeboten wird. Früher bereiteten die Frauen Rapaduras zu Hause zu, indem sie Honig mit verschiedenen Gewürzen wie Zimt, Anis oder geriebener Zitronenschale unter Rühren aufkochten, vom Herd nahmen und geröstete, gehackte Mandeln sowie Gofio hinzufügten. Den so entstandenen Teig füllten sie in die Tonformen, ließen ihn erkalten und stürzten dann den ›Zuckerhut‹ heraus.

Eine Bilderserie dokumentiert die **Bewässerung ›a calabazo‹** (mit dem Kürbis), die für manchen Landwirt auf La Palma bis vor wenigen Jahrzehnten bittere Realität war und heute in Erinnerung an die Tradition auf ländlichen Fiestas als Gaudi mit Pokalverleihung praktiziert wird. Die Felder dieser Bauern lagen oberhalb des Kanals, der Quellwasser aus der Caldera de Taburiente auf die Plantagen bei Los Llanos leitete. Ein Gesetz erlaubte es, per Hand beliebig viel von dem kostbaren Nass zu schöpfen, ohne dafür bezahlen zu müssen. Ursprünglich wurde dazu ein an einer langen Stange befestigter, ausgehöhlter Kürbis (span. *calabazo*) verwendet, später ein ähnlich geformter Eimer. Bis zu 15 Kubikmeter Wasser hob ein Mann pro Stunde, danach musste er abgelöst werden, denn die Tätigkeit war äußerst kräftezehrend. Geschöpft wurde über mehrere Etagen, um möglichst viel Land bewässern zu können. Grundwasserstollen und neue Kanäle machten den Calabazo seit den 1950er-Jahren überflüssig.

### Was Churchill rauchte

Kurz vor Verlassen des Saales stolpert man noch geradezu über die Exponate und Erläuterungen zum Zigarrendrehen. Dieses Handwerk ist auf La Palma übrigens fast ausschließlich Männersache. Bilder veranschaulichen den Prozess und sprechen für sich. Ende des 19. Jh., als Spanien mit Kuba seine letzte Kolonie auf amerikanischem Boden verlor, kehrten viele dorthin ausgewanderte Palmeros in die Heimat zurück und brachten ihr Wissen über die Zigarrenherstellung mit. Bald stellten zahlreiche kleine Werkstätten auf der Insel die Puros her. Noch heute sind einige davon in Betrieb.

Einen echten Palmero konnte man sich früher kaum ohne Zigarre zwischen den Zähnen vorstellen. Aber auch der ehemalige britische Premierminister Winston Churchill soll regelmäßig Zigarren von La Palma bestellt haben. Angeblich hat er gesagt, die *puros* (Reinen) stünden einer echten Havanna in nichts nach. Dafür waren (und sind) sie jedoch weitaus preiswerter zu haben.

### Gesponnen, gefärbt und gewebt

An der Ostseite des Kreuzgangs führen ein paar Treppenstufen in einen kleineren Raum hinab, der sich der Seidenweberei widmet. Fotos, Geräte und Arbeitsproben vermitteln einen lebendigen Eindruck von dieser Kunst. Schon im 16. Jh. begann auf La Palma die Herstellung von Seide. Der Höhepunkt war Ende des 18. Jh. erreicht, als auf der Insel rund 3000 Webereien arbeiteten. **Palmerische Seide** trug der Adel im Zeitalter des Absolutismus an den europäischen Höfen. Sie galt als besonders fein und sorgfältig gearbeitet. Im 19. Jh. ging die Produktion allerdings drastisch zurück. Heute sind – mit öffentlicher Förderung – in El Paso die letzten Seidenweber Europas am Werk.

Die kanarische Regierung lässt jedes Jahr im Frühjahr schlupfreife Eier des Seidenspinners aus Japan kommen. Einige Familien in El Paso kultivieren Maulbeerbäume im Garten. Sie halten die Raupen in Pappkartons und füttern sie mit den Blättern. Im Sommer spinnen die Tiere einen weißen Kokon, der nur brauchbar ist, wenn der Schmetterling nicht schlüpft. Daher werden die Puppen in siedendem Wasser getötet. Dann spulen die Weber den etwa 400 m langen Faden ab. Die Rohseide ist bräunlich und hart wie Stroh. Erst durch Kochen in Seifenwasser wird sie weiß und weich. Anschließend beginnt das Einfärben. Das Fixieren der Naturfarben ist eine schwierige Kunst. Rottöne liefern die auf Feigenkakteen parasitierenden Koschenilleläuse. Gelb stammt vom Safran, Braun von Zwiebelschalen und Mandeln. Gesteinsmehl aus Lavabrocken ergibt Schwarz, mit Safran gemischt jedoch Grün. Letzter Arbeitsschritt ist dann das Weben an einem Webstuhl aus Holz, ähnlich denjenigen für die traditionelle Teppichweberei.

Die Ausstellung zeigt auch das einzige Exemplar einer **Spindelmaschine** aus dem 18. Jh., die überhaupt in europäischen Museen existiert. Das Gerät fand im 19. Jh. in der damaligen Textilindustrie von Santa Cruz de La Palma Verwendung. Es bündelte die Seide zu Strängen, die anschließend zur Weiterverarbeitung nach Lyon, dem Zentrum der Seidenweberei in Frankreich, exportiert wurden.

## Klingendes Kamelchen

Auch an der Südgalerie des größeren Kreuzgangs befinden sich Ausstellungssäle. Interessant wird es dort im dritten Seitenraum, der Saiteninstrumente birgt – darunter etliche *timples.* Bei dem wie eine kleine Gitarre aussehenden Timple handelt es sich um das kanarische Instrument schlechthin. Durch Zupfen entlocken ihm die Musiker hohe, scheppernde Töne, die in der Folklore oft die Sopranstimme ersetzen. Der Timple wird aber auch als Soloinstrument gespielt. Typischerweise ist der Boden gewölbt wie der Höcker eines Kamels, was dem Timple den Beinamen *camellito sonoso* (klingendes Kamelchen) einbrachte. Instrumentenbauer gab es früher auf allen Inseln. Sie kombinierten verschiedene Holzarten und schufen durch filigrane Einlegearbeiten wahre Kunstwerke. Heute werden Timples nur noch auf Lanzarote gefertigt.

**Auch heute noch wird auf La Palma das Handwerk des Zigarrendrehens ausgeübt**

die Parroquia de La Encarnación. Mit einem kleinen Holzbalkon über dem Portal und einem weiteren Balkon zur Plaza entspricht der Baustil dieser Kirche dem einer typischen palmerischen Ermita. Vermutlich befand sich an dieser Stelle das älteste Gotteshaus der Insel. Auch die erste Siedlung der Eroberer scheint in der Umgebung gelegen zu haben. Erst einige Jahre später entstand das heutige Stadtzentrum um die Plaza de España. In jüngerer Zeit wurde mit dem Wachstum der Stadt die Ermita wieder in die Bebauung einbezogen und zur Pfarrkirche (Parroquia) erhoben. Der heutige Bau stammt vorwiegend aus der ersten Hälfte des 18. Jh., doch ist mit dem Rundbogen zwischen Schiff und Altarraum, der von Pfeilern mit verzierten Kapitellen getragen wird, noch ein Teil des Vorgängerbaus aus dem 16. Jh. erhalten. Als kunsthistorisch wertvoll gilt die spätgotische Figur der Virgen de La Encarnación, die Jakob Grünenberg (Jacome Monteverde) um 1525 nach La Palma brachte.

# Oberstadt

### Ermita de San Telmo 14
*Meist verschlossen, Infos in der Parroquia de El Salvador, Tel. 922 41 15 57*
Südwestlich der Plaza de La Constitución führt eine breite Treppe steil aufwärts zu der kleinen Kirche. Sie stand früher außerhalb der Stadt. Erst im 20. Jh. wurde das Gebiet rundum bebaut. Die Ermita stammt aus dem Jahre 1574 und ist dem hl. Erasmus (San Telmo), Patron der Seefahrer, geweiht. Ein Prozent des Ertrags jeder Fahrt stiftete die Genossenschaft der Schiffer von Santa Cruz, um das Gotteshaus zu erhalten und zu verschönern. Im 18. Jh. spendete eine wohlhabende Bürgerin der Stadt Geld für Restaurierungsarbeiten. Auf ihren Wunsch erhielt die Kirche eine

zweite Widmung, die Nuestra Señora de La Luz (Maria Lichtmess) galt.

An dem kleinen Platz vor der Ermita treffen sich um die Mittagszeit und am frühen Abend die älteren Männer des Stadtviertels, um den schönen Blick auf den Hafen zu genießen, vor allem aber um Neuigkeiten auszutauschen. Im Volksmund heißt die Stelle daher auch *mentidero* (Lügenecke).

### Convento de San Miguel de las Victorias 15
*Plaza de Santo Domingo, Klosterkirche meist nur Sa 16–17 Uhr geöffnet*
An einem autofreien, schattigen Platz erhebt sich das ehemalige, 1836 aufgelöste Dominikanerkonvent, das heute eines der beiden städtischen Gymnasien beherbergt. Die Klosterkirche Santo Domingo geht auf eine Kapelle zurück, die Alonso Fernández de Lugo kurz nach der Eroberung La Palmas zu Ehren des Inselheiligen Michael gegründet hatte. Um 1530 erweiterten Dominikanermönche die Anlage zu einem Kloster, das sie schon wenige Jahre später, nach der Brandschatzung durch französische Piraten 1553, neu errichten mussten. Damals entstand das der Plaza zugewandte, eigenartig verzierte Hauptportal der Kirche. Vermutlich schuf es, wie auch dasjenige der Parroquia de El Salvador, der Baumeister Juan de Ezquerra.

Innen ist die Iglesia de Santo Domingo mit vergoldeten Barockaltären und kunstfertig im Mudéjar-Stil geschnitzten Kassettendecken ausgestattet. Ihr größter Schatz dürfte die Sammlung flämischer Tafelbilder sein, die der aus Flandern eingewanderte Händler Louis (Luis) van de Walle im 16. Jh. zur Ausschmückung seines Privathauses nach La Palma verschiffen ließ. Die Bilder werden dem Maler Pieter Pourbus (1523–84) aus Brügge zugeschrieben.

### Ermita de San Sebastían 16

*Plaza San Sebastián, meist verschlossen, Infos in der Parroquia de El Salvador, Tel. 922 41 15 57*

Die schlichte kleine Kirche (Anfang 16. Jh.) stand früher am Beginn des viel begangenen »Königswegs« nach Breña Alta und Los Llanos. Sie besitzt spätgotische Statuen des hl. Sebastian und der hl. Katharina, die in der Erbauungszeit aus Flandern importiert wurden. Letztere stammt vermutlich aus dem Umfeld Rogier van der Weydens aus Antwerpen. Nur wenige Schritte sind es von der Ermita ins lebhafte Stadtzentrum, doch lohnt es sich, auf der Plaza San Sebastián im Schatten von Palmen zu verweilen und die erholsame Stille zu genießen.

### Sociedad La Cosmológica 17

*Nicht von innen zu besichtigen*

Etwas weiter unterhalb, hinter der Parroquia de El Salvador, lohnt in der Calle Van de Walle ein Blick auf das Gebäude der Sociedad La Cosmológica, das alte Kornspeicherhaus der Stadt. Seit 1646 hatte es nachweislich diese Funktion. Heute ist das imposante, mit holzgeschnitzten Türen und Balkonen sowie einem symmetrischen Treppenaufgang geschmückte Renaissance-Gebäude Sitz einer wissenschaftlichen Gesellschaft.

### Stadtpaläste

Santa Cruz de La Palma besitzt im Altstadtbereich zahlreiche Adelspaläste und Bürgerhäuser. Die zwischen dem 16. und 19. Jh. errichteten Bauten gelten im Vergleich mit anderen Kanareninseln als besonders prächtig (s. Entdeckungstour S. 118).

# Baden & Beachen

Südlich des Hafens von Santa Cruz dehnt sich der einzige nennenswerte Badeplatz der Stadt aus, die künstlich angelegte **Playa de Bajamar** ▶ G 6. Eine Fußgängerpromenade säumt den dunkelsandigen, etwa 500 m langen und sehr gepflegten Strand. Allerdings beeinträchtigt die unmittelbar dahinter verlaufende Küstenstraße die Ruhe.

## Übernachten

*Für Stadtfans –* **El Galeón** 1: Calle Galeón 10, Tel. 922 41 10 00, www.elgaleon.info, DZ 80–130 €. Modernes Hotel oberhalb des Hafens, das Angebot richtet sich sowohl an Geschäftsleute als auch an Touristen. Alle Wohneinheiten mit Balkon oder Terrasse und komfortabel eingerichtet. Zum Frühstück wird ein Buffet aufgebaut, ein Restaurant gibt es nicht.

*Der Klassiker –* **Marítimo** 2: Avenida Marítima 75, Tel. 922 42 02 22, www.hotelmaritimo.com, DZ ca. 65 €. Dieses typische Stadthotel mit 96 Zimmern und Dachterrasse liegt relativ zentral, allerdings an der lebhaften Küstenstraße. Hier steigen vorwiegend Geschäftsleute ab.

*Liebevoll renoviert –* **San Telmo** 3: Calle San Telmo 5, Tel. 922 41 53 85, www.hotel-santelmo.com, DZ 60 €. Altes Stadthaus in der Nähe des Klosters Santo Domingo, von seinen neuen Besitzern komfortabel aufgepeppt. Das kleine Hotel verfügt über nur 8 Zimmer, alle ruhig zum hübschen Innenhof gelegen.

*Für Selbstversorger –* **La Fuente** 4: Calle Pérez de Brito 49, Tel. 922 41 56 36, www.la-fuente.com, Apartment für 2 Personen je nach Größe 37–58 €. Ferienwohnungen in einem ansprechend restaurierten Stadthaus mit schönem kanarischen Balkon. Zentrale und doch recht ruhige Lage.

*Einfach und ordentlich –* **Canarias** 5: Calle Cabrera Pinto 27, Tel. 922 41 31 82, www.pensioncanarias.com, DZ 32 €.

# Auf Entdeckungstour

## Prunkvolle Stadtpaläste – Zeugen einer Blütezeit

Dank der Lage am Seeweg nach Amerika war Santa Cruz de La Palma einst eine wichtige Handelsmetropole. Später geriet die Stadt ins Abseits, doch in den Straßen beim Hafen gibt es stattliche Kaufsmannshäuser aus der glanzvollen Epoche zu bestaunen.

**Dauer:** ein halber Tag.

**Startpunkt:** Plaza de la Constitución, Endstation aller Inselbuslinien.

**Hinweis:** An den beschriebenen Palästen befinden sich i. d. R. Erläuterungstafeln (auch auf Deutsch). In einige Innenhöfe oder Treppenhäuser darf man einen Blick werfen. Die beste Zeit dafür ist Mo–Fr 9–13 Uhr.
**Casa principal de Salazar:** Mo–Fr 8–15 Uhr

Von der Plaza de la Constitución führt die Calle O'Daly in die Innenstadt. Sehenswerte alte Paläste säumen diese Prachtstraße, die einstige Calle Real (Königsstraße). Hier residierten Adel und Geldbürgertum. Französische Korsaren hatten Santa Cruz 1553 gebrandschatzt. Die Besitzer bauten ihre Häuser anschließend in großem Stil wieder auf.

## Apostel von Paraguay

Gleich linker Hand bildet an der Fassade der **Casa Arce y Rojas** [18] (Haus Nr. 42) ein von Pfeilern aus rötlichem Bruchstein gesäumtes Fenster eine vertikale Achse mit dem Portal. Hier erblickte 1651 José Francisco de Arce y Rojas das Licht der Welt, der »Apostel von Paraguay«. Das Haus erbaute sein Vater, ein portugiesischer Händler, der 1640 nach Santa Cruz gekommen und rasch zum ständigen Angehörigen des Inselrats aufgestiegen war. Er schickte den Sohn zum Jurastudium nach Sevilla, wo dieser allerdings in den Jesuitenorden eintrat. Nach langer Missionarstätigkeit in Südamerika wurde er 1715 in Brasilien ermordet.

## Korsaren-immun?

Eine aus dem Rahmen fallende Natursteinfassade, wie sie sich nur sehr wohlhabende Familien leisten konnten, besitzt die **Casa Sotomayor** [19] (Haus Nr. 38). Bei den meisten anderen Palästen wurden nur Portal und Fenster mit Bruchsteinrahmen umgeben, das übrige Mauerwerk hingegen weiß getüncht. Die Casa Sotomayor gilt als ältestes Haus der Straße (Anfang 16. Jh.) und hätte damit den Korsarenüberfall relativ schadlos überstanden. Gründer war Juan de Sotomayor y Topete, Abkömmling einer am Aufbau des spanischen Weltreichs führend beteiligten kastilischen Adelsfamilie. Auf La Palma heiratete er in die Familie Grünenberg

(Monteverde) ein. Es ist erlaubt, in den Vorraum zu treten und einen Blick in den Innenhof mit Holzgalerie und Brunnen zu werfen. Beachtung verdient die schöne Pflasterung. Feines Kieselmosaik wechselt mit drei- und viereckigen Basaltplatten ab.

## Original eingerichtet

Ein weiteres Haus mit Natursteinfassade ist die **Casa Principal de Salazar** [20] (Haus Nr. 22) aus dem 17. Jh. mit Elementen der Renaissance und des Barock. Türen und Fenster verteilte der Baumeister unregelmäßig über die Fassade, die barocke Vorliebe für die Symmetrie hatte noch nicht Einzug gehalten. Über dem mächtigen Eingangsportal steht auf dem Familienwappen zu lesen: »Soli Deo sit gloria« (Nur Gott allein sei Ehre). Dies war der Leitspruch von Don Ventura Salazar de Friaas (1601–69), Erbauer des Hauses und Mitglied des Ritterordens von Calatrava. Die Inselregierung ließ den Palast restaurieren und machte ihn Besuchern zugänglich. Steinsäulen tragen die untere Ebene der dreistöckigen hölzernen Galerie im Innenhof, für die beiden höheren Ebenen genügen stützende Holzpfeiler. In solcher Cabane charakterisiert alle älteren Stadtpaläste. Er diente der Familie und den Bediensteten als bevorzugter Aufenthaltsort. Im Parterre lagen Weinkeller, Lagerräume und bei sehr reichen Leuten auch Pferdeställe sowie die Kutschengarage. Jetzt befindet sich dort eine Verkaufsstelle für **Kunsthandwerk** (s. S. 123). Die Herrschaft wohnte im Obergeschoss. Besonders prächtig präsentiert sich der ehemalige Prunksaal zur Calle O'Daly hin mit seiner reich verzierten, holzgeschnitzten Tür und der Artesonado-Decke. Spürbar intimer ist das rückwärtige Speisezimmer. Vermutlich war es seinerzeit dem engeren Familienkreis vorbehalten. Wechselnde Kunstausstellungen beleben heute diesen Teil des Hauses.

## Flämischer Einfluss

Mit der **Casa van de Walle** 21 (Calle Virgen de la Luz 7) ist auch in der Oberstadt ein interessantes altes Herrenhaus zu besichtigen – zumindest von außen. Ein kurzer Abstecher durch die Treppengasse Calle Apurón führt dorthin. Das eher schlicht gestaltete, weiß getünchte Gebäude erinnert mit seinem hellroten Ziegeldach und den blau gestrichenen Festerrahmen an flämische Vorbilder. Kein Wunder, denn die Familie Van de Walle kam im 16./17. Jh. aus Flandern nach La Palma.

## Verschönert und restauriert

Im 19. und zu Beginn des 20. Jh. wurde in Santa Cruz kaum noch gebaut, mit Ausnahme der **Casa Monteverde** 22 (Plaza de España). 1923 restaurierte der einheimische Architekt Pelayo López Martín-Romero den ursprünglich gotischen Palast und wurde mit diesem Werk weit über La Palma hinaus bekannt. Er griff – nachdem sich der Jugendstil auf den Kanarischen Inseln nicht hatte durchsetzen können – auf traditionelle Bauelemente zurück und führte damit auf dem Archipel den Regionalismus ein. Diese Stilrichtung fußte auf Vorbildern aus der als ruhmreich empfundenen Vergangenheit. Die ursprünglich nur zweigeschossige Casa Monteverde erhielt durch Pelayo López ihr heutiges oberes Stockwerk mit flachem Rundbogen, mit der er dem Gebäude seinen persönlichen Stil verlieh.

## Nach dem Feuer

Auch im nördlich an die Plaza de España grenzenden Abschnitt der Calle O'Daly stehen einige sehenswerte Adelspaläste und Bürgerhäuser. Dieser Bereich der Altstadt erlitt 1770 starke Zerstörungen durch einen Brand. Die Innenausstattung der zwischen 1779 und 1789 wieder aufgebauten **Casa Massieu Tello de Eslava** 23 (Haus Nr. 3) soll laut zeitgenössischen Berichten die prächtigste der ganzen Stadt gewesen sein. Von kristallenen Kronleuchtern, vergoldeten Spiegeln und Vorhängen aus karminrotem Damast schwärmten die Autoren. Heute beherbergt die Casa eine Bankfiliale. Der Innenhof birgt wunderbare Holzschnitzereien, doch mehr als ein kurzer Blick ist nicht gestattet.

Einen ähnlichen Stil zeigt die **Casa Pinto** 24 (Haus Nr. 2). Ihr überdachter Patio mit der eleganten, holzgeschitzten Galerie ist an Werktagen vormittags öffentlich zugänglich. Im letzten Viertel des 18. Jh. gab der Exporthändler Antonio Ignacio Pinto de Guisla den Neubau der Casa in Auftrag. Im Erdgeschoss befanden sich Verkaufs- und Lagerräume, im Zwischenstock Räume für das Personal. Ganz oben wohnte die Familie, die sogar über eine Hauskapelle (in der Galerie) verfügte. Vom Innenhof führt eine sogenannte *escalera imperial* (kaiserliche Treppe) nach oben – seinerzeit ein Statussymbol in Spanien. Sie beginnt mit zwei Läufen, die im Zwischengeschoss zu einer zentralen Treppe zusammenfließen.

Jenseits der Avenida del Puente führt die Calle Pérez de Brito mit einigen sehenswerten alten Palästen weiter nach Norden. Der vordere Straßenteil war von einem schweren Brand 1798 betroffen, die dortigen Gebäude wurden daraufhin Ende 18./Anfang 19. Jh. errichtet.

In die **Casa Fierro** 25 (Haus Nr. 9) kann man einen Blick werfen. Der Palast wurde im Stil des akademischen Klassizismus entworfen. José María Fierro Santa Cruz ließ ihn 1817 neu erbauen. Anstelle des zuvor üblichen zentralen

Kunstvoll restauriert: die dreistöckige hölzerne Galerie der Casa Principal de Salazar

Patios erhielt die Casa Fierro eine besonders aufwendige, symmetrisch gestaltete Holztreppe.

1809 wurde die **Casa Massieu Sotomayor** 26 (Haus Nr. 15) fertiggestellt, deren Fassade mit vier marmornen Büsten ebenfalls klassizistische Anklänge verrät. Die Büsten flankieren das Wappen der Erbauer, Nicolás Massieu Salgado und Clara Margarita de Sotomayor. An den Dachkanten fallen zwei als menschliche Figuren in Stein gehauene Wasserspeier ins Auge. Seit 1931 ist das noble Stadthaus Sitz der Forschungsgesellschaft La Investigadora und heißt im Volksmund El Casino. In der clubähnlichen Einrichtung treffen sich wohlhabende Bürger der Stadt.

## Balkonhäuser 26

Das Zimmermannshandwerk erreichte auf La Palma ein hohes Niveau. Ihren Höhepunkt erreichte diese Kunst mit den viel fotografierten **Casas de los Balcones** in Santa Cruz. Sie reihen sich entlang der Avenida Marítima, zwischen dem Durchgang von der Placeta de Borrero und der Calle Tedote. Ursprünglich waren die teilweise über zwei Stockwerke reichenden, nach arabischem Vorbild gefertigten Balkone durch ein feines, hölzernes Gitterwerk verschlossen. Dieses sollte nicht etwa vor Blicken schützen oder zur Zierde dienen. Vielmehr verbargen sich dahinter die Wirtschaftsräume, in denen Getreide luftig aufbewahrt wurde und der Wasservorrat vor Verdunstung sicher lagerte. Die heute als Schokoladenseite empfundene Meeresfront der Balkonhäuser wies früher zum kiesigen Strand, denn die Avenida Marítima gab es zur Erbauungszeit im 16./17. Jh. noch nicht. Der Vordereingang befand sich, von Wind und Atlantikgischt abgewandt, an der Calle Pérez de Brito.

Nach so viel historischer Wohnkultur steht jetzt vielleicht der Sinn nach etwas Muße. Mehrere Balkonhäuser beherbergen heute nette Lokale, die sich zur Einkehr anbieten, z. B. La Placeta, La Lonja oder La Ola (s. S. 122 u. 123).

Von außen wirkt die Pension recht schlicht, aber die ruhige Lage und saubere Zimmer sprechen für das Haus.

*Beliebt bei Travellern* – **La Cubana 6**: Calle O'Daly 24, Tel. 922 41 13 54, www.la-fuente.com, DZ 27 €. Stadtpension neben dem Palacio Salazar. Acht einfache, aber stimmungsvoll gestaltete Zimmer in einem denkmalgeschützten Haus.

## Essen & Trinken

*Seit Jahren beliebt* – **La Placeta 1**: Placeta de Borrero 1, Tel. 922 41 52 73, www.placeta.com, Mo–Do 13–23, Fr/Sa 13–23.30 Uhr, Tapas um 5 €, Hauptgerichte 13–16 €. Im Obergeschoss eines mit einem dunklen kanarischen Holzbalkon verzierten Hauses. Sehr gute internationale und kanarische Küche, beliebter Treffpunkt der auf La Palma ansässigen Deutschen. Nichtraucherlokal. Die Tische im Freien gehören zum gemütlichen **Bistro La Placeta** (s. Lieblingsort S. 124).

*Frisch aus dem Meer* – **Casa del Mar 2**: Avenida de los Indianos 14, Tel. 922 41 61 87, Mo–Sa bis 23 Uhr, Hauptgerichte um 12 €, Tagesmenü 8,50 €. Gegenüber vom Real Club Náutico, dem örtlichen Jachtclub. Hier verkehrt (nicht nur) die gehobene Gesellschaft der Stadt und weiß die stets frischen Meeresfrüchte und fein zubereiteten Fischgerichte zu schätzen. Dazu empfiehlt der Kellner neben den klassischen Weißweinen auch so manchen hervorragenden roten Tropfen.

*Klassisch spanisch* – **La Lonja 3**: Avenida Marítima 54/Calle Pérez de Brito 58, Tel. 922 41 52 66, Mo–Sa 13–23.30 Uhr, Hauptgerichte 9–13 €. Der große Innenhof ist im Stil einer Bodega hergerichtet. Eine Besonderheit sind die verschiedenen iberischen Bratwurstzubereitungen.

*Altes neu erfunden* – **Mambrino 4**: Avenida del Puente 19, Tel. 922 41 18 73, Mo–Do 13–16.30, 19–23, Fr/Sa 13–16.30, 19–24 Uhr, Hauptgerichte 7–16 €, Tagesmenü (2 Gänge) 9 €. Traditionelle kanarische Küche in einem kleinen alten Stadthaus, auch Weinstube *(bodegón)*. Mit dem Gütesiegel des Biosphärenreservats ausgezeichnet.

*Kreative Kleinigkeiten* – **La Ola 5**: Avenida Marítima 60, Tel. 637 41 17 18, www.laola-restaurante.com, Di–Sa 10–

*Mein Tipp*

### Treffpunkte

Wer sehen und gesehen werden will, kommt an der zentralen **Placeta de Borrero** kaum vorbei. Dort hat das vielen La-Palma-Besuchern schon von vorherigen Aufenthalten vertraute **Bistro La Placeta** (s. Lieblingsort S. 124) in jüngerer Zeit durch das **Café Habana 7** (tgl. geöffnet, Tapas 3–9 €) Konkurrenz bekommen. Beide Lokale stellen Tische ins Freie, je nach Tages- und Jahreszeit erfreuen sich die jeweils sonnigeren oder schattigeren Plätze größerer Beliebtheit. Nebenan in der Fußgängerzone wirbt mit dem **El Negresco 8** (Calle Pérez de Brito 47, Tel. 922 42 08 65, Mo–Sa 13–15.30, 18.30–23.30 Uhr, Tapas ab 3 €) ein drittes Lokal um die Gunst der Gäste. Hier finden sich eher auch Einheimische ein. An der Plaza de la Alameda schließlich hält das **El Encuentro de la Alameda 9** (Tel. 922 41 10 44, tgl. 10.30–24 Uhr, Tapas ab 3 €), was der Name verspricht (*encuentro* = span. Treffen). Stets geht es in dem Ecklokal, das auf *arepas* (südamerikanische Teigtaschen mit süßer oder deftiger Füllung) spezialisiert ist, lebhaft zu.

23, So 13–23 Uhr. Das innovative Lokal ist ein Tipp für den anspruchsvollen Snack zwischendurch. Die Auswahl reicht von verschiedenen Frühstücksangeboten (6–7 €) über Crostini und Tapas (je 1,50–2,50 €) und diverse Sorten Quiche (3–3,50 €) bis hin zu kleinen Gerichten (4–9 €).

*Authentisch –* **Tajurgo 6**: Avenida del Puente 21, Tel. 922 41 50 51, tgl. 9–23 Uhr, Tapas *(media ración)* ca. 5 €, Tagesmenü (3 Gänge mit Getränken) um 8 €. Wer ohne großen Aufwand eine kleine oder größere, jedenfalls absolut landestypische Mahlzeit zu sich nehmen möchte, ist in der fast ausschließlich von Einheimischen besuchten Cafeteria gegenüber der Markthalle goldrichtig. Rauchen erlaubt.

## Einkaufen

*Kunsthandwerk –* **Casa principal de Salazar 20**: Mo–Fr 8–15 Uhr, offizielle Verkaufsstelle des Inselrats für Kunsthandwerk von La Palma (hochwertige Keramik, Stickereien, Korbwaren); **The Best of La Palma 1**: Calle Pérez de Brito 24, die hier angebotenen kunsthandwerklichen Produkte und auch kulinarischen Spezialitäten stammen ausschließlich von der Insel; **Lava Cristina 2**: Calle Pérez de Brito 28 (nahe Placeta de Borrero), Mo–Fr 10–14, 17–20, Sa 10–14 Uhr, der etwas andere Kunsthandwerksladen mit Lavaschmuck, bunt schillernden Schals, gestrickten Ketten und Seidentüchern von La Palma.

*Souvenirs –* **Chayota 3**: Calle Pérez de Brito 36, handgezogene Kerzen in bunt bemalten Gläsern, dazu biologische und Naturprodukte; **Cosas 4**: Placeta de Borero 2/Avenida Marítima 40, geschmackvolle Dekorationsgegenstände, Kerzen, bunte Taschen, interessante Keramik, darunter viele maritime Formen.

*Musik –* **Montuno 5**: Calle Pérez de Brito 26. Musikladen mit guter CD-Auswahl, auch von Interpreten aus La Palma.

*Buntes Allerlei –* **Flohmarkt** *(rastro)* **6**: jeden ersten So im Monat 9–14 Uhr auf dem Parkplatz an der Hafeneinfahrt.

## Aktiv & Kreativ

*Fix und kunstfertig –* **Concurso de pintura rápida Francisco Concepción:** Der offene Wettbewerb in Schnellmalerei hält jedes Jahr an einem Samstag Ende Juni Einheimische ebenso wie eigens Angereiste in Atem (s. S. 40).

## Abends & Nachts

### Kneipen und Szenetreffs
Einheimische und die wenigen Touristen flanieren abends an der Avenida Marítima. Dort trifft man sich in einer der Bars, so z. B. in der **Cafetería Sputnik 1**, die Tische in die schmale Calle Apurón stellt. Hier gibt es an Sonntagen oft auch tagsüber Live-Musik. Nächtliche Ausgehstraße ist die Calle Alvarez de Abreu mit den urigen Kneipen **La Bodeguilla del Medio 2** und **Tasca La Esquina 3**.

### Theater und Konzert
*Klein, aber fein –* **Teatro Chico 4**: Calle Díaz Pimienta 1. Das »kleine Theater« beschäftigt zwar kein eigenes Ensemble, aber neben durchreisenden Schauspiel- und Ballettensembles treten regelmäßig Absolventen der städtischen Theaterschule von Santa Cruz auf und einheimische Gruppen geben Flamenco. Das schon 1866 gegründete Theater zog damals in die ehemalige Kirche eines Hospitals ein, das zu diesem Zweck im klassizistischen Stil umgebaut wurde. Im Inneren zeugt von

*Lieblingsort*

**Bistro La Placeta – um nichts zu verpassen** 1

Gibt es eine schönere Stelle zum Sehen und Gesehenwerden in La Palmas Hauptstadt Santa Cruz? Wohl kaum. La Placeta ist irgendwie einmalig, genau wie das gleichnamige Lokal an dem kleinen Platz. Jedenfalls sehen das viele Individualisten unter den Urlaubern so, die sich gern zum Studieren der vielseitigen Tapas-Karte und zum anschließenden Genuss einer dieser kleinen Köstlichkeiten hier niederlassen. Den ins Freie gestellten Tischen und Stühlen spenden an heißen Sommertagen breite Schirme Schatten, im Winter wärmen die schräg einfallenden Sonnenstrahlen an der Südseite des stilvollen kanarischen Stadthauses (**Bistro La Placeta**, zugehörig zum Restaurant **La Placeta**, s. S. 122, Mo–Sa 10–23 Uhr).

dem ehemaligen Gotteshaus noch das Spitzbogenportal hinter der Bühne.

*Konzerte aller Art* – **Teatro Circo de Marte** **5**: Calle Virgen de la Luz 5. Das zweite Traditionstheater von Santa Cruz erstrahlt – kürzlich renoviert – in frischem Glanz. Hier sind vorwiegend Konzerte zu erleben. Die Richtungen variieren von klassischer Musik über Jazz bis hin zu Folklore. Im Juli finden hier auch die Veranstaltungen des Festival de Ópera (s. u.) statt.

**Programme für beide Theater** unter www.santacruzdelapalma.es oder in der Touristeninfo, Plakate in allen wichtigen Inselorten, Info-Tel. 922 28 58 08, Karten jeweils an der Abendkasse ab 19 Uhr.

*Freiluftkonzerte* – **Plaza de Santo Domingo 6**: In den Sommermonaten finden hier in unregelmäßigen Abständen Popkonzerte statt, meist am Samstag um 22 Uhr (auf Plakate achten, Eintrittsgebühr).

## Infos & Termine

### Tourismusbüro
**Oficina de Información Turística:** 38700 Santa Cruz de La Palma, Avenida Blas Pérez González s/n, Tel./Fax 922 41 21 06, www.lapalmaturismo.com, Mo–Fr 9–19.30, Sa 9–15, So 9–14 Uhr. Informationsstelle der Inselregierung in der Casa de Cristal, einem gläsernen Pavillon auf der Plaza de la Constitución.

### Internet
Seite der Gemeinde Santa Cruz: **www. santacruzdelapalma.es**

### Feste & Veranstaltungen
**Fiesta de la Cruz:** 3. Mai. Die Bewohner von Santa Cruz feiern die Gründung ihrer Stadt nach der endgültigen Eroberung La Palmas durch die Spanier 1493. Ebenfalls am 3. Mai wurde im Jahr 326

in Jerusalem das angeblich wahre Kreuz Christi aufgefunden. Überall in den Straßen sieht man blumengeschmückte Kreuze.

**Bajada de La Virgen:** alle fünf Jahre (2010, 2015 usw.) Anfang Juli bis 5. August. Bedeutendstes Inselfest, s. S. 38.

**Festival de Ópera:** Juli. Im Teatro Circo de Marte, s. S. 40.

### Verkehr
**Bus:** Die Gesellschaft Transportes Insular La Palma (s. S. 23) bedient alle Linien: L 1 nach Los Llanos alle 30–60 Min.; L 2 über Los Sauces, Garafía, Puntagorda nach Los Llanos 5–10 x tgl.; L 3 nach Breña Baja 8–10 x tgl., Mazo 8–9 x tgl.,

Fuencaliente (Los Canarios) 7–8 x tgl.; L 8 nach Los Cancajos und zum Flughafen alle 30–60 Min.; L 9 und L 10 zum Inselkrankenhaus häufig; L 14 nach San Pedro de Breña Alta/San Isidro 4–7 x tgl.; L 15 befährt alle 30–60 Min. (am Wochenende etwa alle 2 Std.) einen Rundkurs innerhalb der Stadt. Die Endstation für die Busse Richtung Westen und Süden befindet sich an der Plaza de la Constitución. Richtung Norden steigt man an der Avenida Marítima, schräg gegenüber von den Balkonhäusern, zu.

**Taxi:** Taxistände an der Plaza de la Constitución, Avenida del Puente und Plaza de La Alameda, Tel. 922 41 60 70.

**Parken:** Große gebührenfreie Parkplätze gibt es an der Hafenzufahrt und im südlichen Bereich der Avenida Marítima zwischen Straße und Meer. Sie sind an Werktagen spätestens ab 10 Uhr total überfüllt. Als (gebührenpflichtige) Alternative bietet sich das Parkhaus in der Avenida del Puente an.

**Fähre:** s. Infobox S. 102 bzw. S. 22.

# Am oberen Stadtrand ▶ G 6

### Mirador de La Concepción
*Bus L 10 ab Santa Cruz Richtung Velhoco/Hospital, 7–14 x tgl.*

**Mystisches Lichtspiel am Mirador de La Concepción mit Blick auf die Cumbre Nueva**

Auf dem Rand des Vulkankegels La Caldereta, der Santa Cruz im Südosten beherrscht, liegt dieser fantastische Aussichtspunkt. Der Steilabfall zum Kratergrund, der Risco de La Concepción, steht heute als Naturdenkmal unter Schutz. Zum Meer hin zerstörte die Brandung den Vulkan schon zur Hälfte. Weit schweift der Blick vom Mirador über Santa Cruz, Breña Alta und Breña Baja. Namengebend für die Aussichtsterrasse war nebenan die kleine Ermita de Nuestra Señora de La Concepción (17. Jh.).

### Maroparque

*Camino La Cuesta 28 (ab LP-3 Richtung Los Llanos ausgeschildert), Tel. 922 41 77 82, www.maroparque.com, tgl. 10–17 Uhr, Eintritt 11 €, Kinder 5,50 €, Bus L 9, 10 ab Santa Cruz*
Der kleine Zoo wurde kühn im Steilhang eines Barrancos oberhalb von Santa Cruz angelegt. Durch eine künstlich geschaffene Höhle geht es hinein, sogleich nach Entrichtung des Eintrittspreises steht der Besucher Fledermäusen Auge in Auge gegenüber. An der hauseigenen Cafeteria mit schönem Blick auf Santa Cruz führen dann gewundene Pfade bergab durch einen tropischen, dschungelartigen Garten. Oft ermöglichen abenteuerliche Holzbrücken einen Zugang zu den darin eingebetteten, eher in die Höhe als in die Breite gebauten Käfigen und Gehegen.

Eine für La Palma erstaunliche Vielzahl von – meist eher kleinen – Tieren ist zu sehen: winzige Affen, Krokodile, Schlangen, Gürteltiere, Präriehunde, Kängurus. Über 100 Arten sind vertreten. In mehreren Freiflughallen kann man die unterschiedlichsten tropischen Vogelarten aus der Nähe bewundern. Zu allen Tieren geben Tafeln ausführliche Erläuterungen, auch in deutscher Sprache.

## Übernachten

*Romantisch –* **Buenavista:** Camino La Cuesta 36 (LP-202), Tel. 628 59 19 15 od. 922 41 12 05, www.buenavista-hotel.com, Landhaus für 2 Personen 70–90 €. Ehemalige Finca oberhalb des Steilabfalls Risco de La Concepción. Das 1906 errichtete Haupthaus in der verspielten Bauweise eines exotisch anmutenden Schlösschens zeigt feinste Jugendstildetails. Die Gründerfamilie Yanes verdiente ihr Geld seinerzeit mit dem Handel verschiedenster Inselprodukte zwischen La Palma und Kuba. Sechs Landhäuser im Reihenhausstil im Garten werden schon vermietet. Im Haupthaus entstehen nach der kompletten Restaurierung 20 Doppelzimmer.
*Künstlerisch –* **Chipi-Chipi:** Velhoco, Calle Juan Mayor 42 (LP-101 zwischen Las Nieves und der LP-202/LP-3), Tel. 922 41 10 24, www.chipichipi.es, Apartment für 2 Pers. 31 €. Sieben einsam gelegene Apartments mit schönem Blick. Ein Mietwagen ist hier empfehlenswert. Im Winter kann es aufgrund der Höhenlage etwas kühler sein, s. auch unter Essen & Trinken.

## Essen & Trinken

*Tradition und Moderne –* **Casa Osmunda:** Buenavista de Arriba (Abzweigung LP-202/LP-101), Tel. 922 41 26 35, Mo–Sa 13–16, 20–23 Uhr, Hauptgerichte ab ca. 12 €, mit Raucherbereich. An der Zufahrt zum Mirador de La Concepción steht dieses heute szenig gestylte Lokal, das früher als Wirtshaus auf dem Weg von Santa Cruz nach Los Llanos ein wichtiges Etappenziel war. Der helle Speiseraum neben der Aperitifbar wird durch einen unterirdischen *comedor* in der ehemaligen Zisterne ergänzt. Kanarische Küche mit kreativem Touch, frischen einheimischen Produkten räumt der Koch absolute Priorität ein. Als Vorspeise empfiehlt sich warmer Ziegenkäse mit Anis-Tomatenmarmelade, danach dürfen es vielleicht arabisch gewürzte Lammkotletts oder ein Risotto mit Pilzen von der Cumbre sein ... Sehr gut sortierte Vinothek.

*Wie bei Muttern* – **La Graja:** Ctra. Las Nieves 32 (LP-101, 3,5 km südlich von Las Nieves), Tel. 922 42 02 18, Di–Sa 12–22.30, So 12–16 Uhr, Hauptgerichte um 10 €. Modern und ambitioniert geführtes Restaurant in einem geschmackvoll restaurierten Landhaus aus dem 19. Jh. Hier kommt ausschließlich Kanarisches auf den Tisch. Endlich eine Gelegenheit, Gofio in seinen verschiedensten Varianten zu probieren. Spezialitäten des Hauses sind *potaje de trigo* (Weizensuppe), Kaninchen, Zicklein und Stockfisch. Am Wochenende kommen gerne einheimische Familien her.

*Künstlerisch* – **Chipi-Chipi:** Adresse und Tel. s. gleichnamiges Apartmenthaus unter Übernachten; Mo/Di, Do–Sa 12–17, 19–23.30 Uhr, Mi u. So geschl., Hauptgerichte ab 7 €. Beliebtes Ausflugslokal, das der Inselkünstler Luis Morera zu Beginn der 1990er-Jahre gestaltete. Er schuf auch die Skulptur einer Fantasieblume, die den Gast am Eingang begrüßt und Elemente verschiedener Pflanzenarten La Palmas vereint. Auf der Gartenterrasse oder in grottenartigen »Separées« werden Grillspezialitäten, speziell Hähnchen, serviert. Regelmäßig treten Folkloregruppen auf.

## Einkaufen

*Bei den Nonnen* – **Monasterio del Císter** ▶ F 6: Camino La Corsillada 10, Tel. 922 41 45 00, tgl. 9.30–14, 15–18, 19–20 Uhr. In Klausur lebende Nonnen verkaufen über eine nicht einsehbare Durchreiche Marmelade, Gebäck, Marzipan und Likör aus eigener Herstellung. Eingang »Portaría«, dort bei **Dulces Artesanos** klingeln. Zwölf Zisterzienserschwestern aus Gran Canaria gründeten das recht modern anmutende Kloster erst 1946. Der Gebäudekomplex ist von Obstplantagen umgeben, die man von der weitläufigen Terrasse überblickt. Anfahrt: LP-101 ca. 3,5 km südlich von Las Nieves, dort gegenüber vom Restaurant La Graja in einen schmalen Fahrweg aufwärts einbiegen.

# Las Nieves! ▶ F 5

Las Nieves, ein dörflicher Stadtteil oberhalb von Santa Cruz mit nur noch knapp 20 Einwohnern, wird wegen seiner Wallfahrtskirche mit der Figur der Inselheiligen **Virgen de Las Nieves** (Jungfrau vom Schnee) viel besucht.

### Real Santuario de Nuestra Señora de Las Nieves

*Tgl. 8.30–20 Uhr, Messe So/Fei 9.30 u. 11.30 Uhr, Bus L 15 ab Santa Cruz Mo–Fr halbstündl. bis stündl., Sa/So etwa alle 2 Std.*

Die Verehrung der Jungfrau vom Schnee geht auf folgende Legende zurück: Irgendwann im 4. Jh., in der Nacht vom 4. auf den 5. August, hatte Papst Liberius im Vatikan einen Traum. Die Muttergottes trug ihm auf, ihr dort eine Kirche zu bauen, wo am Morgen frischer Schnee gefallen war. Tatsächlich schneite es mitten im Sommer auf dem Esquilin, einem der sieben Hügel Roms. Liberius eilte herbei und vollzog selbst den ersten Spatenstich für die dortige Kirche Santa Maria Maggiore. Nach der Conquista wurde diese Legende bald nach La Palma getragen, denn Alonso Fernández de Lugo selbst war ein großer Verehrer der Jungfrau vom Schnee. Dort, wo sich heute das Real Santuario erhebt, soll die Madonna staunenden Gläubigen erschienen sein. Eine erste, noch sehr einfache Wallfahrtskirche fand schon 1517 urkundliche Erwähnung. 1534 erklärte der Inselrat die Virgen de Las Nieves zur Schutzpatronin La Palmas, die man daraufhin bei Sorgen und Nöten aller Art anrief.

Als sich 1649 Dominikanermönche in Las Nieves niederließen und ein Kloster errichteten, bezogen sie die alte Ermita als Sakristei und Hauptaltarraum in einen größeren und sehr viel prächtigeren Neubau ein, den sie erst 1740 vollendeten. Die Fassade mit Glockengiebel (1672) wirkt schlicht und fast schmucklos. Dagegen präsentiert sich das **barocke Seitenportal** (18. Jh.), eine Stiftung des damaligen örtlichen Großgrundbesitzers, als prunkvolle Steinmetzarbeit. Es weist zur Plaza de Las Nieves.

Die **Virgen de Las Nieves** thront auf einem vierstufigen Barockaltar aus massivem Silber. Seine erste Stufe wurde 1672 gestiftet, die letzte kam erst 1967 hinzu. Die Madonnenstatue selbst entstand im Übergangsstil zwischen Romanik und Gotik Ende des 14. Jh. in Flandern und gilt als ältestes Beispiel für flämische Kunst auf La Palma. Vermutlich hat der Konquistador Fernández de Lugo die Terrakottafigur persönlich von Gran Canaria mitgebracht. Scherzhaft bezeichnen Einheimische die Jungfrau gern als »reichste Frau der Insel«, denn sie besitzt etliche Gewänder und ist üppig mit Gold und Edelsteinen behängt – Schenkungen von Gläubigen, denen die Madonna aus Not und Gefahr geholfen haben soll.

Ornamentale Malerei ziert die holzgeschnitzte **Mudéjar-Decke** (Mitte 17. Jh.) im Kirchenschiff. An den Wänden des Gotteshauses zeugen Ölgemälde von den Wundertaten der Jungfrau. Größeren kunsthistorischen Wert besitzt ein **Altar an der rechten Seitenwand.** Ursprünglich handelte es sich um eine flämische Arbeit (16. Jh.), doch in der Barockzeit wurde der Altar der damaligen Mode entsprechend bemalt. Er ist der Patronin der Seefahrer, Nuestra Señora del Buen Viaje (Madonna der guten Reise), geweiht. In der linken Hand hält die Figur ein Schiff, in der rechten einen silbernen Stern als Wegweiser für die Schiffer.

### Plaza de Las Nieves

Rund um die stille Plaza de Las Nieves, der Palisanderbäume und Araukarien Schatten spenden, gruppieren sich die ehemaligen Klostergebäude der Dominikaner. Die **Casa de Romeros** gegenüber der Kirche diente früher als Pilgerunterkunft und beherbergte die Casa de Ejercicios (Exerzitiengebäude). In einem Nebentrakt zur Rechten war die Casa Rectoral (Rektoratsgebäude) untergebracht.

## Essen & Trinken

*Unter Einheimischen –* **Las Nieves:** Plaza de Las Nieves 2, Tel. 922 41 66 00, Fr–Mi 12.30–24 Uhr, Hauptgerichte ab 7 €. Das typisch palmerische Ausflugslokal bei der Wallfahrtskirche serviert traditionelle Grillgerichte. Am Wochenende sitzen komplette Großfamilien oft mehrere Stunden an der Tafel und beschäftigen sich ausgiebig mit den riesigen Portionen. Wer hier einkehrt, sollte einen gewissen Lärmpegel einkalkulieren und Deftigem nicht abgeneigt sein.

**Die Virgen de Las Nieves: die »reichste Frau der Insel«**

# Der Südosten und die Südspitze

## Highlight!

**Volcán de San Antonio und Volcán Teneguía:** Imposant präsentiert sich der San Antonio, ein über 3000 Jahre alter Bilderbuchvulkan. Erst 1971 entstand sein kleinerer Bruder Teneguía, dem heute noch Hitze und Schwefeldämpfe entströmen. S. 150

## Auf Entdeckungstour

**Weinberge und Bodegas:** In Fuencaliente gedeiht der Wein auf ungewöhnliche Weise, der Sonne gnadenlos ausgesetzt und vor dem Wind durch landschaftsgestaltende Steinmauern geschützt. Zwei Bodegas laden zur Probe des klassischen Malvasiers ein. S. 152

Los Cancajos

Villa de Mazo

Parque Arqueológico
de Belmaco

Playa Salemera

Playas de La Zamora

Fuencaliente

Volcán de San Antonio
und Volcán Teneguía

Weinberge und Bodegas

## Kultur & Sehenswertes

**Museo Casa Roja:** Ein altes Kaufmanns-haus in Villa de Mazo mit stuckverzier-ten Balustraden beherbergt heute das sehenswerte Inselmuseum für Stickerei. S. 145

**Parque Arqueológico de Belmaco:** Wohnhöhlen und Sterbekammern der Ureinwohner wurden in einen kleinen Archäologischen Park einbezogen, ein Museum präsentiert die Funde. S. 147

## Aktiv & Kreativ

**Wandern und Kunst:** Bei NaturArte in Villa de Mazo ist dies kein Gegensatz. Geboten werden botanische Exkursio-nen und Malunterricht. S. 148

**Extrem sportlich:** Ob Mountainbiking, Erkundungen unerschlossener Vulkan-höhlen oder Gleitschirmfliegen die stei-len Inselhänge hinab – bei Ekalis in Fu-encaliente, Ortsteil Las Indias, gibt es al-les. S. 163

## Genießen & Atmosphäre

**Hier baden Palmeros:** Der Umweg lohnt sich. An der Playa Salemera genießen die Einheimischen ihr Wochenende, beim Schwimmen, Sonnenbaden, An-geln und natürlich gesellig in einem der Kioscos. S. 147

**Platz zum Staunen:** Den Traum vom Strandblick aus luftiger Höhe erfüllt der Kiosco Zamora am gleichnamigen Strand. Hier ist der Fisch noch ehrlich, schlichte Kartoffeln, Knoblauchsauce und Inselwein munden dazu. S. 160

## Abends & Nachts

**Die große Show:** Nachts steppt in Los Cancajos im Taburiente Playa der Bär. Hotelgäste und Auswärtige tanzen in der Bar, oft steht Show auf dem Pro-gramm. S. 137

133

# Gärten und Vulkane

Passatwolken dämpfen an der Ost-flanke La Palmas häufig das Sonnenlicht. So ist der geschütztere südliche Teil dieser »grünen Seite« der Insel

durch üppige Vegetation geprägt. Weitläufig präsentieren sich die Orte **Breña Alta**, **Breña Baja** und **Villa de Mazo**. In den Gärten kleiner Bauern-häuser und herrschaftlicher Villen ragen dort tropisch anmutende Bäume und Sträucher auf und es blüht das ganze Jahr über. Auf Feldern und Plantagen gedeihen Zuckerrohr und allerlei exotische Obstbäume. Kunsthandwerker zeigen ihre Fertigkeiten in Ateliers und auf Märkten. Unten an der Fels-küste liegt **Los Cancajos,** La Palmas größter und dennoch wahrhaft über-schaubarer Ferienort.

Weiter südlich hat der Vulkanismus der Landschaft seine Stempel in Form von unwirtlichen, bizarren Lavaströmen aufgedrückt. Dort hinterließen die Ur-einwohner ihre rätselhafte Wohn- und Bestattungshöhle **Cueva de Belmaco**. Die windgepeitschte Südspitze La Pal-mas schließlich hält mit den **Vulkanen San Antonio und Teneguía** – Letzterer erst 1971 beim letzten Ausbruch auf den Kanarischen Inseln entstanden – zwei Megaattraktionen bereit. Ihre Grandiosität erschließt sich auf kürzeren Spaziergängen oder längeren Wanderungen. Der junge Vulkanboden eignet sich in besonderer Weise für den Weinbau und so charakterisieren mit Rebstöcken bestellte Hänge die ansonsten karge Landschaft bei **Fuencaliente.** An die Küste locken stille Strände, zwei einsame Leuchttürme und eine **Saline** mit schachbrettförmigen Salzbecken. Über den Klippen thront La Palmas größte, abgeschiedene Hotelanlage.

## Los Cancajos ► G 7

Mit deutlich über 2000 Gästebetten, aber nur 500 Einwohnern ist Los Cancajos das größte Ferienzentrum La Palmas. Los Cancajos wurde auf dem Reißbrett entworfen. Daher mangelt es ein wenig an Atmosphäre. Doch hat der Ort durchaus auch seine guten Seiten. Den fehlenden alten Dorfkern ersetzt in gewisser Weise das Einkaufszentrum Centrocancajos. Dort endet die in den Ort führende Hauptstraße an einem großen Parkplatz. Im Centrocancajos stehen zwar viele Ladenlokale dauerhaft leer, aber es gibt immerhin mehrere Geschäfte. Vor allem aber befinden sich an der meerwärtigen Seite des Komplexes die meisten Kneipen und Restaurants von Los Cancajos und der Strand liegt auch in der Nähe.

Eine breite Fußgängerpromenade zieht sich vom Centrocancajos Richtung Süden, an der flachen Felsküste entlang, hinter der sich das einzige Großhotel, ein Apartmenthaus sowie ein paar Wohnanlagen erstrecken. Die Promenade passiert Las Salinas, ein Salinengelände aus dem 18. Jh., das früher Meersalz lieferte. Zwei Windräder pumpten Wasser aus der angrenzenden Bucht in die Salzpfannen. Ein repräsentatives Portal, eine sehenswerte Steinmetzarbeit, gewährte früher Einlass in die Anlage. Diese wurde restauriert, um als Freilichtmuseum zu dienen, ist allerdings schon seit Jahren nicht zugänglich.

# Baden & Beachen

Am Nordrand von Los Cancajos, unterhalb des Centrocancajos, liegen die **Playas de Los Cancajos**, zwei unmittelbar benachbarte sandige Badebuchten, die zusammen 400 m Strandlinie bieten. Sie wurden künstlich geschaffen und durch Wellenbrecher vor der Brandung geschützt, was man ihnen aber nicht wirklich ansieht. Über jede Bucht wacht auf einem originellen,

hölzernen Turm ein Posten. Die Strandzone ist sehr gepflegt, mit Duschen, Abfallkörben, Liegestuhlverleih, zwei Kinderbecken und einem kleinen Spielplatz. Seit dem Jahr 2000 weht hier ohne Unterbrechung die begehrte »Blaue Flagge«. Beide Playas sind durch einen Treppenweg miteinander verbunden. Dieser setzt sich bis zu einer hoch über der Küste verlaufenden, wenig befahrenen Straße hin fort, an der eine Aussichtspromenade für Fußgänger entlanggeführt wurde. Dort gelangt man bald zu einem schönen **Mirador** (▶ G 6, von den Stränden aus etwa 10 Min.) mit Blick über Los Cancajos.

# Übernachten

Die Ferienanlagen in Los Cancajos werden üblicherweise über die bekannten Reiseveranstalter gebucht. Dies ist in der Regel auch ohne Pauschalpaket tageweise, bei individueller Anreise, möglich.

*4-Sterne-Komfort –* **Hotasa Taburiente Playa:** 300 m von den Playas entfernt, Tel. 922 18 12 77, www.hotasa.es, DZ 80–90 €. Eines der wenigen großen Ferienhotels auf La Palma. Die Eingangshalle punktet mit exotischen Pflanzen und einem Wasserfall sowie mit einem ebendiese Motive aufgreifenden Wandgemälde von Luis Morera, dem berühmtesten einheimischen Künstler. Üppiges Frühstücks- und Abendbuffet. Poolanlage im Garten, Fitness, Sauna, Massage, Tennis. Vorzugsweise empfiehlt es sich, ein Zimmer in den oberen Etagen zu buchen.

*Kanarischer Stil –* **Hacienda San Jorge:** Los Cancajos 22, Tel. 922 18 10 66, www.hsanjorge.com, Apartment ohne Verpflegung für 1–3 Personen 70–90 €, Frühstück gegen Aufschlag von ca. 8 €

**Hotelarchitektur in kanarischem Stil: die Hacienda San Jorge**

pro Person. Architektonisch sehr gelungene, von dem palmerischen Maler Facundo Fierro (geb. 1926) entworfene Apartmentanlage. Pastellfarbene Häuser gruppieren sich um einen großen Garten mit Pool. Die 155 Wohneinheiten sind geräumig und ansprechend eingerichtet. Einige haben eine große Terrasse mit Blick auf Meer und Garten. Sauna und Fitnessraum.

*Ein wenig Luxus –* **Cancajos:** Ctra. Los Cancajos s/n, Tel. 922 43 54 52, www. apartamentoscancajos.com, Apartment für 1–3 Pers. 50–65 €. Optisch ansprechende Anlage mit nur acht sehr großen, geschmackvoll und komfortabel eingerichteten Apartments der höchsten spanischen Kategorie (4 Schlüssel), jeweils mit Terrasse und Meerblick, eingebettet in einen üppigen subtropischen Garten mit Pool, Jacuzzi und Grillplatz. Zum Strand ca. 200 m.

*Kinderfreundlich –* **Oasis San Antonio:** San Antonio de Mar s/n, Tel. 922 43 30 08, www.oasis-sanantonio.com, Apart-

ment für 2 Pers. 42–55 €. Noch recht neue Ferienwohnungsanlage im kanarischen Stil oberhalb der Hauptstraße. Gegen einen geringen Aufpreis können ein oder zwei weitere Personen auf einem Bettsofa schlafen. Eingebettet in eine schöne Garten- und Poollandschaft.

## Essen & Trinken

*Mediterraner Touch –* **Sadi:** An der Straße zu den Apartments Lago Azul, Tel. 922 18 14 63, Mo 18–23, Di–Sa 13–23 Uhr, So Ruhetag, Hauptgerichte 9–12,50 €. Einfallsreiche Speisen, gehobenes Niveau. Wechselnde Tagesgerichte, oft Fisch.

*Durchaus kanarisch –* **El Lagar:** Paseo Marítimo, Tel. 922 43 46 24, Mo–Mi, Fr–So 12.30–16, 18–22.30 Uhr, Hauptgerichte 8–12 €. Unterhalb des Centrocancajos. Fleisch vom Grill, frischer Fisch und inseltypische Schmorgerichte wie Kaninchen in würziger Soße.

*Der Fischklassiker* – **El Pulpo:** Playas de Los Cancajos, Tel. 922 43 49 14, tgl. außer Mi 12.30–15.30, 18–21 (So bis 22) Uhr, Hauptgerichte 5,50–10 €, Beilagen um 3,50 €, Tagesfisch 17 €/kg. Komfortable Bretterbude am Strand mit frischem Fisch.

*Für den kleinen Hunger* – **Tiuna:** Paseo Marítimo, Tel. 922 43 49 41, tgl. 12–22 Uhr, Tapas 4–7 €, Pizza 6–7 €. An der Uferpromenade unterhalb vom Centrocancajos. Hinter den Panoramafenstern sitzt man auch bei kühlerem Wetter mit Meerblick.

*Deutsches Backwerk* – **Backería:** Urbanización La Cascada (nahe Supermercado San Martín), Tel. 922 43 53 72, Fr–Mi 7.30–19 Uhr. Elke und Michael betreiben das Café mit Bäckerei. Hier gibt es Frühstück, Kuchen und Torten aus eigener Herstellung, jeden Samstag Berliner Krapfen und zum Mitnehmen natürlich Vollkornbrot.

## Aktiv & Kreativ

*Unter Wasser* – **Buceo Sub La Palma (Jürgen und Manuela):** neben Apartamentos H10 Costa Salinas, Tel. 922 18 11 13, www.4dive.org. Verleih von Schnorchelausrüstung, Tauchkurse (PADI und CMAS) vom Anfänger bis zum Tauchlehrer und für Kinder ab 10 Jahren; Grundkurs 200 €, Schnuppertauchen 49 €, Tauchgang 29 €, mit Leihausrüstung 39 €; **La Palma Diving Center:** Centrocancajos, Ladenlokal 227, Tel. 922 18 13 93, www.la-palma-diving.com. Deutschsprachiges Tauchzentrum mit dem vollen Programm des PADI-Systems; Bubblemaker (für Kinder ab 8 Jahre) 49 €, Scuba Diver 190 €, Tauchgang 23 €, mit Leihausrüstung 32 €. Die Tauchplätze beider Basen befinden sich unmittelbar bei Los Cancajos und werden von Land aus erreicht.

*Durch die Natur* – **NAToUR trekking:** Apartamentos Valentina 4, Tel. 922 43 30 01, www.natour-trekking.com. Geführte Wanderungen aller Schwierigkeitsgrade (ohne Transfer 32–36 €, mit Transfer 42–46 €), tgl. wechselndes Programm. Paket 3 Touren ab 94 €, 5 Touren ab 149 €.

*Über Stock und Stein* – **Damián:** Centrocancajos (Südseite), Local 211, Tel. 922 43 46 88, paam74@hotmail.com. Verleih von Mountainbikes.

## Abends & Nachts

### Musikkneipen und Bars

*Cocktails und mehr* – **Tasca Alcavasca:** Beliebte Kneipe an der Hauptstraße gegenüber vom Aparthotel Caledonia Las Olas. Zu Mojito oder Caipirinha schmecken Tapas. Am Mittwoch und Freitag gibt es ab 20.30 Uhr oft Live-Musik.

*Beach-Bar* – **Lambada:** Playas de Los Cancajos, tgl. 11–2 Uhr. Die gemütliche Theke an der Uferpromenade, unterhalb des Centrocancajos, ist ein bei Einheimischen wie Touristen beliebter Treff. Zu essen gibt es Tapas und andere Kleinigkeiten (ab 2 €). Mindestens einmal pro Woche Live-Musik.

*Professionell* – **Taburiente Playa:** In der Bar des Hotels (s. S. 135) wird fast jeden Abend getanzt, dreimal pro Woche findet ein Showprogramm statt. Auch externe Gäste sind willkommen. Im Untergeschoss, mit Gartenterrasse.

### Konzerte

*Sommerklänge* – **Anfiteatro:** Auf der frei zugänglichen Bühne an der Uferpromenade, zwischen dem Centrocancajos und dem Hotel H10 Taburiente Playa, werden in unregelmäßigen Abständen Konzerte gegeben, meist in den Sommermonaten. Das Spektrum reicht von Klassik über Popmusik bis zu Folklore.

## Infos

### Tourismusbüro

**Oficina de Información Turística:** 38712 Breña Baja, Los Cancajos 34 (Paseo Marítimo), Tel./Fax 922 18 13 54, www.bbaja.es, Mo–Fr 10–14, 16.30–19, Sa und an Feiertagen 10–14 Uhr. In einem Pavillon an der Uferstraße, unterhalb vom Centrocancajos.

### Verkehr

**Bus:** L 8 nach Santa Cruz bzw. zum Flughafen, Mo–Fr halbstündlich, Sa/So stündlich, abends bis nach 24 Uhr.
**Taxi:** Taxiruf Tel. 922 44 08 25 oder Taxistand am Flughafen Tel. 922 18 11 28.
**Mietwagen:** AlmaTurist, Aparthotel Las Olas, Local D 2, Tel. 922 43 46 74, www.almaturist.com; Damián, Centrocancajos, Local 211, Tel. 922 43 46 88, paam74@hotmail.com; Drago, Apartamentos Las Salinas II, N°.40, Tel. 922 43 49 77, www.autosdrago.es; Ferraz, Apartamentos La Cascada 33, Tel. 922 43 54 53, www.ferraz.de; Oasis, Centrocancajos, Local 301, Tel. 922 43 80 52, www.oasislapalma.com.

# Breña Baja ▶ F/G 7

Breñal bezeichnet ein felsiges, mit Gestrüpp bedecktes Gelände. Davon ist heute nicht mehr viel zu sehen. Vielmehr liegt Breña Baja (4700 Einw.) inmitten einer blühenden Gartenlandschaft. Palmen, Obstgärten und Gemüsefelder prägen das Bild. Etwas verwirrend ist, dass kein Straßenschild nach Breña Baja weist. Stattdessen sind die verschiedenen Ortsteile ausgeschildert: Sitz der Gemeindeverwaltung ist

**San José** (1100 Einw.). Zu einem weiteren wirtschaftlichen Zentrum von Breña Baja hat sich das küstennähere **San Antonio** (1200 Einw.) entwickelt. Die Grenzen zwischen den Ortsteilen sind nicht immer klar ersichtlich.

Über das Gemeindegebiet von Breña Baja verteilen sich prächtige Villen. Die wohlhabende Oberschicht von Santa Cruz nutzte sie früher als Sommerhäuser. Vor Jahrzehnten verfielen manche, weil das Geld für die Instandhaltung fehlte. Doch in den 1970er-Jahren wurde Breña Baja sozusagen neu entdeckt. Seither haben viele »Aussteiger auf Zeit«, meist Deutsche, hier ihre komfortablen Zweitwohnsitze errichtet. Wohlhabende Palmeros taten es ihnen gleich. Es gilt als schick, in Breña Baja zu wohnen und täglich zum Arbeitsplatz nach Santa Cruz zu pendeln.

Breña Baja ist nicht zuletzt auch ein Zentrum des Kunsthandwerks. Um Besucher auf originelle Weise darauf aufmerksam zu machen, ließ die Gemeinde die Wartehäuschen an Bushaltestellen farbenfroh mit Handwerksszenen, aber auch mit Wahrzeichen des Ortes bemalen.

## Torre Vandama ▶ G 7

Zwischen San Antonio und Los Cancajos erhebt sich neben der Zubringerstraße zum Flughafen (LP-5) eine stufenförmige Steinpyramide, die der Familie Vandama, den einstigen Besitzern des Grundstücks, ihren Namen verdankt. Von Los Cancajos aus betrachtet, dominiert der »Turm« (span. *torre*) die Steilwand oberhalb der Küste. Ob dieses seltsame Bauwerk einst den Altkanariern als Kultstätte diente, ist umstritten (s. Entdeckungstour S. 192). Die modernen Anwohner nutzten die Pyramide jedenfalls bis vor wenigen Jahrzehnten, um Feigen in der Sonne zu trocknen.

### Montaña de La Breña ▶ F 7

Südlich von San José erhebt sich der Vulkankegel und Aussichtsberg Montaña de La Breña (565 m). Die schmale, nicht beschilderte Zufahrtsstraße beginnt an der von San Pedro de Breña Alta kommenden LP-202, etwa 700 m nördlich der Einmündung in die LP-206 von Breña Baja nach Villa de Mazo. Im Bogen geht es gegen den Uhrzeigersinn zum Gipfel hinauf (unterwegs stets links abbiegen). Oben wartet eine Aussichtsterrasse mit weitem Blick über die Ostküste La Palmas. Überragt wird sie vom Cruz del Milenio, einem kühn geschwungenen Kreuz, das die Gemeinde zur Begrüßung des neuen Jahrtausends errichtete. Es ersetzte ein Kreuz von 1901, mit dem die Gläubigen das 20. Jh. eingeleitet hatten, denn die Tradition verlangt zu jedem Jahrhundert eine Neugestaltung des Monuments.

*Mein Tipp*

**Kunsthandwerk statt Fleisch**
In einem Gebäude aus dem 19. Jh., das bis in die 1930er-Jahre als Metzgerei diente, vermarkten die Kunsthandwerker aus Breña Baja ihre Produkte: Zigarren, Korbwaren aus Weide und Palmstroh, Webarbeiten, Stickerei, gelötete Blechgefäße wie z. B. Ölkännchen, Keramik. Auch Kulinarisches wie Wein, Mojo und Backwaren sind vertreten (**La Carnicería**, Ortsrand von San José, an der Straße nach San Pedro, Tel. 922 43 45 55, Di–Sa 16–20 Uhr).

## Übernachten

*Exklusiv –* **Parador de La Palma:** El Zumacal 15 (▶ F/G 7, ab LP-3 zwischen Santa Cruz und San Pedro de Breña Alta Beschilderung »Parador« folgen), Tel. 922 43 58 28, www.parador.es, DZ 120–170 €. Etwas strenge, aber äußerst edel wirkende Anlage der berühmten spanischen Kette mit großartigem Ausblick Richtung Santa Cruz und auf die Ostküste. Recht einsam und absolut ruhig nahe der LP-204 zwischen San Pedro und San Antonio gelegen. Zimmer mit kanarischen Holzbalkonen, schöner Innenhof im andalusischen Stil. Im Restaurant geht es stilvoll zu: dezenter Service, gehobene Inselküche (Abendmenü um 30 €).

*Harmonie und Ruhe –* **Vista Bella:** San José, La Polvacera 312, Tel. 922 43 49 75, www.la-palma.de/vistabella, Apartment für 2 Personen 39–49 €. Der »schöne Ausblick« ist Programm. Neun gut ausgestattete Ferienwohnungen und Studios mit Balkon oder Terrasse verteilen sich über zwei Häuser im kanarischen Stil. Traumhafter Garten mit Pool und Tennisplatz. Viele Gäste kehren immer wieder hierher zurück.

*Für unabhängige Ferien –* **Los Molinos:** Finca Amado 2 (etwa 1 km oberhalb von San José), Tel. 922 43 31 75, www. apartamentoslosmolinos.es, ein Apartment für 2 Personen 27–48 €. Rund 400 m hoch gelegene Bungalowanlage im La Palma-Stil. Alle 40 Apartments sind geräumig, mit Kamin ausgerüstet und verfügen über Balkon oder Terrasse mit Meerblick. Der große Pool mit Sonnendeck ›schwebt‹ weit über dem Atlantik. Halbpension möglich (18 € pro Person).

## Essen & Trinken

*Exklusiv –* **Parador de La Palma:** Adresse s. Übernachten, Abendmenü um 30 €. In diesem Restaurant geht es stilvoll zu: dezenter Service, gehobene Inselküche.

## Infos & Termine

**Tourismusbüro**
s. S. 138 unter Los Cancajos

**Feste & Veranstaltungen**
**Fiesta de San Martín:** 11. November. Sankt Martin hat traditionell in Breña Baja und der Nachbargemeinde Breña Alta große Bedeutung. Am Martinstag beginnt und endet das landwirtschaftliche Jahr. Die Winzer probieren im Familien- oder Freundeskreis erstmals ihren jungen Wein. Dazu verspeisen sie geröstete Kastanien und das Fleisch eines frisch geschlachteten Schweins.

**Verkehr**
**Bus:** L 3 ab Santa Cruz 8–10 x tgl.
**Taxi:** San Antonio, Tel. 922 44 08 25

# Breña Alta ▶ F 6/F 7

Breña Alta wird häufig mit dem Gemeindesitz San Pedro (2600 Einw.) gleichgesetzt, obwohl es auch hier mehrere Ortsteile gibt, in denen insgesamt 7200 Menschen leben.

## San Pedro

San Pedro trägt städtische Züge und ist mit seinen dicht gedrängt stehenden, weißen Häusern schon von Weitem unübersehbar. Traditionell ist der Ort eines der Zentren der Zigarrenherstellung. Noch heute drehen kundige Hände hier in mehreren Werkstätten die *puros*. Die ältesten Häuser reihen sich entlang der Hauptstraße. Sie erweitert sich im südlichen Ortsbereich zu einer großzügigen Plaza mit Geschäften und Kneipen.

### Iglesia San Pedro Apóstol
Ruhig geht es unterhalb der Hauptstraße zu. Dort steht die 1539 erstmals urkundlich erwähnte **Iglesia San Pedro Apóstol**. Das seither allerdings mehrfach umgebaute Gotteshaus birgt einige interessante Heiligenfiguren, darunter eine Statue des hl. Josef mit dem Jesuskind (Anfang 18. Jh.) von dem flämisch beeinflussten Künstlermönch Marcos Gil (s. S. 83). In dem Taufbecken aus grüner Keramik (15. Jh.) sollen die zum Christentum bekehrten altkanarischen Herrscher La Palmas getauft worden sein. An der Rückseite der Kirche liegt ein idyllischer kleiner Platz mit Springbrunnen und Blumenbeeten.

## San Isidro

In San Isidro, einem ländlich-idyllischen Stadtteil von Breña Alta, stehen die be-

rühmten **Zwillingsdrachenbäume**, s. Lieblingsort S. 142. Die Bewohner des Ortes leben traditionell von Landwirtschaft und Viehzucht.

### Finca tabaquera El Sitio

*San Isidro, Camino La Cueva 19 (nahe LP-301), Tel. 922 43 52 27, www.finca tabaqueraelsitio.com, Mo–Fr 9–13 Uhr, Eintritt frei*

In der gepflegten Plantage lassen sich der Anbau der Tabakpflanze, mit etwas Glück auch Aussaat oder Ernte, das Trocknen und Fermentieren der Tabakblätter sowie das Drehen der berühmten palmerischen Zigarren beobachten. Erläuterungen gibt es nach Bedarf auf Englisch. Antonio González, von Jugend an bestens vertraut mit allem, was die Zigarrenherstellung betrifft,

bringt sein Know-how ein, um die örtlichen Tabaksorten zu erhalten und zu verbessern. Selbstverständlich werden die *puros* hier auch verkauft. Anfahrt: Auf der LP-301 durch San Isidro. Am oberen Ortsrand, etwa 2 km ab der Abzweigung von der LP-202, nach einer deutlichen Linkskurve, in der Wanderwegweiser stehen, links einbiegen (unscheinbares Hinweisschild El Sitio).

## Übernachten

*Persönlich geführt –* **Miranda:** Ctra. Zumacal 82, Tel. 922 43 42 95, www.apar tmentsmiranda.com, Studio für 2 Personen 45 €, Endreinigung 28 €, Mindestaufenthalt 1 Woche. Acht gemütliche Ferienwohnungen unter deutscher Lei-

**Tabakanbau hautnah erleben – das geht auf der Finca tabaquera El Sitio**

**Dragos Gemelos – gar nicht so ungeheuerlich** ► F 7

Wie die Klauen eines Drachen ragen die spitzen, silbrigen Blätter der beeindruckenden Zwillingsdrachenbäume von San Isidro in den Himmel. Mit 15 m Höhe sind sie die Methusaleme ihrer Art auf La Palma – Botaniker gestehen ihnen ein Alter von mehreren hundert Jahren zu. Im Zentrum einer romantischen kleinen Plaza verknoten die beiden ihre Kronen ineinander. Eine traurige Legende aus vorspanischer Zeit rankt sich um diesen Platz. Zwei Brüder, in dasselbe Mädchen verliebt, töteten sich gegenseitig im Kampf. Die junge Frau beschloss, nie zu heiraten, und pflanzte an der Stelle, an der die Männer ihr Leben ließen, zwei Drachenbäume (**Dragos Gemelos**, LP-301 Breña Alta – El Pilar, ca. 400 m hinter der Abzweigung von der LP-202, Schild San Isidro, *zona recreativa*; in einer deutlichen Rechtskurve führen linker Hand zwischen zwei Steinpfeilern einige Treppenstufen zu den Bäumen hinab).

tung mit geräumigem Wohn-Schlaf-raum, Küche und Terrasse. 200 m über dem Meer gelegen. Schöner kanarischer Garten, großer Pool, Grillplatz.

## Aktiv & Kreativ

*Wohlbefinden pur –* **Baltavida:** San Pedro, Calle de la Constitución 39, Tel. 922 43 81 18, www.baltavida.com, Mo–Fr 7–23, Sa 8–20, So 9–13 Uhr. Großes Fitness- und Badecenter der Gemeinde Breña Alta. Eintritt Sauna und Hallenbad 5,60 €, Fitnessbereich 3,40 €.

*Fest im Sattel –* **Centro Hípico La Vaquera:** San Isidro, LP-301, Tel. 629 82 45 51. Geführte Ausritte auf Feld- und Waldwegen oberhalb des Ortes.

## Infos & Termine

### Feste & Veranstaltungen
**Fiesta de San Isidro:** um den 15. Mai. Großes mehrtägiges Fest zu Ehren von Sankt Isidor, dem Heiligen der Bauern und Viehhalter, auf dem Kirchplatz und in den Straßen von San Isidro. Mit Prozession, Viehmarkt, Pferderennen und viel Musik.

### Verkehr
**Bus:** L 14 ab Santa Cruz 4–7 x tgl. über San Pedro nach San Isidro.
**Taxi:** San Pedro, Calle Estéban Pérez González 1, Tel. 922 43 72 28.

# Villa de Mazo ▶ F/G 8

Villa de Mazo, auch einfach Mazo genannt, ist eine Hochburg des Kunsthandwerks. Außerdem prägt intensiver Weinbau das weitläufige Gemeindegebiet, über das sich die insgesamt 4900 Bewohner in nicht weniger als 16 Dörfern verteilen. Verwaltungszentrum ist

**El Pueblo** (600 Einw.) an der LP-206, der oberen Nebenstrecke von Breña Baja nach Fuencaliente.

## El Pueblo ▶

Das Herz von El Pueblo schlägt unterhalb der Hauptstraße, von der neben der Bushaltestelle eine Pflasterstraße, die Calle General Mola, steil bergab führt. Zu Rechten öffnet sich die hübsche **Plaza de Pedro Pérez Díaz** mit dem Rathaus und einer runden Musikbühne davor, auf der bei Volksfesten eine Blasmusikkapelle spielt. Links neben dem Rathaus steht die stilvoll restaurierte **Casa Alonso Pérez Díaz** mit einem kleinen Terrassengarten. Sie dient heute als Stadtbücherei und Kulturzentrum, in dem hin und wieder Theateraufführungen stattfinden.

### Mercadillo Municipal
*El Pueblo, Enlace Dr. Morera, Sa 15–19, So 9–13 Uhr*
Meistbesuchte Attraktion von Villa de Mazo ist die große Markthalle, in der am Wochenende ein Bauern- und Kunsthandwerkermarkt *(mercadillo)* abgehalten wird. Sein Besuch lohnt vor allem am Samstag, wobei es sich empfiehlt, möglichst früh einzutreffen. Die Gemeinde betreibt den Markt auf Initiative einer Genossenschaft, deren Ziel die Ausschaltung des Zwischenhandels und damit die Erzielung fairer Preise für die Erzeuger ist. Alle landwirtschaftlichen Erzeugnisse La Palmas sind vertreten. Neben dem üblichen Marktsortiment gibt es auch selbstgemachte Liköre, Marmeladen und Saucen, Honig, Räucherfleisch, deutsches Brot und Kuchen, frisch gepressten Orangen- und Zuckerrohrsaft sowie in der Herbstsaison Pilze aus den Wäldern der Insel. Die Bodegas El Hoyo (s. S. 148) unterhalten einen Verkaufsstand für den örtlichen

Wein. Im Obergeschoss demonstrieren Stickerinnen ihre Arbeit und verkaufen ihre Ware.

## Iglesia San Blás

*El Pueblo, Calle General Mola*
Den tieferen Teil der zentralen Pflasterstraße säumen Palmen und blühende Büsche. Ganz unten steht die schöne Iglesia San Blás. Hier befand sich schon 1495, nur zwei Jahre nach der Eroberung La Palmas durch die Spanier, eine Kapelle. Die zunächst einschiffige Kirche wurde 1512 geweiht, Anfang des 19. Jh. entstanden die Seitenschiffe. Das linke wurde im Jahr 1802, das rechte 1804 vollendet.

Das Innere birgt einige reich verzierte, holzgeschnitzte Barockaltäre. Neben dem Hauptaltar sind vor allem der Altar der Rosenkranzmadonna im linken Seitenschiff und im rechten Seitenschiff seitlich vorn der Altar des Jesuskindes von 1778, der schon verspielte Rokoko-Elemente aufweist, zu erwähnen. Die Holzdecke im Mudéjar-Stil trägt im Altarraum eine ornamentale Bemalung.

## Museo Casa Roja

*El Pueblo, Calle Maximiliano Pérez Díaz, Tel. 922 42 85 87, Mo–Fr 10–14, 15–18, Sa 11–18, So 10–14 Uhr, Eintritt 2 €, Kinder 0,75 €*
Das Museum logiert in einer ehemals herrschaftlichen Villa mit stuckverzierten Balustraden und schmiedeeisernen Balkonen. Ein Kaufmann aus Venezuela ließ das Haus 1911 errichten. Im Erdgeschoss dokumentieren zwei Räume das in Villa de Mazo sehr aufwendig begangene Fronleichnamsfest (Corpus Christi, s. S. 149) mit Fotos der »Bögen«, Proben der für Blumenteppiche verwendeten pflanzlichen Materialien und Beispielen für Pflanzenornamentik.

Ein großzügiger, holzgeschnitzter Treppenaufgang führt ins Obergeschoss, wo eine Ausstellung über die verschiedenen Formen der auf La Palma bis heute üblichen Stickerei informiert. Als charakteristisch gelten die bunten Blütenmuster *(bordado indefinido)* auf Tischdecken, Läufern und Sets. Aber auch Kreuzstich und Richelieu (monochrom in Weiß oder Beige gehalten) sind üblich. Einige der ältesten auf La Palma noch erhaltenen Stücke liegen in den Vitrinen des Museums.

Beste Qualität gibt sich durch die Rückseite zu erkennen, die ein Spiegelbild der Vorderseite sein sollte. Die meisten Kunsthandwerkerinnen sticken Blüten von innen nach außen. Könnerinnen unter ihnen behaupten allerdings, der charakteristische Schattenwurf käme beim Sticken in umgekehrter Richtung besser zur Geltung.

Der Ursprung der Stickerei wird im Orient vermutet. Die Byzantiner sollen die Stickerei in Europa eingeführt haben. Mit portugiesischen Einwanderern kam die Kunstfertigkeit nach La Palma. Seit den 1920er-Jahren kurbelte die Casa Americana als bedeutendste Stickereifirma die Produktion stark an: Sie ließ Material und aktuelle Vorlagen aus New York kommen und die Stickerinnen für den Export arbeiten. Heute wird in weitaus geringerem Ausmaß ausschließlich für die touristische Nachfrage gefertigt.

Im Anschluss an die Besichtigung bietet sich ein Blick in den Museumsshop an, der natürlich Stickereiarbeiten anbietet. Auch lohnt es sich, durch den gepflegten Garten zu schlendern.

## El Molino

*Hoyo de Mazo (ab LP-2 ausgeschildert, auch zu Fuß erreichbar von El Pueblo), Tel. 922 44 02 13, Mo–Sa 9–13, 15–19 Uhr*
Eine liebevoll restaurierte Windmühle aus dem 19. Jh. beherbergt die Kera-

**In der alten Windmühle El Molino fertigt Ramón Barreto Keramik nach altkanarischem Vorbild**

mikwerkstatt von Ramón Barreto. Anfang der 1970er-Jahre richtete er sich – als Emigrant aus Venezuela zurückgekehrt – mit seiner Frau Vina in den ehemaligen Wohnräumen des Müllers ein. Beide verfolgten das Ziel, die altkanarische Töpferkunst zu neuem Leben zu erwecken. Heute können Interessierte bei der Reproduktion archäologischer Originalfunde zuschauen und die Repliken auch kaufen.

Vor der Conquista hatte jede der Kanarischen Inseln ihre eigenen Keramikformen hervorgebracht. Eines aber war allen gemeinsam: Die Töpferscheibe war nie auf den Archipel gelangt. Die Altkanarier kannten nur die Aufbautechnik, bei der Tonwulst auf Tonwulst gelegt wird. Anschließend strich der Töpfer (oder die Töpferin, was häufiger der Fall war) die Gefäßwand glatt. Auf La Palma wurden dunkle, halbkugelige Schalen und Schüsseln hergestellt. Deren Ritzmuster – Spiralen, Halbkreise und Mäander – ähneln den Felsbildern, die auf der ganzen Insel zu finden sind.

Wahrscheinlich ist die Töpferkunst der Ureinwohner auf La Palma schon kurz nach der Conquista ausgestorben. Archäologen haben rund 200 komplette Keramikgefäße zusammengetragen. Von fast allen Fundstücken hat Ramón Barreto die Verzierungen abgepaust. Er ahmt die altkanarischen Vorbilder nicht nur in Farbe und Form, Größe und Dekor nach, sondern auch mit ihren kleinen Fehlern. Selbst Experten können die Kopien nicht vom Original unterscheiden. Um diesen Perfektionsgrad zu erreichen, waren unzählige Experimente erforderlich. Der Ton stammt aus Puntagorda. Die genaue Fundstelle bleibt jedoch ebenso geheim wie die Zusammensetzung des Öls, mit dem die Gefäße bestrichen werden, um die typische dunkle Färbung zu erzielen. Beim Brennen wird ausnahmsweise nicht nach altkanarischem Vorbild verfahren. Öfen wurden nicht gefunden, also brannten die Ureinwohner ihre Tonwaren wahrscheinlich im offenen Feuer. Die Werkstatt El Molino verwendet jedoch einen mit Holz befeuerten Ofen und brennt die Gefäße bei vergleichsweise niedrigen Temperaturen von 600 bis 700 Grad etwa zwölf Stunden.

## Parque Arqueológico de Belmaco ► F/G 9

*LP-2 Hoyo de Mazo – Fuencaliente, Tel. 922 44 00 90, Mo–Sa 10–18, So 10–15 Uhr, Eintritt 2 €*
Der Archäologiepark entstand rund um die Cueva de Belmaco, eine bekannte prähistorische Stätte im südlichen Gemeindegebiet von Villa de Mazo. Zehn Wohnhöhlen wurden in dem Tal von Belmaco gefunden. Der Überlieferung nach hatten hier **Juguiro** und **Garehagua,** die beiden letzten Oberhäupter des Stammesgebietes Tedote (heute Tigalate-Mazo), ihren Sitz. Teile des bei den Höhlen entdeckten Hausmülls konnten die Archäologen mit Hilfe der Radiokarbonmethode auf das 10. Jh. datieren.

In einem kleinen Ausstellungsraum wird die Fundstätte anhand von Modellen, Fotografien und Multimedia-Stationen erläutert. Den Park selbst durchzieht ein Lehrpfad mit Schautafeln, die u. a. auf Deutsch beschriftet sind.

Unter einer überhängenden Felswand öffnet sich die **Cueva de Belmaco,** die den Ureinwohnern als Wohnstätte diente. Vor der Höhle stehen Felsblöcke mit Petroglyphen, Ritzzeichen in Form von Spiralen und Labyrinthen. Sie wurden 1752 erstmals beschrieben und waren damit die ersten Funde dieser Art

auf den Kanaren. Oberhalb der Cueva de Belmaco gibt es einige kleinere Höhlen, die wohl ebenfalls bewohnt waren. Manche Forscher interpretieren sie jedoch als Sterbekammern. Wenn die Altkanarier spürten, dass der Tod nahte, riefen sie angeblich »vacaguaré« (ich möchte sterben) und ließen sich mit einem Krug Milch in eine Höhle einmauern, um ihr Leben einsam und in Würde zu beenden.

## Baden & Beachen

Als attraktivster Strand unterhalb von Villa de Mazo gilt die **Playa Salemera** (► G 9) beim Faro de Arenas Blancas, dem modernen Leuchtturm an der Punta El Lajio. Zu erreichen ist die Playa im Gegensatz zu den anderen Stränden an diesem Küstenabschnitt über eine gut ausgebaute Straße, die von der LP-2 am Südrand von San Simón (etwa bei km 12) abzweigt. Sie ist zwar verhältnismäßig klein, verfügt aber über feinen grauen Sand. Ein paar Palmen und Holzsonnenschirme werfen Schatten. Ins Meer gelangt man nur über Felsen, die bei Flut überspült werden, oder – besser – über eine Leiter an den angrenzenden Klippen. Das dazugehörige kleine Dorf besteht aus Wochenendhäusern von Einheimischen, die zum Baden und Angeln hierherkommen. Ihre offenen Fischerboote lagern sie am Strand, der von Geräteschuppen umgeben ist. Für das leibliche Wohl sorgen zwischen Juni und September an der ›Hauptstraße‹ zwei Kioscos.

## Übernachten

*Zauberhaft–* **Arminda:** Hoyo de Mazo, Calle Lodero 181 (etwa 1 km nördlich von der Abzweigung der LP-208 nach El Pueblo), Tel./Fax 922 42 84 32, DZ 75–

120 €. Winziges Landhotel in einem alten Herrenhaus, sehr persönlich von Doña Arminda Morales mit antikem Mobiliar und Erbstücken der Familie dekoriert. Die nur fünf Zimmer und Suiten gruppieren sich um den Innenhof. Im üppigen Obst- und Palmengarten lädt ein Pool zum Entspannen ein. Gefrühstückt wird im Schutz einer Pergola oder gemeinsam am großen Tisch im Speiseraum. Für Kinder nicht geeignet.

## Essen & Trinken

*Fast schon Legende* – **Casa Goyo:** Playa del Hoyo (▶ G 8, unmittelbar südlich vom Flughafen gelegen), Tel. 922 44 06 03, www.casagoyo.es, Di–So 13–16.30, 19–23 Uhr, Hauptgerichte um 9 €. Einfaches Ambiente und dennoch eines der berühmtesten Restaurants La Palmas. Das Lokal ging vor Jahrzehnten aus einer Kantine für die Bauarbeiter des Flughafens hervor. Immer gut besucht, denn hier ist der Fisch eben besonders schmackhaft. Dafür erhielt die Casa Goyo 2006 sogar einen Preis für hervorragende kanarische Traditionsküche.

*Hier wird gefeiert* – **Las Costoneras:** San Simón 39 (▶ G 8), Tel. 922 42 83 27, Mi–Mo 12–17, 19–22 Uhr, Hauptgerichte 8–11 €. In dem inseltypischen Lokal finden sich oft größere Gesellschaften anlässlich von Geburtstagen, Hochzeiten und anderen Anlässen ein. Aber auch Einzelgäste sind gern gesehen. Die Küche ist auf Fleisch, Hähnchen und Fisch vom Grill spezialisiert. Empfehlenswert zudem die Fondues und einfallsreichen Vorspeisen. Terrasse mit Meerblick für schönes Wetter. An mehreren Wochentagen (meist Mi–Sa) gibt es Live-Musik.

*Zentrale Anlaufstelle* – **San Blás:** El Pueblo, Calle María del Carmen Martínez Jerez 4, Tel. 922 42 83 60, Di–Sa 13–16,

19–23, So 13–16 Uhr, Hauptgerichte 6,50–13,50 €. Durch die ideale Lage schräg oberhalb vom Mercadillo ergibt sich die Einkehr hier fast von selbst. Auf der Gartenterrasse kann man sich auch »nur für einen Kaffee« niederlassen. Innen warten im Erdgeschoss eine Tasca und oben ein gepflegter Gastraum auf Besucher, die italienisch-kanarische Küche mit Pizza, Pasta, Antipasti und Fisch zu schätzen wissen. Auch vegetarische Speisen stehen auf der Karte.

## Einkaufen

*In vino veritas* – **Bodegas El Hoyo:** Ctra. Hoyo de Mazo 60 (▶ G 8), Tel. 922 44 06 16, www.bodegaselhoyo.com, Mo–Do 8–14, 15.30–17.30, Fr 8–14 Uhr. Die moderne Kellerei vertreibt Qualitätsweine der Marken Hoyo de Mazo und Mazegas sowie Tischwein der Marke Viñazo.

*Kunstfertigkeit* – **Centro de Venta de Artesanía del Cabildo Insular:** El Pueblo, Enlace Dr. Morera 2, meist Mo–Fr 9–14 Uhr, z. T. auch am Samstag. Offizielles Verkaufszentrum der Inselregierung, der örtlichen Kunsthandwerksschule angeschlossen. Vorwiegend Stickereiarbeiten.

## Aktiv & Kreativ

*Wandern, Natur und Kunst* – **NaturArte:** La Sabina (▶ F 8), Tel. 922 42 82 42, www.naturarte-lapalma.com, Mo, Mi und Fr 16–18 Uhr. Andreas und Christiane bieten alternative Themen-Wanderungen (z. B. Botanik) in deutscher Sprache für maximal 11 Teilnehmer, außerdem geführte Stadtrundgänge durch Santa Cruz de La Palma an. Als studierter Biologe hat Andreas einen botanischen Exkursionsführer über den Südosten der Insel herausgegeben (über die Internetseite zu beziehen). Christiane hat einen alten Dorfladen zur Werkstatt umgebaut und malt farbenfrohe Acrylbilder mit Impressionen von La Palma (z. T. auch als Kunstpostkarten bei ihr erhältlich). Nach vorheriger Anfrage sind Malkurse möglich.

## Infos & Termine

### Tourismusbüro

**Punto de Información Turística:** 38700 Villa de Mazo, El Pueblo, Enlace Dr. Morera 2, Tel./Fax 922 44 00 52, Mo–Fr 9–13, 15–18 Uhr. Informationsstelle der Inselregierung, dem Verkaufszentrum für Kunsthandwerk (s. unter Einkaufen) angeschlossen.

### Internet

Informationen der Gemeinde Villa de Mazo: **www.villademazo.es**

### Feste & Veranstaltungen

**Corpus Christi:** Fronleichnam. Nach der Abendmesse zieht gegen 19.30 Uhr eine Prozession durch die Straßen von El Pueblo. Schon am Vortag stellen die Vertreter der verschiedenen Ortsteile ihre berühmten Triumphbögen (*arcos*, s. S. 79) im Stadtzentrum auf. Sie sind noch bis zum anschließenden Wochenende zu besichtigen. Das genaue Programm, das z. B. auch Spiel- und Sportveranstaltungen beinhaltet, ist in den Touristeninformationsbüros auf La Palma bzw. aus der alle 14 Tage erscheinenden Gratis-Zeitung »El Palmero« zu erfahren.

### Verkehr

**Bus:** L 3 ab Santa Cruz 8–9 x tgl.
**Taxi:** Ctra. General (LP-206), Tel. 922 44 08 25.
**Parken:** Großer gebührenfreier, zentrumsnaher Parkplatz oberhalb vom Mercadillo (ausgeschildert).

# Fuencaliente ► E 11

Die rund 2000 Bewohner der Gemeinde Fuencaliente leben in mehreren Ansiedlungen, die sich über die Südspitze La Palmas verteilen. Oft wird der 700 m über dem Meer an der LP-2 gelegene Hauptort (800 Einw.) einfach mit Fuencaliente gleichgesetzt, obwohl er eigentlich **Los Canarios** heißt (und so auch teilweise ausgeschildert ist). Oberhalb der letzten Häuser beginnt die Wolkenzone mit ausgedehnten Kiefernwäldern. So ist es in Los Canarios oft neblig und kühl, während in den küstennäheren Ortsteilen Las Indias, Los Quemados und Las Caletas viel häufiger die Sonne scheint.

Los Canarios erhielt seinen Namen, als nach der Conquista und der Verteilung des Landes an spanische Adlige ein großer Teil der kanarischen Ureinwohner *(canarios)* hierher verbannt wurde – in den für die Landwirtschaft am wenigsten brauchbaren Teil der Insel.

Die meisten der weiß getünchten Häuser von Los Canarios reihen sich entlang der Durchgangsstraße (Carretera

*Mein Tipp*

### Kneipe und Tante-Emma-Laden

Die Bar Parada ist eine Institution in Fuencaliente. Hier schmeckt der örtliche Wein am Tresen im Gespräch mit Einheimischen. Zum Mitnehmen gibt es palmerische Süßigkeiten, z. B. *rapaduras* (Zuckerhüte mit Gofio) und Kekse, zudem eine gute Auswahl an verschiedenen Mandeln (**Bar Parada,** Los Canarios, Ctra. General 96, Tel. 922 44 40 02, tgl. ab 8 Uhr, Snacks ab 2,50 €).

General). Dort gibt es Geschäfte, Kneipen, Restaurants und ein paar Traveller-Unterkünfte. Es lohnt sich, einmal die Calle San Antonio hinaufzuschlendern, zur **Iglesia de San Antonio Abad** (um 1730). Das schlichte, einschiffige Gotteshaus geht auf einen Vorgängerbau von 1576 zurück.

# Volcán de San Antonio/ Volcán Teneguía! ► E 11

### Volcán de San Antonio
Der 657 m hohe Volcán de San Antonio, imposantester Vulkan des Inselsüdens, erhebt sich unmittelbar südlich von Los Canarios. Er entstand durch eine Serie hochexplosiver Ausbrüche vor etwa 3200 Jahren. Bei einer erneuten, leichteren Eruption um die Jahreswende 1677/78 bildete sich am Nordrand des Kraters ein kleinerer Aschekegel und am Fuß der Westflanke traten mehrere Lavaströme aus.

Die volle Größe des San Antonio kommt zwar erst zur Geltung, wenn man ihn aus Küstennähe betrachtet, doch auch der Spaziergang auf dem Kraterrand beeindruckt (Sommer tgl. 9–21, Winter tgl. 9–18 Uhr, Eintritt 3,50 €, Kinder bis 16 Jahre frei; bei starkem Wind manchmal aus Sicherheitsgründen gesperrt). Von dort bietet sich eine hervorragende Panoramasicht auf Los Canarios, die Südwestküste, den Leuchtturm im Süden und auf den Volcán Teneguía unterhalb des San Antonio. Bei klarer Luft erscheinen Teneriffa, Gomera und Hierro am Horizont. Schön auch der Blick in den Kratergrund mit einem lichten Kiefernhain. Der Weg umrundet den Krater gegen den Uhrzeigersinn etwa zu einem Drittel, dann fordert ein Durchgangsverbotsschild zur Umkehr auf.

Das **Centro de Visitantes Volcán de San Antonio** (Tel. 922 44 46 16, Eintritt im Besuch des Kraterrands inbegriffen) nebenan, ein halb in den Hang gebautes Besucherzentrum mit Cafeteria, eröffnete im Jahr 2001 zum 30. Jahrestag des Teneguía-Ausbruchs. Schaubilder informieren über den Vulkanismus auf La Palma. Originell die beiden Seismografen: Einer zeigt die tatsächlichen Erdbeben an, die auf La Palma beinahe täglich aufgezeichnet werden, für Menschen jedoch meist unmerklich bleiben. Der andere reagiert auf die Schritte der Besucher.

### Vulkan Teneguía
Um den erst 1971 ausgebrochenen Vulkan Teneguía kennenzulernen,

**Den Kratergrund des Volcán de San Antonio belebt das frische Grün eines Kiefernhains**

fährt man zunächst von Los Canarios nach Los Quemados (250 Einw.) hinab, einem malerischen, inmitten von Weinbergen gelegenen Ortsteil. Vor dem Dorf laden an der Fuente de Los Quemados Steinbänke und Tische in einem kleinen, liebevoll mit Palmen, Kakteen und Agaven bepflanzten Park zur Rast ein. In der Rechtskehre gegenüber zweigt eine gut befahrbare Piste ab (Achtung, Leihwagen sind hier nicht versichert). Nach ca. 1 km schaut unterhalb des Fahrwegs der Roque Teneguía hervor, eine helle Felskuppe, die sich deutlich vom dunklen Gestein der Umgebung abhebt. Ein Fußweg führt in wenigen Minuten zu diesem Rest eines alten Vulkanschlots hinab. Anscheinend

verehrten die Ureinwohner ihn als heilig. Jedenfalls ritzten sie zahlreiche Petroglyphen in seine flach abfallende Ostseite.

Weiter geht es auf der Piste bis zu einer Gabelung und dort rechts zum Parkplatz am Volcán Teneguía (439 m). Jetzt sind es noch etwa 10 Minuten zu Fuß bis zum Gipfel. Auf dem schmalen, steinigen Pfad tut festes Schuhwerk gute Dienste.

Als Bilderbuchvulkan präsentiert sich der Teneguía wahrhaftig nicht, eher wie die Ruine eines solchen. Nur Teile des 1971 – bei dem bisher letzten Ausbruch auf den Kanaren – entstandenen Kraters blieben erhalten. Innerhalb von 24 Tagen drangen Lava und Asche aus 26 Spalten. Ein breiter

# *Auf Entdeckungstour*

## Weinberge und Bodegas – Weinbau live erleben

Rebstöcke, im Lavagrus des Volcán de San António flach am Boden liegend und von der Sonne verwöhnt, prägen die Landschaft von Fuencaliente – eine zweieinhalbstündige Wanderung führt hindurch. Zwei Kellereien im Hauptort Los Canarios schenken feurigen Aperitif, aber auch leichtere Tischweine aus. Zum Ausklang ein kurzer kultureller Spaziergang.

**Reisekarte:** ▶ E 11

**Startpunkt:** Ortszentrum Los Canarios, für Autofahrer auch am großen Parkplatz beim Volcán de San Antonio.

**Dauer:** 1 knapper Tag.

**Bodegas Carballo:** Carretera de Las Indias 74, Tel. 922 44 41 40, tgl. 11–20 Uhr; **Bodegas Teneguía:** Calle A. Francisco Hernández Santos 9, Tel. 922 44 40 78, www.vinosteneguia.com, Mo–Fr 9–18, Sa/So 10–13 Uhr.

Auf kargen, von der Sonne verwöhnten Hängen erstrecken sich im jungvulkanischen Gebiet an der Südspitze La Palmas recht ungewöhnliche Weinberge. Knorrige, teilweise uralte Rebstöcke ducken sich auf den Boden, niedrige Mauern aus Lavagestein halten den austrocknenden Wind fern, so gut es geht. In Fuencalientes Ortsteilen Las Caletas, Los Quemados und Las Indias, also rund 200 bis 550 m über dem Meer, leben die Landwirte vom Weinbau. Ihre Ernte verarbeiten Kellereien im Hauptort Los Canarios, wo der häufige Nebel für den eigentlichen Anbau sehr hinderlich wäre, zu hochwertigen Tropfen.

## Auf vulkanischem Grund

Von der Durchgangsstraße in Los Canarios ist – der Beschilderung für Autofahrer folgend und dann die Calle Los Volcanes hinab – der Kraterrand des **Volcán de San Antonio** zu Fuß in 15 Minuten erreicht. Jenseits des dortigen Parkplatzes geht es vor dem Krater links den Asphaltweg Camino Las Calderetas entlang, der bald in eine Piste übergeht. Diese führt sanft an einem nach Süden ausgerichteten Hang abwärts in eine mit Reben bestandene Talmulde. Wanderer können sich hier trotz Schäden aus dem Sommer 2009, als ein Waldbrand auf die Weinberge von Fuencaliente übergriff, einen guten Eindruck von den Bedingungen verschaffen, unter denen die Reben gezogen werden.

Äußerst dramatisch muss der Ausbruch des San Antonio 1677/78 gewesen sein. Vulkanische Auswurfmassen deckten Acker- und Weideflächen zu und machten sie unbrauchbar. Im 18. Jh. entdeckten die Landwirte jedoch die Eignung dieser Böden für den Weinbau und machten aus der Not eine Tugend. Sie bestellten den Südostabhang des Vulkans mit Rebstöcken, und dabei ist es bis heute geblieben.

## Geduckte Reben

Gleich am ersten Weinberg gilt es auf einen Pfad zu achten, der rechts im spitzen Winkel abzweigt. Auf diesem steigt man nun an der Talflanke steil hinab, die Weinfelder stets zur Linken. Bald wird der Pfad breiter und Rebstöcke stehen jetzt zu beiden Seiten. Sie ducken sich hinter niedrigen Mauern dicht an den Boden, um dem häufig recht heftig wehenden Wind möglichst wenig Angriffsfläche zu bieten. Niedrige Astgabeln halten die Pflanzen von der fast schwarzen, tagsüber durch die Sonne enorm aufgeheizten Vulkanasche fern. Die Trauben dürfen den Boden nicht berühren, sonst würden sie verbrennen. Andererseits liebt gerade die klassische Malvasierrebe diese extremen Bedingungen, denn die Wärme sorgt für einen hohen Zuckergehalt, der später für den Alkoholreichtum des Weins verantwortlich ist.

Lange hieß es, der Vorteil des dunklen jungvulkanischen Bodens sei außerdem die Förderung der nächtlichen Taubildung, hervorgerufen durch rasche Wärmeabgabe nach Sonnenuntergang. Diese Theorie lehnen viele Fachleute inzwischen aber ab. Auf jeden Fall speichern die porösen Lavabrocken Wasser recht lange und geben es erst allmählich und ohne große Verdunstungsverluste an die Rebstöcke ab.

Der Weg mündet nach etwa 1 Std. in eine x-förmige Pistenkreuzung. Dort geht es rechts und nach 150 m, wo ein weiterer Fahrweg hinzutritt, geradeaus. Jetzt ragt der San António rechter Hand auf. Links erhebt sich der kleinere Vulkankegel **Montaña del Mago**. Die Piste trifft auf den beschilderten und markierten Fernwanderweg GR 131. Links würde dieser einen Abstecher zum nahe gelegenen **Volcán Teneguía** ermöglichen. Folgt man dem GR 131 jedoch geradeaus und später rechts aufwärts, so gelangt man nach rund 2,30 Std. Gehzeit wieder zum Parkplatz am **Volcán de San Antonio.**

## Süß oder trocken?

Jetzt bietet es sich an, den einen oder anderen Tropfen zu probieren. Zwei Bodegas laden dazu ein. Die kleinere, im 18. Jh. gegründete Privatkellerei **Bodegas Carballo** liegt gleich gegenüber der Zufahrt zum San António, an der LP-209 nach Las Indias. Neugierig macht natürlich der Malvasier, sozusagen das Flaggschiff der palmerischen Weine. Ihn bietet die Winzerfamilie in einer süßen, goldenen, Richtung Bernstein schimmernden *(malvasía dulce)* und einer trockenen, strohfarbenen Variante *(malvasía seco)* an. Kräftiges, ausgewogenes Bukett sowie ein auf natürliche Weise – durch Kelterung aus überreifen Trauben – erzielter Alkoholgehalt von bis zu 22 Prozent sind typisch. Die uralte Malvasierrebe, ursprünglich in Kleinasien verbreitet, verhalf dem Kanarenwein im 16. Jh. zu frühem Ruhm. Portugiesische Einwanderer brachten sie schon kurz nach der Conquista von Madeira nach La Palma. Der schwere Malvasía fand vor allem in England viele Abnehmer. Preiskämpfe und Qualitätsverlust stürzten den Kanarenwein aber um das Jahr 1700 in eine tiefe Absatzkrise. Die anti-englische Politik Spaniens tat ein Übriges, um den Export zu erschweren. Die Anbaufläche sank vor allem im 19. Jh. drastisch, die Ausfuhr kam vollends zum Erliegen. Jetzt wird die Malvasierrebe nur noch in geringen Mengen in Fuencaliente angebaut.

## Konkurrenz für den Malvasier

Qualität hat, wie immer, ihren Preis. Als Alternative zum Malvasier bieten sich die Gruppe der *vidueños* (Rebsorten Gual, Verdello, Sabro und Bastardo) sowie der ebenfalls etwas preisgünstigere

Moscatel an. Wer sich zum Kauf entschließt, kann diese Weine zu Hause – am besten auf 8 bis 5 Grad heruntergekühlt – als Aperitif, begleitet von einem Stück Käse, oder zum Dessert reichen.

Seit einigen Jahren haben Malvasier und andere Süßweine ein wenig Konkurrenz bekommen. So produziert die Kellerei Carballo, in die Interessenten auf Anfrage einen Blick werfen dürfen, heute auch Tischweine der Marken Carballo und Brisas del Sur. Damit die Trauben nicht zu viel Zucker enthalten, werden sie mehrere Wochen früher als der Malvasier geerntet. Saubere Edelstahltanks garantieren einwandfreie Gärung und Lagerung.

Mit den **Bodegas Teneguía** arbeitet ein weiterer Betrieb unterhalb der Hauptstraße von Los Canarios (ausgeschildert). Etwa 200 in einer Kooperative organisierte Winzer liefern hier ihre Ernte ab. Edelstahltanks beherrschen ebenfalls das Bild. Etwa 1,5 Millionen Liter Wein der Marke Teneguía produziert die Großkellerei. Er wird überall auf La Palma verkauft und steht auf den Weinkarten vieler Restaurants. Bei den Weißen hat man die Wahl zwischen einem leichten, trockenen Wein, gewonnen aus der klassischen Rebe Listán Blanco, und dem als hochwertiger geltenden Bujariego. Dem Roten der Sorte Negramoll hat man seine sehr herbe Note mit dem eigentümlichen Brombeergeschmack noch nicht ganz abgewöhnen können, er hat daher zuletzt in der Gunst der Verbraucher gegenüber den weißen Sorten an Boden verloren. Aus derselben Rebe gewinnen die Bodegas Teneguía auch einen Rosé, der sich durch Leichtigkeit und Eleganz auszeichnet. Alle diese Weine kommen unter der kontrollierten Ursprungsbezeichnung Denominación de Origen (D.O.) La Palma auf den Markt. Diese umfasst außer Fuencaliente (mit Las

Manchas) noch zwei weitere Anbauge-
biete, nämlich Hoyo de Mazo und Norte
(zwischen Puntallana und Tijarafe). Insgesamt bemühen sich auf der Insel
heute 16 Bodegas um Qualität.

## Gepresste und sprudelnde Tropfen

Ein kurzer Spaziergang durch Los Canarios führt zu zwei Sehenswürdigkeiten,
die im Zusammenhang mit dem Weinbau im Ort stehen. Auf dem Platz vor
der Iglesia de San Antonio Abad wurde
2007 der **Lagar Tradicional** eingeweiht,
eine alte hölzerne Weinpresse. Die auf
das ausgehende 19. Jh. datierbare Konstruktion wechselte mehrfach den Besitzer, bevor sie schließlich ein Zimmer-
mann aus Fuencaliente restaurierte und
der Gemeinde verkaufte. Das Lesegut
kam in den zentralen Bottich. Darüber
wurden Bretter gestapelt, die wiederum durch einen dicken Holzbalken
heruntergedrückt wurden. Mehrere

Stunden dauerte der Pressvorgang,
währenddessen zog ein Gewicht den
Balken allmählich nach unten. Ein kleinerer Holztrog fing den herausfließen-
den Most auf. Bis in die 1970er-Jahre hinein waren solche Pressen noch allgemein üblich.

Eher eine Spielerei ist die **Fuente del
Vino** vor dem Rathaus in der Calle José
Pons (oberhalb des Centro de Artesanía). Die Bodegas Teneguía spendeten
3000 l Wein, um den Brunnen – als
Denkmal für die Winzer von Fuencaliente gedacht – zu befüllen. Allerdings
wird aus hygienischen Gründen abge-
raten, aus der ›Weinquelle‹ zu trinken.

Auf La Palma wird bei Weinproben
üblicherweise kein Brot gereicht. Daher
kommt jetzt die Einkehr in einem der
Lokale an der nahe gelegenen Hauptstraße gerade recht. Die **Bar Parada** (s.
S. 149) ist eher für Süßschnäbel zuständig, während im **Centaurea** (s. S. 162)
pikante Tapas über die Theke gehen.

Lavastrom ergoss sich wie ein dunkler Teppich zur Südspitze. Auf diesem fasst, wie auf dem Vulkan selbst, die Vegetation bisher kaum Fuß.

Besonders beeindruckt die Erdwärme auf dem Kraterrand. Schon in geringen Tiefen unter der Oberfläche wird es bis zu 200 °C heiß. Die Temperaturen unterliegen Schwankungen, an manchen Tagen lässt sich die Erde kaum mit der Hand berühren. Oft dringen auch heiße, schwefelhaltige Dämpfe aus dem Boden. An vielen Stellen haben Schwefelausfällungen das Gestein weißlich-gelb gefärbt.

## Vulkanwanderung zur Südspitze

*Gehzeit 2.30 bis 3 Std.; mittelschwer mit kurzer, aber anspruchsvoller Besteigung des Volcán Teneguía; Wegweiser und weiß-rote Markierungen des GR 131; Rückfahrt nach Los Canarios per Bus L 31 (6–8 x tgl.)*

Eine Streckenwanderung zu den Leuchttürmen an der Südspitze berührt beide Vorzeigevulkane von Fuencaliente, den Volcán de San Antonio und den Volcán Teneguía. Sie beginnt an der Hauptstraße (Carretera General) von Fuencaliente. Von dort ist der Kraterrand des Volcán de San Antonio, zunächst der Beschilderung für Autofahrer folgend und dann die Calle Los Volcanes hinab, in 15 Minuten erreicht.

Vom Parkplatz am San Antonio führt Richtung Westen, am Besucherzentrum vorbei, ein von Kantsteinen eingefasster, schmaler Weg recht steil bergab (Schild: GR 131 Faro de Fuencaliente). Dieser mündet in eine Piste (30 Min.), der man nach links folgt. Der Roque Teneguía ist 10 Min. später rechts unterhalb zu sehen und lohnt einen Abstecher (s. o.). Weiter auf der Piste, geradeaus und später rechts abzweigend, geht es zum Volcán Teneguía (s. o., 1.15 Std.).

Nach dessen Besteigung folgt man vom dortigen Parkplatz einem als GR 131 markierten, breiten Fußweg quer durch einen jungen Lavastrom. Er trifft bald auf einen Fahrweg. Diesen wandert man rechts entlang, also abwärts. Jetzt gilt es, auf die Abzweigung eines weiteren, weiß-rot markierten Fußwegs rechter Hand zu achten. Auf diesem verlässt man die Piste wieder und quert diagonal einen weiteren Lavastrom. Im weiteren Verlauf quert der Weg mehrmals eine Straße, um deren Kurven abzukürzen, und erreicht schließlich nach 2.30 bis 3 Std. Gehzeit die Leuchttürme an der Punta de Fuencaliente.

# Punta de Fuencaliente

▶ E 12

An der Südspitze La Palmas stehen zwei Leuchttürme. Der neue, 1984 eingeweihte **Faro de Fuencaliente** wird mit Solarenergie betrieben. Daneben blieb der ältere, heute denkmalgeschützte Turm erhalten. Als die spanische Küstenbehörde ihn Ende des 19. Jh. errichtete, gab es noch keine Straßenverbindung zur Punta de Fuencaliente. Das Material für den Bau – mächtige Basaltquader aus einem Steinbruch auf Gran Canaria – wurde per Schiff an der Playa de El Faro (s. S. 157) angelandet. Da kein Süßwasser vorhanden war, musste sämtliches für die Bauarbeiten benötigte Wasser aus dem Meer geschöpft werden. Die Beleuchtung erfolgte seinerzeit mit Petroleum. Zwei Wärter, die im Turmgebäude lebten, sorgten dafür, dass die Flamme nie ausging.

1971 drohte ein Lavastrom des Teneguía den Leuchtturm zu zerstören. Doch kurz davor kam die glutheiße Lava zum Stillstand. Die Fischer von Fuencaliente stifteten daraufhin einen

Schrein für ihre Schutzpatronin, die Virgen del Carmen. Allerdings hatten die mit dem Vulkanausbruch einhergehenden Erdbeben das Gemäuer stark beschädigt. So entschloss sich die Küstenbehörde zum Bau des neuen Turmes.

Das ehemalige Wärterhaus des alten Leuchtturms beherbergt heute ein Bildungszentrum.

## Centro de Interpretación de la Reserva Marina de La Palma

*Tel. 922 48 02 23, www.marm.es, Sommer Mi–So 10–18, Winter Mi–So 9–17 Uhr, Eintritt frei*

Das Bildungszentrum im alten Leuchtturm vermittelt anhand von Bildern und einer Videovorführung eine virtuelle Vorstellung von der Bedrohung des Meeres durch Umweltverschmutzung und unökologische Fischfangmethoden. Der größere der beiden Räume ist wie ein Abschnitt der Felsküste mit lebensgroßen Fischmodellen gestaltet, um dem Besucher den Eindruck zu verschaffen, sich unmittelbar in der Unterwasserwelt zu bewegen. Ein Delfin im Netz ist Mahnmal für die Gefahren exzessiven Fischfangs für das gesamte Ökosystem Meer. Um das Unterbewusstsein des Betrachters anzuregen und diesen zum Nachsinnen über die Thematik zu bewegen, gibt es kaum Begleittexte zu den Exponaten. Stattdessen wirken Lichteffekte und Klänge, wie das Atmen eines Tauchers oder der Gesang eines Wals. Hauptanliegen ist die Sensibilisierung der jungen Kanarier. Daher sollen alle Schulklassen La Palmas und nach Möglichkeit anderer Inseln das Zentrum besuchen. 2001 konnte in Übereinstimmung mit den örtlichen Fischern ein 3719 ha umfassendes Meeresschutzgebiet vor der Südwestküste La Palmas geschaffen werden, in dem Fischen und Angeln – verbreitete Freizeitbeschäftigungen der Palmeros –

Einschränkungen unterliegen. Eine Kernzone *(reserva integral)* steht sogar komplett unter Schutz.

Westlich der Leuchttürme erstreckt sich die **Playa de El Faro**, ein kleiner, je nach Jahreszeit sandiger oder kiesiger Strand. Wegen der starken Strömung ist das Baden hier nicht ungefährlich. Fischer lagern ihre kleinen Boote in Schuppen hinter der Playa, sofern sie sich nicht gerade auf See befinden.

## Salinas Marinas de Fuencaliente

Beim Faro liegt die einzige noch arbeitende Saline La Palmas. Sie steht unter dem Schutz der UNESCO, deren Aufbauprogramm es ermöglichte, die Jahresproduktion auf 600 t zu steigern. Das Meersalz wird heute nur noch für Speisezwecke gewonnen. Früher waren die Fischer wichtige Abnehmer. Doch diese konservieren ihren Fang nicht mehr in Salz, sondern frieren ihn ein. Bis zu achtmal zwischen Juni und Oktober holen die Salineros frisch gebildetes Salz aus den Verdunstungsbecken, während Industriesalinen nur eine Ernte im Jahr vornehmen. Auch die Verarbeitung (Mahlen, Trocknen, Abfüllung) erfolgt rein handwerklich. Der höhere Aufwand wird durch eine anerkannte Qualität belohnt. Das Salz von Fuencaliente ist ein rein biologisches Produkt. Mit einem speziellen Siebrechen wird jeden Abend gegen Sonnenuntergang sehr vorsichtig das *flor de sal* aufgefangen. Dabei handelt es sich um die von Gourmets geschätzte »Salzblume«, die frisch gebildeten Kristalle an der Wasseroberfläche. Diese deutlich teurere Variante macht 0,5 % der Gesamtproduktion der Saline aus (s. auch Lieblingsort S. 158).

Nicht zuletzt ist die Saline auch ein wichtiges Schutzgebiet für Zugvögel, die in der Salzlake Nahrung in Form von winzigen Krebsen finden.

### Salinas Marinas – glitzerndes Salz ▶ E 12

Meist flimmert die Sonne über den Salzpfannen, denen Algen ihre rötliche Färbung verleihen. Für starken Kontrast sorgt das Schachbrettmuster der dunklen Steinmauern. Farblich und formal ganz im Einklang mit diesem Augenschmaus wachen darüber der alte und der neue Leuchtturm. Ein sinnliches Erlebnis ist es, die fein säuberlich aufgeschichteten Salzkegel zu berühren. Wer glaubte, feine Kristalle würden durch die Finger rieseln, liegt überraschend falsch. Steinhart sind die Kegel, durch Verdunstung verbacken. Erst durch Mahlen entsteht streufähiges Speisesalz. Wegen seiner Reinheit und des hohen Jodgehalts wird es in der Naturkost sehr geschätzt. Als besonders wertvoll gilt das *flor de sal.* Im Salinengebäude kann man die verschiedenen Qualitäten auch probieren und käuflich erwerben (**Salinas Marinas de Fuencaliente**, Tel. 922 41 15 23, www.salinasde fuencaliente.com, Mo–Fr 9–17 Uhr, s. auch S. 157).

# Baden & Beachen

An der Südwestküste von Fuencaliente schufen ins Meer geflossene Lavaströme eine schmale Ebene. Hier erstrecken sich einige der schönsten Strände La Palmas. Die Vulkanberge im Hintergrund halten die starken Nordostwinde weitgehend von der Küste fern. Hinter den Stränden dehnen sich auf den Lavafeldern heute große Bananenfelder aus. Als Boden ließen die Plantagenbetreiber Lehm aus Gruben bei El Paso anfahren.

### Playas de La Zamora ▶ D 10
Unterhalb des Ortsteils Las Indias (650 Einw.) liegt der sandige bis kiesige Doppelstrand Playas de La Zamora, zu erreichen über eine Stichstraße, die nördlich der Princess-Hotels von der LP-209 abzweigt (Schild: Kiosco La Zamora). Steile Treppen führen in die von hohen Felswänden umrahmten Buchten hinunter. Hinweistafeln warnen vor Steinschlaggefahr! Der kleinere der Playas de La Zamora, von den Einheimischen auch liebevoll **Playa Chica** genannt, ist kaum 50 m lang. Ein schmaler Felsvorsprung trennt ihn vom zweiten, nördlichen, nur unwesentlich längeren Strand.

Etwa 3 km weiter südlich befindet sich an der LP-207 bei Km 14 die **Playa Punta Larga** (▶ D 11), ein grobkiesiger, zum Baden wegen des oft stark bewegten Wassers nicht sonderlich geeigneter Strand. Die einfache Bar Nautilus an der Zufahrt stellt Tische auf eine kleine Terrasse und serviert Fisch und Meeresfrüchte.

### Playa Echentive ▶ E 12
*Auch Playa Nueva; LP-207, Km 12*
Richtung Punta de Fuencaliente liegt schließlich die völlig unbebaute, sandig-kiesige, etwa 250 m lange Playa Echentive, der wohl schönste Strand an der Südspitze La Palmas. Er entstand erst nach 1971 zwischen zwei ins Meer geflossenen Lavaströmen des Teneguía-Ausbruchs. Ein breiter Pflasterweg mit Geländern führt von der Parkbucht hinunter. Hinter der Playa Echentive verbirgt sich die **Fuente Santa** im Fels, eine legendäre Quelle, die 1677 von den Lavamassen des Vulkans San Antonio verschüttet wurde. Der kanarische Ingenieur Carlos Soler entdeckte sie 2005 nach dem Studium historischer Berichte wieder, daraufhin ließ die Gemeinde Fuencaliente sie einschließlich eines unterirdischen Badebeckens restaurieren. Noch ist die Höhle allerdings nicht öffentlich zugänglich. Das 42 Grad Celsius heiße Quellwasser enthält reichlich Schwefel und andere Mineralien. Früher kamen die Menschen aus allen Teilen der Insel, um das Wasser zu trinken und darin zu baden und so die Lepra zu besiegen. Sogar Pedro de Mendoza (1487–1537), ein berühmter

## Mein Tipp

### Idealer Platz zum Träumen
Der Kiosco La Zamora bietet einen schönen Blick über den gleichnamigen Doppelstrand und die vorgelagerten Felsen, an denen sich die Wellen brechen. Fisch geht nach Gewicht, ansonsten Tintenfischspezialitäten, Meeresfrüchte, dazu *papas arrugadas* und *mojo* – einfach, aber himmlisch gut. Dazu schmeckt ein weißer, gut gekühlter Vino Teneguía (**Kiosco La Zamora**, Playas de La Zamora, s. o., Tel. 676 86 72 64, tagsüber meist durchgehend geöffnet, Hauptgerichte um 7 €).

spanischer Konquistador, suchte La Palma auf, um hier Heilung zu finden. 2008 wurde die Fuente Santa offiziell als Heilquelle anerkannt. Heute soll ihr Wasser gegen Rheuma, Hautkrankheiten und Kreislaufbeschwerden helfen. Vielleicht wird hier sogar ein Thermalbad entstehen. An verschiedenen Stellen vor der Küste von Fuencaliente sprudeln weitere – für Taucher spürbare – heiße Quellen *(fuentes calientes)*.

## Übernachten

*Gigantisch* – **La Palma Princess & Spa/ Teneguía Princess & Spa:** Cerca Vieja 10 (▶ E 11, unterhalb von Las Indias gelegen, LP-209/LP-207), Tel. 922 42 55 00, www.princess-hotels.com, DZ mit Halbpension 86–206 €. Das weitläufige, im kanarischen Stil errichtete 4-Sterne-Doppelhotel ist mit 1250 Gästebetten La Palmas größte Ferienanlage und bei vielen Veranstaltern im Angebot. Mit mehreren Restaurants und Bars, einer weitläufigen Badelandschaft mit 12 (!) Süßwasserpools, Fitnessraum und dem Spa-Bereich Centro Aqua Princess ist es eine Welt für sich. Der Komplex liegt einsam zwischen Bananenplantagen und grenzt an die Felsküste, einen Zugang zum Meer gibt es nicht.

*Angenehm individuell* – **Villas Fuencaliente:** Los Canarios, Calle de los Volcanes s/n, Tel. 922 44 49 82, Bungalow für 2 Pers. ca. 45–54 €. Nur über Veranstalter buchbar (Reisebüro, Internet). Die angenehm und komfortabel eingerichteten neun Bungalows fügen sich am unteren Ortsrand, gegenüber der Einfahrt zum Volcán de San Antonio, nahtlos in das angrenzende Wohnviertel. Hallenbad und Fitnessraum. Mit dem **Restaurant El Fogón**, s. Essen & Trinken.

*Blühende Gärten* – **Colón:** Los Quemados 54 c (▶ E 11), Tel. 922 44 41 55, www.apartamentoscolon.es, Apartment für 2 Pers. ab 36 €. Dieser überschaubare Ferienkomplex im sonnenverwöhnten Ortsteil Los Quemados besteht aus Apartments, Bungalows und kleinen Häusern *(casitas)*, in Gärten eingebettet. Mit schönem Panoramablick, den man auch vom Pool und dem dortigen hauseigenen Café-Restaurant Puesta del Sol genießt. Eigene Autovermietung (s. S. 163).

*Für Traveller* – **Los Volcanes:** Los Canarios, Ctra. General 86, Tel./Fax 922 44 41 64, DZ 20–22 €, Apartment für 2 Pers. 35 €. Vier schön eingerichtete Pensionszimmer, was man von außen nicht unbedingt vermutet, dazu vier etwas größere Apartments mit Balkon. Zur Hauptstraße hin kann es recht laut werden, am schönsten wohnt man hinten. Vor Ort gibt es Infos, falls niemand anzutreffen ist, auch in der Bar Parada.

*Eine Option für Wanderer* – **Área Acampada Campo de Fútbol de Fuencaliente:** Zeltgelände ohne jegliche Einrichtungen am Fernwanderweg GR 131, am Fußballplatz oberhalb der Kirche von Los Canarios (▶ E 11). Maximale Aufenthaltsdauer: eine Nacht. Benutzung gratis, aber nur mit schriftlicher Genehmigung der Consejería de Medio Ambiente (Santa Cruz de La Palma, Av. de Los Indianos 20, Tel. 922 41 15 83).

## Essen & Trinken

*Inseltypische Küche* – **Restaurant El Fogón:** zu den **Villas Fuencaliente** gehörig, s. Übernachten; Los Canarios, Calle Constitución 22/Ecke Calle de los Volcanes, Tel. 922 44 49 82 od. 676 86 72 64, Mo u. Mi–Sa 12.30–16, 17–22.30, So 12.30–16 Uhr, Di Ruhetag,

Vergnüglich, zumindest für die Reiter: Kamelritt rund um den Volcán de San Antonio

Hauptgerichte 8–12 €. Helles, freundliches Ambiente, der Schwerpunkt liegt auf Grillspezialitäten.

*Bewährte Adresse –* **La Era:** Los Canarios, Calle Antonio Paz y Paz 6, Tel. 922 44 44 75, Do–Di 12–23 Uhr, Hauptgerichte ab 8 €. Gute kanarische Grill- und Fischgerichte. Auf der Terrasse sitzt man auf schmiedeeisernen Stühlen, an kühleren Tagen auf einer wintergartenähnlichen Veranda. Hof und Garten sind im Stil des lanzarotinischen Künstlers Manrique angelegt.

*Immer etwas los –* **Centaurea:** Los Canarios, Ctra. General 56, Tel. 922 44 41 29, tgl. ab 8 Uhr, Hauptgerichte ab 7 €, Tapas ab 2,50 €. Die ebenerdige Bar ist ein beliebter Treff von Wanderern und Individualreisenden. Große Auswahl an Tapas. Im Obergeschoss Restaurant mit solider kanarischer Küche (bis 16 Uhr).

# Einkaufen

*Stickereien und Co. –* **Centro de Artesanía Fuencaliente:** Los Canarios, Ctra. General 104, Tel. 922 44 44 63, Mo–Sa 10–19 Uhr. Die Handwerker von Fuencaliente arbeiten mit den Materialien, die sie vor Ort finden: Holz, Ton, Pflanzenfasern, Wolle. In dem öffentlich geförderten Kunsthandwerkszentrum sitzen Stickerinnen bei der Arbeit, Webstühle sind zu besichtigen, Korbwaren, Wollstoffe und Häkeldecken stehen zum Verkauf.

*Zementkacheln und mehr –* **Arte Cuadrado:** Los Canarios, Ctra. General 2, Mo–Fr 14–17, Sa 11–17 Uhr. Am Ortsausgang an der LP-2 Richtung Santa Cruz gelegene Werkstatt für handgearbeitete Zementkacheln mit traditionellen und modernen Motiven. Angeschlossen sind eine Außenstelle der Hamburger Künstlergruppe »Elternhaus«, die Textilien mit prägnanten politischen Slogans aufpeppt, und das »Versorgungslager für freie Entscheidung« mit kernigen Outdoor-Accessoires.

*Ökologisches Salz* – **Salinas Marinas de Fuencaliente:** s. Lieblingsort S. 158.

## Aktiv & Kreativ

*Geschützte Gewässer* – **Atlantic 28°:** Los Canarios, Ctra. General 106, Tel. 922 44 40 47, www.atlantic28.de. Unter deutsch-französischer Leitung. Tauchgänge im Unterwasser-Schutzgebiet an der Südspitze.

*Auf dem Drahtesel* – **Fuencalientebike:** Las Indias (▶ D/E 11), Ctra. de Las Indias 27, Tel. 628 51 32 42, www.fuencalientebike.com. Mountainbike und Helm pro Tag 10 €, auch geführte Touren.

*Freizeit aktiv* – **Ekalis:** Las Indias (▶ D/E 11), Ctra. de Las Indias 51, Tel. 651 82 25 10 (Dóraly González Martín, deutschsprachig), www.ekalis.com. Das abwechslungsreiche Programm umfasst Mountainbiking (Verleih 15 € pro Tag, geführte Touren ab 20 €), Gleitschirmfliegen (Verleih 20 €), Höhlenerkundung (Besuch des Tubo de Todoque 25 €), Seekajakfahrten und verleih und nach Verabredung geführte Wanderungen.

*Kamelritt* – **Camel Tour Teneguía:** Tel. 922 33 35 09, Fax 922 32 19 93, Di–So 10–17.30 Uhr (nur bei geeignetem Wetter), pro Kamel (2 Pers.) 13 €. Am Parkplatz am Volcán de San Antonio besteht Gelegenheit zu einem 15-minütigen Ausritt per Dromedar durch die Umgebung des Kraters. Information und Reservierung auch über Hotelrezeptionen oder örtliche Reiseleitungen.

## Infos & Termine

### Internet
www.fuencalientedelapalma.org

### Feste & Veranstaltungen
**Fiesta del Pino:** zweiter Sonntag im August. Wallfahrt zum Pino de La Virgen, einer gewaltigen Kiefer mit eingelassenem Marienschrein (über eine breite Piste zu erreichen, die 2,5 km nördl. von Los Canarios von der LP-2 nach Santa Cruz abzweigt). Mit Waldpicknick und Wettrennen auf Holzbrettern, die wie Schlitten einen dick mit Kiefernnadeln bedeckten Hang hinabgleiten.
**Fiesta de la Vendímia:** alle 2 Jahre (in geraden Jahren) in der letzten Augustwoche. Fest der Weinlese mit Winzerwettbewerb, Kunst-Festival, Verkauf von Kunsthandwerk. Junge, schwarz gekleidete Frauen führen die Danza de Las Viejas Solteras auf. Dieser »Tanz der alten Jungfern« hat vermutlich heidnische Wurzeln. Am letzten Sonntag im August starten in Los Quemados Männer auf Pappmaché-Pferden zur Danza de Los Caballos Fuscos (Tanz der dunklen Pferde), begleitet von Polka-Musik.
**Nochebuena:** Heiligabend. Während der Christmette in der Iglesia San Antonio Abad bringen die Hirten des Ortes ihre Opfergaben dar, begleitet von Flöten, Trommeln und Kastagnetten.

### Verkehr
**Bus:** L 3 ab Santa Cruz 7–8 x tgl. (Fahrzeit 45 Min.), ab Los Llanos 6–8 x tgl. bis Los Canarios (Carretera General). L 31 ab Los Canarios über Las Indias/Cerca Vieja (Princess-Hotels) zum Faro de Fuencaliente 6–8 x tgl.
**Taxi:** Los Canarios, Ctra. General (nahe Abzweigung LP-209 Richtung Princess-Hotels), Tel. 922 44 08 25.
**Mietwagen:** Colón, Los Quemados 54 (▶ E 11), Tel. 922 44 41 55, www.apartamentoscolon.es.

# Der Westen und Los Llanos

## Highlights!

**La Glorieta:** Mit Fantasie und Liebe zum Detail schuf Inselkünstler Luis Morera die Glorieta in Las Manchas als ausgefallenen Mix aus Dorfplatz und Garten. Tier- und Pflanzenbilder, Skulpturen und Bänke ließ er aus bunten Fliesensplittern entstehen. S. 167

**Puerto de Tazacorte:** Die größte Fischereiflotte La Palmas sorgt für stets frischen Fang, Wirte und Gäste der Promenadenrestaurants wissen es zu schätzen. Eine bunte Häuserzeile und der schöne Strand geben die Kulisse dafür ab. S. 202

## Auf Entdeckungstour

**So lebten die Ureinwohner:** Das erst 2007 eröffnete Museo Arqueológico Benahoarita in Los Llanos thematisiert in einem schon wegen seiner Architektur beachtenswerten Rundbau Leben, Wirtschaft, Kultur und Religion der vorspanischen Inselbewohner. S. 190

**Zuckerrohr und Bananen:** In Tazacorte, einer ehemals blühenden Stadt mit imposanten Gutshäusern, konzentrierte sich der Anbau von Zuckerrohr auf La Palma. Heute umgeben Bananenplantagen den Ort, Europas einziges Bananenmuseum steht mitten darin. S. 198

So lebten die Ureinwohner

Los Llanos

El Paso

**Puerto de Tazacorte**

Tazacorte

Zuckerrohr und Bananen

Todoque

Las Manchas

**La Glorieta**

Puerto Naos

# Kultur & Sehenswertes

**Casa Museo del Vino in Las Manchas:**
Alles, was Interessierte über den Inselwein wissen wollen, wird hier mit Exponaten und anhand von Schautafeln dokumentiert. Es darf auch probiert werden. S. 168

**Museo de la Seda Las Hilanderas:** Die letzten Seidenweber Europas arbeiten in El Paso. Ihre Werkstatt ist zugleich Museum, gerne demonstrieren sie ihre Kunst. S. 169

# Aktiv & Kreativ

**Auf dem Pferderücken:** El Paso ist La Palmas Reiterparadies. Mehrere Höfe bieten Reitferien, geführte Ausritte und Unterricht. S. 172

**Wandern einmal anders:** Auf der dreitägigen Wandertour von Graja-Tours in Todoque wird im Observatorium am Roque de Los Muchachos übernachtet – eine einmalige Gelegenheit. S. 176

# Genießen & Atmosphäre

**Promenadenflair:** Wohl nirgendwo auf La Palma promeniert es sich so unbeschwert wie auf dem Paseo Marítimo von Puerto Naos. Palmen am Strand sorgen für Südseeatmosphäre. S. 177

**Kutterromantik:** Krabben fischte die »Bussard« seinerzeit in der Nordsee. Jetzt schaukelt sie ab Puerto de Tazacorte zum Sonnenuntergang Romantiker über den Atlantik. S. 205

# Abends & Nachts

**Begegnungen:** Künstler, Schüler, Laien, sie treffen sich in El Paso im Café Encantado. Hier sind anspruchsvolle Musiksessions und Kino angesagt. S. 172

**Cocktails und mehr:** Im Utopia ist fast rund um die Uhr etwas los. Abends findet sich die Szene von Los Llanos gern auf einen Drink ein, zum Frühstück und für Tapas öffnet tagsüber das Bistro. S. 194

# Von der Sonne verwöhnt

Häufig sonnendurchflutet zeigt sich der Westteil der Insel. Rund um die Dörfer von **Las Manchas** liegen Weinberge, wogegen Bananenplantagen das untere, klimatisch außerordentlich milde **Valle de Aridane** prägen. Im oberen Teil des Tales lebt, schon in recht luftiger Höhe, in **El Paso** die wohl größte deutsche Kolonie La Palmas. Die Einheimischen pflegen hier – einmalig in Europa – bis heute die Kunst der Seidenweberei. Villenviertel mit prachtvollen Gärten ziehen sich abwärts bis nach **Los Llanos**, der größten Stadt La Palmas, die einen Hauch von Urbanität vermittelt und mit zwei außergewöhnlichen Museen punktet. Das Archäologische Museum widmet sich in einem extravaganten Neubau der vorspanischen Kultur auf La Palma, hingegen bringt »La Ciudad en el Museo« moderne Kunst ganz unmittelbar in die Straßen der Stadt. Hier wie in Las Manchas hinterließ der Inselkünstler Luis Morera fantasievolle Spuren auf Plätzen und in Gärten. Spuren ganz anderer Art in Form von nostalgischen Palästen hinterließen die Adelsfamilien vergangener Epochen, die ihren Wohlstand Zuckerrohr und später Bananen verdankten, in **Argual Abajo** und **Tazacorte**.

Auch der Westen La Palmas besitzt Badeorte am Meer. Mit den wohl schönsten Stränden der Insel und einem beliebten Hotel wartet **Puerto Naos** auf, während **Puerto de Tazacorte** das Flair eines Fischerhafens in die Waagschale wirft und Ausgangspunkt für reizvolle Bootstouren ist. Die meisten Urlauber wohnen allerdings im Hinterland, in lauschigen kleinen Bungalowanlagen und Resorts.

## Infobox

### Touristeninformation

Gut bestückte städtische Informationsbüros besitzen **El Paso** (s. S. 173), **Los Llanos de Aridane** (s. S. 194, zuständig auch für **Puerto Naos**) und **Tazacorte** (s. S. 201, zuständig auch für **Puerto de Tazacorte**). Eine Zweigstelle des Patronato de Turismo, der für Tourismus zuständigen Behörde der Inselregierung, befindet sich in **Argual Abajo** (s. S. 196).

### Anreise und Weiterkommen

**Bus:** Eine direkte Verbindung vom Flughafen besteht nicht. Man muss in Santa Cruz umsteigen, von dort gibt es eine sehr gute Verbindung über El Paso nach Los Llanos mit Linie L 1 (alle 30–60 Min.). Der **Busbahnhof von Los Llanos** ist Dreh- und Angelpunkt für alle weiteren Verbindungen im Westen. Von dort geht es mit L 3 über Las Manchas nach Fuencaliente (6–8 x tgl.), mit L 4 nach Puerto Naos (alle 30–60 Min.) und mit L 21 nach Tazacorte/Puerto de Tazacorte (ca. stündl.). Den Norden der Insel erschließt die Linie L 2, die 3–8 x tgl. über Puntagorda, Santo Domingo de Garafía, Barlovento und Los Sauces nach Santa Cruz de La Palma fährt (Achtung, sehr lange Fahrzeiten).
**Mietwagen:** Büros mehrerer Anbieter befinden sich in La Laguna, Puerto Naos und Los Llanos.

## Las Manchas ▶ D 8

Las Manchas (die Flecken) sind mehrere kleine, von Weinbergen umgebene Siedlungen. Sie stellen nicht nur geografisch, sondern auch vom Charakter her die Verbindung zwischen dem Süden und dem Westen der Insel her. Ein breiter, dunkler Lavastrom, den bislang nur ein paar Flechten besiedeln, prägt das Ortsbild. Er ergoss sich bei der San-Juan-Eruption im Jahre 1949 aus dem **Cráter Llano del Banco,** der sich am Abhang der Cumbre Vieja öffnete. Die LP-211 von **San Nicolás,** der größten Ortschaft der Manchas, die in Serpentinen nach Todoque führt, quert ihn mehrfach. Unter dem Lavastrom hat sich eine Vulkanröhre gebildet. In die bizarre Welt dieses **Tubo de Todoque** dringen Hobby-Höhlenforscher auf geführten Touren vor, z. B. mit Ekalis aus Fuencaliente (s. S. 163). Eigene Erkundungen empfehlen sich wegen Einsturzgefahr nicht.

Der schmucke Weiler **Jedey** an der LP-2 nach Fuencaliente besitzt mit dem gleichnamigen Vulkankegel ein unverkennbares Wahrzeichen. Häufig starten hier Gleitschirm- und Drachenflieger, um später am Strand von Puerto Naos zu landen.

### Santuario de Fátima
In der Ortsmitte von San Nicolás führt vor der Kirche eine schmale Straße bergauf (nächste Abzweigung links) zum Heiligtum der Jungfrau von Fátima. Der Pfarrer von San Nicolás weihte es 1951 zum Dank dafür, dass zwei Jahre zuvor der Lavastrom des San-Juan-Ausbruchs den Ort weitgehend verschont hatte. Das aus Gesteinsbrocken aufgeschichtete Denkmal, von einer Marienstatue gekrönt, schmücken stets frische Blumen. Auf dem großen Platz davor findet alljährlich im September anlässlich der Dorfkirmes ein Dankgottesdienst statt.

### La Glorieta !
*Las Manchas de abajo (ab LP-211 Todoque-Las Manchas etwa bei Km 2 ausgeschildert), Cuatro Caminos; frei zugänglich*

**Ein kleiner Kosmos aus bunten Steinchen: Bodenmosaik der Gartenanlage La Glorieta**

Eine fantasievolle Kombination aus Plaza und Garten ist La Glorieta. Die Gestaltung nahm **Luis Morera** (geb. 1946), der aus Santa Cruz de La Palma stammende, bekannteste Künstler der Insel, zwischen 1993 und 1996 vor. Sein wichtigstes Anliegen, das ihn auch mit seinem 1992 verstorbenen Freund und Kollegen César Manrique von Lanzarote verband, ist die Symbiose von Natur und Kunst. Das Chamäleon symbolisiert laut Morera dank seiner Anpassungsfähigkeit in idealer Weise diese Philosophie. So verkleidete er ein solches Reptil aus Zement mit winzigen Bruchstücken bunter, metallisch schimmernder Fliesen. Scheinbar klettert es über einen Fels und speist einen schattigen Brunnen. Mosaiken, die Tier- und Pflanzenmotive in vielen Farben zeigen, überziehen auch Mauern, kühle Steinböden und die Durchgänge zwischen den wellenförmig angelegten Beeten, auf denen allerlei kanarische und andere sukkulente Gewächse gedeihen. Sorgfältig arrangiertes Kieselsteinpflaster ahmt altkanarische, spiralförmige Petroglyphen nach.

An den typischen Manrique-Stil erinnern die Lampen aus Metall, die abends ein dezentes Licht nach unten abstrahlen. Auf Säulen aus Lavabrocken ruhen die von Bougainvillea überrankten Pergolen. Die Rückwand einer kleinen Bühne bildet Stricklava, ein jungvulkanisches Gestein der Insel. Morera rettete die Brocken aus einem Steinbruch.

### Casa Museo del Vino

*Las Manchas de abajo, Camino Callejón 98, Tel. 922 49 43 20, Mo–Fr 9.30–13.30, 16–18.30, Sa 9.30–14 Uhr, Eintritt 1,50 €*
Oberhalb von La Glorieta ragt ein restauriertes, rot gestrichenes Haus mit kanarentypischem Holzbalkon empor. Der örtliche Volksschullehrer residierte

hier einst geradezu herrschaftlich. Heute beherbergt das Gebäude das Weinmuseum von La Palma. Im oberen Stockwerk wird eine Ausstellung mit Geräten, wie sie früher die Winzer benutzten, gezeigt. Schautafeln informieren – auch auf Deutsch – ausführlich und anschaulich über den Weinbau auf La Palma.

In der abgedeckten Zisterne im Garten fingen die Hausbewohner früher das Regenwasser. Durch die verschließbare Luke schöpften sie das Wasser bei Bedarf mit einem Eimer. Hinter der Zisterne befindet sich in einem Nebengebäude eine mit Originaleinrichtung ausgestattete Bodega. Dort erinnern eine hölzerne Weinpresse, Fässer, ein Ziegenbalg zum Transport von Wein und Most sowie Körbe für Weinreben, die von Mensch oder Tier nach der Ernte getragen wurden, an alte Zeiten. Nach der Besichtigung bietet sich eine Weinprobe an. Natürlich wird der Wein auch verkauft, ebenso wie diverses Kunsthandwerk von der Insel.

## Essen & Trinken

*Total urig* – **Bodegón Tamanca:** LP-2 südlich San Nicolás, Tel. 922 49 40 02, Di–So 11–24 Uhr, Hauptgerichte ab 6 €. Höhlenkneipe in altem Weinkeller (eigener Wein mit geschützter Herkunftsbezeichnung Tamanca). Vorwiegend deftige Fleischgerichte vom Grill. Vorspeise: Serrano-Schinken mit Ziegenkäse. Besichtigung der Bodega nach Vereinbarung (Di–Sa 11–14 Uhr, Tel. 922 49 41 55).
*Originell* – **El Secadero:** LP-211 San Nicolás – Todoque, Tel. 922 49 40 28, Mo/Di, Do–Sa 12–23.30, So 12–18 Uhr, Küche zwischen 17 und 18.30 Uhr geschl., Hauptgerichte 5–10 €. Runder Natursteinbau nach altkanarischem

Vorbild. Grillspezialitäten und verschiedene Salate.

*Pizza und Pasta –* **Evangelina:** Jedey, Ctra. General 27, Tel. 922 49 41 05, Mo u. Fr/Sa 19–23, So 13–16, 19–23 Uhr, Di–Do geschl., Hauptgerichte ab 6 €. Kinderfreundliches Terrassenlokal, original italienische Pizza aus dem Holzofen, hausgemachte Pasta und Desserts.

## Infos

### Verkehr

**Bus:** L 3 ab Los Llanos 6–8 x tgl., Bushaltestelle u. a. an La Glorieta.

# El Paso ▶ D 6/7

*El paso* – das bedeutet Durchgang. Und in der Tat liegt El Paso (2200 Einw., in der Gesamtgemeinde 7500 Einw.) im oberen Aridane-Tal seit jeher an der wichtigen Ost-West-Verbindung von Santa Cruz nach Los Llanos. Lavaströme überflossen im 15. und 16. Jh. Teile des Gemeindegebiets und machten fruchtbare Böden für die Landwirtschaft unbrauchbar. So pflanzten die Bauern Maulbeerbäume und bauten eine Seidenindustrie auf. Einige Frauen retteten das Wissen um die Seidenherstellung bis in die Gegenwart.

Viele Deutsche haben sich in El Paso dauerhaft niedergelassen oder verbringen zumindest einen Teil des Jahres hier. Sie renovierten Landhäuser oder errichteten neue Bungalows. Es gibt eine ausgeprägte deutsche Infrastruktur mit Naturkostläden, einer Konditorei, Ärzten, einem Heilpraktiker und einer deutschen Grundschule.

### Herrenhäuser

Die Durchgangsstraße LP-3 verläuft südlich des Ortskerns. An ihr stehen große Wohnhäuser der **Opuntien-Züchter** aus dem 19. Jh. Optisches Highlight unter diesen Villen ist das Haus, dessen Vorderfront Skulpturen von Schlangen und einem Adler zieren. Letzterer trägt den Balkon über der Eingangstür.

Nach 1836, als alle Mönchsorden in Spanien aufgelöst wurden, hatten aus Lateinamerika zurückgekehrte Emigranten ehemaliges Klosterland in El Paso aufgekauft. Sie brachten Koschenilleläuse aus Mexiko mit, die auf dem Feigenkaktus (Opuntie) parasitieren. Sie lieferten – getrocknet und zerrieben – einen begehrten karminroten Naturfarbstoff, mit dem viel Geld zu verdienen war. Noch heute zeugen aufgelassene Opuntienfelder um den Ort von dieser Aktivität. Aber schon Ende des 19. Jh. war die dadurch ausgelöste wirtschaftliche Blütezeit von El Paso vorbei, das Koschenillerot wurde durch künstliche Farbstoffe ersetzt.

### Plaza

Die breite Avenida José Antonio führt zur zentralen Plaza, die in zwei originell mit Lavagestein gestaltete Parks gegliedert ist. Oben, im **Jardín El Paredón** (span. *paredón,* Mauerrest), fungiert die Nachbildung einer kanarischen Steinpyramide als Springbrunnen. Im unteren Garten, dem **Jardín de la Era** (span. *era,* Tenne), wurde ein Dreschplatz nachempfunden. Kleine Fliesenbilder geben – folkloristisch verfremdet – Szenen aus dem alten, ländlich geprägten La Palma wieder.

### Museo de la Seda Las Hilanderas

*Calle Manuel Taño s/n, Tel. 922 48 56 31, Mo, Mi, Fr 10–13, Di, Do 10–13, 17–19 Uhr, Eintritt 2,50 €*

In dem einzigen Saal des kleinen Seidenmuseums stehen mehrere Webstühle, an denen Handwerkerinnen die Seidengewebeherstellung demonstrie-

Im Museo de la Seda Las Hilanderas kann man zuschauen, wie aus zarten Seidenfäden ein Gewebe entsteht

ren. Sie führen eine jahrhundertealte Tradition fort (s. S. 114). In Vitrinen sind Gerätschaften ausgestellt, die für die Produktion unverzichtbar sind, außerdem die Kokons der Seidenraupen. Der Museumsshop an der Kasse verkauft edle, nicht ganz billige Schals und Krawatten aus einheimischer Seide.

### Nuestra Señora de la Inmaculada Concepción de la Bonanza

*Calle General Franco, tagsüber tgl. geöffnet*
Die noch recht neue Pfarrkirche ist der Jungfrau der Unbefleckten Empfängnis der Meeresstille geweiht. Um 1900 errichtete sie der katalanische Architekt Laureano Arroyo im Stil des Eklektizismus, für La Palma ungewöhnlich. Diese historisierende Architekturrichtung fand auf anderen Kanareninseln teilweise große Verbrei-

tung, denn den zeitgleichen Jugendstil empfanden viele Bauherren als zu elitär. Der Eklektizismus griff Elemente praktisch aller bis dahin bekannten Baustile auf. Die breite Terrasse vor der Kirche bietet einen schönen Blick über El Paso.

Etwas unterhalb, an der Ecke der Calle Manuel Taño, steht die alte Pfarrkirche. Sie entspricht im Stil einer typischen kanarischen Ermita und besitzt eine sehenswerte geschnitzte Decke im Altarraum.

# Petroglifos ▶ D 6

*Frei zugänglich*
Am Nordwestrand von El Paso, im Barranco de Tenisque, befindet sich die neben Belmaco und La Zarza dritte bedeutende prähistorische Stätte La Pal-

mas. Anfahrt: Am Jardín El Paredón der Calle Paso de Abajo (alte Straße nach Los Llanos) knapp 1 km abwärts folgen, bis rechts ein Schild zu den Petroglyphen weist. Dort in die Calle San Telmo einbiegen, an einer ersten Gabelung links, an einer zweiten rechts (jeweils Schilder: Lomo de La Fajana). Die schmale Straße endet im Barranco de Tenisque an einem kleinen Parkplatz mit Informationstafel.

Die Stätte besteht aus zwei Fundstellen, die zu Fuß jeweils in wenigen Minuten zu erreichen sind. In jedem Fall geht es zunächst ein kurzes Stück im Barranco aufwärts.

### Lomo de La Fajana

Um zur Petroglyphenwand am Lomo de La Fajana zu gelangen, verlässt man das Bachbett schon bald nach links auf einem alten Pflasterweg, rechts an einem Haus vorbei. Etwa 30 m oberhalb des Hauses gabelt sich der Weg, hier gelangt man links zu den durch ein Gitter geschützten Felsgravuren. Beachtung verdienen neben verschiedenen anderen Motiven vor allem die für die Kanaren einmaligen Sonnensymbole. Manche Forscher glauben an eine kultische Bedeutung im Zusammenhang mit der Sommersonnenwende, zu der beim Untergang der Sonne über der Cumbre de La Caldera ganz bestimmte Beleuchtungsverhältnisse am Lomo de La Fajana herrschen.

### El Cimeterio

Die zweite Fundstelle, El Cimeterio, liegt unmittelbar im Barranco de Tenisque, etwa 200 m oberhalb des Parkplatzes. Zypressenhecken umgeben dort den Friedhof, der dem Fundort den Namen gab. Im Halbrund einer Felsstufe, die dort den weiteren Aufstieg durch den Barranco versperrt, sind große, spiralförmige Petroglyphen zu erkennen.

## Übernachten

*Familiär* – **La Tienda:** Cruz Grande 1 (alte Dorfstraße, oberer Ortsrand), Tel. 922 49 73 42, www.lapalma-pension. de, DZ 67 €. Die Pension logiert in einem liebevoll restaurierten Herrenhaus der Jahrhundertwende an der alten Dorfstraße, am oberen Ortsrand von El Paso. Ansprechendes Frühstücksbuffet. Sechs Zimmer, eine Suite, alle mit Heizung. Auch ein Apartment für Selbstversorger wird vermietet (60 €).

*Sehr komfortabel* – **Villa Abuelito Francisco:** Calle El Pilar 2, Tel. 922 48 54 42, www.villaabuelitofrancisco. com, Apartment für 2 Pers. 58 €. Die sieben in alten Natursteinhäusern eingerichteten Ferienwohnungen zeigen sich geradezu luxuriös. Alle mit eigener Terrasse und komplett ausgestatteter Küche. Ein beheizbarer Pool komplettiert die Anlage.

*Unabhängig sein* – **Hermosilla:** El Paso de Abajo 5, Tel. 922 48 57 41, www.hermosilla.de, Studio für 2 Personen 35 €, Apartment 40 €, Bungalow 52 €. Sehr schöne terrassenförmige Anlage unter deutscher Leitung mit vier Wohnungen und drei Bungalows, die jeweils von kleinen Gärten umgeben sind. Auf der obersten Terrassenebene befindet sich der Pool. Anreise: Von der Plaza im Ortszentrum die alte Straße nach Los Llanos hinunter und an einem Torbogen aus Natursteinen rechts abbiegen.

**Hinweis:** In den Katalogen der Reiseveranstalter sind mehrere kleine Ferienanlagen unter dem Stichwort El Paso aufgeführt, die 2 km südlich in **Tajuya** liegen (s. S. 173).

## Essen & Trinken

*Frische Tapas* – **Tasca Catalina:** Calle Miramar 27 (LP-3 Richtung Los Llanos,

## Mein Tipp

**Geschmackssache**

Für den deutschen Geschmack ist in El Paso auch in kulinarischer Hinsicht gesorgt: In den **Naturkostläden El Campo** (Crta. General 1, unterhalb des Ortszentrums) und **Alegría** (Calle Tanausú 16, hinter der zentralen Plaza, www.alegria.lapalma.cc) gibt es Vollkornkuchen, Dinkelbrötchen und vieles mehr. Martina verkauft in ihrer **Konditorei La Tarta** (Avenida José Antonio, Di–Sa 8.30–14.30 Uhr) selbst gebackene Torten und Quiches. Ein nahezu komplettes Sortiment an Öko-Produkten führt der **Bio-Supermarkt El Rincón** (Calle Vista Alegre 12, südlicher Ortseingang, Mo–Sa 8–20 Uhr).

nach ca. 300 m ausgeschildert), Tel. 922 48 65 69, www.tasca-catalina.de, Di–Sa 18–23 Uhr, Tapas 5–12 €. In einem renovierten Bauernhof, stimmungsvolle Atmosphäre. Kleiner Speiseraum mit nur 7 Tischen und dazu eine zum Sonnenuntergang beliebte Terrasse mit weitem Blick bis zum Atlantik. Brigitte und Michael servieren außer einem anspruchsvollen Standardsortiment auch täglich nach Marktlage wechselnde Tapas sowie Suppen und Desserts. Gute Auswahl an palmerischen Weinen.

*Die Dorfbar schlechthin –* **Centauro:** Av. José Antonio 8, tgl. 8–24 Uhr, Tapas *(ración)* 4,50–6 €. Eine echte Institution, wo sich die Männerwelt von El Paso gern auf ein Bier trifft. In schummrigem Ambiente speist man authentische Tapas, z.B. *jamón serrano,* den der Wirt gekonnt von riesigen Schinkenkeulen absäbelt.

# Einkaufen

*Überraschendes –* **La Sorpresa:** Avenida José Antonio 6, www.miramar paradies.de, Mo–Fr 10–13, 17–19.30, Sa 10–13 Uhr. Modernes Kunsthandwerk, auf La Palma hergestellt: Keramik, Silberschmuck mit Lavagestein oder Olivin und typisch palmerischen Motiven wie spiralförmigen Petroglyphen oder Drachenbäumen. Außerdem Textilien und Accessoires aus Seide, Leder und Ökomaterialien. Kompetente Beratung auf Deutsch.

# Aktiv & Kreativ

*Auf dem Pferderücken –* **Círculo Hípico Manivasán – Finca Corazón:** Tacande, Calle Cuesta de La Juliana 15, Tel. 699 62 95 17, www.la-palma-reiten.com. Jeden Tag geführte Ausritte, Unterricht einzeln oder in Gruppen. **Hacienda Barrial:** Barrial de Abajo 23, Tel. 649 01 97 08, www.reitferien-lapalma. com, Einzelunterricht pro Stunde 20 €, Ausritte 2 Std. 40 €, Kurse zum Verstehen der Pferdesprache.

*Wellness kreativ –* **Aurora:** Tacande, Camino Nuevo 2, Tel. 922 48 65 39, www. aurora-lapalma.de. Familiäre und einfallsreiche Wellnessfinca mit Ayurveda-Anwendungen, Fußreflexzonenmassagen, Qi-Gong, aber auch Tanz- und Musikseminaren.

# Abends & Nachts

*Kunst und Musik –* **Café Encantado:** Calle Salvador Miralles 2 (bei der alten Kirche), Tel. 922 49 74 17, Mo–Sa 18–23 Uhr. Das Café – als Begegnungsstätte für Künstler, Kunstschüler und Interessierte gedacht – ist der 2009 eröffneten ersten kanarischen Ausbildungsstätte für Kino und Kunst angeschlossen.

Kunstausstellungen und Filmvorführungen. Am Wochenende abends (ca. 20.30 Uhr) oft kleine Konzerte unterschiedlichster Stilrichtungen wie Flamenco, zeitgenössische Klaviermusik oder auch Rockiges (Eintritt ca. 6 € mit Getränk).

## Infos & Termine

### Tourismusbüros
**Oficina de Turismo de El Paso:** 38750 El Paso, Calle Antonio Pino Pérez s/n (unterhalb des Jardín de la Era), Tel./Fax 922 48 57 33, www.lapalma-cit.com, Mo–Sa 10–17, So 10–14 Uhr. Informationspavillon der Organisation CIT Tedote, zu der sich verschiedene palmerische Unternehmen zusammengeschlossen haben. Sehr freundliche Beratung. Auch Verkauf von kulinarischen Inselspezialitäten und anderen anspruchsvollen Souvenirs. Mehrmals in der Woche Events: Vorführungen im Zigarrendrehen, Weinproben, Mojoverkostung.
**Info Center La Palma:** Calle Antonio Pino Pérez 12, Tel. 922 49 74 68, www.la-palma.com, Mo–Fr 9–15, 18–22, Sa 9–15 Uhr. Privat geführte Unterkunftsvermittlung, Tipps zu diversen Sportarten. Reichhaltiges Angebot an deutschsprachiger Literatur über La Palma, Internetzugang, Bistro.

### Internet
Seite der Gemeinde El Paso: **www.ayuntamientodeelpaso.org.**

### Feste & Veranstaltungen
**Sagrado Corazón:** Herz-Jesu-Fest, am zweiten Sonntag nach Fronleichnam. In monatelanger Arbeit reich mit Reis, Bohnenkernen, Pflanzensamen aller Art und Salz bunt geschmückte *arcos* (Bögen) werden – ähnlich wie zu Fronleichnam in Villa de Mazo – in der Nacht vor dem Fest von den Vertretern der einzelnen Ortsteile in den Straßen des Stadtzentrums aufgestellt. Nach dem Gottesdienst trägt eine feierliche Prozession, von Trommelmusik begleitet, eine Christusstatue aus der neuen Pfarrkirche heraus. Friedenstauben werden freigelassen, die Festteilnehmer werfen Blumen und bunte Zettel mit Gelübden in die Luft. Vor der alten Pfarrkirche spielt das städtische Blasorchester eine Hymne, ein Chor singt dazu. Anschließend zieht die Prozession rund fünf Stunden durch den Ort, bevor das Herz-Jesu-Fest vor dem Rathaus am Abend mit einem klassischen Konzert und Feuerwerk ausklingt.
**Bajada de Nuestra Señora del Pino:** s. S. 272.

### Verkehr
**Bus:** L 1 von Santa Cruz nach Los Llanos passiert alle 30–60 Min., zentrale Haltestelle am Jardín de la Era.
**Taxi:** Avenida José Antonio, Tel. 922 48 50 03.

# Tajuya und Celta ▶ D 7

Die beiden ruhigen Villenviertel liegen in dem Dreieck, das die Straßen LP-2 und LP-3 im südlichen Aridane-Tal bilden. Verwaltet wird Tajuya von El Paso aus, Celta von Los Llanos. Wie in El Paso, leben auch hier viele deutschsprachige Zuwanderer. Urlauber finden eine Reihe idyllischer Unterkünfte sowie gute Restaurants.

### Jardín de las Aves
*Tajuya, Calle Panadero 16, ab LP-3 ausgeschildert, Tel. 922 48 57 01, Mo–Sa 10–17 Uhr, Eintritt 6, Kinder 3 €, Führung auf Deutsch jeden Di 11 Uhr*
In dem Vogelpark werden seltene und empfindliche Arten wie Bali-Star, Malaba-Hornvogel, Krontaube und Edwards-Fasan gepflegt und gezüchtet.

Der Jardín de las Aves ist Mitglied des E.E.P. (Europäisches Programm zum Schutz vom Aussterben bedrohter Tierarten). Für Pflanzenliebhaber gibt es ein kleines Orchideen- und Farnhaus, für Gourmets eine auf Gerichte mit Austernpilzen aus eigener Zucht spezialisierte Snackbar.

## Übernachten

*Tropisches Ambiente –* **La Palma Jardín:** Celta B-20, Tel. 922 46 35 67, www.lapalmajardin.com, Bungalow für 2 Pers. ca. 100 €. In einer ruhigen Villensiedlung gelegen. Die 38 komfortablen Einzel- und Reihenbungalows der spanischen 4-Schlüssel-Kategorie sind eingebettet in einen großen exotischen Garten mit Pool. Private Terrassen mit Meerblick. Unter derselben Leitung gleich nebenan die eleganten Bungalows **Las Colinas** mit jeweils eigenem kleinem Garten (für 2 Pers. ca. 110 €).

*Familienfreundlich –* **La Villa:** Celta s/n, Tel. 922 40 21 08, www.lavillalapalma.com, Bungalow für 2 Personen 60–69 €. Dezenter Chic zeichnet die Einrichtung der 26 geräumigen Einzel- und Doppelbungalows aus. Alle mit großer Terrasse, gut ausgestatteter Küche und Safe (gratis). Für Familien mit kleinen Kindern ideal. Außer einem im Winter beheizten Pool ist auch ein Planschbecken vorhanden. Hunde (bis 5 kg) auf Anfrage erlaubt.

## Essen & Trinken

*Cool und kreativ –* **Franchipani:** LP-3, Tajuya, Empalme Dos Pinos 57, Tel. 922 40 23 05, www.restaurante-franchipani.com, Fr–Mi ab 13 Uhr, Hauptgerichte 10–12 €. Innovative Küche mit einheimischen, nach Möglichkeit biologisch produzierten Zutaten, z. B. pi-

kante Bananensuppe, panierter Schafskäse mit Waldfrüchten oder Kaninchen in Pflaumen-Sherry-Sauce. Während man auf das frisch zubereitete Essen wartet, schmeckt in der Lounge (mit Raucherzone) ein Aperitif.

*Deftig mit Niveau –* **El Sombrero:** Tajuya (Straßengabelung LP-2/LP-3), Tel. 922 49 73 92, Mo/Di u. Fr/Sa 18–22, So 12–15, 18–22 Uhr, Hauptgerichte 8–12 €. Vielseitige, gehobene Küche und eine gepflegte Atmosphäre bieten Doris und Heinz Birkemeier aus Österreich. Der Koch ist übrigens ein Palmero, die Speisekarte dementsprechend durchaus einheimisch geprägt. Von den Fleischgerichten werden Lammkeule und kanarische Schweinshaxe besonders gern genommen, empfehlenswert auch die Paella. In unregelmäßigen Abständen Live-Musik. Rauchen erlaubt.

*Hausmannskost –* **La Abuela:** Tajuya (LP-3 km 25), Tel. 922 48 56 09, Mi–Mo ab 12 Uhr, Hauptgerichte 6–8 €. So kochte schon die Großmutter (span. *abuela*), wenn es etwas zu feiern gab. Das vorwiegend einheimische Publikum weiß die gewaltigen Fleischportionen daher zu schätzen. Am Wochenende immer gut besucht.

## Infos

### Verkehr

**Bus:** L 1 von Santa Cruz nach Los Llanos passiert alle 30–60 Min., Haltestellen entlang der LP–3.

# La Laguna und Todoque ► C 7/8

Die sonnensicheren Streusiedlungen La Laguna (1600 Einw.) und Todoque (1400 Einw.) gingen aus kleinen Bauerndörfern hervor. Unterhalb der Landstraße LP-213, die etwa entlang der 300-m-Höhenlinie verläuft und beide Orte durchzieht, erstrecken sich Bananenplantagen. Weiter oben stehen alte Steinhäuser zwischen Obstbäumen und Feigenkakteen. In beiden Orten versprechen kleine Apartment- und Bungalowanlagen individuellen, erholsamen Urlaub.

Ein paar markante Vulkankegel überragen die Bananenfelder westlich von La Laguna und Todoque. Ihre Krater stehen wegen ihrer naturnahen Flora unter Schutz.

## Übernachten

*Idyllisch –* **La Plantación:** La Laguna, Camino El Pedregal, von der LP-213 La Laguna–Todoque ausgeschildert, Tel. 922 40 23 37, www.bungalowslaplanta cion.com, Bungalow für 2 Pers. 70–80 €. Ruhige Anlage mit 31 Wohneinheiten, die sich über einen großen Garten ver-

teilen. Zwei Pools, Tennisplatz, Internet und Bibliothek. Morgens bringt der Bäcker frische Brötchen.

*Entspannend –* **Residencia Las Norias:** Las Norias (▶ C 8), Tel. 922 40 19 78, www.residencia-lasnorias.de, jeweils für 2 Personen Studio 40 €, Apartment 50 €, Bungalow 60 €. 22 Wohneinheiten in zehn individuellen Häusern, in gepflegtem Garten. Rund 200 m über dem Meer gelegen. Tennisplatz (Unterricht möglich), beheizbarer Pool.

*Panoramablicke –* **El Paradiso:** Todoque, etwas unterhalb der LP-213 bei Km 4, 5, Tel. 922 46 28 38, www.elparadiso.com, Bungalow für 2 Personen 42–52 €. Ruhige, kinderfreundliche Anlage mit fünf kleineren und einem großen Bungalow unter deutscher Leitung. Alle Wohneinheiten mit Meerblick von der Terrasse oder Dachterrasse. Poolbereich mit Grillstelle zur gemeinsamen Nutzung inmitten eines blühenden Palmengartens.

*Gepflegt privat –* **La Primavera:** Las Norias (▶ C 8), Calle Cuatro 5, Tel. 922

Aparter Kontrast: Stricklava und frisches Wolfsmilch-Grün – hier nahe Todoque

48 59 97, www.lapalma-sonne.de, Apartment/Bungalow für 2 Pers. 45–55 €. Die sechs unterschiedlich großen Ferienwohnungen und Bungalows sind individuell und geschmackvoll eingerichtet. Besonders schön für zwei Personen der Bungalow Malaga mit Dachterrasse. In der ruhigen Villensiedlung Las Norias bei Todoque, mit umlaufender Sonnenterrasse und Pool.

*Sehr gesellig* – **Musicasa:** Las Norias 10 (► C 8), Tel./Fax 922 46 32 31, www. musicasa.de, DZ 44 €. La Palmas »erste und einzige Urlaubs-WG« wendet sich an junge und jung gebliebene, kontaktfreudige Menschen. Bis zu 15 Personen verbringen hier ihre Ferien, das reichhaltige Frühstück wird gemeinsam an einem großen Tisch eingenommen. Ödi und Susanne geben Tipps in Sachen Wandern, Tauchen und Musik (Ödi ist selbst Musiker) und vermitteln gerne verschiedene Aktivitäten.

*Alternativ* – **Camp La Laguna:** La Laguna, Camino Cruz Chica 60, Tel. 922 40 11 79, www. 4011camp.com, 9 € pro Person. Eigenwilliger privater Campingplatz unter der Leitung des Schweizers Hannes Keller. Man bringt das eigene Zelt oder Wohnmobil mit oder mietet einen von 10 Wohnwagen. Warmes Wasser und Internetanschluss vorhanden. Gekocht und geplauscht wird in der Gemeinschaftsküche. Die Anlage ist kinderfreundlich und alkoholfrei. Wer es noch ruhiger (und einfacher) mag, schlägt sein Zelt auf dem idyllischen Gelände Camp 4011 in Las Norias auf, einem Ableger dieses Camps.

## Essen & Trinken

*Feine Küche* – **Altamira:** Todoque 467 (Gabelung LP-213/LP-211), Tel. 922 46 38 80, Di–Sa ab 18 Uhr, So/Mo geschl., Tapas ab ca. 5 €. Anspruchsvolle spanische Tapas und auch internationale

kleine Gerichte. Die Chefin steht selbst am Herd. Angenehme Atmosphäre in nett restauriertem Haus.

*Treffpunkt* – **La Palmera:** La Laguna, Tel. 647 57 99 44, tgl. 10–ca. 2 Uhr. Spanische Tasca unter deutscher Leitung an der zentralen Kreuzung. Hier treffen sich Residenten und Urlauber zum Frühstück, zum Zeitunglesen oder auf ein paar Tapas. Rauchen erlaubt.

## Aktiv & Kreativ

*Wandern einmal anders* – **Graja-Tours:** Todoque, Camino la Majada, Tel. 922 10 75 36, www.wandern-auf-la-palma.de. Mike Keim bietet deutschsprachig geführte Wanderungen, einzeln oder (günstiger) im Paket, außerdem Wanderwochen (auch speziell für Singles) und Verleihservice für Wanderschuhe, Stöcke und Kindertragen. Exklusiv bei Graja-Tours: Dreitägige Wandertour mit Übernachtung im Observatorium am Roque de Los Muchachos.

## Infos

### Verkehr

**Bus:** L 4 Los Llanos – Puerto Naos passiert alle 30–60 Min., abends bis ca. 23 Uhr, Haltestellen entlang der LP-213. **Taxi:** Taxiruf Tel. 922 40 33 75. **Mietwagen:** Auto La-Palma 24, La Laguna, Ctra. General 228, Tel. 922 46 18 19, www.la-palma24.net.

# Puerto Naos  ► C 8

Der Ferienort Puerto Naos (800 Einw. und etwa ebenso viele Gästebetten) liegt – windgeschützt – an dem wohl besten Badestrand der Insel. Das Schwimmvergnügen im Atlantik ist hier meist auch dann noch ungetrübt,

wenn die anderen Strände der Westküste wegen hoher Brandung zu gefährlich sind. Rund 3300 Sonnenscheinstunden im Jahr gewähren beinahe schon die Garantie für einen
gelungenen Urlaub.

Den schönsten Überblick über die
Küstenlandschaft bietet der **Mirador
de Puerto Naos** in einer Straßenkurve
oberhalb des Ortes.

Anfang der 1970er-Jahre standen
unten am Meer nur ein paar Wochenendhäuser. Dann begann ein Bau-
boom, dem die mehrgeschossigen
Apartmenthäuser zu verdanken sind,
die sich in mehreren rechtwinklig an-
geordneten Straßenzeilen hinter dem
Strand drängeln. Die Ferienwohnungen darin gehören vorwiegend spanischen Familien. 1990 eröffnete das mit
rund 1000 Betten einzige größere Hotel des Ortes.

### Paseo Marítimo

Mit Boutiquen und Terrassencafés verleiht der Paseo Marítimo, eine großzügige, schöne Uferpromenade, Puerto Naos Flair. Weiter nördlich, am
kleinen romantischen Fischerhafen, ist
so etwas wie ein alter Ortskern zu
erahnen.

Zwei durch die Farbgebung – Blau
und Türkis, Weiß und Ocker – oriental-
lisch anmutende **Kioscos** verschönern
das Südende des Paseo Marítimo. Eine
Art Zeltdach verbindet sie zu einer
Einheit. Bei den Kiosken handelt es
sich um ein frühes architektonisches
Werk des Inselkünstlers **Luis Morera,**
der sie im seinerzeit (Ende der 1980er-
Jahre) aktuellen postmodernen Stil
als Metallkonstruktion schuf. Um eine
Verbindung zum Meer herzustellen,
verwendete er Sprossenfenster, wie
sie für nostalgische Strandlokale frü-
herer Zeiten typisch waren. Die Kioscos beherbergen ein Restaurant und
die örtliche Gleitschirmfliegerbasis.

# Baden & Beachen

### Playa de Puerto Naos

Die 600 m lange Playa de Puerto Naos
liegt gleich vor dem Paseo Marítimo.
Palmen spenden Schatten, Langeweile
kommt selten auf. Denn immer wieder
landen Gleitschirmflieger, die von einem Vulkankegel bei Jedey herab-
schweben.

Südlich von Puerto Naos gibt es,
über die LP-213 zu erreichen, in Fuß-
gängerentfernung zwei weitere Bademöglichkeiten:

### Playa de las Monjas ▶ C 9
*Ca. 2 km von Puerto Naos entfernt
bei Km 11*
An der Playa de las Monjas (Nonnen-
strand) darf als einzigem Küstenabschnitt La Palmas FKK offiziell praktiziert werden – dem Namen ganz zum
Trotz! Steile Felswände rahmen die
Bucht, eine Treppe führt zum Meer hinunter. Oft macht eine kräftige Brandung das Baden unmöglich. Von einem eigentlichen Strand kann keine
Rede sein, auch wenn bei Niedrigwas-
ser ein schmaler Kiesstreifen trocken-
fällt.

Schönster Strand weit und breit ist 1 km weiter südlich (bei Km 12) die **Playa de Charco Verde**, s. Lieblingsort S. 180.

### Playa La Bombilla ▶ C 8
*Zu Fuß ab Puerto Naos ca. 20 Min., Schild Kiosco Varadero folgen*
Nördlich von Puerto Naos ragt die Punta de la Lava (auch Punta Hoyas) mit ihrem markanten Leuchtturm ins Meer. Die Landspitze entstand erst 1949 durch das Vordringen eines Lavastroms der San-Juan-Eruption. Rund 1 km$^2$ Neuland bildete sich, auf dem heute Bananen gedeihen. Von Puerto Naos aus gesehen vor dem Leuchtturm liegt mit der Playa La Bombilla ein grobkiesiger Strand. Die angrenzende Sommerhaussiedlung belebt sich in der Saison mit Einheimischen, die über einen schwankenden Steg zum Baden in den Atlantik steigen oder mit kleinen, offenen Booten zum Angeln hinausfahren. Zwei Kioscos sorgen für das leibliche Wohl.

### Playa Nueva ▶ C 8
*Zu Fuß ab Puerto Naos ca. 1 Std. zwischen hohen Grenzmauern der Plantagen entlang, also besser Auto oder Fahrrad nehmen*
Über die Abzweigung zur Playa La Bombilla hinaus und an der folgenden Kreuzung rechts geht es durch das Gelände einer Bananenpackerei zur Playa Nueva (ausgeschildert). Der schöne, gepflegte und durch eine Sandaufschüttung aufgewertete Strand ist heute völlig unverbaut – im Gegensatz zu früher. Einige ohne Genehmigung hier errichtete Wochenendhäuser mussten weichen. Weit schweift der Blick Richtung Norden entlang der Küste bis zur Felswand hinter dem Fischerhafen Puerto de Tazacorte. Im Sommer ist Baden meist möglich, im Winter hingegen wegen starker Strömungen nicht immer ungefährlich.

# Abstecher nach El Remo
▶ D 9

Über die Playa de Charco Verde hinaus führt die Küstenstraße LP-213 durch Bananenplantagen Richtung Süden bis El Remo und endet dort. In der Laubenkolonie verbringen einheimische Familien ihre Freizeit. Der steinige Strand eignet sich zum Baden kaum. Aber es ist spannend, das wirre Durcheinander von scheinbar nie fertig werdenden *casetas*, wie die Palmeros ihre kleinen Ferienhäuser nennen, anzuschauen. Nach El Remo fährt man wegen des speziellen Ambientes, das dort mehrere pittoreske Strandlokale mit Meerblick bieten.

## Übernachten

*Groß und komfortabel –* **Sol La Palma:** Tel. 922 40 80 00, www. solmelia.es, DZ

**Mein Tipp**

### Hippieflair
Auf der Terrasse des Kiosco El Remo (El Calamar) am gleichnamigen Strand fühlt man sich ein wenig in die guten alten Zeiten der frühen Aussteiger versetzt, die auf La Palma das unbeschwerte Leben suchten. Der in zartem Teig frittierte Tintenfisch (*ración*, ausreichend für 2 Personen: 9,50 €) ist – wie der Beiname des Lokals verrät – Spezialität des Hauses und gilt überdies als einer der besten der Insel. Aber auch die anderen Fisch- und Meeresfrüchtegerichte sind nicht zu verachten (**Kiosco El Remo,** Tel. 922 40 80 61, Hauptgerichte 7–9 €).

mit Halbpension 66–108 €, Studio/ Apartment für 2 Personen ohne Verpflegung 48–118 €. Ferienhotel der 4-Sterne-Kategorie am Südrand des Ortsstrandes. Die 308 Zimmer sind geräumig und sehr gut ausgestattet. Hinter dem Hotel liegen die gleichnamigen Apartments und Studios: 163 Wohneinheiten, alle mit Balkon, aber nur teilweise mit Meerblick. Sämtliche Einrichtungen des Hotels können mitbenutzt werden: Pools, Garten und Liegewiese über dem Meer, mehrere Bars, Sauna, Fitnessraum, Tennisplatz, kleines Observatorium.

*Mit Flair –* **Villa Carlos:** Playa de Charco Verde, www.charco-verde.com, buchbar nur über Veranstalter, Bungalow für 2 Pers. mit Flug für eine Woche ab 1400 €. Ruhige Bungalowanlage in Alleinlage oberhalb der Playa de Charco Verde. Für Selbstverpfleger. Süßwasserpool und Grillplatz im Garten. Brötchenservice gegen Gebühr.

*Strandnah und zentral –* **Playa Delphin:** Calle José Guzmán Pérez 1, Tel. 922 40 81 94, www.playadelphin.com, Studio für 2 Personen 25–42 €, Apartment 31–56 €. Moderne, freundliche Ferienwohnungen mit Südwestbalkon und Strandblick. Gut ausgestattet mit Zimmersafe und Satelliten-TV. Am ruhigsten wohnt man in den oberen, etwas zurückgesetzten Stockwerken. Mindestaufenthalt 3 Tage.

*Unter Einheimischen –* **Martín:** Calle Juana Tabares 1, Tel. 922 40 90 46, www.aptos-martin-lapalma.com, Apartment für 2 Personen 35 €. Ferienwohnungen am südlichen Ortsrand. Von den Balkonen genießt man seitlichen Meerblick. Ein schon etwas älteres Haus, aber durchaus annehmbar.

## Essen & Trinken

*Nicht zu übersehen –* **La Nao:** Paseo Marítimo 1, Tel. 922 40 80 72, Di–So 11–

23 Uhr, Hauptgerichte 9–16 €. Die Bar ist zu jeder Tageszeit beliebter Treffpunkt. Im Restaurant und auf der Terrasse an der Strandpromenade werden gute Fischgerichte serviert.

*Unschlagbares Ambiente –* **La Roca:** Avenida Marítima 4, Tel. 922 40 82 14, tgl. durchgehend geöffnet, Hauptgerichte 9–14 €. Romantische Lage oberhalb des alten Hafens. Auf der langgestreckten Terrasse kommt kein Fleisch auf den Tisch, dafür schmecken die Fischgerichte umso besser. Nicht-Fischesser haben die Wahl zwischen mehreren Pastatellern (6–9 €). Am Sonntag gibt es Paella.

*Katalanisch inspiriert –* **Bar Tasca:** Calle Juana Tabares 3-C, Tel. 639 73 62 36, tgl. abends geöffnet, Tapas um 4 €, *raciones* 8–10 €. Die Küche ist auf Tapas in verschiedenen Größenordnungen spezialisiert. Auf der Karte stehen ausgefallene Kreationen wie Ziegenkäse mit Paprikakonfitüre oder Venusmuscheln mit Weißwein. Kleine Terrasse mit Blick nach Süden.

*Im Fischerviertel –* **El Rincón del Pescador:** Paseo Marítimo 19, Tel. 922 40 82 01, Mi–Mo 13–23 Uhr, Hauptgerichte 8–11 €, 3-gängiges Hausmenü mit Brot und Getränk 11 €. Fischlokal unter portugiesischer Leitung am Nordende der Strandpromenade, nicht weit vom Hafen. Uriges Ambiente in altem Dorfhaus, schöne Dachterrasse.

*Chillen und Schlemmen –* **Mambo:** Avenida Cruz Roja 1-C, Tel. 620 19 78 95, Sa–Do 16–2 Uhr, Hauptgerichte 8–11 €. Gemütliche Terrasse, beliebte Lounge für einen Aperitif. Täglich fangfrischer Fisch, reiche Auswahl an vegetarischen Speisen, Pizza und Pasta (je um 7 €). Es gibt – eher die Ausnahme auf La Palma – auch Kinderteller (um 5 €).

*Luftiger Außensitz –* **Playa Morena:** Paseo Marítimo, Do–Di 12–23 Uhr, Juni geschl., Hauptgerichte 7–11 €. In den Kioscos am Südrand des Strandes.

**Charco Verde – Stranderlebnis unverfälscht** ▶ C/D 9

Hohe graue Felswände überragen den Naturstrand, genauso grau wie Sand und Kies unten am Meer. Dennoch ist Tristesse hier ein Fremdwort. Denn das Gestein kontrastiert wohlgefällig mit dem Türkis des Atlantiks. Bei Ebbe gibt der Tidenhub grünlich schimmernde Algen frei. Und im Sand funkelt Glimmer im Sonnenlicht. Egal ob sommers oder winters, stets schmeichelt eine sanfte Brise der Haut. Wird es doch einmal zu heiß, dann flüchtet die immer recht überschaubare Zahl von Badegästen in den Schatten riesiger Palmwedelschirme. Die Playa de Charco Verde schmückt sich mit der begehrten Blauen Flagge, ist tagsüber bewacht und besitzt Umkleidekabinen und Duschen. Ein Kiosco serviert Getränke und Bocadillos (3 €). FKK und Hunde sind verboten.

Fisch- und Fleischgerichte werden auf der Promenadenterrasse bei unverstelltem Atlantikblick verspeist. Stammlokal der Gleitschirmflieger.

*Kantinenartig* – **Orinoco:** Calle Manuel Rguez. Quintero 1, Do–Di 9–24 Uhr, Mitte Juni zwei Wochen geschl., diverse Hauptgerichte schon für 5 €. Kleiner, schlicht eingerichteter Speiseraum in einem Keller in einer Seitenstraße. Erstaunlich preisgünstig für die ordentliche Küche. Für Spezialitäten wie *cabrito* (9 €) oder *langostinos* (10 €) muss man nur unwesentlich tiefer in die Tasche greifen.

## Einkaufen

*Strandmode und mehr* – **Gecko:** Calle M. Darias Montesín 4, tgl. 17–20 Uhr, im Sommer geschl. Boutique mit Modeschmuck, Batikkleidung, originellen Ansichtskarten und hübschen Dekorationsartikeln im Handgepäckformat. **Creación:** Paseo Marítimo 33, Tel. 922 40 83 99, www.creacion.info, Mo–Sa 10–22, So 10–14, 17–22 Uhr, Okt.–März jeweils nur bis 21 Uhr, Ende Juni/Anf. Juli geschl. Ausgefallenes Kunsthandwerk, wie es sonst kaum erhältlich ist: Artikel aus Bananenfasern, Kleidung aus Naturmaterialien, Ketten und Armbänder aus Lavastein, Korallen, Olivin; mit Ausstellung von Modellschiffen.

## Aktiv & Kreativ

*Radsport* – **Bike Station La Palma:** Avenida Cruz Roja 3, Tel. 922 40 83 55, www.bike-station.de. Vermietung von Mountainbikes, geführte Touren verschiedener Schwierigkeitsgrade. Außerdem ist Nordic Walking im Angebot.
*Auf dem Trek* – **NAToUR trekking:** Tel. 922 43 30 01, www.natour-trekking.

com. Geführte Tageswanderungen aller Schwierigkeitsgrade (ohne Transfer 32–36 €, mit Transfer 42–46 €, tgl. wechselndes Programm; Paket 3 Touren ab 94 €, 5 Touren ab 149 €). Regelmäßige Informationsveranstaltungen im Hotel Sol La Palma. **Graja Tours:** s. La Laguna & Todoque. Information und Anmeldung auch in Puerto Naos am Südrand des Paseo Marítimo (keine festen Zeiten).

*Luftig beschirmt* – **Palmaclub:** Paseo Marítimo (im Kiosco Playa Morena), Tel. 922 46 44 79 o. 610 69 57 50, www.palmaclub.com. Gemeinsame Flüge, wobei der Transport organisiert wird. Tandemflüge mit Javier Lopez, dem spanischen Vizemeister von 2000, möglich. Ganzjährig Kurse.

*Abtauchen* – **Tauchpartner La Palma:** Tel./Fax 922 40 81 39, Paseo Marítimo s/n, www.tauchpartner-lapalma.de. Deutschsprachige Basis in der Ladenzeile der Apartments Playa Delphin. Barbara und Georg setzen auf Klasse statt Masse. Ausbildung nach den Richtlinien von PADI und CMAS, Tauchgänge (mit eigener Ausrüstung 29 €, mit Leihausrüstung 39 €).

## Abends & Nachts

*Gutes Unterhaltungsprogramm* – **Hotel Sol La Palma:** mehrmals pro Woche in der Sala de Animación (auf der Rezeptionsebene). Freitags tritt dort in der Regel eine Folkloregruppe von La Palma auf. In der Bar im Untergeschoss des Hotels spielt in der Hauptsaison jeden Abend, sonst mehrmals pro Woche ein Duo zum Tanz auf. Nicht-Hotelgäste sind auch gerne willkommen.
*Zum Tanzen* – **Disco Pub Melody:** C. M. Darias Montesín 5, nur am Wochenende geöffnet (Fr/Sa und So/So). Hier feiern in der Badesaison die jungen

Einheimischen. Vor Mitternacht lohnt das Erscheinen kaum. Spanische und internationale Popmusik.

*Der Name ist Programm –* **König La Nao:** C. Juana Tabares 3, wechselnde Öffnungszeiten je nach Saison. Das vorwiegend deutsche Publikum schaut gerne einmal in der gemütlichen Kneipe auf eine Caipirinha vorbei. Außerdem wird König Pilsener ausgeschenkt, wahlweise aber auch Gaffel Kölsch.

## Infos

### Verkehr

**Bus:** L 4 ab Los Llanos alle 30–60 Min., abends bis ca. 23 Uhr, Haltestellen am großen Parkplatz am Ortseingang sowie an der Zufahrt zum Hotel Sol La Palma. Die meisten Busse dieser Linie fahren bis zur Playa de Charco Verde weiter.

**Taxi:** Taxistand am Hotel Sol La Palma. Falls dort kein Wagen steht, an der Rezeption nachfragen oder Tel. 628 67 61 10 wählen.

**Mietwagen:** Ancar, Hotel Sol La Palma (Ladenzeile), Tel. 922 40 80 66, www.ancar-lapalma.com.

# Los Llanos de Aridane ▶ C 6

Als wirtschaftliches und kulturelles Zentrum des wohlhabenden Valle de Aridane steht Los Llanos in Konkurrenz zu Santa Cruz und wird daher auch als »heimliche Hauptstadt« bezeichnet. In Los Llanos sitzt die Verwaltung der heute mit gut 20 000 Einwohnern größten Gemeinde La Palmas. Die eigentliche Stadt zählt einschließlich ihrer Vororte etwa 15 000 Bewohner. Viele Menschen sind erst in den vergangenen Jahrzehnten zugezogen, um im Bananenanbau, im Dienstleistungsbereich oder in der bescheidenen Industrie (Molkerei, Keramikherstellung) zu arbeiten. Breite Geschäftsstraßen und moderne Häuserzeilen prägen das Stadtbild.

### Plaza Mercado (Mercado Municipal) 1

*Avenida Enrique Mederos, Mo–Sa 7–14 Uhr*

Die kleine städtische Markthalle mit buntem, vielseitigem Angebot steht nicht weit vom Busbahnhof, eingebettet in einen Park. Typische Produkte von La Palma sind getrocknete Chilischoten sowie *azafrán*. Darunter ist hier meist der weniger hochwertige, preisgünstigere falsche Safran zu verstehen, der aus den Blüten der Färberdistel gewonnen wird. Mandeln und Backwaren stammen aus örtlicher Produktion. Auch der einheimische Wein fehlt nicht. Darüber hinaus gibt es eine Vielfalt an Obst, Gemüse und anderen Lebensmitteln des täglichen Bedarfs.

Um vom Mercado in die Innenstadt zu gelangen, bietet es sich an, durch die Avenida Tanausú zu schlendern. Prächtige Jugendstilvillen mit üppigen Gärten, stuckverzierten Fassaden und Wandbildern aus Fliesen säumen die stille Allee. Sie stammen aus der Blütezeit des Valle de Aridane, als mit dem Export von Bananen noch viel Geld zu verdienen war.

# Plaza de España

Mittelpunkt der charmanten Altstadt von Los Llanos ist die autofreie, von gewaltigen Birkenfeigen beschattete Plaza de España. In den angrenzenden Gassen konzentrieren sich die Ge-

schäfte. Vom Platz südwärts führt die Calle Diaz Pimienta als großzügiger Fußgängerbereich, ebenfalls mit zahlreichen Boutiquen. Richtung Osten zieht sich die Calle Real, die ehemalige Prachtstraße, wo herrschaftliche Stadthäuser zwischen den kleineren, bescheidenen *casas* der nicht ganz so wohlhabenden Bürger stehen.

Zentraler Treffpunkt auf der Plaza de España ist ein **Kiosco,** der ebenso wie das benachbarte Straßencafé des **Hotels Edén** 3 Tische ins Freie stellt. Hier wie dort lässt sich beim *café con leche* das Leben und Treiben ringsum bequem beobachten.

## Iglesia Nuestra Señora de Los Remedios 2

*Plaza de España, tgl. 9–14, 17–19 Uhr*
Die Pfarrkirche Mariahilf geht auf einen Bau zurück, den – wie es heißt – Alonso Fernández de Lugo kurz nach der Conquista errichten ließ, um der Madonna für ihre Hilfe bei der Be-

zwingung des gefürchteten Stammesoberhaupts Tanausú (s. S. 68) zu danken. Seither erfolgten mehrfache Um- und Ausbauten. Ende des 17. Jh. kam der wehrhaft wirkende Glockenturm hinzu.

Im Innern ist die Kassettendecke im Mudéjar-Stil bemerkenswert, die vor allem im vorderen Teil des Mittelschiffs sehr prachtvoll geschnitzt wurde. Auf dem Altar mit einem aus Silber getriebenen Vorsatz steht das ebenfalls sehr aufwendig aus Silber geschmiedete Allerheiligste, flankiert von vielarmigen silbernen Kerzenleuchtern. Das barocke Retabel dahinter, zum Teil mit Blattgold belegt, birgt die Statue der Schutzpatronin, eine flämische Arbeit im Stil der Renaissance (Mitte 16. Jh.). Sie thront auf einem Halbmond, umgeben von einem flammenden Sonnenstrahlenkranz. Zwei Seitenaltäre tragen Ölgemälde, die ebenfalls flämischen Meistern zugeschrieben werden.

# Los Llanos de Aridane

**Sehenswert**
1 Plaza Mercado
2 Iglesia Nuestra Señora de Los Remedios
3 Museo de Arte Sacro
4 Parque Gómez Felipe
5 Museo Arqueológico Benahoarita

**Übernachten**
1 Trocadero Plaza
2 Valle Aridane
3 Edén
4 El Porvenir
5 El Patio

**Essen & Trinken**
1 San Petronio
2 El Hidalgo
3 Palacio del Vino, Queso y Jamón
4 Salta si Puedes
5 Brasero Mar y Tierra
6 La Pergola
7 La Luna

**Einkaufen**
1 Valle Verde
2 Diseño

**Aktiv & Kreativ**
1 Bike'n'Fun

**Abends & Nachts**
1 Utopia

## Plaza Chica

Hinter der Kirche liegt die idyllische Plaza Chica. Offiziell heißt sie »Plaza Elías Santos Abreu« in Erinnerung an einen hier geborenen Naturforscher, der zu Beginn des 20. Jh. Studien über die Insektenfauna der Kanaren veröffentlichte. Eine Tafel gedenkt dieses Sohnes der Stadt. Jahrzehntealte Fächerpalmen spenden Steinbänken und einem Brunnen Schatten. In den lauschigen Platz, den der Volksmund auch Plaza de Enamorados (Platz der Verliebten) nennt, mündet die Calle Fernández Taño, eine der ältesten Straßen der Stadt mit traditionellen, einstöckigen Häusern. Einige beherbergen jetzt Restaurants oder Boutiquen.

**Museo de Arte Sacro** 3
*C. Fernández Taño 4, Di u. Fr 11.30–13.30, 17.30–19, Sa 11.30–13.30 Uhr, Eintritt 1 €*

Bei der Plaza Chica befindet sich auch dieses kleine Museum für Kirchenkunst, das den Kirchenschatz der Iglesia Nuestra Señora de Los Remedios zeigt. Speziell die feinen Silberschmiedearbeiten – ein Messkelch, eine Monstranz, Kronen für Heiligen- und Madonnenfiguren – lohnen einen Blick. Heraus ragt die Skulptur San José y el Niño (Sankt Joseph und das Jesukind), die vermutlich von dem berühmten andalusischen Barockbildhauer **Benito de Hita y Castillo** (1714–84) stammt, dessen Schaffen auch auf den Kanaren vielerorts Spuren hinterlassen hat.

## La Ciudad en el Museo (CEMFAC)

»Die Stadt im Museum« heißt eine von Stadtrat und Inselregierung unterstützte Initiative, an der sich seit dem Jahr 2000 namhafte Künstler beteiligten. Vorwiegend im Zentrum von Los Llanos, rund um die Plaza de España, aber auch in Außenbezirken verschönern bisher 14 von geplanten 25 großflächigen Wandbildern die breiten, fensterlosen Außenmauern von Gebäuden aus den 1960/70er-Jahren. Diese ständige Ausstellung holt moderne Malerei aus dem elitären Rahmen der Kunstmuseen und bringt sie der Bevölkerung wie auch Besuchern unmittelbar nahe. Die verwendeten Acrylfarben und eine wasserabweisende Imprägnierung sollen die Haltbarkeit der Gemälde garantieren. Ein Plan am Westrand der Plaza de España verzeichnet Lage, Namen und Autoren der Kunstwerke.

Sehr wirkungsvoll präsentiert sich das 15 qm große Bild »Historia Natural« von **Pedro González** (geb. 1927 auf Teneriffa) am Postgebäude in der Calle Real. Der aus Teneriffa stammende Künstler war ursprünglich Chemie- und Mathematiklehrer, daher seine Vorliebe für naturwissenschaftliche Themen in der Malerei.

Spektakulär schwebt der Turm von Babel auf dem expressionistischen Werk »Volcán-Torre de Bábel en Los Llanos de Aridane« (72 qm, Ecke Calle Real/Avenida Dr. Fleming) über der Stadt. **Luis Mayo** (geb. 1964 in Madrid) schuf diesen genialen Mix zwischen Mythos und Realität im Jahr 2000 als eines der ersten Wandbilder der Ausstellung.

Der deutsche Künstler **Albert Oehlen** (geb. 1954 in Krefeld), Schüler von Sigmar Polke und Weggefährte von Jörg Immendorf, leistete im Jahr 2006 mit »Mural Numero 1« (Calle Real 29) den ersten internationalen Beitrag. Sein Werk wirkt anarchisch, sehr direkt und vehement farbig. Er selbst bezeichnet es als »postungegenständlich«. Oehlen lebt einen Teil des Jahres in Los Llanos.

# Südlich der Plaza de España

## Parque Gómez Felipe 4

*Ctra. General a Puerto de Naos LP-124); 14–16 Uhr (Winter) bzw. –17 Uhr (Sommer) geschl.*

Am Südrand von Los Llanos liegt der nach dem einheimischen Odontologen (Zahnforscher) **Antonio Gómez Felipe** (1900–60) benannte Stadtpark. Dieser kulturell und naturwissenschaftlich äußerst vielseitig interessierte Mann hatte die Idee, einen Streifen Niemandsland zwischen dem Barranco Tenisca und der Straße nach Puerto Naos in eine blühende Oase zu verwandeln. 1958 öffnete der Park seine Pforten. Aus dieser Zeit stammt der attraktive, inzwischen Schatten spendende Baumbestand. Wasser wurde damals herbeigeführt, Blumen gepflanzt, der erste Kinderspielplatz von Los Llanos eingerichtet. Aus dem gesamten Valle de Aridane strömten die Menschen zur Erholung in den Parque Gómez Felipe.

In den 1990er-Jahren war die Anlage allerdings heruntergekommen. Damals kam der Gedanke einer Neugestaltung auf, deren Verwirklichung bis 2008 auf sich warten ließ. Den verspielt-fantasievollen Kern des heutigen Parks, den **Jardín de las Delicias** (Garten der Lüste), entwarf *der* Inselkünstler **Luis Morera** gemeinsam mit seinem Kollegen **Natán Teutsch**. Wie schon bei La Glorieta in Las Manchas verwendete Morera auch hier Fliesenbruchstücke im Überfluss. Er arrangierte sie zu Teppichen, Bildern und Skulpturen. Da er diese Form der Keramik allerdings als rustikal und somit eher für ländliche Gärten geeignet an-

Leuchtender Jacaranda-Baum vor dem Turm zu Babel – Malerei von Luis Mayo

sieht, ergänzte er sie in diesem Fall durch Beeteinfassungen aus Industriefliesen, die – so der Künstler – ein in der Stadt erhältliches Fertigprodukt seien. Auch die vier schmiedeeisernen Gartentore sollen typisch für einen Stadtpark wirken.

Gegen Ende der Arbeiten überwarf sich Morera, der dafür bekannt ist kein Blatt vor den Mund zu nehmen, mit der Stadtverwaltung von Los Llanos. Schließlich vollendeten mehrere einheimische Kunsthandwerker sein Werk. Der Park soll auch **botanischer Garten** sein. Einheimische Gewächse ergänzen heute den schon aus früheren Tagen vorhandenen, eher exotischen Pflanzenbestand. Zum neuen Trend passend beherrschen kanarische Motive den Dekor des Jardín de las Delicias: Eidechsen aus Zement, mit Fliesenbruchstücken verkleidet, dazu ein Drachenbaummosaik, eine Lavagrotte und Megalithmonumente. Schmiedeeiserne Gitter umgeben kleine Teiche und erinnern an César Manrique, aber auch an den katalanischen Jugendstilarchitekten Antoni Gaudí (1853–1926). Viele Elemente entstammen scheinbar dem Tryptichon »Garten der Lüste« von Hieronymus Bosch (Ende 15. Jh., heute im Prado-Museum von Madrid), das den bis dahin unbekannten Drachenbaum in Europa bekannt machte und Morera und Teutsch tatsächlich als Vorbild für den Park diente. Alles in allem ein Ort, der zum Verweilen einlädt.

Gegenüber vom Parque Gómez Felipe ist an der Nordwand eines Gebäudes (Haus-Nr. 1) mit »Vista de La Palma desde San Borondón« (Blick auf La Palma von San Borondón) ein weiteres, 2006 entstandenes Bild des Freilichtmuseums La Ciudad en el Museo (s. S. 185) zu sehen. **Jorge Fin** (geb. 1963 in Madrid) schuf dieses 55 Quadratmeter große Werk, das auf die alte Legende von einer achten Kanareninsel namens San Borondón Bezug nimmt (s. S. 8). Wolken spielen dabei eine große Rolle. Ursprünglich malte Jorge Fin sie zur Entspannung zwischen der Erstellung von zwei Werken. Später fanden sie Eingang in viele seiner Gemälde. Diese Tatsache verhalf ihm zu dem Beinamen »Wolkenmaler«.

### Museo Arqueológico Benahoarita [5]

Geradezu ein Muss ist der Besuch des 2007 eröffneten Archäologischen Museums (s. Entdeckungstour S. 190).

# Übernachten

*Für Stadtschwärmer –* **Trocadero Plaza** [1]: Calle Las Adelfas 12, Tel. 922 40 30 13, www.hoteltrocaderoplaza.com, DZ 76 € inkl. Garagenplatz. Komfortables modernes 2-Sterne-Hotel, alle 18 Zimmer mit Balkon zur Plaza mit dem Archäologischen Museum, Dachterrasse.

*Stopover mit Komfort –* **Valle Aridane** [2]: Glorieta Castillo de Olivares 3, Tel. 922 46 26 00, www.hotelvallearidane.com, DZ ca. 50 €. Vielfach von Geschäftsreisenden genutztes Stadthotel mit 42 Zimmern, Dachterrasse mit Bar. An der stark befahrenen Hauptstraße, daher unbedingt darauf achten, kein Zimmer zur Straße zu bekommen!

*Mitten im Geschehen –* **Edén** [3]: Plaza de España, Tel. 922 46 01 04, www.hoteledenlapalma.com, DZ ca. 40 €. Hotel der 1-Stern-Kategorie, wegen der zentralen Lage nicht ganz so ruhig. Alle 19 Zimmer verfügen aber über Balkon und es gibt eine Dachterrasse zur gemeinschaftlichen Nutzung.

*Für Traveller die Nr. 1 –* **El Porvenir** [4]: Calle Fernandez Tano 33, Tel. 922 46 16 49, www.el-porvenir.info, DZ 30 €. Fünf kanarisch-ethnisch eingerichtete Zimmer, deutschsprachig. Das ungezwungene Ambiente spricht Reisende an, die Gleichgesinnte treffen möchten. Gemeinschaftsküche und Etagenbad erleichtern das Kennenlernen.

*Ruhig und doch zentral –* **El Patio 5**: Calle Convento 43, Tel. 616 58 92 06, www.elpatio-lapalma.com, Studio für 2 Pers. 26–31 €, Apartment 33 €. Familiäres modernes Apartmenthaus am Rand des Stadtzentrums. Sieben nett eingerichtete Wohnungen mit Balkon. Eine Dachterrasse lädt zum Sonnenbaden ein.

**Hinweis:** In den Katalogen der Reiseveranstalter finden sich mehrere idyllische Ferienanlagen unter dem Stichwort Los Llanos, die 2,5 km außerhalb im Ortsteil Celta liegen (s. S. 173).

## Essen & Trinken

*Niveauvoll –* **San Petronio 1**: Camino Pino de Santiago 40, Tel. 922 46 24 03, Di–Sa 13–16, 19–22.30 Uhr, Hauptgerichte 10–11 €, Pasta um 7 €. Sehr gutes italienisches Lokal etwas außerhalb der Stadt (an der Gabelung am östlichen Ortsausgang nicht Richtung El Paso, sondern links fahren, dann ausgeschildert).

*Variantenreich –* **El Hidalgo 2**: Calle La Salud 21, Tel. 922 46 31 24, www.la palma-hidalgo.com, Do–Di 17.30–23 Uhr, Hauptgerichte ab 10 €. In einem schönen Stadthaus mit Garten. Für den kleinen Hunger bieten Rudolf und Monika Tapas und Salate, zum Sattwerden Fleisch- und Fischgerichte und Pasta/Pizza. Gute Auswahl an vegetarischen Speisen, Tageskarte mit Angeboten der Saison. Zu den Gästen zählen sowohl Einheimische als auch Touristen.

*Der Weinspezialist –* **Palacio del Vino, Queso y Jamón 3**: Avenida Tanausú 21, Tel. 922 46 27 74, Mi– Mo 13–1 Uhr, Hauptgerichte 9–12 €. Originelles Höhlenlokal in einer ehemaligen Bodega.

An Holztischen genießt man Käse, Schinken oder Wurst zum Wein oder auch edle Hauptspeisen. Verkauf von über 300 Sorten Wein.

*Bewährter Klassiker –* **Salta si Puedes 4**: Avenida Tanausú 29, Tel. 922 46 38 79, Do–Di 11–23 Uhr, Hauptgerichte 8–12 €. Vorne feines Speiselokal für gehobene Ansprüche, angrenzend ein uriger Raum mit rustikaler Atmosphäre. Viele einheimische Gäste, kanarische Fisch- und Fleischgerichte, Riesenportionen. Vorwiegend Nichtraucherlokal, kleiner Raucherraum.

*Grillstube –* **Brasero Mar y Tierra 5**: Calle Fernández Taño 29, Tel. 922 46 43 14, Di–Sa 12.30–23, So 13–17 Uhr, Hauptgerichte 8–12 €. Palmerische Küche mit üppigen Portionen, Fleisch und Fisch kommen vorwiegend vom Grill. Um den gemütlichen Innenhof gruppieren sich die Gasträume.

*Für Leutegucker –* **La Pergola 6**: Plaza de España, Tel. 922 46 42 16, Di–So 10–22.30 Uhr, Pizza/Pasta um 8 €. Schöne Terrasse in einer Mauernische neben der Kirche. Der ideale Platz, um das Treiben auf der Plaza zu beobachten. Auf der Speisekarte stehen vorwiegend Pizza und Nudelgerichte. Das Hausgericht (halbes Hähnchen mit Salat und Kartoffeln) gibt es für 9 €.

*Viel Atmosphäre –* **La Luna 7**: Calle Luna/Calle Fernández Taño 26, Mo–Sa 12–14 und ab 19 Uhr, Tapas um 4 €. Nette Tasca (Kneipe) und zugleich Café im Innenhof eines alten Stadthauses. Die Schlemmerplatte mit Tapas, von denen zwei Personen satt werden, kostet 19,50 €. Jeden Mittwoch wird ein Buffet angerichtet.

## Einkaufen

*Für Wanderer –* **Valle Verde 1**: Calle Calvo Sotelo 22. Outdoor-Spezialist; Bekleidung, Wanderschuhe, Rucksä-

# MVSEO

## Auf Entdeckungstour

### So lebten die Ureinwohner – archäologische Spurensuche

Der moderne, dreistöckige Rundbau des Archäologischen Museums von Los Llanos **5** steht in reizvollem Kontrast zum Thema der Ausstellung. Raffiniert gestaltet, führt sie umfassend in Alltag, Kultur und Religion der vorspanischen Bewohner La Palmas ein.

Museo Arqueológico Benahoarita: Los Llanos, Calle Las Adelfas 1, Tel. 922 46 46 09.

**Infos:** Di–Sa 10–14, 17–20 (im Winter 16–19 Uhr), Eintritt frei.

**Dauer:** 1–2 Std.

Die permanente Ausstellung nimmt den geräumigen Saal im ersten Stock des Museums ein. Eine originalgetreue Nachbildung einer prähistorischen Siedlung empfängt den Besucher. Zwar wohnten die Benahoaritas, wie sich die Ureinwohner La Palmas nannten, vorwiegend in natürlichen Höhlen. Im Norden und Zentrum der Insel waren diese zahlreich vorhanden. Im jungvulkanischen Süden allerdings gibt es viel weniger Höhlen. Also errichteten die Ureinwohner dort Steinhütten für sich und ihr Vieh. Das Dach bestand aus Holzbalken, gedeckt mit Zweigen von Baumheide und Tierfellen.

## Bitten um Kindersegen

Linker Hand an der Wand stehen sogenannte Idole in Vitrinen, mit Geschlechtsmerkmalen versehene Statuetten. Sie wurden bei Garafía gefunden, wo sich offenbar der Siedlungsschwerpunkt der Benahoaritas befand. Kinderlose Frauen suchten vermutlich als Kultstätten dienende Höhlen auf und vollzogen dort mit Hilfe der Idole Fruchtbarkeitsrituale. Derartige Funde wurden auf den Kanaren nur vereinzelt gemacht und besitzen einen besonderen Stellenwert.

## Steinzeitindustrie

Als die spanischen Eroberer im 15. Jh. eintrafen, befanden sich die Benahoaritas auf der Kulturstufe der Jungsteinzeit, auch deshalb weil es auf den Kanaren keine Metallvorkommen gibt. Dennoch sprechen Prähistoriker von »Industrien« zur Herstellung von Gebrauchsgegenständen, Kleidung und Schmuck. Diese werden in weiteren Vitrinen dokumentiert.

Ein Video über die **Keramikproduktion** von Hoyo de Mazo spricht für sich. Dort haben moderne Töpfer die Kunst der Aufbautechnik, also der Herstel-

lung von Tongefäßen ohne Drehscheibe, wiederbelebt (s. S. 145/6).

Stein ersetzte das fehlende Metall bei der Herstellung von Gerätschaften und Waffen. Für scharfe Messer eignete sich insbesondere das harte vulkanische Glas **Obsidian,** dessen Vorkommen allerdings zur Zeit der Conquista schon fast erschöpft waren. Zwar konnten sich die Benahoaritas nicht mit Gold und Silber schmücken und auch funkelnde Edelsteine gab es auf La Palma nicht. Doch sie fertigten Ketten und Armbänder aus Muschel- und Schneckenschalen, indem sie diese auf Lederbänder aufzogen. Nähnadeln und andere feinere Instrumente entstanden aus Tierknochen. Mit Hilfe der Nadeln fügten die Frauen das zuvor in Salzwasser gegerbte Ziegenleder zu tunikaähnlichen Gewändern zusammen. Schuhe nähten sie aus Fell. Große Bedeutung hatte schließlich die Produktion von Holzgeräten. Hirten verwendeten Speere ausschließlich aus Holz. Die Spitzen härteten sie im Feuer, um es mit Ziegenhörnern aufnehmen zu können.

## Rätsel um Schrift, Sprache und Kultstätten

Nächste Station im Uhrzeigersinn sind die bis heute nicht entzifferten **Petroglyphen.** Überall auf der Insel hinterließen die Benahoaritas solche Felsgravuren in Form von Buchstaben, Spiralen oder Labyrinthen (s. S. 226). Hier im Museum werden Beispiele von verschiedenen Fundstätten gezeigt, sowohl im Original als auch als Wandbild.

Nebenan geht es um die sogenannten **Steinpyramiden,** wie sie vor allem im Valle de Aridane oberhalb von El Paso in großer Zahl zu finden sind. Der am besten erhaltene dieser stufenförmigen Bauten, der Torre Vandama, steht allerdings bei Breña Baja. In der Wissenschaft gehen die Meinungen darüber auseinander, ob es sich um neuzeitliche Anhäufungen von Steinen der nahen Äcker handelt oder aber um Kultstätten der Altkanarier. Manche Forscher vermuten, die Benahoaritas hätten an den Pyramiden ihre oberste Gottheit oder vielleicht auch die Sonne angebetet.

Eine Liste an der Wand führt die **prähistorischen Sprachreste** vor Augen. In der Regel handelt es sich um Namen von Pflanzen, die es nur auf den Kanarischen Inseln gibt, oder von Orten, deren Bezeichnung erhalten blieb. So weiß man, dass *aridane* so viel wie Ebene heißt. Eine ähnliche Bedeutung dürfte *taburiente* haben. *Tedote* ist der Berg, *tacande* der verbrannte Stein. Nur wenige andere Worte sind bekannt, da nach der Conquista durch rasche Vermischung von Einwanderern aus Europa mit den Benahoaritas deren Kultur schon Ende des 16. Jh. so gut wie verschwunden war. Die erste Silbe lautet häufig Ti-, Te-, Ta- oder Gu-, ein deutlicher Hinweis auf die Verwandschaft mit den nordafrikanischen Berbersprachen.

### Stocksprünge und mehr fürs Überleben

Im zentralen Bereich des Raumes wird beschrieben, wie die Ureinwohner sich mit Nahrung versorgten. Sie hielten Ziegen und Schafe, verzehrten deren Fleisch und stellten aus der Milch Butter und Käse her. Im Norden der Insel betrieben die Hirten die auch aus verschiedenen Gebirgen Europas bekannte **Transhumanz,** indem sie mit ihren Herden je nach Jahreszeit die Weidegründe wechselten. Damals war die Fähigkeit, mit einem langen Stock über kleine Schluchten und Klippen zu springen, unverzichtbar für jeden

männlichen Benahoarita. Es galt, dem Vieh schnell durch unwegsames Gelände folgen zu können. Bis zum heutigen Tag hat diese Kunst – wie ein Video anschaulich zeigt – als nostalgische Sportart überdauert. Anbau von Gerste, Hartweizen, Linsen und Kichererbsen sowie das Sammeln von Wildfrüchten, Fischfang und Jagd trugen ebenfalls zum Überleben bei.

### Regentschaft in altkanarischem Stil

Bevor die Spanier La Palma eroberten, war die Insel in 12 Herrschaftsgebiete unterteilt, deren Grenzen eine Wandkarte zeigt. Jedes dieser Territorien wurde von einem Stammesfürsten regiert. Dieser versammelte sich mit den

Ältesten in einem **Tagoror,** einer Art Ratsplatz in Form eines Steinkreises, um über wichtige Angelegenheiten zu verhandeln und Recht zu sprechen. Der Herrscher selbst thronte dabei anscheinend auf einem erhöhten Steinsitz. Wie frühe europäische Chronisten berichten, fielen im Tagoror verhängte Strafen vergleichsweise hart aus.

## Wie im alten Ägypten

In einer separaten Abteilung hinten links ist der Nachbau einer kombinierten Wohn- und Grabhöhle zu besichtigen, mit dem Originalfund eines bestatteten Toten. Dieser wurde – wie in vorspanischer Zeit auf den Kanaren allgemein üblich – mumifiziert, wobei die Technik allerdings noch nicht sehr ausgefeilt war. Zwei Wochen lang ließen die Hinterbliebenen den Leichnam an der Sonne trocknen, rieben ihn währenddessen regelmäßig mit Ziegenbutter ein und füllten in die Körperöffnungen jeden Tag eine Mischung aus Fett, Vulkanasche und Kräutern, um die Verwesung zu verhindern. Die Archäologen vermuten Verbindungen zu frühen Kulturen des antiken Ägypten. Keinesfalls durften die Toten in Kontakt mit dem Boden kommen, eine Beerdigung kam nicht in Frage. Sie wurden vielmehr in ausgehöhlten Baumstämmen aufgebahrt oder in Tierhäute gehüllt und mit Grabbeigaben wie Schmuck, Waffen und Lebensmitteln in Keramikgefäßen für die Reise ins Jenseits ausgerüstet.

**Das für palmerische Felsgravuren typische Spiralmotiv, hier nahe Santo Domingo**

cke, und Zubehör renommierter Marken, Test-Parcours für Schuhe, Verleih von Stöcken und Kindertragen.

*Für Sie und Ihn –* **Diseño 2**: Calle Fernández Taño 1, Tel. 922 40 14 07. Freizeitmode, Schmuck und Kunsthandwerk. Vieles ist aus natürlichen Materialien und/oder per Hand angefertigt.

## Aktiv & Kreativ

*Spaß auf dem Rad –* **Bike'n'Fun 1**: Calle Calvo Sotelo 20, Tel. 922 40 19 27, www.bikenfun.de. Hier sind mehr als 20 geführte Touren im Angebot. Im Laden gibt es Service und Zubehör. Verleih pro Tag 9–24,50 € je nach Mietdauer und Rad; fünf geführte Touren im Paket 175–250 €.

*Wandern einmal anders –* **Graja Tours:** s. La Laguna & Todoque. Information und Anmeldung auch in Los Llanos bei **Diseño 2**.

## Abends & Nachts

*Jederzeit –* **Utopia 1**: Calle Fernández Taño 9. Die Cocktail-Bar ist tgl. ab 19 Uhr beliebter Treffpunkt. Fantasievolle Mixgetränke, auch Bier. Zum Frühstück (diverse Varianten ca. 4–5 €) wird das Bistro geöffnet (Mo–Sa 9–14.30 Uhr). Mittags gibt es feine *bocadillos* und Sandwiches (2,50–3 €).

In den Sommermonaten finden auf der Plaza de España in unregelmäßigen Abständen **Popkonzerte** statt (auf Plakate achten, Eintritt frei).

## Infos & Termine

### Tourismusbüros
**Oficina de Información Turística:** 38760 Los Llanos de Aridane, Avenida Dr. Fle-

ming s/n, Tel. 922 40 25 83, www.aridane.info, Mo–Fr 8.30–19, Sa 9–14 Uhr. Das städtische Verkehrsbüro ist in unterirdischen, ehemaligen öffentlichen Toiletten (Mitte 20. Jh.) untergebracht, die der renommierte Architekt Evaristo Martín Ávila aus Teneriffa 2003 spektakulär umbaute. Toiletten gibt es hier übrigens auch heute wieder.

**Contacto:** Calle General Yagüe 13, Tel. 922 46 32 04, Fax 922 46 12 66, www.la-palma.de, Mai–Sept. Mo–Do 9.30–17, Fr 9.30–13.30, 16–19, Sa 9.30–13.30 Uhr, Okt.–April Mo–Fr 9.30–13.30, 16–19, Sa 9.30–13.30 Uhr. Das unter deutscher Leitung stehende Privatbüro ist Zimmervermittlung und Bücherladen zugleich. Riesenauswahl an CDs mit palmerischer und kanarischer Musik und an Ansichtskarten. Außerdem gibt es Auskünfte aller Art, Internet-Zugang und einen Geldautomaten.

### Feste & Veranstaltungen
**Fiesta Nuestra Señora de Los Remedios:** zwei Wochen Mitte Juni. Patronatsfest zu Ehren der Stadtheiligen mit Autoschau, Kindertheater, Musikkapellen, Krönung einer Festkönigin und weiteren Events. Der eigentlich religiöse Anlass tritt in den Hintergrund. Genaues Programm in der Gratis-Zeitung D'Ocasión.

**Outdoor & Walking Festival:** drei Tage Anfang Oktober, mit Themenwanderungen, Fachmesse und Musikfestival. Die Veranstaltung findet an verschiedenen Stellen auf der Insel statt, Hauptort mit Messe und Transfers zu den Wanderungen ist aber Los Llanos (Plaza de España). Programm unter www.senderosdelpalma.com/walkingfestival/de.

### Verkehr
**Bus:** Busbahnhof in der Calle Ramón Pol 3, Tel. 922 46 02 41; Verbindungen nach

El Paso/Santa Cruz (L 1, alle 30–60 Min.), Tijarafe/Puntagorda (L 2, 4–8 x tgl.), Santo Domingo de Garafía (L 2, 2–7 x tgl.), Barlovento/Los Sauces (L 2, 3–6 x tgl.), Fuencaliente (L 3, 6–8 x tgl.), Puerto Naos (L 4, alle 30–60 Min.), Tazacorte/Puerto de Tazacorte (L 21, ca. stündl.).

**Taxi:** Taxistand an der Avenida Dr. Fleming, Tel. 922 46 27 40; Taxiruf: Radio-Taxi Taburiente, Tel. 922 40 35 40.

**Mietwagen:** Idafe, Calle Diaz Pimienta 19, Tel. 922 46 04 82, www.autos-idafe.com; Soyka, Calle General Yagüe 13, Tel. 922 46 33 90, www.auto soyka.de.

**Parken:** In der Nähe des Busbahnhofs sind praktisch immer freie, nicht gebührenpflichtige Parklücken zu finden.

# Argual Abajo ► C 6

Ein restaurierter Aquädukt markiert von der LP-2 aus die Einfahrt zur Plaza Sotomayor (Schild: Casa Massieu), dem auch als Llano de Argual bekannten zentralen Platz des ruhigen kleinen Ortes. An dieser Stelle errichteten die spanischen Eroberer Ende des 15. Jh. ihre erste Siedlung auf La Palma. Heute umgeben Argual Abajo weitläufige Bananenplantagen, die im Verlauf des 20. Jh. das früher hier wogende Zuckerrohr ersetzten. Mit dem süßen Rohr erwarben einige miteinander verwandte und verschwägerte Adelsfamilien im 16. und 17. Jh. immense Vermögen (s. S. 73). Die Familie Monteverde betrieb in Argual Abajo eine Zuckermühle. Wasser aus der Caldera, über den zwischen 1555 und 1557 errichteten Aquädukt herangeführt, schwemmte den Zucker aus dem zerquetschten Rohr heraus. Das Eindicken des so gewonnenen Saftes erfolgte mit Brennholz, das Kamele

aus dem Inselinneren heranschleppten. Sklaven verrichteten die harte Arbeit in der Mühle und auf den Feldern. Aus der damaligen Zeit stammt das Ensemble herrschaftlicher Gutshäuser rings um die Plaza Sotomayor. Den Großgrundbesitzern dienten ihre Anwesen in Argual Abajo als Sommersitz, während sie den Winter in Santa Cruz verbrachten.

## Plaza Sotomayor

An der Nordostseite des Platzes erhebt sich die **Casa Sotomayor** (Nr. 7) mit Balkon über dem Portal und schön bepflanztem Vorgarten. Zu diesem Anwesen gehören ein kleineres Wohnhaus (Nr. 5) und einige Lagerhäuser. An der Südseite des Platzes stehen die **Casa Veléz de Ontanilla** (Nr. 35) und links daneben – getrennt durch einen üppig begrünten Garten – die **Casa Massieu van Dalle** (Nr. 31), beide aus dem 17. Jh. Letztere beherbergt heute eine Touristeninformation der Inselregierung. Der schöne Patio mit Holzgalerie ist während der Öffnungszeiten (s. S. 196) frei zugänglich.

Der zentrale Teil der Plaza Sotomayor wurde um 1915, als die Verpachtung von Bananenplantagen an englische Firmen den Großgrundbesitzern erneut zu Wohlstand verhalf, im modernistischen Stil – der aus Katalonien importierten, spanischen Variante des Jugendstils – mit Brunnen, Grotten und Skulpturen neu gestaltet. Eine inzwischen zu einem wahren Baumriesen herangewachsene Araukarie, exotische Palmen und andere tropische Bäume wurden gepflanzt und es soll einen Teich gegeben haben, den Wasser aus der Caldera de Taburiente speiste. Hier flanierten die ringsum wohnenden Familien an den lauen Sommerabenden. Die einstige Attraktivität der Anlage ist heute lediglich noch zu erahnen.

### Ermita de San Pedro

*I. d. R. zu den Messen geöffnet*

Weiter unten liegt der kleinere **Llano de San Pedro** mit der Ermita de San Pedro. Das Gotteshaus, im 17. Jh. von der Familie Sotomayor gestiftet, fällt durch seine fünfseitige Apsis – für die Kanaren einmalig, in Andalusien jedoch häufig anzutreffen – aus dem Rahmen. Hier besuchten die Großgrundbesitzer in familiärem Rahmen die sonntägliche Messe und feierten ihre Taufen und Hochzeiten.

## Einkaufen

*Feines aus Glas* – **Artefuego:** Plaza Sotomayor 29, www.artefuego.com, Fr–Mi 10–14 Uhr, am So Vorführung am Glasofen. Kleine Glashütte der professionellen Glasmacher Dominic Kessler und Wladyslaw Gozdz. Witzige Kreationen, alles Unikate. Weltweit einmalig dürften die Weingläser mit eingeschmolzenem Lavagestein sein.

*Flohmarkt* – **Rastro:** Plaza Sotomayor, jeden So 9–15 Uhr. Überwiegend Deutsch-Palmeros verkaufen hier Kleidung, Schmuck und antiquarische Bücher (Urlaubslektüre!).

## Infos

### Tourismusbüro

**Oficina Insular de Turismo:** 38760 Los Llanos – Argual Abajo, Plaza Sotomayor 31, Tel. 922 40 18 99, Okt.–Juni Mo–Fr 8–15, Juli–Sept. Mo–Fr 8–14 Uhr. Informationsstelle der Inselregierung, in der Casa Massieu van Dalle. Auch Verkauf von wertvollem einheimischem Kunsthandwerk, vorwiegend Stickereien.

### Verkehr

**Bus:** L 21 Los Llanos – Puerto de Tazacorte passiert etwa jede Stunde.

# Tazacorte ▶ C 7

Als erste spanische Stadt auf palmerischem Boden gründeten die Conquistadores Tazacorte schon 1492, noch bevor sie die Insel endgültig erobert hatten. Reichtum brachte im 16. Jh. der Export von **Zuckerrohr,** zu Beginn des 20. Jh. kam es dann zu erneutem Wohlstand durch den **Bananenanbau** (s. auch Entdeckungstour S. 198). Inzwischen ist kaum noch nachvollziehbar, warum Tazacorte (2900 Einw.) damals den Beinamen »Paris Chiquito« (Klein-Paris) erhielt. Doch bis vor zwei Jahrzehnten fuhren sogar die Bewohner von Los Llanos und El Paso an den Wochenenden nach Tazacorte, um auf der Avenida de la Constitución zu promenieren. Die halbrunde, nur einseitig mit nett restaurierten, typisch kanarischen Häusern bebaute Promenade markiert den unteren Rand des Stadtzentrums. Von dort schweift der Blick über unzählige Bananenstauden hinweg bis zum Meer. Heute genießen diese Aussicht fast nur noch die wenigen Touristen, die sich nach Tazacorte verirren – schade eigentlich, dass die Lebendigkeit aus der Stadt gewichen scheint.

Immerhin umgibt den Ort bis heute das größte Bananenanbaugebiet von La Palma. Von den etwa 2500 Bewohnern leben die meisten direkt oder indirekt von der Arbeit in den Plantagen, auch wenn das Geschäft nicht mehr so gut läuft wie einst.

### Iglesia de San Miguel Arcángel

*Plaza de España, i. d. R. tagsüber geöffnet*

Oberhalb der Avenida thront die Pfarrkirche von Tazacorte. Ihre Vorderfront ist die einer typischen kanarischen Ermita, zu der rechts daneben der moderne Anbau nicht recht passen will. Ein Vorgängerbau wurde an

Tazacorte überrascht mit lebendig-fröhlichen Farben und vielfältigen baulichen Details

gleicher Stelle schon 1513 als erstes Gotteshaus auf La Palma von den spanischen *conquistadores* gegründet. Der Kirchenpatron verlieh auch gleich der Insel seinen Namen. Diese heißt eigentlich San Miguel de La Palma, weil die Spanier 1492 an Sankt Michael (29. September) am Strand von Tazacorte landeten, um die Eroberung einzuleiten. Im Inneren der Iglesia zeigt eine im 16. Jahrhundert entstandene hölzerne Skulptur auf dem Hauptaltar den Erzengel mit dem Teufel.

## Laubengang und Altstadtgassen

Bougainvillea überrankt den mit bunten Fliesen aus Sevilla verzierten Laubengang neben dem Kirchplatz, unter dem sich zur Siesta die älteren Männer des Ortes treffen. Oberhalb der Kirche erstreckt sich das Gassengewirr der Altstadt mit kleineren und größeren Stadthäusern. Ein Bummel durch dieses mit viel Atmosphäre punk-

tende Viertel lohnt nicht nur für Fotografen wegen der vielen kleinen Details, die es an den Gebäuden zu entdecken gibt – Türklopfer, Stuckverzierungen, schmiedeeiserne Gitter, Vogelkäfige vor den Fenstern ...

## Bronzeplastik San Miguel
*Plaza del Morro*
Den Platz vor dem Rathaus von Tazacorte ziert seit dem 29. September 2007 eine Bronzeplastik des Erzengels Michael, dem die Stadtherren anlässlich der Einweihung den Titel eines »Ehrenbürgermeisters auf unbegrenzte Zeit« verliehen. Luis Morera und Natán Teutsch schufen die 3,70 m hohe Skulptur, die auf einem Keramiksockel inmitten eines Springbrunnens steht. Auf einer Wolke schwebend, stößt der hl. Michael – mit der Rüstung eines römischen Soldaten bekleidet – den gefallenen Engel Luzifer mit Hilfe einer Lanze in den Abgrund.

# Auf Entdeckungstour

## Zuckerrohr und Bananen – gestern und heute

Tazacorte war in früheren Jahrhunderten das Zentrum des Zuckerrohranbaus auf La Palma. Imposante Gutshäuser, teils restauriert, teils halb verfallen, erinnern daran. Heute prägt den Ort der Bananenanbau, dem sich Europas einziges Museum zu diesem Thema widmet.

**Startpunkt:** Tazacorte, Avda. de la Constitución. Per Bus L 21 ab Los Llanos (ca. alle 60 Min.) oder per Mietwagen (Parkbuchten entlang der Straße).

**Museo História del Plátano:** ▶ C 7, Tel. 922 48 01 51 (für Reservierungen), Mo–Fr 11–13.30 Uhr, Eintritt frei.

**Dauer:** 2 Std.

Zuckerrohr spielte zu Beginn der Neuzeit eine wichtige wirtschaftliche Rolle auf La Palma. Über das einstmals wichtigste, da klimatisch besonders begünstige Anbaugebiet lässt sich der beste Überblick von Tazacortes Aussichtspromenade Avenida de la Constitución gewinnen. Heute erstrecken sich dort, wo einst die Halme des süßen Grases wogten, allerdings Bananenplantagen.

## Adel unter sich

Inmitten dieser Ländereien, etwas unterhalb der eigentlichen Stadt, residierten die adeligen Großgrundbesitzer. Drei Gutshäuser sind noch aus jener Zeit erhalten. Sie bilden den sogenannten Casco Histórico (historische Stadt), ein Viertel, das auch als Barrio de El Charco bekannt ist. Schräg unterhalb der Pfarrkirche von Tazacorte, quer über die Avenida de la Constitución hinweg, ist der Casco Histórico ausgeschildert. Am besten zu Fuß geht es dort die Calle Miguel Unamuno hinab, eine restaurierte Gasse mit traditionellen Pflastersteinen.

## Aus alt wird manchmal neu

Nach der ersten Straßenkurve steht rechter Hand die **Casa Almirante Díaz Pimienta** (Haus Nr. 5). Der örtlichen Überlieferung zufolge wurde Admiral Francisco Díaz Pimienta (1594–1652) in dem Herrenhaus geboren, was allerdings heute umstritten ist. Jedenfalls trat der wohlhabende Palmero nach dem Studium in Sevilla in die spanische Marine ein, machte sich bei der Bekämpfung englischer und holländischer Korsaren im der Karibik einen Namen und rüstete die Armada auch mit eigenen Schiffen aus. Ein Denkmal vor der Pfarrkirche erinnert an diese herausragende Persönlichkeit seiner Zeit. Später zog die Exportfirma Pedro Suá-

rez in die Casa ein und verpackte hier 1896 die ersten von La Palma aus für den englischen Markt bestimmten Bananen. Das Haus blieb bisher unrestauriert und ist nicht von innen zu besichtigen.

Gleich gegenüber die **Casa Massieu** (Haus Nr. 7) wurde hingegen vor einigen Jahren mit Hilfe von EU-Geldern restauriert. Sie gründete Nicolaas (Nicolás) Massieu, Abkömmling einer normannischen Adelsfamilie. Da er als Zweitgeborener keine Erbschaft zu erwarten hatte, musste er sich nach anderen Einnahmequellen umsehen. So begab er sich 1607 in die Dienste des Flamen Pieter (Pedro) van Dale, der damals auf La Palma in den Zuckerexport einstieg und sich diesem bald erfolgreich widmete. Massieu heiratete eine Tochter Van Dales und avancierte auf diese Weise binnen kürzester Zeit zu einem der wohlhabendsten Großgrundbesitzer der Insel. Das prächtige Barockportal des Hauses zeigt das Familienwappen. Die Casa Massieu war zum Kulturzentrum bestimmt, soll jetzt aber zum Hotel Hacienda de Abajo ausgebaut werden. Ihr hübscher Garten ist bis auf Weiteres öffentlich zugänglich.

## Ein Kölner Kaufmann

Am unteren Ende der Calle Miguel Unamuno steht mit der dreistöckigen **Casa Monteverde Ponte** eines der wohl ältesten erhaltenen Häuser der Insel. Im 16. Jh. errichtete sie Jácome Monteverde alias Jakob Grünenberg aus Köln (s. S. 73). Auch dieses Anwesen wartet noch auf die Restaurierung.

Eine Gedenktafel an der zur Straße gerichteten Außenwand erinnert (mit nicht ganz korrekten Daten und Zahlen) an die »Märtyrer von Tazacorte« – 45 portugiesische Jesuitenmissionare, die 1570 auf dem Weg nach Brasilien vom damaligen Hausherrn Melchor de Monteverde y Pruss, einem Sohn Grünenbergs, für einige Tage freundlich aufgenommen worden waren. Auf der Weiterfahrt wurde noch vor der Küste von La Palma die Handelsgaleone, auf der die Jesuiten als Passagiere mitfuhren, Beute französischer Korsaren. Diese töteten alle an Bord Befindlichen, bis auf den Koch, den sie für ihr eigenes Schiff benötigten.

In der Nähe der Casa Monteverde Ponte sind **Los Lavaderos** zu besichtigen, das sorgfältig restaurierte, ehemalige städtische Waschhaus. Es wurde durch einen Aquädukt versorgt, entlang der Rinne wuschen die Frauen auf Waschbrettern aus Stein die Wäsche ihrer Familien. Nur alle zwei Wochen kam Wasser hier an, nachdem es bereits eine Zuckermühle angetrieben hatte. Anschließend wurde das kostbare Nass noch für die Bewässerung der unterhalb von Los Lavaderos liegenden Bananenfelder genutzt.

## Survival of the fittest?

Südlich von Los Lavaderos steht inmitten von Plantagen das nicht nur zufällig gelb gestrichene Gebäude des **Museo Historia del Plátano** (ausgeschildert). Das Museum dokumentiert anhand von Schautafeln mit sehr ausführlichen Erläuterungen in spanischer Sprache die Geschichte des Bananenanbaus auf La Palma, der immer eng mit dem Ort Tazacorte in Verbindung stand. Hier blieb trotz der Konkurrenz der »Dollarbananen« (s. S. 92) die Anbaufläche stabil. Viele Landwirte pflanzen heute die auf den Kanaren gezüchtete, verbesserte Sorte Gruesa.

Ein kleineres, grün gestrichenes Gebäude weiter links soll demnächst das **Museo del Mojo** beherbergen. Es wird sich der berühmten kanarischen Sauce und ihren Varianten widmen. Der Platz zwischen den beiden Gebäuden ist wie ein maurischer Garten gestaltet, mit Springbrunnen und gefliesten Sitzbänken. Die Bepflanzung besteht – wie könnte es anders sein – aus Bananen, aber auch weiteren auf der Insel verbreiteten Nutzpflanzen.

## Stadien der Reife

Eine ›echte‹ Bananenplantage schließt rechter Hand an den Museumskomplex an. Ausnahmsweise schotten hier weder Betonmauern noch Plastikplanen die Bananenstauden ab. So ergibt sich die seltene Gelegenheit, die Pflanzen genauer in Augenschein zu nehmen. Die seltsamen, violetten Blütenstände verströmen einen süßlichen Geruch, der in der südostasiatischen Heimat der Banane Fledermäuse anlockt. Auf La Palma entwickeln sich die Früchte ohne Bestäubung, durch Anschwellen der Fruchtknoten der zahlreichen weiblichen Blüten. Außerdem gibt es männliche Blüten an der Spitze des Fruchtstands, die ebenso wie die verbliebenen Blütenblätter im Verlauf der Reife abgeschnitten werden. Wurzelausläufer sorgen für die Vermehrung der kurzlebigen Stauden. Während an der Mutterpflanze die Bananen heranreifen, wächst gleich daneben schon eine ›Tochter‹ heran, die ein Jahr später für die nächste Ernte sorgen wird.

Bananen werden stets grün in den Handel gebracht, um nicht vorzeitig zu verderben. Erst im Laden oder beim Verbraucher reifen sie nach. So hängen nirgendwo in der Plantage gelbe Früchte. Doch die Rezeption des Museums hat im Idealfall vorgesorgt. Meist erhält jeder Besucher eine reife Banane, die man sich zum Abschluss dieser Tour schmecken lassen kann.

# Übernachten

*Völlig unabhängig* – **ISA I & II:** Calle Progreso 14 A, Tel. 922 48 00 52, www.apartamentosisa.com, Apartment für 2 Personen 27–37 € (ISA I) bzw. 30–40 € (ISA II). Im Altbau 12 einfache, aber funktionelle Ferienwohnungen ohne Balkon, im Neubau 16 freundlich eingerichtete Apartments mit Balkon, Pool auf der Dachterrasse. Hier urlauben auch viele Einheimische.

# Essen & Trinken

*Ambitioniert* – **Carpe Diem:** Calle Nueva 16, Tel. 922 48 02 35, Mi–So ab 17 Uhr, Mo/Di geschl., Tapas ab ca. 2,50 €, kleine Gerichte um 5 €, Hauptgerichte 9–13 €. In einem kleinen alten Stadthaus zaubert Holger aus überwiegend kanarischen Produkten Sensationelles wie z. B. Lasagne mit Kaninchenragout, Zackenbarsch an Mandelmojo oder Tintenfischsalat mit Thai-Gewürzen auf den Tisch. Vorwiegend Tapas, immer auch einige sättigende Tellergerichte und vegetarische Auswahl.

*Einfach, aber gut* – **La Vica:** Calle Calvo Sotelo 1 A, Tel. 667 73 34 63, Tapas *(media ración)* ab 2 €. Bar neben der Kirche mit dem landesüblichen Angebot an warmen und kalten Speisen von der Theke. Hier treffen sich die Bananenarbeiter.

# Einkaufen

*Vulkanischer Schmuck* – **Volcán Verde:** Calle Ángel 4 (oberhalb der Kirche), Tel. 922 48 09 43, Mo–Fr 10–13.30 Uhr. Künstlerisch gestalteter Schmuck aus Lava, Olivin und Schaumkoralle, eigene Herstellung; eine besondere Adresse.

# Aktiv & Kreativ

Die Gemeinde Tazacorte hat acht kleine Wanderrouten ausgewiesen, u. a. zu den Aussichtspunkten La Punta und Las Bajas. Informationen hält das Tourismusbüro (s. u.) bereit.

# Infos & Termine

### Tourismusbüro
**Centro de Información Turística:** 38770 Tazacorte, Calle Isidro Guadalupe 2, Tel. 922 48 01 51, Fax 922 48 09 29, www.tazacorte.es, Mo–Fr 9.30–13, Sa 15.30–19.30 Uhr (Winter) bzw. Mo–Fr 10–13.30, 16–18 Uhr (Sommer). In dem Informationszentrum oberhalb der Kirche gibt es u. a. einen Stadtplan von Tazacorte und Puerto de Tazacorte. In der angeschlossenen Casa del Artesano Verkauf von anspruchsvollem Kunsthandwerk von La Palma.

### Feste & Veranstaltungen
**Santos Mártires de Tazacorte:** 15. Juli. Zu Ehren der »Märtyrer von Tazacorte« und des seliggesprochenen Leiters ihrer Expedition, Ignácio de Azevedo, zieht eine Prozession durch die Straßen der Stadt.

**Fiestas en Honor de San Miguel:** 2. Septemberhälfte. Das Patronatsfest begleiten Tänze der *caballos fufos:* Männer auf Pappmaché-Pferden bewegen sich zu mexikanischen Rhythmen. Am 29. September (Sankt Michael) enden die Feierlichkeiten mit einem großen Feuerwerk.

### Verkehr
**Bus:** L 21 ab Los Llanos – Puerto de Tazacorte passiert etwa jede Stunde, mehrere Haltestellen entlang der Durchgangsstraße.
**Taxi:** an der Kirche, Tel. 922 48 06 52; am Rathaus, Tel. 922 48 04 10.

# Puerto de Tazacorte! ▶ B 7

Angeblich der Ort mit den meisten Sonnenscheinstunden Spaniens. Vor allem aber ist Puerto de Tazacorte (als »El Puerto« ausgeschildert) für fangfrischen Fisch bekannt. Die meisten Besucher La Palmas genießen wenigstens einmal den Sonnenuntergang auf der Terrasse eines der Lokale am alten Hafen. Aber auch der recht lange und geschützte Strand des Ortes erfreut sich großer Beliebtheit.

Puerto de Tazacorte (1500 Einw.) liegt an der Mündung des **Barranco de Las Angustias.** Die Bucht galt schon bei den Eroberern als bester Ankergrund in den Gewässern um La Palma. Alonso Fernández de Lugo landete hier am 29. September 1492, dem Tag des hl. Michael, um die Conquista einzuleiten.

Früher befand sich der Hafen am Nordrand der Bucht, wo noch immer der alte Fischerort liegt. Seine Häuserzeilen sind renoviert, die Gebäude in knallig bunten Farben gestrichen. Auch wurden die Gassen mit frischem Kopfsteinpflaster versehen.

Hinter dem Strand führt die Calle del Puerto vom Ende der breiten Autostraße zur lauschigen Plaza Castilla mit ihrem Tintenfischbrunnen. Dort konzentrieren sich die Fischrestaurants.

Hingegen gibt es in der Calle Trasera, die von der Plaza landeinwärts führt, zwar weder Restaurants noch Geschäfte, aber einige Häuser mit vollständig gefliesten Fassaden. Fliesen verwendeten die kanarischen Fischer früher gern wegen des hohen Salzgehalts der Luft in Meeresnähe, um die Wände ihrer Häuser vor Zerfall zu schützen.

Südlich des Ortes, an der Straße nach Tazacorte, ist im modernen Hafen die größte Fischereiflotte La Palmas stationiert. Sie landet etwa 90 % des Inselfangs an. Neben einigen Kuttern liegen vor allem kleine, offene Fischerboote an den Stegen.

## Muelle Viejo

Eine Uferpromenade, der Paseo Marítimo, führt vom alten Ortskern nordwärts zur »alten Mole«, an zwei Kioscos (Fischlokalen) vorbei. Diese geben mit ihren bunten Sonnenschirmen und Blumenkübeln ein farbenfrohes Bild ab. In der Muelle Viejo lässt sich noch der ehemalige Verladekai für Bananen erahnen. Früher verschifften die Exportfirmen des Valle de Aridane ihre Ernte von Puerto de Tazacorte aus. Von der Mole schweift der Blick bis Taza-

corte mit seinen ausgedehnten Bananenplantagen oberhalb der Steilküste. Die Promenade endet auf dem neueren Teil der Mole an einem kleinen Leuchtfeuer. Jenseits davon im offenen Meer schwimmen die Käfige einer Fischzuchtanlage für Doraden und Seebarsche.

### Santuario de Las Angustias ▶ C 6
*LP-120 Los Llanos – Puerto de Tazacorte, tgl. 9–18.30, im Sommer bis 21 Uhr*
Landeinwärts von Puerto de Tazacorte steht einsam im Barranco de Las Angustias die hübsche Wallfahrtskirche Santuario de Las Angustias. Sie ist der Schmerzensmadonna (Nuestra Señora de Las Angustias) geweiht. Viele ein-

heimische Paare lassen sich hier trauen. Die sorgfältig restaurierte, einschiffige Ermita besitzt holzgeschnitzte Türen und Fenster im Kassettenstil sowie einen wunderschönen Holzbalkon. Auch die Holzdecke im Innern zeichnet sich durch aufwendige Schnitzarbeiten aus. Das Retabel im Altarraum ist üppig mit Blattgold belegt. Es birgt eine Pieta mit dem Leichnam Jesu, Anfang des 16. Jh. in Flandern angefertigt und von **Jácome de Monteverde** (Jakob Grünenberg) nach La Palma gebracht, der damals für den Unterhalt dieser Kirche aufkam. Flankiert wird die Madonna von Figuren des hl. Michael (16. Jh.) und des hl. Ambrosius (17./18. Jh.). Zu beiden Seiten des Altars hängen Tafeln mit Kör-

**Nicht nur kulinarisch verlockend: der Kiosco Teneguía in Puerto de Tazacorte**

perteilen, die im Miniaturformat aus Wachs nachgeformt wurden – Herzen, Füße, Arme. Es handelt sich um Votivgaben der Gläubigen, oft von palmerischen Emigranten aus Übersee geschickt.

# Ausflugsziele

### Wanderung zur Punta de Tijarafe ▶ B 6/7
*Hin und zurück insgesamt 1.30 Std.*
Eine kurze, aber anstrengende Wanderung führt von Puerto de Tazacorte in Serpentinen die steile Felswand zur Punta de Tijarafe (269 m) hinauf. Der Einstieg befindet sich hinter dem alten Fischerviertel. Dort läuft man zwischen den Restaurants El Trebol und Kiosco Teneguía einen Betonweg aufwärts (Wander-Informationstafel und Schild GR 130/131 Mirador del Time), der bald in einen alten Pflasterweg übergeht. Bei einem Holzkreuz ist die Hochfläche der Landspitze erreicht. Vor allem am späten Nachmittag bietet sich von hier aus ein herrlicher Blick über Puerto de Tazacorte bis zum Leuchtturm an der Punta de la Lava und weit ins Land hinein. Zurück geht es auf demselben Weg. Wer mag, kann aber auch der Beschilderung weiter bis zum **Mirador El Time** folgen (s. S. 210; gut 1 Std. ab Puerto de Tazacorte).

### Bootsausflug zur Cueva Bonita ▶ B 6
*Anbieter s. unter Aktiv & Kreativ*
Die Cueva Bonita an der Steilküste etwa 5 km nördlich von Puerto de Tazacorte trägt ihren Namen »Schöne Höhle« zu Recht: Wenn spätnachmittags die Sonnenstrahlen durch die beiden Höhlenöffnungen ins Innere dringen, bietet sich ein grandioses Licht- und Farbenspiel. Zu erreichen

ist die Cueva Bonita nur per Boot (s. Aktiv & Kreativ). Die Fahrten schließen meist auch eine Badepause vor der Playa de la Veta (s. S. 212) sowie die Suche nach Walen und Delfinen ein. Unterwegs serviert die Mannschaft Kaffee, Kuchen und Sangría.

# Baden & Beachen

Vor dem Ort erstreckt sich die lange **Playa del Puerto,** durch eine Betonmole sehr gut gegen die Nordwestbrandung geschützt. Auch wurde Sand angeschüttet, um den von Natur aus eher kiesigen Strand aufzuwerten. Die Playa ist zum Baden in der Regel gut geeignet. Allerdings sollte man – wie überall auf La Palma – auf die Beflaggung achten. Bei roter Flagge ist Baden verboten.

Hinter dem Strand war eine große, künstliche Badelandschaft geplant. Die nur teilweise fertiggestellte Anlage verfällt seit Jahren allmählich.

# Übernachten

*Wie die Palmeros* – **Luz y Mar:** Explanada 6, Tel. 922 42 85 02, www.buen viaje.es, Apartment für 2 Personen 30–35 €. Modernes, mehrstöckiges Haus in der renovierten Häuserzeile am großen zentralen Platz. Strandnah und mit praktischen Apartments, alle mit Südbalkon. Einige Wohneinheiten werden auch von ihren Privatbesitzern vermietet. Die Telefonnummern sind an den Balkonen angeschrieben.

# Essen & Trinken

*Künstlerisch* – **Playa Mont:** Avenida Taburiente 19, Tel. 922 48 04 43, www. playamont.com, Mo/Di u. Fr–So 13–

16, 18–23, Mi 13–16 Uhr, Do geschl., Hauptgerichte 10–12 €. Gepflegtes Lokal an der Straße zum neuen Hafen, mit großer, von Palmen gesäumter Terrasse. Der bewährte Klassiker präsentiert sich in neuem Gewand: Inselkünstler Luis Morera, mit der Renovierung beauftragt, installierte Spiegelfronten und Glaswände, ohne dem Lokal das kanarische Ambiente zu nehmen. Spezialisiert auf Fisch und Meeresfrüchte, oft gibt es Langusten (ab 25 €).

*Sonniger Treff* – **La Taberna del Puerto:** s. Lieblingsort S. 206.

*Berühmt für Fisch* – **Kiosco Teneguía:** Paseo Marítimo, Tel. 922 40 61 36, tgl. 11–24 Uhr, Fischgerichte 6–11 € exklusive Beilagen. Klassiker in Puerto de Tazacorte. Hervorragender, fangfrischer Fisch kommt hier auf den Tisch. Auch das Ambiente an der Hafenpromenade trägt erheblich zum Wohlfühlen bei.

## Einkaufen

*An der Strandpromenade* – **Kunsthandwerksmarkt:** jeden Sonntag von 16 bis 21 Uhr.

## Aktiv & Kreativ

### Atlantiktörns

*Ehemaliger Fischkutter* – **Agamenón:** Tel. 699 66 20 84; der Kutter läuft zu dreistündigen Fahrten aus (u. a. Cueva Bonita, Playa de la Veta); gestartet wird Mo–Sa meist 12.30, 15.30 (19,50 €/ Pers.), im Sommer auch Fr, Sa 18.30 Uhr.

*Glasboden-Katamaran* – **Fancy II:** Tel./Fax 922 46 25 32, Mo–Fr, So 3-std. Nordroute (u. a. Cueva Bonita, 23 €), Di, Do, So 4,5-std. Safariroute (Wal- und Delfinsuche, Mittagessen inklusive, 38 €).

**Mein Tipp**

**Drink unter Palmen**
Auf der Explanada, dem großen zentralen Platz hinter Strand und ›Badeanlage‹, stellt der **Kiosco Acosta Casimiro** Tische ins Freie. Hier verkehrt bevorzugt einheimisches Publikum. Wer möchte, kann die typischen Zigarren von La Palma erstehen und wird kostenlos mit Informationen zum nächsten Kanarischen Ringkampf *(lucha canaria)* – einer Traditionssportart, die auf die Ureinwohner zurückgeht – in der Arena von Tazacorte versorgt (tgl. von früh bis spät geöffnet).

*Büsumer Krabbenkutter* – **Bussard:** Tel. 672 20 71 84 oder 928 93 38 11, www.bussard.es; der sorgfältig restaurierte Krabbenkutter schaukelt jetzt Touristen über den Atlantik vor La Palma; kleine, individuell betreute Gruppen; Tagestour (10–14 Uhr) mit Bade- und Schnorchelpause, Verpflegung und Getränken 45 € (Kinder bis 12 Jahre die Hälfte), Sonnenuntergangs-Tour mit Wein oder Sekt und reichhaltigem Abendessen 55 €; Komplettcharter für Feiern und Events möglich.

**Tickets** für alle drei Boote jeweils an den Hafenschaltern der Veranstalter oder über die Reiseleitung bzw. Hotelrezeption.

## Infos

### Verkehr

**Bus:** L 21 ab Los Llanos/Tazacorte etwa jede Stunde.
**Taxi:** Tel. 922 48 09 66

### Lieblingsort

**La Taberna del Puerto – speisen mit Stil** ▶ B 7

Hinter dem alten Hafen von Puerto de Tazacorte fällt das Lokal La Taberna del Puerto unweigerlich ins Auge. Stilsichere Hände schufen hier eine gelungene Mischung aus rustikaler Taverne und modernem Szenelokal. Wer mag, kann sich der einfallsreichen kanarisch-spanischen Küche des Hauses ausgiebig widmen und dazu einen edlen Tropfen von der umfangreichen Weinkarte empfehlen lassen. Aber auch nur für einen Kaffee lässt man sich gerne an den Tischen der Promenade nieder – mit unverstelltem Blick auf Strand und Meer (**La Taberna del Puerto,** Plaza Castilla 1, Tel. 922 48 01 62, tgl. 12–24 Uhr, Hauptgerichte 8–12 €).

# Der Nordwesten

## Highlight!

**Mirador El Time:** Grandioser könnte der Ausblick kaum sein. Weit schaut man aus luftiger Höhe über den gewaltigen Barranco de Las Angustias hinweg Richtung Süden, über das weite Valle de Aridane mit seinen von Bananenplantagen umgebenen, weißen Ortschaften hinweg. S. 210

## Auf Entdeckungstour

**Durch bäuerliche Landschaft:** Beschaulich wandert man durch die Mandelhaine von Las Tricias. Eine Gofiomühle, Feigenkakteen und Drachenbäume trugen früher zum Lebensunterhalt der Bewohner bei. Heute sorgt der Bauernmarkt von Puntagorda für Dynamik. S. 220

**Im Kulturpark La Zarza:** Wilde Romantik und geheimnisvolle Quellen locken nach La Zarza, vor allem aber die einzigartigen, bisher unenträtselten Felsritzungen der Ureinwohner in Form von Spiralen und Labyrinthen. S. 226

Santo Domingo de Garafía
Kulturpark La Zarza
Las Tricias
*Vieja Iglesia de San Mauro Abad*
Durch bäuerliche Landschaft
Puntagorda
Tijarafe
Mirador El Time

## Kultur & Sehenswertes

**Centro Etnográfico Casa El Maestro:** Im ehemaligen Domizil des Volksschullehrers in Tijarafe wirken Küche, Backofen und Weinpresse noch wie anno dazumal. Ergänzt wird das Ensemble durch alte Fotos, Keramik und allerlei Gerätschaften von früher. S. 211

**Vieja Iglesia de San Mauro Abad:** Die alte, an einem wichtigen Pilgerweg gelegene Wallfahrtskirche für den hl. Maurus zeigt sich heute völlig verwaist. Ein Hauch von Romantik umweht die einsame Stätte. S. 215

## Aktiv & Kreativ

**Per Moped unterwegs:** In Puntagorda vermietet eine deutschsprachige Firma Motorräder der Marken Suzuki und Yamaha, mit denen es sich herrlich über die Inselstraßen kurven lässt. S. 219

## Genießen & Atmosphäre

**Kulinarisch shoppen:** Tradition ist Trumpf im Centro Gastronómico La Venta in Tijarafe. Was La Palmas Landwirte erzeugen, ist hier vertreten: Ziegenkäse und Wein, frisches Obst und würziger Mojo. S. 213

## Abends & Nachts

Im Nordwesten La Palmas werden die Bürgersteige recht früh hochgeklappt. Gepflegte abendliche Treffpunkte, allerdings zu recht früher Stunde (bis maximal 22 oder 23 Uhr) sind die Bars einiger Restaurants, z. B. **La Muralla** bei Tijarafe (S. 213), wo zum Drink auch Tapas serviert werden.

# Lieblich und ursprünglich

Den Nordwesten »erfahren« die meisten Urlauber im Rahmen von Tagesausflügen, sei es organisiert oder auf eigene Faust per Mietwagen. Vom Valle de Aridane kommend und nach serpentinenreicher Durchquerung des eindrucksvollen Barranco de Las Angustias bietet der **Mirador de El Time** erste wahrhaft grandiose Ausblicke. Mandelplantagen charakterisieren von nun an die lichtdurchflutete Landschaft. Viele kleine Bauernkaten liegen verstreut dazwischen. Wer einen ganz individuellen Aufenthalt auf La Palma verbringen möchte, kann manche davon auch mieten. Eine gepflegte Altstadt besitzt das hoch über dem Meer gelegene **Tijarafe**. Steile Wege führen hinab zu verschwiegenen Buchten. Landwirtschaftliches Zentrum der Gegend ist das recht lebhafte Punta-

gorda, das speziell zum Wochenendmarkt einen Besuch lohnt. Bei **Las Tricias** verlocken Drachenbaumhaine und rätselhafte Höhlen zu einer Erkundungsrunde per Pedes. Der raue Norden schließlich kündigt sich rund um **Garafía** an, Windmühlen sind das Kennzeichen dieser windgepeitschten Gegend. Auffällig viele Spuren hinterließen hier die Altkanarier, beispielsweise an den mystischen Felsquellen von **La Zarza**.

## Mirador El Time❗ ▶ B/C 6

Bei dem viel besuchten Mirador handelt es sich um einen der attraktivsten Aussichtspunkte La Palmas. Vom Panoramabalkon oder – noch schöner – von der Terrasse des gleichnamigen Cafés nebenan (Tel. 922 49 03 50, tgl. 10.30–23.30 Uhr) blickt man in den **Barranco de las Angustias** und dahinter über das Valle de Aridane mit Los Llanos und Tazacorte und weiter bis zur Küste von Fuencaliente. Namengebend für die Stelle ist die oberhalb des Cafés gelegene Bergkuppe **El Time** (594 m), ein Ausläufer des Höhenzugs, der die Caldera de Taburiente im Westen begrenzt. Mit dem Wort *time* bezeichneten die Altkanarier einen Felsvorsprung.

## Tijarafe ▶ B 5

Der Name Tijarafe geht auf ein prähistorisches Stammesgebiet zurück. Die heutigen rund 2700 Bewohner der Gemeinde verteilen sich auf zahlreiche Bauernhöfe und winzige Weiler vor allem in den mittleren Höhen, während die trockenen Hänge unterhalb von

500 m und die nahezu unzugängliche Steilküste praktisch unbesiedelt blieben. Im Ortszentrum (900 Einw.) lohnt es sich, zu Fuß die ruhigen Gassen oberhalb der Durchgangsstraße mit den hübschen, kanarischen Häusern zu erkunden – allen voran die schöne, gepflasterte Calle Real.

### Iglesia Nuestra Señora de la Candelaria
*I. d. R. tagsüber durchgehend geöffnet*
Ein großer Festplatz, den einige würdige Exemplare der Birkenfeige beschatten, umgibt die einschiffige Pfarrkirche. Sie geht auf eine Kapelle von 1530 zurück, der heutige Bau wurde Anfang des 18. Jh. vollendet. Im Innern besitzt das Gotteshaus eine schlichte Holzdecke. Das schöne, 1997 restaurierte barocke Retabel (17. Jh.) geht – ungewöhnlich – eher in die Breite als in die Höhe. Es birgt die Statue der Schutzpatronin, der Jungfrau des Lichts, wohl eine flämische Arbeit aus dem frühen 16. Jh. Zwei Tafelbilder flankieren die Statue der Madonna. Darüber folgen weitere fünf Tafelbilder und als oberer Abschluss noch einmal drei. Dieser Aufbau ist einmalig für La Palma.

In der Calle Nueva, links oberhalb der Kirche, sprudelt die zu einem Brunnen gefasste **Fuente de Tijarafe**, die frühere Wasserstelle, wo sich die Bewohner des Ortszentrums versorgten. Mit Blumenkästen und einer Bank wurde die jetzt nur noch dekorativen Zwecken dienende Quelle zu einem kleinen, schattigen Sitzplatz gestaltet.

### Centro Etnográfico Casa El Maestro
*Calle Real 11, Tel. 922 49 00 72, Mo–Fr 10–13.30 Uhr, Eintritt frei*
Rechts unterhalb der Kirche befindet sich das Ethnografische Zentrum. Einst hatte der Volksschullehrer des Ortes *(el maestro)* in dem Haus aus dem ausgehenden 19. Jh. seinen Wohnsitz.

Im Raum links neben dem Eingang dokumentieren das eiserne Kostüm des »Teufels« und eine Reihe von Fotos das Teufelsfest (s. S. 214). Zwei weitere kleine Säle widmen sich traditioneller Keramik. In einem Raum sind alte Fotos vom Ort und seinen Bewohnern zu sehen, außerdem Gegenstände, die in Tijarafe früher in Gebrauch waren: eine Spindel mit Wollknäueln, geflochtene Matten und Körbe. Die Küche der casa befindet sich noch im Originalzustand. Von innen wurde die Backröhre befüllt. Der Ofen selbst ist – wie auch an der portugiesischen Algarve üblich – außen an das Haus angebaut. Ziegel bedecken die halbrunde Konstruktion, darüber ragt ein vergleichsweise riesiger Schornstein. Ebenfalls außerhalb des Hauses steht eine alte hölzerne Weinpresse.

# Wanderung zum Porís de Candelaria

*Hin und zurück insgesamt 3 Std., mittelschwer (600–700 Höhenmeter sind im Ab- und Wiederaufstieg zu bewältigen)*
Bootsfahrten ab Puerto de Tazacorte zu der kesselförmigen *cala* in der Steilküste bei Tijarafe werden in deutscher Sprache als Törns zur »Schmugglerbucht« beworben. Tatsächlich sollen sich in diesem verschwiegenen Winkel früher Piraten und Schmuggler ein Stelldichein gegeben haben. Heute duckt sich hier eine winzige Freizeit-Fischersiedlung pittoresk unter überhängende Felsen. Doch wie lange noch? Die Behörden klären derzeit, ob die Bebauung legal ist. Wenn nicht, fällt die eine oder andere Kate möglicherweise bald dem Bulldozer zum Opfer.

**Auf einer Anhöhe mit fantastischem Blick gelegen: das Restaurant La Muralla nahe Tijarafe**

Von Land aus ist Porís de Candelaria auf einem steilen, schmalen Fahrweg zu erreichen, der von der LP-1 in Tijarafe als Calle La Molina abzweigt, genau neben dem Supermercado San Antonio in der Straßenkurve unterhalb der Kirche. Wer möchte, kann schon hier zu Fuß starten. Spätestens jedenfalls am unteren Ortsrand bei einem weißen Turm (100 Höhenmeter und 15 Gehminuten ab LP-1), einer ehemaligen Pumpstation, stellen die meisten Touristen den Mietwagen ab und wandern auf dem jetzt betonierten Fahrweg hinunter zum Meer. Einheimische scheuen die Weiterfahrt eher nicht, doch gestaltet sie sich recht abenteuerlich. Zudem lassen sich die zahlreichen schönen Ausblicke viel besser zu Fuß genießen. Die letzten 20 Minuten müssen ohnehin auf einem alten, gepflasterten Saumpfad abgestiegen werden.

Die Wanderung nach Porís de Candelaria lohnt vor allem am Nachmittag, wenn Sonnenstrahlen in die enge Bucht fallen. Bei ruhiger See bietet sich dann ein erfrischendes Bad an. Hingegen kann es bei stärkerer Brandung gefährlich sein, ins Wasser zu gehen. Porís de Candelaria bietet keinerlei Einkehrmöglichkeit. Umso mehr freuen sich Wanderer nach dem anstrengenden Wiederaufstieg über einen kühlen Drink auf der Aussichtsterrasse des gepflegten **Kiosco,** der in Tijarafe in der Straßenkurve an der LP-1 zur Rast einlädt.

## Baden & Beachen

Fast noch so etwas wie ein Geheimtipp ist die schöne **Playa de la Veta** nördlich von Tijarafe. Die Zufahrt erfolgt von der LP-1 zwischen Km 83 und 84. Dort zweigt in der Nähe der Bar La Guagua eine unbeschilderte, sehr schmale Straße ab. Sie führt mit starkem Gefälle abwärts. Nach knapp 3 km begleitet ein abgedeckter Wasserkanal die

Straße, dann folgen zwei kreisrunde Betonzisternen. Bei der zweiten geht es an einer Gabelung rechts. Nach weiteren 2,5 km ist ein Parkplatz am Straßenende erreicht.

Zu Fuß sind es jetzt noch ca. 30 Minuten bis zum Strand. Festes Schuhwerk (Trekkingstiefel) ist von Vorteil. Erst geht es auf einem Betonweg steil abwärts und bald darauf durch einen kurzen Tunnel (elektrische Beleuchtung einschalten!). Dann führt ein geröliger, rutschiger Pfad, an gefährlichen Stellen allerdings durch Geländer gesichert, die letzten etwa 150 Höhenmeter durch die Küstenfelsen bergab.

Früher fuhren die Bewohner der benachbarten Berghänge von hier aus zum Fischen aufs Meer und tauschten ihren Fang bei Händlern, die per Boot aus Puerto de Tazacorte kamen, gegen Waren des täglichen Bedarfs ein. Heute stehen hinter der Playa ein paar Wochenendhäuser mit netten Gärten, eine Einkehrmöglichkeit gibt es aber nicht. Im Sommer ist feiner Sand vorhanden und Baden mit einer gewissen Vorsicht meist recht gut möglich. Hingegen präsentiert sich der Strand im Winter aufgrund veränderter Meeresströmungen sehr steinig.

## Übernachten

*Per Pedes* – **Albergue de Tijarafe:** El Pinar. Staatliche Berghütte mit 40 Übernachtungsplätzen in der alten Dorfschule von El Pinar, einem Bauerndorf südöstlich von Tijarafe. Eröffnet Ende 2009 oder 2010, aktuelle Infos unter www.senderosdelapalma.com.

## Essen & Trinken

*Gepflegt* – **El Embrujo:** Calle Real 8, Tel. 922 49 02 60, Mo–Sa 13.30–22 Uhr,

Hauptgerichte 11–13 €. In der restaurierten Pflastergasse unterhalb der Kirche von Tijarafe in einem alten Stadthaus. Die knappe, aber schöne Speisekarte umfasst je vier Fleisch- und Fischgerichte (z. B. Schwertfischtopf) und zwei Pastaspezialitäten.

*Designerstil* – **La Muralla:** LP-1, nördlich von Tijarafe bei Km 83, Tel. 660 32 23 05, Di–Sa 13–17, 19–22, So 13–17 Uhr, Hauptgerichte 7–14 €, 3-gängiges Hausmenü mit Getränken ca. 15 €. Schickes Terrassenrestaurant mit großartigem Blick über Mandelplantagen hinab zum Meer. Geboten wird gute, klassisch kanarische Küche; auch vegetarische Gerichte.

## Einkaufen

*Kulinarisches von La Palma* – **Centro Gastronómico La Venta:** Calle Real 8. Kulinarisches Zentrum, dekoriert im Stil alter palmerischer Wirtshäuser. Traditionsprodukte der Insel, wie Obst, Käse, Wein oder Mojo, zum Probieren und Kaufen.

*Nordwein* – **Bodegas Noroeste La Palma:** LP-1, nördlich von Tijarafe zwischen Km 81 und 82, Mo–Sa 9–14 Uhr, im Winter zusätzlich Mo–Fr 16–18 Uhr. Wein der Marke Vega Norte aus dem Nordwesten La Palmas. Führungen sind möglich (Anmeldung unter Tel. 922 49 10 75).

## Infos & Termine

### Feste & Veranstaltungen
**El Aleluya de Tijarafe:** Ostersamstag. Während der Mitternachtsmesse fangen genau um 24 Uhr die Glocken an zu läuten. Eine Gruppe Jugendlicher und Erwachsener stürmt in die Kirche und streut Blütenblätter unter die Gläubigen. Vor dem Altar knien sie nie-

der und singen das Halleluja. Am Karfreitag und Ostersonntag finden in Tijarafe besonders inbrünstige Prozessionen statt.

**Fiesta del Diablo:** 7./8. September. Anlässlich der Patronatsfeierlichkeiten zu Ehren von Nuestra Señora de la Candelaria begehen die Bewohner Tijarafes das auf vorchristliche Bräuche zurückgehende, in seiner heutigen Form zu Beginn des 20. Jh. kreierte »Teufelsfest«. Symbolisch verbrennen sie den Satan, dargestellt durch einen Mann in einem schweren Eisenkostüm. In den frühen Morgenstunden erscheint er plötzlich in der Menge und erschreckt die Zuschauer mit explodierenden Feuerwerkskörpern, die an seiner Rüstung befestigt sind.

**Verkehr**
**Bus:** L 2 ab Los Llanos 4–8 x tgl.
**Taxi:** Taxiruf Tel. 922 49 00 22 od. 628 67 61 10.

# Puntagorda ▶ B 3

Bei Puntagorda (2000 Einw.) hüllen sich im Winter zahlreiche Mandelhaine in ein märchenhaftes Blütenkleid. Trotz der lieblichen Umgebung verlor die Gemeinde in den vergangenen Jahrzehnten viele einheimische Bewohner, da der karge Boden eben nur für den wenig lukrativen Mandelanbau taugte. Dafür gilt Puntagorda heute als Aussteigerparadies von La Palma. Für Mitteleuropäer, meist Deutsche, war der Ort seit den 1980er-Jahren äußerst attraktiv. Sie nahmen sich der verwaisten Bauernhöfe an und schufen eine gewisse deutsche Infrastruktur. Wer in ländlicher Idylle ohne große Unterhaltungsmöglichkeiten Urlaub machen möchte, findet ein großes Angebot an Bauernhäusern zur Miete.

**Aussichtspunkte ▶ B 4**
Der Barranco de Garome markiert die Grenze zwischen den Gemeinden Tijarafe und Puntagorda. Einen tiefen Blick in die Schlucht erlaubt von der LP-1 bei Km 80 der **Mirador de Garome**. Etwa 2 km weiter nördlich liegt im Ortsteil El Roque (160 Einw.) der **Mirador de los Dragos**. Neben der Landstraße (etwa bei Km 78) führen von einer Parkbucht Treppenstufen zu der gartenartig gestalteten Aussichtsterrasse hinauf. Der Blick schweift Richtung Küste über Mandel- und Orangenhaine hinweg, in denen sich, malerisch eingebettet, kleine Bauernhäuser verteilen. Ein Drachenbaum, das wohl älteste Exemplar seiner Art auf La Palma, musste nach einem schweren Sturm im Jahre 1993 durch eine Mauer gestützt werden. Ein zweiter, ebenfalls uralter Baum überstand das Unwetter nicht. An seiner Stelle wurden mehrere junge *dragos* gepflanzt.

## El Pueblo

Puntagordas Zentrum El Pueblo (450 Einw.) liegt etwas unterhalb der Landstraße LP-1 (Zufahrt bei Km 77). Die helle Iglesia de San Mauro Abad beherrscht diesen Ortsteil. Im Inneren der Pfarrkirche fallen die schlichten Holzreliefs an den Seitenwänden mit Darstellungen aus dem Rosenkranz auf. Das moderne, im kanarischen Stil gehaltene Gotteshaus ersetzte 1960 einen älteren Bau.

Etwa 200 m unterhalb der Kirche steht an einer Straßenkreuzung das Rathaus. In der dort geradeaus weiterführenden Calle Pino de La Virgen (offiziell Calle Servicio de Extensión Agraria) gibt es ein paar Kneipen und Geschäfte. Gegenüber vom Rathaus ragt der **Pino de La Virgen** auf, eine gewaltige Kanarische Kiefer mit zwei Stämmen, in die ein blumenge-schmückter Marienschrein eingelassen ist. Ihr Umfang beträgt mehr als 6 m.

## Vieja Iglesia de San Mauro Abad
▶ A 3
*2 km außerhalb, geöffnet nur zur Messe, jeden 2. und 4. Sonntag im Monat um 12 Uhr*
Vom Rathaus durch die Calle Pino de La Virgen bis zum Restaurant Pino de la Virgen und dann rechts gelangt man auf die Pista del Cementerio, die nach 2 km den Friedhof von Puntagorda erreicht. Am Wasserreservoir rechts vorbei zweigt dann wiederum rechts ein Fahrweg zur idyllisch gelegenen und von hohen Bäumen flankierten alten Pfarrkirche ab. Das einschiffige gotische Gotteshaus – um 1553 (nach anderen Quellen 1571) erbaut und damals unter dem Namen **Ermita de San Amaro** bekannt – gilt als eines der ältesten La Palmas. 2002 wurde es restauriert. Gegenüber wartet das ehemalige Pfarrhaus noch auf die Renovierung.

Die ersten europäischen Siedler auf La Palma stammten vielfach aus Portugal oder Galicien, dem portugiesisch-sprachigen Nordwestteil Spaniens. Sie verehrten mit besonderer Inbrunst San Amaro (span. San Mauro Abad), einen Schüler des hl. Benedikt, und feierten sein Martyrium am 15. Januar. Fast jede Kirche auf der Insel besaß oder besitzt noch heute ein ihm gewidmetes Heiligenbild. Vor allem die Ermita de San Amaro in Puntagorda entwickelte sich zu einer **Wallfahrtsstätte für den hl. Maurus.** Gläubige aus allen Teilen La Palmas brachten ihm hier Votivgaben dar in der Hoffnung auf Heilung von schweren Krankheiten oder Erfüllung bedeutender Wünsche. Der Pilgerstrom nahm derartige Ausmaße

an, dass sich die kirchlichen Autoritäten zwischenzeitlich veranlasst sahen, die öffentliche Zurschaustellung der Präsente zu verbieten.

Einst hatte sich der Siedlungs-schwerpunkt Puntagordas rings um die heute völlig einsam stehende alte Pfarrkirche befunden. Im 20. Jh. verlagerte sich das Geschehen den Berg hinauf in die Nähe der Landstraße. Die Bewohner des stetig wachsenden Ortskerns El Pueblo forderten den Bau einer neuen, zentraler gelegenen Pfarrkirche, die schließlich 1960 das alte Gotteshaus ersetzte. Auch der Termin des Patronatsfestes wurde – übrigens schon 1916 – verlegt. San Mauro Abad feiern die Einheimischen heute im August.

# El Pinar

Puntagorda besitzt mit dem Ortsteil El Pinar (1100 Einw.) ein zweites, bevöl-kerungsreicheres Zentrum mit weiteren Geschäften und Kneipen. Dorthin führt vom Rathaus eine breite Avenida. In einem parallel zur Calle La Paz verlaufenden, ausgetrockneten Bachbett liegt dort ein schöner Park, den ungewöhnliche, skurrile Skulpturen aus Stein schmücken.

## El Fayal
Am nördlichen Ortsausgang von Puntagorda ist von der LP-1 (Km 76) links abwärts El Fayal ausgeschildert. Die Nebenstraße führt durch einen schönen, stillen Kiefernwald. In diesem gibt es ein öffentliches Freizeitgelände mit Picknicktischen und -bänken sowie einem Kinderspielplatz. Gegenüber der **Markthalle** (s. unter Einkaufen) beginnt am Picknickplatz ein Naturlehrpfad *(sendero autoguiado)*, der als einstündiger Rundweg durch das Waldgebiet bis zum nördlich angren-

Märchenhaftes Mandelblütenmeer: Landschaft bei Puntagorda

zenden, eindrucksvoll tiefen **Barranco de Izcagua** verläuft. Eine Informationstafel am Beginn erläutert in spanischer Sprache neun Stationen, die u. a. die Kanarische Kiefer und andere einheimische Pflanzen thematisieren. Der Weg berührt auch eine winzige Kapelle, die ein Kreuz birgt. Dieses wird jedes Jahr zum 3. Mai, dem Día de la Cruz (Tag des Kreuzes), festlich in Stoff gehüllt.

## Übernachten

*Gemütlich* – **Mar y Monte:** Calle Pino de La Virgen 7, Tel. 922 49 30 67, www.la-palma-marymonte.de, DZ 48 €. Schöne Nichtraucherpension unter Leitung von Axel Fröman und Stephan Kötting, zentral gelegen. Nur vier Zimmer, saubere Gemeinschaftsbäder und Gemeinschaftsküche. Große Dachterrasse. Besonders reichhaltiges Frühstück. Es lassen sich leicht Kontakte knüpfen. Die Besitzer geben Infos und Tipps.

*Leben auf dem Land* – **Kanarische Landhäuser Erich und Elisabeth Elmer:** Tel. 922 49 33 83, www.lapalmaferien.de, Studio für 2 Pers. 28–32 €, Apartment 34–40 €, Haus 60–66 €. Komfortabel eingerichtete Ferienwohnungen und Häuser für zwei bis maximal sieben Personen in der Umgebung des Ortes.

*Ökocamp* – **Centro de Naturaleza La Rosa:** LP-1 km 76, Tel. 922 49 33 06, www.airelibrelapalma.org, ganzjährig geöffnet, Camping 5 € pro Person, Hütte für 2 Pers. 20 €. Von der Ökologengruppe Aire libre betriebener, komplett (u. a. mit Trockenkompost-WC) ausgestatteter Zeltplatz am nördlichen Ortsausgang (ausgeschildert). Auch vier Hütten mit bis zu 6 Plätzen. Im Sommer Verleih von Zelten und Mountainbikes.

## Essen & Trinken

*Stilvoll dekoriert* – **Jardín de los Naranjos:** Ctra. El Fayal 33, Tel. 619 57 11 25, www.jardindelosnaranjos.com, Mi–Fr 13–16, 18–22, Sa/So/Fei 12–23 Uhr, Mo/Di geschl., Hauptgerichte um 10 €. Feines Esslokal in einem alten kanarischen Haus. Nur sechs Tische, vielseitige europäische Küche, gutes Weinangebot.

*Bodenständig* – **Pino de la Virgen:** Calle Pino de La Virgen 6, Tel. 922 49 32 28, tgl. 12–23 Uhr, Hauptgerichte 6–9 €. Holztische im blumenüberrankten Innenhof. Fleisch vom Grill, gute Tapas.

## Einkaufen

*Frischer geht es nicht* – **Mercadillo:** In der Markthalle am unteren Rand des Kiefernwaldes El Fayal, Tel. 922 49 31 00, http://mercadillo.puntagorda.es, Sa 15–19, So 11–15 Uhr. Den noch relativ neuen Bauernmarkt von Puntagorda halten eingefleischte La Palma-Fans inzwischen oft für attraktiver als sein schon viele Jahre existierendes Vorbild in Villa de Mazo. Direktverkauf von Gemüse, Obst, Käse und anderen Produkten durch örtliche Landwirte sowie von Kunsthandwerk aus hiesiger Herstellung.

*Handwerk aus dem Ort* – **Artesanía La Palmerita:** Calle Pino de La Virgen 7, Tel. 922 49 31 08, Mo–Fr 12–14, 16–19 Uhr. Kunsthandwerk und Kulinarisches aus Puntagorda: Nachbildungen altkanarischer Keramik, Schmuck aus Drachenbaumsamen, Marmeladen, Mojo, Mandelmus. Auch die Kunstpostkarten und Radierungen heben sich vom üblichen Angebot ab.

*Alles ökologisch* – **La Calabaza:** Camino El Pinar 52, Tel. 922 49 34 73. Biologische Lebensmittel aus Deutschland und von den Kanaren.

## Aktiv & Kreativ

*Motorradspaß* – **Moto-Tours:** Camino Casa Blanca 1 b, Tel. 922 49 34 86, www.mototours.de. Deutschsprachige Motorradvermietung (z. B. Suzuki DR 350 40 €/Tag, Yamaha WR 250 F 60 €/Tag). Auch geführte Tagestouren (75 € plus Motorradmiete) und Wochenpakete mit Unterkunft (ab 729 €/Pers.) sind im Angebot. Viele wilde Stellen, wie die Wasserkanal-Tunnels bei Los Tilos, sind nur per Enduro zu erreichen.

## Infos & Termine

**Internet**
www.puntagorda.es

**Feste & Veranstaltungen**
**Fiestas del Almendro en Flor:** Ende Januar/Anfang Februar, der genaue Termin richtet sich nach dem witterungsbedingt variierenden Beginn der Mandelblüte. In seiner heutigen Form soll das im Ortsteil El Pinar ausgerichtete Fest für den Mandelanbau werben. Sein Ursprung reicht allerdings in die Zeit der europäischen Besiedelung La Palmas zurück. Es erinnert an die damals um den 15. Januar üblichen Patronatsfeierlichkeiten für den hl. Maurus (s. S. 215). Folklore, Sport, Stände mit Wein aus Puntagorda und gerösteten Mandeln. Infos unter http://almendros.puntagorda.es.

**Verkehr**
**Bus:** L 2 ab Los Llanos 4–8 x tgl.
**Taxi:** Tel. 922 49 31 78

# Las Tricias ► B 3

Der tiefe, von natürlicher Vegetation wildromantisch überwucherte **Barranco de Izcagua** trennt Puntagorda vom weiter nördlich gelegenen Las Tricias (300 Einw.). In dessen winzigem Ortskern bei der Kirche gibt es mit dem Kiosco El Rincón eine bei Wanderern beliebte Einkehrmöglichkeit. Ansonsten ist nicht viel los. Am unteren Rand der Streusiedlung, im **Barranco de Buracas,** fand man altkanarische Petroglyphen und Wohnhöhlen (s. S. 221).

## Essen & Trinken

*Für Kenner* – **Azul:** El Castillo (ausgeschildert von der LP-114 wie auch von der LP-1 bei Km 70, jeweils ab Abzweigung noch 3 km), Tel. 922 40 06 60, nur Fr–So nach telefonischer Vereinbarung, Juni geschl., Hauptgerichte ab 10 €. Wöchentlich je nach Marktlage wechselnde Spezialitäten zaubert der Österreicher Robert Stobanzl auf den Tisch. Gourmets reisen von der ganzen Insel an, um sie je nach Wetterlage auf der Panoramaterrasse oder vor dem Kaminofen zu genießen.
*Hier speisen Familien* – **Kiosco Briesta:** LP-1 Richtung Barlovento zwischen Km 68 und 69, Tel. 922 40 02 10, tgl. 9–22 Uhr, im Winter Di geschl., Hauptgerichte 6–10 €. Klassisches Ausflugsziel der Palmeros im oft sonnendurchfluteten Kiefernwald oberhalb eines Weinbaugebiets. Einheimische Gebirgsküche, Spezialitäten sind Ziege und Kaninchen.

## Einkaufen

*Aussteigermarkt* – **Rastro:** Jeden zweiten Sonntag im Monat findet 9–15 Uhr auf der Plaza neben der Kirche ein Flohmarkt unter starker Beteiligung ortsansässiger Deutscher statt, auf dem Antiquitäten und ökologische Lebensmittel verkauft werden.

# *Auf Entdeckungstour*

## Durch bäuerliche Landschaft – ein Hauch von Nostalgie

Bei Las Tricias gedeihen weder Zuckerrohr noch Bananen. Für den Inselbedarf ernteten (und ernten) die Landwirte hier Mandeln. Aber auch Getreide, Feigenkakteen und Drachenbäume nahmen sie in Kultur. Eine einfache zweistündige Wanderung und ein Besuch des Wochenmarkts in Puntagorda machen mit der Region vertraut.

**Reisekarte:** ▶ B 3

**Dauer:** Insgesamt ein Tag.

**Startpunkt:** LP-114 Las Tricias – Santo Domingo. Am Straßenrand parken nach Passieren einer auffälligen Engstelle zwischen zwei Häusern.

**Mercadillo Puntagorda:** Sa 15–19, So 11–15 Uhr.

**Einkehrmöglichkeit:** Café Finca Aloe: nahe Cuevas de Buracas, tgl. 12–17 Uhr.

Zu Fuß geht es an der LP-114 entlang bis zur nächsten Rechtskurve, die sich etwa 300 m unterhalb der Engstelle befindet. Dort führt ein alter, als GR 130 ausgeschilderter Pflasterweg durch Mandelhaine abwärts. Diese zeigen sich zur Blütezeit Ende Januar oder Anfang Februar im besten Licht. Der Termin der Mandelblüte variiert von Jahr zu Jahr ein wenig, abhängig von der vorangegangenen Witterung.

Der Pflasterweg mündet schon nach fünf Minuten in einen asphaltierten Fahrweg, auf diesem hält man sich rechts. Eine Spitzkehre des Fahrwegs lässt sich auf einem weiß-rot markierten Pfad abschneiden. Dann wird ein **Bauernhof** erreicht, wo die Hausherrin persönlich frische oder auch geröstete und mit Puderzucker bestreute Mandeln aus eigener Herstellung an Wanderer verkauft.

Mandeln waren stets das einzige handelsfähige Agrarprodukt, das Landwirte in diesem Teil der Insel anbauen konnten. Doch die Ernte lohnt kaum noch. Viele Früchte bleiben inzwischen am Baum hängen. Billige Importware vom spanischen Festland hat die einheimischen Mandeln sogar vom Inselmarkt weitgehend verdrängt.

### Die weibliche Mühle

Nächstes Ziel ist ein markanter **Mühlenhügel** (40 Min.). Auf ihm thront eine *molina,* ein auf La Palma im 18. Jh. erfundener Windmühlentypus. Bald fand dieser auch auf den Nachbarinseln Verbreitung. Gegenüber dem traditionellen *molino,* der aus der spanischen Region Mancha schon kurz nach der Conquista auf die Kanaren gelangt war, stellte die Molina eine erhebliche technische Verbesserung dar. Ihre Flügel wurden nicht mehr mit Segeltuch bespannt, sondern von hölzernen Schaufeln angetrieben. Das filigrane

Mühlengestell aus Holz saß einem flachen Gebäude auf, in dem der Müller wohnte. Früher, als die Bauern von Las Tricias außer Mandeln auch noch viel Getreide anbauten, ließen sie hier ihren Gofio mahlen. Inzwischen ist die Mühle schon seit Jahrzehnten außer Betrieb.

Der Mühlenhügel bietet einen Panoramablick über den Ort, dessen Häuser verstreut zwischen Mandelbäumen und Opuntien stehen. Mit der Kultur der **Opuntie** (Feigenkaktus) verdienten die Bewohner von Las Tricias einst ebenfalls ein wenig Geld. Auf den stacheligen, dickfleischigen Stängeln dieser Pflanze parasitiert die Koschenillelaus, die – getrocknet und pulverisiert – einen karminroten Naturfarbstoff lieferte. Nach der Einführung künstlicher Farben gegen Ende des 19. Jh. versiegte diese Einnahmequelle. Heute werden nur noch die feigenähnlichen Früchte geerntet und zu Marmelade verarbeitet.

### Aussteigerquartiere

Um den Mühlenhügel im Uhrzeigersinn führt eine Piste in einen Barranco. Dessen Verlauf folgend, geht es abwärts bis zu einer Gabelung (1 Std.) und dort rechts hinab, wo der Fahrweg bei einer auffälligen Gruppe von Drachenbäumen endet. Ein Pfad verläuft zwischen den Bäumen hindurch weiter zu einem **schmalen Bergrücken,** wo er auf einen **alten Saumpfad** trifft. Diesem folgt man zunächst nach unten, biegt bei nächster Gelegenheit rechts ab und erreicht einen zweiten Talgrund. Dort liegen die **Cuevas de Buracas** (1.15 Std.), natürliche Höhlen in weichem Tuffgestein. In vorspanischer Zeit lebten Ureinwohner darin und hinterließen in den Fels geritzte Spiralen. Am Talhang gegenüber, wo der Pfad jenseits der Höhlen ansteigt, kann

der **Drachenbaumhain** von Las Tricias passiert. Immerhin elf Exemplare stehen hier dicht beieinander, der zweitgrößte Bestand dieser urzeitlich anmutenden Bäume auf La Palma. Bis in die jüngste Vergangenheit gab es in Las Tricias wie auch anderswo im Norden der Insel Seilmacher, die aus den Blattfasern der *dragos* (Drachen) – so ihr spanischer Name – Stricke flochten und verkauften. Wahrscheinlich verdanken sie dieser Tatsache ihr Überleben in relativ großer Zahl im Norden La Palmas, während sie andernorts auf den Kanaren äußerst selten geworden sind.

Vom Drachenbaumhain führt der alte Saumpfad weiter aufwärts und erreicht oberhalb des Mühlenhügels die schon vom Hinweg bekannte Route, auf der man zurück zum Ausgangspunkt gelangt.

### Allerlei Spezereien

Spätestens jetzt melden sich vermutlich Hunger und Durst. Wem der Sinn nach einem unkomplizierten Snack steht, der freut sich über den **Kiosco El Rincón** bei der Kirche von Las Tricias. Ansonsten bietet sich die Weiterfahrt nach Puntagorda an, wo das Restaurant **Pino de la Virgen** (s. S. 218) in rustikalem Ambiente Tapas und Grillgerichte serviert.

Anschließend, oder auch zuvor, je nachdem ob man am Samstag oder Sonntag unterwegs ist, steht der **Mercadillo** in Puntagordas Ortsteil El Fayal auf dem Programm. Schmackhafte oder auch dekorative Produkte aus den zuvor am Wegrand erkundeten Kulturpflanzen stehen auf dem bunten Bauernmarkt zum Verkauf. Aus Mandeln zaubern die Palmeros wunderbare Backwaren, frisch werden sie erst unmittelbar vor Eröffnung des Marktes angeliefert. Eine Besonderheit ist *queso de almendras* (»Mandel-

man nach diesen Petroglyphen Ausschau halten. Nach der Conquista bauten die Benahoaritas Häuser und nutzten die Höhlen nur noch als Ziegenställe. Doch Ende der 1970er-Jahre, als junge Aussteiger, meist aus Deutschland, nach La Palma kamen, erlebte die Höhlenwohnkultur ein Comeback. Immer wieder vertrieb die Polizei die »Alternativos« aus den Cuevas de Buracas. Einige leben immer noch in Las Tricias, inzwischen allerdings in Häusern.

Vom Flair der Hippies blieb das **Café Finca Aloe** in der Nähe der Höhlen, dessen deutsche Besitzerin selbst gebackenes Vollkornbrot zu diversen vegetarischen Salaten serviert, außerdem gibt es frisch gepresste Säfte – das Obst stammt aus biologischem Anbau – und natürlich Kaffee und Kuchen. Das Lokal ist rauch- und alkoholfrei.

### Seltsame Drachen

Im weiteren Verlauf geht es zunächst zu dem **schmalen Bergrücken** südlich des Höhlen-Barrancos zurück und dort auf dem **alten Saumpfad** weiter aufwärts. Nach etwa anderthalb Stunden wird käse«), ein kleiner Kuchen, in den außerdem Eier, Zucker, Zitronenschale und Zimt gehören. Dank seiner guten Haltbarkeit eignet er sich als Mitbringsel, ebenso wie das zarte Mandelmus. Letzteres schmeckt in süßen Desserts, kann aber auch wie Pesto für Pastagerichte verwendet werden. Ein Rezept gibt es gratis dazu. Gofio fehlt natürlich nicht im Angebot, frisch gemahlen und in den verschiedensten Getreidevarianten. Zu Hause verkneten die Einheimischen die mehlähnliche Substanz mit Wasser, formen kleine Kugeln und essen diese zum Wein. In der ›Luxusversion‹ verfeinern sie den Teig mit Zwiebeln und Kräutern. Kenner rühren puren Gofio gern beim Frühstück in ihren Milchkaffee oder machen Suppen und Saucen damit gehaltvoller. Auf keinen Fall darf Gofio gekocht oder gebacken werden, dadurch würde er hart wie Zement.

Die schon erwähnte Marmelade aus Kaktusfeigen lohnt unbedingt einen Versuch, die Händler geben gerne eine Kostprobe. Allerdings hat man bei den süßen Brotaufstrichen die Qual der Wahl, denn auch andere ausgefallene Marmeladensorten wie Maulbeere oder Tomate sind zu haben, und nicht zuletzt der Honig aus örtlicher Produktion. Dem Drachenbaum lässt sich beim besten Willen nichts Kulinarisches abgewinnen und Seile werden heute anderswo billiger produziert. Dennoch wird er heute wieder genutzt. Die attraktiven Samen verarbeitet eine ortsansässige Kunsthandwerkerin zu schönem Modeschmuck und verkauft diesen auch gleich selbst auf dem Markt.

Schließlich rundet den Besuch auf dem Mercadillo der Genuss eines frisch gepressten Zuckerrohrsafts ab, bevor es – die Einkäufe im Gepäck – auf den Heimweg geht.

**Zum Abschluss der Tour erfreut ein frisch gepresster Zuckerrohrsaft**

## Infos

**Verkehr**
**Bus:** L 2 Los Llanos – Santo Domingo de Garafía 2–7 x tgl.

# Santo Domingo de Garafía ► B 2

Zwei Straßen führen von Las Tricias nach Santo Domingo (500 Einw.), dem Hauptort der rund 1800 Bewohner zählenden Gemeinde Villa de Garafía. Es empfiehlt sich, zumindest für einen Weg die untere Strecke (LP-114) zu wählen. Sie ist kürzer, landschaftlich reizvoller und nicht so kurvenreich wie die obere Verbindung über Hoya Grande (LP-1, LP-112). Zwischen den Feldern und bei den Bauernhöfen sieht man unterwegs auffallend viele Drachenbäume.

Bis in die 1960er-Jahre lebten die Menschen in Santo Domingo in fast völliger Abgeschiedenheit. Die restliche Insel war nur zu Fuß oder auf dem Esel über beschwerliche Pfade oder – ruhige See vorausgesetzt – per Boot zu erreichen. Lange wies der Ort die höchste Abwanderungsquote der Insel auf. Erst in jüngerer Zeit wird eine Trendwende beobachtet.

In Santo Domingo stehen zwei **Windmühlen,** eine an der LP-112 nach Llano Negro, die andere im Südwesten an der LP-114 nach Las Tricias. Früher, als noch viel Getreide angebaut wurde, ließen die Einwohner hier ihren *gofio* mahlen.

## Iglesia Nuestra Señora de la Luz

*Plaza Baltazar Martín, tagsüber i. d. R. geöffnet*
Unterhalb des zentralen Platzes steht die Pfarrkirche von Santo Domingo. Das Hauptschiff stammt von 1552, das linke und einzige, fast gleich große Seitenschiff wurde 1664 fertiggestellt. Im Innern erkennt man den Unterschied an der im Hauptschiff besonders aufwendig geschnitzten, hölzernen Mudéjar-Kassettendecke. Die geometrischen Muster sind schlicht, erzielen jedoch gerade deshalb besondere Wirkung. Von 1673 stammt der barocke Hauptaltar.

### Fußmarsch durch den Barranco de la Luz ► C 2

Einige wilde Exemplare des Drachenbaums wachsen im Barranco de la Luz, der Santo Domingo im Nordosten begrenzt. Um dorthin zu gelangen, verlässt man die Plaza Baltazar Martín zu Fuß an der hinteren Seite, bis man in die Schlucht schauen kann, und geht dann auf einer schmalen Straße rechts hinauf. Etwa 30 m weiter biegt ein Fußweg steil hinunter in den Barranco ab (Schild: GR 130 El Palmar/Barlovento, weiß-rote Balkenmarkierung). An den Hängen der Schlucht sind die imposanten *dragos* zu bewundern. Der Talgrund ist nach etwa 10 Minuten erreicht, weitere 15 Minuten benötigt man bis zur gegenüberliegenden Höhe. Wer mag, kann – von jetzt an sanft bergab – auf dem GR 130 bis **El Palmar** (► C 1) weiterlaufen (ab Santo Domingo mit Rückweg 2,30 Std.). In dem einsamen Weiler harren nur noch wenige Bauern aus, die Ziegenkäse an Wanderer verkaufen.

### Petroglyphenfeld El Calvario ► B 2

Villa de Garafía gilt wegen der zahlreichen prähistorischen Funde auf dem Gemeindegebiet als wichtigstes Siedlungszentrum der vorspanischen Ureinwohner. Eine archäologische Stätte, El Calvario, befindet sich in der Nähe des Friedhofs von Santo Domingo. Man folgt der LP-114 Richtung Las Tricias und biegt schon nach etwa 500 m rechts ab (Schild: Cementerio, Puerto). Sobald

**Mein Tipp**

### Inselhonig

Am Schild »Se vende Miel de abejas« ist die Bio-Imkerei unter der Leitung von Stephan und Iris Braun zu erkennen. Feste Öffnungszeiten gibt es nicht, man klingelt einfach. Das sehr in Sachen Schutz der La-Palma-Biene und deren Rückzucht auf eine bodenständige, gesunde Sorte engagierte deutsche Imkerpaar verkauft auch auf dem Mercadillo in Puntagorda (**La Piedra 7**, LP-112 Llano Negro – Santo Domingo, Km 7, Tel. 696 35 27 52.

man den Friedhof hinter sich gelassen hat, folgt eine gerade Strecke. Dort gilt es am rechten Straßenrand auf das Schild »Carretera Peligrosa« zu achten. Drei Meter weiter zweigt rechts ein unscheinbarer Trampelpfad ab und hält durch niedriges Wolfsmilchgebüsch auf eine tiefer gelegene, etwa 80 m entfernte flache Kuppe zu. Dort liegen mehrere Felsblöcke mit spiralförmigen Gravuren. Als Stelen standen sie wohl früher aufrecht oder waren gar in eine inzwischen verschwundene Pyramide integriert. Einer der Blöcke trägt konzentrische, wenn auch ein wenig unregelmäßige Kreise, ein auf den Kanaren wesentlich seltener als die Spirale auftretendes Motiv. Wissenschaftler bringen sie in Zusammenhang mit einem Sonnen- oder Sternenkult.

### Puertito de Santo Domingo ▶ B 2
Der Fahrweg führt weiter bergab zum Puertito de Santo Domingo. Die letzten 10 Minuten müssen zu Fuß auf einem steilen Pflasterweg zurückgelegt werden. Am Meer stehen einige Fi-

scherhütten über einer von der Brandung zerstörten Hafenmole. Ein paar winzige Boote lagern, vor der Flut geschützt, in einer Höhle hoch über dem Wasser. Der Fischfang hatte für die Bewohner von Santo Domingo nie große Bedeutung, da die Küste seit jeher als gefährlich gilt. Doch stellte der Hafen bis zum Bau der ersten Straßenverbindung die wichtigste Verbindung zur Außenwelt dar.

## San Antonio del Monte und La Zarza ▶ C 2

Zwar spielt die Viehzucht generell eine geringe Rolle auf La Palma, doch eine Ausnahme bestätigt die Regel. Durch das Buschland in der höher gelegenen Zone der weitläufigen Gemeinde Villa de Garafía streifen die meisten der rund 20 000 Inselziegen auf der Suche nach Futter. Viele Landwirte leben von der Produktion von Ziegenkäse und -fleisch. Zentrum dieses Gebiets ist der Ortsteil **Llano Negro**, größere historische Bedeutung hat allerdings **San Antonio del Monte**. Dort errichteten die europäischen Siedler nach der Conquista ihre erste Pfarrkirche. Ein Waldbrand zerstörte sie 1902, der daraufhin errichtete Neubau steht heute einsam im Wald. Nur zum jährlichen **Viehmarkt** im Juni belebt sich das Gelände ringsum (s. S. 229). Auch die Ureinwohner La Palmas, ein Hirtenvolk, wussten die Eignung dieser Ländereien für die Viehzucht zu schätzen. Die Petroglyphen von **La Zarza** (s. Entdeckungstour S. 226) legen Zeugnis davon ab.

## Übernachten

*Auf die einfachste Art* – **Área Acampada Montaña de San Antonio**: bei der einsam im Wald gelegenen Wallfahrtskir-

# *Auf Entdeckungstour*

## Rätselhafte Zeichen –
## im Kulturpark La Zarza

Zwei quellenreiche, wildromantische Täler umfasst der Kulturpark La Zarza. Die hier in Felswände geritzten, spiral- und labyrinthförmigen, teils auch figürlichen Petroglyphen zählen zu den bedeutendsten prähistorischen Funden auf La Palma.

**Reisekarte:** ▶ C 2

**Parque Cultural La Zarza:** LP-1 bei Km 59, Tel. 922 69 50 05. Winter tgl. 11–17, Sommer 11–19 Uhr, während der Fiesta y Feria Ganadera San Antonio del Monte (s. S. 229) geschl., Eintritt 2 €.

**Dauer:** 2 Std.

Dank einer perfekten Erschließung, aber auch wegen der landschaftlich besonders schönen Lage ist die archäologische Stätte La Zarza ein Besuchermagnet. 1941 erschien auf Teneriffa eine wissenschaftliche Abhandlung von Avelina Mata und Elías Serra Ràfols über die kurz zuvor entdeckten Felsgravuren der Ureinwohner. Zwar hatte der einheimische Hobbyforscher und damalige Militärgouverneur von La Palma, Domingo Vandewalle de Cervellón, die Steinritzungen in der Cueva de Belmaco bei Villa de Mazo schon 1752 entdeckt und darüber berichtet. Doch dabei war es fast zwei Jahrhunderte lang geblieben. Erst die Beschreibung von La Zarza gab den Anstoß zur systematischen Erforschung ähnlicher Fundstätten – über 50 an der Zahl – auf La Palma, das damit alle anderen Kanareninseln bei weitem übertrifft. Immer noch entdecken Archäologen und Hobbyforscher neue Zeichen, vor allem bei Garafía und El Paso, wo die Benahoaritas anscheinend schwerpunktmäßig siedelten.

## Jede Menge Geometrie

Am Eingang zum Parque Cultural La Zarza informiert ein Besucherzentrum über die Felsgravuren. Meist handelt es sich um geometrische Zeichen: Spiralen, konzentrische Kreise, Mäander, Labyrinthe. Sie wurden mit Hammer und Meißel in das Gestein gestichelt, Loch für Loch nebeneinander. Die Gravuren von La Zarza sind besonders sorgfältig ausgeführt, wie es zu Beginn der Besiedelung der Insel (um 500 v. Chr.) üblich war. Somit gelten sie als die ältesten Funde ihrer Art. Später ließ die Kunstfertigkeit nach, zuletzt wurde auch eher geritzt als graviert. Als die spanischen Eroberer auf La Palma eintrafen, schienen die Zeichen schon außer Gebrauch gewesen zu

sein, da die Chronisten sie nicht erwähnen.

## Verbindungen nach Afrika

Die kanarischen Petroglyphen weisen Parallelen zu Inschriften der europäischen Megalithkultur auf – zu den in ihrer künstlerischen Ausführung unübertroffenen, in Kalkstein gemeißelten Spiralen und Kreisen an den Tempelbauten von Malta, vor allem aber zur sogenannten Ganggrabkunst in der Bretagne und in Irland. Auch in Südamerika wurden ähnliche Zeichen entdeckt. Nach neueren Forschungen entstand Vergleichbares aber vor allem im antiken Nordafrika (2. bis 1. Jtsd. v. Chr.). Im Atlasgebirge und in der Sahara entdeckten Archäologen erst vor wenigen Jahren Petroglyphen, die nicht wie in Europa an Grabkammern angebracht wurden, sondern – ähnlich wie auf den Kanaren – stets unter freiem Himmel auftreten, an vorspringenden Felsen, einzelnen Gesteinsblöcken oder in Quellnischen. Damit konnte die lange umstrittene Abstammung der Altkanarier von den Berbern nachgewiesen werden. Eine schlüssige Deutung der Petroglyphen gelang bisher nicht, der Spekulation sind keine Grenzen gesetzt.

## Sicherlich Magie

Vom Besucherzentrum führt ein idyllischer Fußweg in zehn Minuten zur **Fuente de La Zarza** (Dornbuschquelle). Eine mystische Stimmung umfängt fast unweigerlich Besucher, die zum erstenmal das stille Felshalbrund *(caboco)* von La Zarza betreten. Für ein paar Augenblicke tauchen sie in die rätselhafte Vorzeit La Palmas ein. An der kleinen Quelle vorbei kann man zur schattigen Felswand hinaufklettern und dort die Zeichen der Ureinwohner entdecken. Oft sind Petroglyphen auf La Palma –

wie hier – in der Nähe von Quellen zu finden. Manche Forscher sehen darin einen bloßen Hinweis auf eine Wasserstelle. Andere glauben angesichts der auf der Insel zumindest im Sommer herrschenden, relativen Trockenheit an eine magische Bedeutung. Priester könnten die Zeichen in den Fels graviert haben, um das Sprudeln der Quellen dauerhaft zu gewährleisten oder, falls doch eine Dürreperiode die Insel heimsuchte, das Wasser wieder herbeizurufen. Bei Ausgrabungen Ende der 1990er-Jahre zu Füßen der Felswand kamen zahlreiche Keramikscherben, Steinwerkzeuge, Reste eines Holzgefäßes und Knochen ans Tageslicht. So könnte sich auch ein Opferaltar hier befunden haben.

### Reifrock und Aztekenprofil
Die Fundstelle von **La Zarcita** im rechten Nachbartal schätzen Archäologen als besonders bedeutend ein. Dorthin führt rechts von der Felsstufe bei La Zarza ein mit Infotafeln gut bestückter Weg. An den Seitenwänden des kleinen Barranco de La Zarcita hinterließen die Benahoaritas ihre üblichen Spiralzeichen, Mäander und Labyrinthe, von denen es heißt, sie seien in diesem Fall in diejenigen Himmelsrichtungen orientiert, wo zur Sommer- bzw. Wintersonnenwende die Sonne untergeht. Eine Darstellung an der rechten Wand lässt mit einiger Fantasie einen Männerkopf im Profil erkennen, der an einen Azteken erinnert. Als »Urmutter« deuteten früher manche Wissenschaftler eine zweite Figur daneben, bei der es sich um eine Frauengestalt mit Brüsten und großem Reifrock handeln könnte. Heute tendiert die Forschung allerdings dazu, in diesen Gebilden lediglich besonders ausgefeilte Varianten von Labyrinthen zu sehen.

**Wie ein großes Freilichtmuseum für Petroglyphen: La Zarza**

228

che San Antonio del Monte. Camping-gelände mit Trinkwasser und Grillstellen, sonst keine Einrichtungen. Benutzung gratis, aber nur mit schriftlicher Genehmigung der Consejería de Medio Ambiente (Santa Cruz, Av. de Los Indianos 20, Tel. 922 41 15 83).

## Essen & Trinken

*Elegantes Ambiente* – **El Bernegal:** Calle Díaz y Suárez 5, am südl. Ortseingang an der LP-114 nach Las Tricias, Tel. 922 40 04 80, Di–So 10.30–18 (Küche 12–17) Uhr, Mai/Juni Betriebsferien, Hauptgerichte 8–12 €. Historisches Haus mit überdachtem Innenhof. Gilt als eines der besten Restaurants auf La Palma. Exzellente kanarische Gerichte, aber auch gehobene spanische Küche. Einige vegetarische Gerichte.

*Schnörkellos* – **Santo Domingo:** Plaza Baltazar Martín, Tel. 922 40 00 15, Mi–Mo 11–15 Uhr, Hauptgerichte 5–11 €. In einem alten Stadthaus am zentralen Platz. Mittags speisen hier die Verwaltungsangestellten aus dem Rathaus. Schlichte Einrichtung, kanarische Hausmannskost.

*Treff auf dem Platz* – **Cafeteria Plaza:** Plaza Baltazar Martín, Mi Ruhetag, Tellergerichte 5,50–7 €. Das freundliche Café mit seinen Tischen auf dem Kirchplatz ist der ideale Ort, um in Santo Domingo de Garafía den kleinen Hunger zu stillen. Das solide Angebot umfasst sowohl *bocadillos* als auch *platos combinados* (Tellergerichte). Am Sonntag treffen sich hier die Einheimischen auf einen Frühschoppen.

## Einkaufen

*Vom Erzeuger* – **Tienda GASAM:** an der Zufahrt nach San Antonio del Monte, Mo–Mi 9–14, Fr–So 10–18 Uhr. Die *ga-naderos artesanos* (handwerkliche Viehzüchter) von San Antonio del Monte verkaufen örtlichen Käse, aber auch Wein und andere Agrarprodukte aus Villa de Garafía.

## Infos & Termine

### Feste & Veranstaltungen
**Auto de Reyes Magos:** am Abend des 5. Januar (s. auch S. 79). In Santo Domingo führen auf der Plaza Baltazar Martín Laiendarsteller ab 21 Uhr ein uraltes Mysterienspiel auf, bei dem die Heiligen Drei Könige und König Herodes in einen Dialog treten. Es endet in der Kirche bei Tanz und Gesang. **Fiesta y Feria Ganadera San Antonio del Monte:** zwei Tage um den 13. Juni (Tag des Schutzheiligen Antonius von Padua). Traditionsreiche Landwirtschaftsmesse (Probe und Verkauf von Wein, Käse, Honig) und großer Viehmarkt für Pferde, Rinder und Ziegen, begleitet von Musik und Tanz. Mit kleinem Kunsthandwerkermarkt, wer mag, kann hier auch einen zünftigen Cowboyhut und den dazu passenden Ledergürtel erwerben. Auf dem Festplatz rund um die moderne Wallfahrtskirche San Antonio del Monte. Zufahrt über die LP-1, gegenüber der BP-Tankstelle einbiegen. Während des Festes sind in der gesamten Gemeinde Villa de Garafía fast alle Restaurants und Geschäfte geschlossen. Wegen des genauen Termins auf Plakate achten oder in den Touristeninformationsbüros auf La Palma nachfragen.

### Verkehr
**Bus:** L 2 ab Los Llanos 2–7 x tgl. (Fahrzeit 1.45 Std.), L 2 ab Santa Cruz 3–6 x tgl. (Fahrzeit 2.30 Std.).
**Taxi:** Plaza Baltazar Martín, Tel. 922 40 01 03.

# Der Norden und Nordosten

## Highlights!

**San Andrés:** Beschaulich geht es in der historischen Kleinstadt zu, einem der wenigen ans Meer gebauten Orte La Palmas. Einheimische und Auswärtige geben sich auf dem Kirchplatz ein Stelldichein, den Stadthäuser mit schönen kanarischen Balkonen säumen. S. 243

**Los Tilos:** Der Lorbeerwald von Los Tilos war der UNESCO das Prädikat »Biosphärenreservat« wert. Kürzere und längere Wanderwege erschließen das urwaldähnliche, fast immer regennasse Gebiet, ein Besucherzentrum gibt wertvolle Informationen. S. 245

## Auf Entdeckungstour

**Lehrpfad durch den grünen Dschungel:** Nirgendwo sonst auf den Kanarischen Inseln ist die seltene und daher besonders wertvolle Waldformation des Laurisilva so üppig ausgebildet wie in Los Tilos. Eine zweistündige Tour führt hindurch. S. 246

## Kultur & Sehenswertes

**Mirador La Tosca:** La Palmas größten Drachenbaumhain – immerhin rund 20 Exemplare – hat im Visier, wer von diesem Aussichtspunkt den Blick nach Norden schweifen lässt. S. 236

**Casa Luján:** Stilecht renoviert und mit zeitgenössischem Mobiliar eingerichtet präsentiert sich das Gutshaus aus dem 19. Jh. in Puntallana. S. 254

## Aktiv & Kreativ

**Auf dem Nordküstenweg:** Ob geführt oder auf eigene Faust, das Wandern auf dem abgelegenen *camino real* gilt als Abenteuer. Durch wilde Schluchten geht es bergab und bergauf. S. 233

## Genießen & Atmosphäre

**Brandungspools:** Ein Vergnügen besonderer Art bietet die Piscina La Fajana. Schwärme von Fischen tummeln sich zwischen den Badegästen. Nur wenn Wellen in die Felsbecken schwappen, ist Schwimmen tabu. S. 238

**Frisch aus dem Meer:** Dem Puerto Espíndola fehlt jeglicher Anflug von Hafenromantik. Doch die Gäste des Mesón del Mar haben anderes im Sinn, schließlich wird Seafood selten so fein und vielfältig zubereitet wie hier. S. 242

## Abends & Nachts

Ein wirkliches Nachtleben findet in La Palmas Nordosten nicht statt. Einige Bars in den Stadtzentren von Barlovento und Los Sauces sind am Wochenende abends recht gut besucht. In der touristischen Hochsaison ist auch die Bodega des Hotels **La Palma Romántica** (S. 237) in Barlovento immer für ein Glas Wein geeignet.

# Es grünt so grün

Der entlegenste und am wenigsten erschlossene Teil La Palmas ist der Norden. Tiefe Schluchten trennen die wenigen Fischer- und Bauerndörfer wie **Franceses** und **Gallegos,** die sich ihre Ursprünglichkeit bewahren konnten. Weiter oben, an den Nordabhängen der Cumbre de La Caldera, liegen winzige Hirtensiedlungen und geheimnisvolle Quellen – beliebte Ausflugsziele der Palmeros am Wochenende. Der

**Drachenbaumwald von La Tosca** kündigt schon **Barlovento** an, den größten Ort im Norden, der mit Wandermöglichkeiten, Badeplätzen am Atlantik und einem gern besuchten Bergsee sogar eine gewisse touristische Bedeutung hat.

Häufige Bewölkung und verhältnismäßig viel Regen sind fast schon das Markenzeichen des Nordostens, weshalb kaum ein Feriengast hier dauerhaft Quartier bezieht. Dementsprechend fehlen auch weitgehend die Unterkünfte. Doch auf Tagesausflügen kommen viele gerne her. Geradezu städtisch geht es in **Los Sauces** zu, dem von Urlaubern allerdings wenig besuchten Zentrum eines Bananenanbaugebiets. Wesentlich größerer Besucherzahlen erfreut sich der am Meer gelegene Nachbarort **San Andrés,** eine historische Perle unter den Kleinstädten La Palmas mit Brandungspools und Fischerhafen nahebei. Absolutes Highlight dieses grünsten Teils der Insel ist der **Lorbeerwald von Los Tilos,** ein wahrhaft üppiger Dschungel. Wasser gibt es hier – wie auch im angrenzenden »Zauberwald« von **La Galga** – fast schon im Überfluss, Kaskaden und Quellen bieten sich als Wanderziele an. **Puntallana** schließlich ist ein ruhiger Ort mit Museumsgutshof und einem der schönsten, wenn auch zum Baden kaum geeigneten Strände La Palmas.

## Infobox

### Touristeninformation
Die Gemeinde **Barlovento** betreibt ein Tourismusbüro, das über den gesamten Norden der Insel informiert, s. S. 240. Das Informationsbüro von **Los Sauces** (mit **San Andrés**) ist bis auf Weiteres geschlossen. Infos nur im Internet, s. S. 242. In **Los Tilos** informieren ein Besucherzentrum und eine Informationshütte (beide s. S. 245) über die dortigen Wanderwege. Auch am Beginn des Wanderwegs in den **Cubo de La Galga** steht eine Infohütte (s. S. 251).

### Anreise und Weiterkommen
**Bus:** Linie L 2 fährt auf der Nordroute von Santa Cruz de La Palma Richtung Los Llanos 5–10 x tgl. über Puntallana und La Galga bis Los Sauces, aber nur 2–7 x tgl. weiter über Barlovento und die anderen Orte des Nordens. Die Fahrzeiten in den Norden sind recht lang. Von Los Sauces fährt Linie L 12 nach San Andrés (2–6 x tgl.). Los Tilos ist nicht per Linienbus zu erreichen.
**Mietwagen:** Eine Verleihfirma gibt es in Barlovento.

# La Mata und Roque del Faro ▶ D 2/3

Zwischen La Zarza und Franceses windet sich die Straße bergan bis auf etwa 1000 m Höhe. Dort liegen idyllisch die

Weiler **La Mata** (50 Einw.) und **Roque del Faro** (100 Einw.), beliebte Ausflugsziele der Palmeros. Beide sind Ausgangspunkte für verschiedene weiß-gelb markierte Wanderwege, die dem offiziellen Wegenetz der Inselregierung (Red de Senderos, s. S. 33 unter Wandern) angehören. So ist es beispielsweise möglich, von Roque del Faro auf dem PR LP 9 in 3 Std. zur Cumbre de La Caldera aufzusteigen. Bergab geht es auf dem PR LP 9.1 durch das botanisch interessante **Naturschutzgebiet Paisaje Protegido del Tablado** in 1.30 Std. in den sehr ursprünglichen, hoch über der Steilküste gelegenen Weiler **El Tablado** (40 Einw.).

Wer zahlreiche Kurven nicht scheut, kann an der Straßengabelung östlich von Roque del Faro die obere Nebenstrecke (LP-109) nach Barlovento benutzen. Diese landschaftlich besonders schöne Straße führt durch stille Wälder. Wählt man hingegen die untere, breitere LP-1, so bieten sich Abstecher nach Franceses und Gallegos an.

## Übernachten

*Für Hartgesottene* – **Roque Faro:** Roque del Faro s/n (LP-1), Tel. 922 40 00 46, DZ ca. 30 €. Eine Unterkunft der äußerst einfachen Art ist diese Pension. Im Winter kann es aufgrund der fehlenden Heizung empfindlich kühl werden. Als Stopover für Wanderer die einzige Möglichkeit weit und breit.

*Herberge* – **Albergue Garafía (El Tablado):** El Tablado. Offizielle Berghütte mit 32 Plätzen am Fernwanderweg GR 130, in der ehemaligen Dorfschule. Eröffnung Ende 2009 oder im Verlauf des Jahres 2010, aktuelle Infos findet man unter www.senderosdelapalma.com.

*Mein Tipp*

### Der Nordküstenweg

An der Nordküste La Palmas ist der alte **Camino real** (Königsweg), der früher die Verbindung zwischen den entlegenen Ortschaften sicherstellte, noch fast vollständig erhalten. Der gepflasterte Saumpfad führt zwischen Santo Domingo und Barlovento in Serpentinen abwechselnd steil bergauf und bergab und ist durchgängig als GR 130 mit weiß-roten Balken markiert. Er berührt Höhenrücken, auf denen sich die einsamen Dörfer **Don Pedro, El Tablado, Franceses** und **Gallegos** erstrecken. Und er durchquert wildromantische Schluchten mit zahlreichen botanischen Kostbarkeiten. Wer den Nordküstenweg ohne organisatorische Probleme kennenlernen will, kann sich einer geführten Wanderung anschließen, wie sie über Hotels und örtliche Reisebüros angeboten werden.

## Essen & Trinken

*Gebirgsküche* – **Los Reyes:** Roque del Faro s/n (LP-1), Tel. 922 40 04 84, Di–So 12–17.30 (Bar 7.30–22) Uhr, Hauptgerichte ab 5 €. Am Wochenende gut besuchtes, geräumiges Ausflugslokal, spezialisiert auf Kaninchen und Ziege.

*Ländlich* – **La Mata:** La Mata s/n (ab LP-1 ausgeschildert), Tel. 922 40 01 69, Do–Di 8–23 Uhr, Hauptgerichte ab 5 €. Typisch kanarische Küche in einem einfachen Haus mit kleinem Innenhof. Auch hier wird Zicklein geboten, außerdem *potaje* (ein deftiger Eintopf). Als Vorspeise empfiehlt sich gebratener Ziegenkäse.

## Infos

### Verkehr
**Bus:** L 2 Santa Cruz – Los Llanos passiert 2–7 x tgl.

# Franceses und Gallegos ▶ E 2

**Franceses** (200 Einw.) führt seinen Namen auf französische Piraten zurück, die hier vielleicht einst einen Stützpunkt unterhielten. Die Bewohner des Ortes lebten bis gegen Ende des 20. Jh. in weitgehender Abgeschiedenheit. Erst 1993 wurde die Straßenverbindung von Garafía nach Barlovento fertiggestellt und somit die Umrundung La Palmas auf asphaltierter Strecke möglich. Zuvor rollte der im Norden ohnehin spärliche Verkehr über eine holprige Piste. In Franceses leben – wie in den Nachbardörfern – fast nur noch alte Leute, die ihren kargen Äckern das Lebensnotwendige abringen. Die Jungen sind längst abgewandert.

Hier wohnten die Menschen bis in die Gegenwart hinein in kleinen Natursteinhäusern mit Holzschindeln auf dem Dach, wie sie früher für die ganze Insel charakteristisch waren. Doch innerhalb weniger Jahre ersetzten viele Besitzer sie durch größere und komfortablere Neubauten. Ethnologen haben jetzt erreicht, dass die letzten Häuser dieser Art unter Denkmalschutz gestellt werden.

Dem kleinen Ort **Gallegos** (300 Einw.) sieht man seine frühere Bedeutung nicht mehr an. Einst lebten hier mehr Einwohner als im benachbarten Barlovento. Gallegos besaß einen Hafen, über den ein Großteil des Waren- und Personenverkehrs abgewickelt wurde, als der Norden La Palmas noch keinen Straßenanschluss nach Santa Cruz hatte und auf dem Landweg nur recht mühsam zu Fuß oder per Maultier zu erreichen war. Tiefe Barrancos flankieren das winzige, auf einem Bergrücken gelegene und von Obstplantagen umgebene Zentrum. Ein paar Gassen mit einstöckigen, kanarischen Häusern umgeben die Kirche.

## Infos

### Verkehr
**Bus:** L 2 Santa Cruz – Los Llanos passiert 2–7 x tgl.

# Barlovento ▶ F 2

Barlovento (700 Einw.) ist das Zentrum einer große Teile des Inselnordens umfassenden, ingesamt 2400 Bewohner zählenden Gemeinde. Der Ort liegt weit oberhalb der Küste, in rund 500 bis 600 m Höhe. Für die ausgedehnten Bananenpflanzungen, von denen ein Großteil der Menschen lebt, werden die küstennahen Hänge genutzt. Weiter oben stehen Gemüse und Obstbäume auf den Feldern.

Die Gegend gilt als besonders regenreich, im Winter kann es hier empfindlich kühl werden. Während der heißen Sommermonate ist es dagegen recht angenehm, und so zieht Barlovento – wenn auch in bescheidenem Ausmaß – nicht nur einheimische, sondern auch vermehrt ausländische Urlauber an. Letztere wohnen zumeist in dem schönen, im kanarischen Stil errichteten Hotel La Palma Romántica am oberen Ortsrand.

Attraktiver Mittelpunkt von Barlovento ist die weitläufige **Plaza Nuestra Señora del Rosario**. Blickfänge sind

*Die Küste an der Nordostspitze*
*La Palmas*

dort ein von Bougainvillea überrankter Laubengang und von Buchsbaumhecken eingefasste Beete, auf denen Araukarien und Drachenbäume gedeihen.

## Iglesia Nuestra Señora del Rosario

*I. d. R. tagsüber geöffnet*
Der Altarraum der schlichten Pfarrkirche geht auf das 16. Jh. zurück, das Kirchenschiff wurde im 17. Jh. erbaut. Ohne besondere Verzierungen präsentiert sich die elegante Mudéjar-Kassettendecke, die im Chorbereich allerdings etwas üppiger gestaltet wurde. Der barocke, bunt bemalte Hauptaltar von 1767 birgt die Statue der Schutzpatronin, der Rosenkranzmadonna. Es handelt sich um eine flämische Arbeit aus der Übergangszeit zwischen Renaissance und Barock (Ende 16. Jh.). An der linken Seitenwand verdient die Barockfigur der Virgen del Carmen (18. Jh.) Beachtung. Sie stammt aus der Hand des andalusischen Künstlers Benito de Hita y Castillo. Das Taufbecken aus glasierter Keramik wurde im 17. Jh. aus Sevilla gebracht.

## Mirador Montaña de Molino

Westlich von Barlovento, an der LP-1 nach Garafía/Franceses, ist dieser Aussichtspunkt ausgeschildert. Eine holprige Piste, die man am besten zu Fuß zurücklegt, führt nach 600 m zum »Mühlenhügel« mit schönem Blick auf den Ort.

## Mirador La Tosca

Der Weiler La Tosca (60 Einw.) wenig weiter westlich ist für seine Drachenbäume bekannt. Vom Mirador La Tosca an der LP-1 lassen sich die *dragos,* verteilt zwischen den Bauernhöfen, gut überschauen. Um den »Wald« aus immerhin rund 20 erwachsenen Exemplaren – den größten Drachenbaum-

hain der Kanarischen Inseln – eingehender zu besichtigen, lohnt es sich, zu Fuß dem Fahrweg durch den Ort abwärts bis zu den untersten Häusern zu folgen. Dort bietet sich nochmals ein lohnender Ausblick, diesmal Richtung Küste.

## Laguna de Barlovento

Oberhalb von Barlovento liegt in einem Vulkankrater in etwa 700 m Höhe ein recht großer See. Früher bildete er sich nur während der regenreichen Wintermonate. Im Sommer versickerte das Wasser in dem porösen Gestein. In der Franco-Zeit wurde erstmals – allerdings erfolglos – versucht, den Kraterboden abzudichten und die Laguna zu einem Wasserreservoir auszubauen. Erst Ende des 20. Jh. wurde das Projekt fertiggestellt. Der Stausee fasst 5,5 Mio. m³ und ist damit das größte Wasserreservoir der Kanarischen Inseln. In der Nähe erfreut sich ein **Freizeitpark** mit Campinggelände, Ausflugslokal, Picknick- und Spielplätzen bei den Einheimischen, besonders bei Kindern, großer Beliebtheit.

# Ruta de las Fuentes

Um Touristen in den wenig besuchten Nordosten La Palmas zu locken, hat die Gemeinde Barlovento eine sogenannte Route der Quellen ausgewiesen. Quellen dienten früher nicht nur Mensch und Vieh zum Löschen des Durstes, sondern waren oft Orte der Kommunikation oder auch wildromantische Plätze, an denen sich Liebespaare trafen.

Eigentlich handelt es sich sogar um **vier Routen**, von denen drei ihren Ausgangspunkt an der **Fuente del Llano** im Ortszentrum haben, die früher den Waschplatz *(lavaeros)* von Barlovento speiste. Sie können jeweils mit dem

Auto oder zu Fuß (Wanderzeiten zwischen 1 und 4 Std.) zurückgelegt werden. Karte und Beschreibung in deutscher Sprache liegen im Info-Büro (s. S. 240) und z. T. in anderen Touristeninformationen auf der Insel aus.

# Ausflüge an die Küste

Bei der Anfahrt zur **Piscina La Fajana** (▶ F 1, 6 km nordöstlich von Barlovento, s. Lieblingsort S. 238/39), einem weitläufigen Badeplatz am Meer, lohnt sich ein Halt an dem schön gestalteten **Mirador** oberhalb der Steilküste, um den Blick auf die drei Felsschwimmbecken – eines davon für Kinder geeignet – zu genießen.

### Punta Cumplida ▶ G 1
An der Punta Cumplida, der Nordostspitze La Palmas, erhebt sich seit 1867 ein Leuchtturm (Faro). Heute steht er unter Denkmalschutz, kann aber nicht besichtigt werden. Eine Nebenstrecke führt am Leuchtturm vorbei Richtung Los Sauces. Sie verläuft durch ein schier endloses Bananenanbaugebiet und verlangt Fahrern einige Ausweichkünste ab, wenn Gegenverkehr kommt. Die Mühe lohnt sich, um Bananenplantagen einmal aus der Nähe zu betrachten.

### Puerto de Talavera ▶ G 2
Etwa 1 km südlich des Leuchtturms passiert diese Nebenstrecke den Puerto de Talavera, einen pittoresken kleinen Fischerhafen im Schutz der gleichnamigen, felsigen Landspitze. In der großen Zeit des Zuckerrohranbaus, also im 16./17. Jh., als die Landverbindungen auf La Palma noch sehr beschwerlich waren, fand von hier aus sogar Export von Zucker statt. Später geriet der Hafen ins Abseits, der benachbarte Puerto Espíndola lief ihm

den Rang ab. Die angrenzende Felsküste mit ihrem Reichtum an Fischen und anderem Meeresgetier gilt als Paradies für Schnorchler. Allerdings ist normalerweise nur in den Monaten August bis Oktober die See ruhig genug, um ins Wasser zu steigen.

## Übernachten

*Feines Berghotel* – **La Palma Romántica:** Topo de las Llanadas, Tel. 922 18 62 21, www.hotellapalmaromantica. com, DZ ca. 80 €. Komfortables mittelgroßes Hotel im Landhausstil an der Straße zur Laguna de Barlovento, mit schönem Blick, gutem Sportangebot, Tennisplatz und Sauna. Kleines **Observatorium.** Hoteleigener Shuttle-Bus zur Badeanlage La Fajana. Im Restaurant werden internationale Gerichte serviert (HG ab 10 €).
*Brandungsrauschen* – **La Fajana:** Tel. 922 18 61 62 oder 922 18 64 02, Apartment für 2 Personen 35 €. Apartmenthaus an der gleichnamigen Felsbadeanlage, alle Wohneinheiten mit Balkon und Meerblick. Bei gutem Wetter Traumlage. Außerhalb der Sommersaison ist es hier allerdings sehr einsam und ohne Mietwagen kommt man kaum aus.
*Campen am See* – **Camping Laguna de Barlovento:** Tel. 922 69 60 23. Auf dem recht gut ausgestatteten, von der Gemeinde Barlovento betriebenen Platz werden auch vier Holzhütten mit je sechs Betten vermietet (pro Zelt 4,50 €, pro Hütte Mo–Fr 20 €, Sa/So/Fei 30 €).

## Essen & Trinken

*Ursprünglich* – **El Molino:** Crta. General, Ortsausgang Richtung Los Sauces, Tel. 922 18 61 52, Mo 10–17, Di–So 10–23.30 Uhr, Hauptgerichte 6–9 €. Landes-

### La Fajana – wo die Wellen in Felspools schlagen ▶ F 1

Der Meeresbrandung verdankt Barlovento eine große Attraktion: Sie nagte stetig und geduldig die bizarren Tümpel von La Fajana in einen vor Jahrtausenden erkalteten Lavastrom. Lange Zeit nutzten die Bewohner sie zum Wässern von Flachs, um die Fasern aus der Pflanze zu lösen. Anschließend wurden sie versponnen und zu Leinen gewebt. Niemand dachte damals daran, zum Vergnügen ins Meerwasser zu steigen. Mit der veränderten Mode entschloss sich die Gemeinde, La Fajana in ein außergewöhnliches Schwimmbad zu verwandeln. Bei Flut dringt frisches Wasser in die Pools, mit ihm kommen Fische, die sich zwischen den Badenden tummeln. Während der Badesaison sorgen ein Kiosk und Restaurant für Verpflegung und Getränke. Auf mehreren Terrassen bieten Liegeflächen für Sonnenanbeter reichlich Platz, schüttere Tamarisken spenden etwas Schatten. Toiletten und Duschen sind auch außerhalb der Saison meist geöffnet.

typisches Kellerrestaurant, das Grillspezialitäten und Kaninchen auf palmerische Art zubereitet serviert.

*Nach dem Baden –* **La Gaviota:** La Fajana, Tel. 922 18 60 99, tgl. 11–22 Uhr (nur in der Badesaison), Hauptgerichte um 6 €. Die Architektur zitiert César Manrique, den berühmten Künstler von Lanzarote. Traumblick auf den schäumenden Atlantik, kanarische und internationale Küche.

*Wochenendziel –* **Las Goteras:** Laguna de Barlovento, Tel. 922 69 61 71, Mi–Mo 12–22 Uhr, Hauptgerichte um 6 €. Bei Einheimischen sehr beliebtes Ausflugslokal, palmerische Küche.

## Einkaufen

*Von Hand gefertigt –* **Centro de Artesanía:** Laguna de Barlovento, Mo–Fr 10–13, 16–18, Sa 10–13 Uhr. Hier verkaufen die Frauen des Ortes Keramik, Flechtarbeiten und andere Erzeugnisse aus eigener Herstellung.

*An der Laguna de Barlovento –* **Bauernmarkt:** Sa, So und an Feiertagen 11–17 Uhr.

## Infos & Termine

### Tourismusbüro
**Oficina Municipal de Turismo:** 38726 Barlovento, Plaza del Rosario 3, Tel. 922 18 64 82, Fax 922 18 61 36, turismo_barlovento@hotmail.com, Mo–Mi 10–14, 16.30–18.30, Do/Fr 10–14, 16–18, Sa 10–15 Uhr. Das Rathaus von Barlovento erteilt touristische Auskünfte. Filiale an der Rezeption des Campingplatzes Laguna de Barlovento, Tel. 922 69 60 23, tgl. 9–20 Uhr.

### Feste & Veranstaltungen
**Fiesta de las Cruces de La Laguna:** letztes Maiwochenende. Sehr traditionelles Fest an der Laguna de Barlovento. Kanarische Wettkämpfe (Ringkampf, Stockkampf u. a.), Verkostung von Gofio und Ziegenkäse, Pferderennen. Am Freitag und Samstag abendliche Tanzveranstaltungen bis spät in die Nacht hinein.

**Fiesta de la Virgen del Rosario:** alle drei Jahre am 2. Augustsonntag (2012, 2015...). Rosenkranzfest mit Nachstellung der Seeschlacht von Lepanto 1571 (s. S. 78).

### Verkehr
**Bus:** L 2 ab Santa Cruz 2–7 x tgl.; L 2 ab Los Llanos 3–6 x tgl.
**Taxi:** Calle El Drago 36, Tel. 922 18 60 46
**Mietwagen:** Autos Comba, Tel. 922 18 61 98

# Los Sauces ▶ G 2

Los Sauces ist wirtschaftlicher Mittelpunkt des Nordostens der Insel. Wie kaum ein anderer Ort auf La Palma vermittelt Los Sauces (2500 Einw., in der Gesamtgemeinde 5000 Einw.) Besuchern den Eindruck einer typischen spanischen Kleinstadt. Die belebte Durchgangsstraße, an der sich Geschäfte und Kneipen reihen, führt auch mitten durch die weitläufige **Plaza de Montserrat** (auch Plaza del Ayuntamiento). Während die untere Hälfte des Platzes recht nüchtern gestaltet ist, schmücken Blumen und Bäume den oberen, ruhigeren Teil.

Wie die Namensgebung bereits verrät, müssen bei Los Sauces zur Zeit der Conquista viele Weiden (span. *sauces*) gestanden haben. Alonso Fernández de Lugo erkannte sogleich den Wert des wasserreichen Gebiets und sicherte sich die Rechte auf Ländereien und Wasser. Er ließ ein erstes Bewässerungssystem anlegen und eine Zuckermühle errichten. Zuckerrohr wird heute nur noch in geringem Umfang angebaut. Stattdessen dehnen sich rund um Los Sauces Bananenplantagen aus.

### Iglesia Nuestra Señora de Montserrat

*Plaza de Montserrat, i. d. R. tagsüber geöffnet*

Schon wenige Jahre nach der Conquista stiftete der aus Katalonien stammende Großgrundbesitzer Marcos de Montserrat die Pfarrkirche von Los Sauces und ließ sie der Jungfrau von Montserrat weihen, einer bedeutenden Wallfahrtsstätte bei Barcelona. Heute ist sie, über die Jahrhunderte immer wieder verändert, eine der größten Kirchen La Palmas.

Rund um den 1960 neu gestalteten Innenraum läuft ein gemaltes Spruchband mit einem auf die Schutzpatronin bezogenen Verszitat. Bei der Statue der Nuestra Señora de Montserrat im Hauptaltar handelt es sich um eine spanische Arbeit aus dem 16. Jh., die flämischen Vorbildern folgt. Der linke Seitenaltar birgt eine recht wertvolle Skulptur der Virgen de la Piedad (Jungfrau der Barmherzigkeit, Mitte 16. Jh.) aus Flandern.

Rechts neben dem Eingang, in der Taufkapelle, hängt ein großes Ölgemälde, das die Madonna auf dem Berg Montserrat darstellt. Der palmerische Kunsthistoriker Pérez Morera schreibt das Bild dem flämischen Meister Pieter Pourbus (1523–84) zu, allerdings unter Vorbehalt. Offenbar brachte es Tomás Van de Walle de Cervellón aus Flandern nach La Palma. Ihm gehörte seit 1588 die Zuckermühle von Los Sauces, womit er auch die finanzielle Verantwortung für die örtliche Pfarrkirche übernommen hatte. Das Bild schmückte rund 100 Jahre lang den Hauptaltar, bis es dort durch ein hölzernes Retabel ersetzt wurde.

### Molino El Regente ▶ F 3

*Calle Los Molinos 33, vorübergehend geschl. (Infos zum Tel. 922 45 17 27 od. 922 45 15 54)*

Die ehemalige Wassermühle (Molino Hidráulico) wurde 1873 errichtet, um Gofio zu mahlen. Bauern brachten ihre bereits gerösteten Getreidekörner hierher. Ein Aquädukt führte das Wasser zur Mühle, in deren Untergeschoss es Schaufelräder antrieb. Diese setzten einen Riemen in Bewegung, der das Mahlwerk zu ebener Erde antrieb.

Oberhalb des Mühlengebäudes befindet sich eine kleine öffentliche Plaza mit Bänken. Dort kann man auf einer Metalltreppe den Aquädukt besteigen. Von oben schweift der Blick über Los Sauces und das umliegende Bananenanbaugebiet.

### Miradores ▶ G 2/3

Zwei Aussichtspunkte lohnen an der Durchgangsstraße LP-1 einen Halt. Einer davon liegt am nördlichen Ortsrand, etwas oberhalb der Straße. Dort schaut man bis zum Leuchtturm an der Punta Cumplida. Der zweite Mirador mit Blick in den tiefen Barranco del Agua befindet sich am südlichen Stadtrand in Richtung Santa Cruz kurz vor der Brücke über die Schlucht. Diese bildet übrigens mit 315 m den längsten Brückenbogen Spaniens und soll die höchste Einbogenbrücke Europas (150 m) sein.

## Übernachten

*Ordentlich* – **El Drago:** Avenida de los Sauces 36 (LP-1), Tel. 922 45 03 50, Fax 922 45 03 00, DZ etwa 30 €. Stadtpension ohne große Ansprüche, alle Zimmer ohne Balkon. Im Erdgeschoss gibt es eine Bar, in der man frühstücken kann. Der Kontakt zu Einheimischen ist garantiert.

## Infos & Termine

### Internet
www.sanandresysauces.es

### Feste & Veranstaltungen
**Nuestra Señora de Montserrat:** Am 27. April Gottesdienst zu Ehren der Stadtheiligen. Die eigentlichen Patronatsfeierlichkeiten finden in den ersten beiden Septemberwochen statt: traditionelle Wallfahrt, Folklore-Festival, große Fiesta.

### Verkehr
**Bus:** L 2 nach Santa Cruz 5–10 x tgl.; L 12 nach Puerto Espíndola/San Andrés 2–6 x tgl.
**Taxi:** Parque Antonio Herrera (Südrand der oberen Plaza), Tel. 922 45 09 28.
**Parken:** Rund um die zentrale Plaza sind die Parklücken gebührenpflichtig (Automat).

## Abstecher nach Puerto Espíndola ▶ G 2

Unterhalb von Los Sauces am Meer liegt der kleine Fischerhafen Puerto Espíndola. Neben Santa Cruz und Puerto de Tazacorte ist er der einzige nennenswerte Hafen der Insel. Im 16. und 17. Jh. exportierten die örtlichen Großgrundbesitzer von hier aus Zucker. Schiffe auf dem Weg nach Amerika legten an, um sich mit Getreide, Wein und Rum zu verproviantieren und Auswanderer an Bord zu nehmen, die ihr Glück in der Neuen Welt versuchen wollten. Von dieser großen Vergangenheit ist nur noch wenig zu spüren.

### Rumbrennerei Ron Aldea
*Tel./Fax 922 45 08 31, So geschl.*
Außer ein paar Bananenpackereien gibt es in Puerto Espíndola die Rumbrennerei Ron Aldea, die das wenige Zuckerrohr verarbeitet, das noch bei Los Sauces und Barlovento angebaut wird. Die Fabrik steht auf einer Anhöhe südlich des Hafens. Produziert wird nur in den zwei bis drei Monaten nach der Ernte, die alle zwei Jahre im März erfolgt (derzeit jeweils in ungeraden Jahren). Dann ist es möglich, einen Blick in die Destillerie zu werfen. Im Gegensatz zu etwa 95 % der Rumfabriken in aller Welt verwendet Ron Aldea den Saft frisch gepressten Zuckerrohrs (direkte Destillation), also nicht die bei der Zuckerproduktion verbleibende Melasse. Etwa 180 Tonnen Erntegut werden pro Kampagne verarbeitet, etwa 100 000 Liter Rum daraus gewonnen. Ein Teil davon reift 10 Jahre lang in Holzfässern zum Spitzenprodukt der Firma heran, der »Reserva Especial«.

## Essen & Trinken

*Inselweit bekannt –* **Mesón del Mar:** am Hafen, Tel. 922 45 03 05, www.mesondelmar.com, Mi–Mo 13–24 Uhr, Küche 13–16.30, 19.30– 23 Uhr, Hauptgerichte 6–10 €. Fangfrisches Seafood ist die Spezialität des Hauses. Perfekt zubereitet kommt scheinbar Einfaches, wie gebackene Moräne oder Tintenfisch *(choco)* an Koriandersauce, daher. Fleischgerichte stehen nicht auf der Speisekarte. Das Ambiente ist urig, die Einrichtung kanarisch. Insider genießen den Aperitif auf der schattigen Terrasse vor dem Haus, bevor sie zum Essen in den Speisesaal im Obergeschoss wechseln.

## Infos

### Verkehr
**Bus:** L 12 Los Sauces – San Andrés passiert 2–6 x tgl.

# San Andrés❗ ▶ G 2/3

In die beschauliche Kleinstadt mit nur rund 300 Einwohnern, aber viel Atmosphäre kommen Touristen gern, um auf der Plaza zu speisen oder einen Drink zu nehmen. Am Wochenende gesellen sich einheimische Familien hinzu.

Schon 1507 erhielt San Andrés die Stadtrechte. Es war neben Santa Cruz der einzige Ort, der Stadtschreiber beschäftigen durfte. Doch sollte sich die Lage am Meer für San Andrés bald als Nachteil erweisen. Der höher gelegene Nachbarort Los Sauces, mit dem San Andrés eine Gemeinde bildet, errang schon nach wenigen Jahrzehnten die wirtschaftliche Vormachtstellung im Nordosten. Die Großgrundbesitzer von Los Sauces verfügten über Wasser aus den angrenzenden Bergen und konnten somit das lukrative Zuckerrohr an-

bauen. In San Andrés mussten sich die Landwirte mit dem weniger lohnenden Getreideanbau begnügen. Erst im 20. Jh. wurde es möglich, dank eines ausgeklügelteren Bewässerungssystems Bananen auch in Küstennähe anzubauen.

Mittelpunkt des Ortes ist die hübsche, palmenbestandene **Plaza de San Andrés.** Ein Brunnen ziert den sorgfältig mit Blumenrabatten bepflanzten Platz, zwei Terrassenlokale laden zur Rast ein. Sehenswerte Häuser, einst von den örtlichen Großgrundbesitzern errichtet, säumen die Plaza und nebenan die Calle Iglesia.

## Iglesia San Andrés Apóstol
*l. d. R. tagsüber geöffnet*

Die Iglesia San Andrés Apóstol wurde nachweislich schon vor 1515 als eine der ersten Kirchen La Palmas gegründet, später allerdings mehrfach umge-

**Privilegierte Wohnlage: die Küste bei San Andrés**

baut und erweitert. Im 17. Jh. erhielt sie zum Schutz gegen Piratenüberfälle ihr heutiges, wehrhaftes Äußeres mit dem wuchtigen, seitlich angebrachten Turm. Innen erhebt sich im Chor der barocke Hauptaltar von 1790 mit der Figur des Schutzheiligen. Die Altäre der Seitenkapellen, beides barocke flämische Arbeiten aus dem 17. Jh., bergen Skulpturen der Siegesmadonna und der Rosenkranzmadonna. Sehr kunstvoll gearbeitet präsentiert sich die hölzerne Mudéjar-Decke.

### Horno de Cal

Von der Plaza de San Andrés ist es nicht weit zum Meer. Dort steht an der Mündung des Barranco del Agua der Horno de Cal, ein gut erhaltener Kalkofen, der in der Gemeinde als wichtiges Industriedenkmal gilt. La Palma besitzt keine eigenen Kalkvorkommen. Frachtschiffe brachten bis vor wenigen Jahrzehnten Kalk aus Fuerteventura nach San Andrés. Dort wurde er gebrannt und anschließend als Mörtel und Düngemittel verkauft. Im winzigen Hafen ließen die Fischer früher bei ruhiger See ihre Boote mit Hilfe eines Krans zu Wasser. Heute begegnet man hier Sportfischern und einigen sonnenhungrigen Badegästen, die über eine Treppe ins Meer gelangen können. Doch ist wegen der bisweilen starken Brandung Vorsicht bei diesem Unterfangen geboten.

## Baden & Beachen

Eine Fußgängerpromenade führt vom Hafen am Meer entlang nordwärts zum **Charco Azul**. Alternativ ist diese Felsbadeanlage über die Straße nach Puerto de Espíndola zu erreichen (ausgeschildert). Mehrere von der Brandung ins Lavagestein genagte Naturpools wurden dort einladend mit Liegeflächen, Strohsonnenschirmen,

Umkleidekabinen und Duschen ausgestattet (Eintritt frei). Im Sommer erfreut sich die Stelle großer Beliebtheit, denn sie bietet eine der wenigen Bademöglichkeiten im Nordosten. Ein Strandlokal serviert dann kühle Drinks und frischen Fisch. Wenn hohe Wellen in die Becken schwappen, was vor allem im Winter vorkommt, ist das Baden allerdings gefährlich. Der hintere Teil des Schwimmbads wurde im Frühjahr 2009 durch eine Steinlawine verschüttet. Es ist seitdem auf unbestimmte Zeit geschlossen.

## Übernachten

*Nichts Tolles, aber günstig* – **Las Lonjas:** Calle San Sebastián 16, Tel. 922 45 16 21 od. 922 45 07 36, DZ ab 25 €. Pension an der Hauptstraße von San Andrés, vier kleine Zimmer mit Bad. Wenn man im Parterre wohnt, hockt man quasi auf der Straße. Praktisch für den kleinen Geldbeutel.

*Sehr einfach* – **Martín:** Calle San Sebastián 4, Tel. 922 45 05 39, DZ um 25 €. Stadtpension mit nur drei Zimmern, nicht alle mit eigenem Bad. Auch ein Apartment wird vermietet (32 €).

## Essen & Trinken

*Landestypisch* – **San Andrés:** Plaza de San Andrés 12, Tel. 922 45 17 25, Do–Di 11–24 Uhr, Hauptgerichte 6–13,50 €. Auch bei Einheimischen sehr beliebtes Esslokal mit Tischen auf der Plaza, geräumigem Speisesaal und einem langen Tresen, wo der Aperitif genommen wird.

*Unkompliziert* – **La Placita:** Plaza de San Andrés 4, Tel. 922 45 03 87, Di–Do 11.30–19.30, Fr–So 11.30–20 Uhr, Hauptgerichte 6–7,50 €, Pizza 4–7 €, Tapas *(raciones)* 4–7 €. Nette, ungezwungene Atmosphäre. Besonderes Lob erhalten die Vorspeisen, z. B. der überbackene Ziegenkäse. Es gibt sowohl Kanarisches als auch Pizza, Salate und Sandwiches.

## Infos & Termine

### Feste & Veranstaltungen

**Corpus Christi:** Fronleichnam. Das Fest feiern die Stadtbewohner mit Blumenteppichen und Triumphbögen ähnlich wie in Villa de Mazo. In der Regel findet die Heilige Messe mit anschließender Prozession am Sonntag nach Fronleichnam um 19 Uhr statt.

**Nochebuena:** Heiligabend. In der Kirche von San Andrés findet eine mit Musik untermalte Aufführung der Bethlehemszene statt.

### Verkehr

**Bus:** L 12 nach Los Sauces 2–6 x tgl.

# Los Tilos! ▶F 3

Die größten Bestände des ursprünglichen Lorbeerwaldes der Insel dehnen sich oberhalb von Los Sauces im Gebiet von Los Tilos (auch: Los Tiles) aus, rund 500 m über dem Meer. Urwaldartige, beinahe undurchdringliche Vegetation überzieht Schluchten und Bergrücken. Überall rieselt Wasser aus den Felswänden, oft liegt Nebel über dem Gebiet. Im Sommer, wenn es an der Küste heiß wird, spendet der Lorbeerwald angenehme Kühle. Los Tilos ist Ausgangspunkt für mehrere schöne Wanderungen. Festes Schuhwerk und Regenschutz sind unbedingt erforderlich!

Die Straße nach Los Tilos zweigt bei Las Lomadas, südlich von Los Sauces, von der LP-1 ab und führt als LP-105 den Barranco del Agua aufwärts. Sie passiert bei Km 2 das einzige Wasser-kraftwerk der Insel, die **Central Hidroeléctrica de El Mulato.** Die Kapazität wird derzeit von 800 Kilowatt auf 5 Megawatt erweitert, um La Palma etwas weniger abhängig von Erdölimporten zu machen.

Wenig später ist ein erster Parkplatz mit einer **Caseta de Información** (Informationshütte) erreicht, dort beginnt der **Wanderweg zum Mirador Espigón Atravesado** (s. Entdeckungstour S. 246).

### Centro de Visitantes Los Tiles

*Bosque de los Tilos, Tel. 922 45 12 46, www.lapalmabiosfera.com, Nov.–Juni tgl. 8.55–14, 14.30–17, Juli–Okt. tgl. 8.55–14, 14.30–17.30 Uhr, Eintritt frei* Hinter der Informationshütte quert die LP-105 den Barranco del Agua und endet dann an einem zweiten Parkplatz beim Besucherzentrum des Biosphärenreservats. Dieses informiert mit Schautafeln über Flora, Fauna und Geologie des Gebiets von Los Tilos sowie über die Auswirkungen menschlicher Eingriffe in das Biotop Lorbeerwald. Deutsche Fassungen der Texte liegen in den Sälen aus.

# Wanderungen in Los Tilos

### Camino Mirador de las Barandas

*Mittelschwere Wanderung, hin und zurück insgesamt 1,30 Std.* Ausgangspunkt für diese Kurzwanderung ist die Wendeschleife der LP-105 hinter dem Besucherzentrum. Ein schmaler, ausgeschilderter und weiß-gelb markierter Pfad (PR LP 7.1) führt neben einer Wandertafel in steilen Serpentinen durch dichten Lorbeerwald bergauf. Nach etwa 50 Minuten ist der Mirador de las Barandas erklommen, von dem sich ein sehr schöner Blick über das Waldgebiet von Los

# Auf Entdeckungstour

## Lehrpfad durch den grünen Dschungel von Los Tilos

Kerngebiet des UNESCO-Biosphären-reservats, das heute ganz La Palma umfasst, ist der üppige, fast immer tropfnasse Lorbeerwald am Nord-ostabhang der Insel. Ein einfach zu begehender Lehrpfad führt Wande-rer zu seltenen Pflanzen und einem großartigen Aussichtspunkt, dem Mirador Espigón Atravesado.

Reisekarte: ▶ F 3

**Startpunkt:** Erster Parkplatz an der LP-105 hinter Los Tilos, rund 500 m vor dem **Centro de Visitantes,** mit Caseta de Información (Informations-hütte).

**Hinweis:** An der Caseta de Informa-ción (i. d. R. tgl. 9–17 Uhr) ist eine Maut von 4 €/Pers. zu entrichten.

**Dauer:** Ein halber Tag (reine Gehzeit etwa 2 Std.).

Der Lorbeerwald (span. *laurisilva*) gilt als vom Aussterben bedrohtes Relikt. Vor einigen Millionen Jahren waren ähnliche Wälder in Süd- und Westeuropa noch weit verbreitet. Doch während des Eiszeitalters starb dieser empfindliche Waldtypus dort nach und nach aus. Auf den Atlantikinseln blieb das Klima dank der dämpfenden Wirkung des Meeres mild. So konnte der Laurisilva auf den Kanarischen Inseln, auf Madeira und den Azoren überleben.

Heute befindet sich der Lorbeerwald nirgendwo in so gutem Zustand wie im Nordosten La Palmas. Aus diesem Grund wies die UNESCO 1983 im Rahmen des Programms »Man and Biosphere« das ursprünglich nur 511 ha große und 1998 auf 13 000 ha erweiterte Areal als **Biosphärenreservat El Canal y Los Tilos** aus (das Ende 2002 auf die gesamte Insel ausgedehnt wurde und seither nicht mehr allein den Schutz und die Erforschung des Lorbeerwaldes zum Zweck hat). Der Wanderweg zum Mirador Espigón Atravesado führt als *Sendero autoguiado* (Naturlehrpfad) mitten hindurch. Ein an der Caseta de Información oder im Centro de Visitantes erhältliches Faltblatt (vorläufig nur auf Spanisch) gibt bei nummerierten Stationen am Wegrand Auskunft über Sehens- und Wissenswertes.

## Portal zum Nebelwald

Der Ausgangspunkt am ersten Parkplatz ist auch unter dem Namen **La Portada** (das Portal) **(1)** bekannt. Es handelt sich um den ehemaligen Eingang zur Finca El Canal y Los Tilos, der Keimzelle des Biosphärenreservats. Vor dem Aufkauf durch den spanischen Staat betrieben private Grundbesitzer hier bis vor wenigen Jahrzehnten Forstwirtschaft und nutzten

den Wald auch als Weidegebiet für Schafe und Ziegen.

## Immergrün und üppig

Langsam, aber stetig führt der breite frühere Forstweg am Rand des Barranco del Agua bergan und passiert Messgeräte für die gefallene Regenmenge und die relative Luftfeuchtigkeit **(2)**. Der Lorbeerwald ist an die Stufe der Passatwolken gebunden, gedeiht also auf La Palma vorwiegend in Höhen zwischen 500 und 1500 m. Stetig weht der Passatwind aus Nordosten und nimmt über dem Atlantik reichlich Feuchtigkeit auf. Das gebirgige Inselinnere zwingt die Luftmassen zum Aufsteigen, wobei sie sich abkühlen. Dadurch kommt es zur Kondensation und somit zur Wolkenbildung. So ist es im Lorbeerwald von Los Tilos ganzjährig feucht. Da die Temperaturen außerdem fast immer oberhalb der Frostgrenze bleiben, sind die hier lebenden Pflanzen immergrün.

## Exoten statt Kartoffeln

Schon nach wenigen Minuten passiert der Weg einen **Tunnel (3)**, den die Besitzer der Finca El Canal y Los Tilos Mitte des 20. Jh. für den Abtransport gefällter Bäume bauten. Kurz darauf liegt linker Hand eine kleine **Baumschule (4)** an einer Stelle, wo sich noch vor 50 Jahren Kartoffeläcker befanden. Dann begann die Regierung hier mit der Aufzucht selten gewordener Pflanzenarten des Lorbeerwalds, um diese auszuwildern. Der obere Teil des Baumschulareals stellt ein gelungenes Beispiel für die Regenerierung eines Stücks Urwald innerhalb weniger Jahrzehnte dar.

Ein Blick in den **Barranco del Agua** zur Rechten **(5)** zeigt, wie eng und tief der Bach hier seine Schlucht in den Fels geschnitten hat. Am Wegrand steht die Ruine einer ›**Wasserwaage**‹ (Station 6). Diese Konstruktion diente dazu, anhand des Durchflusses die aus einem Stollen weiter oben geförderten Wassermengen zu ermitteln, die den jeweiligen Anteilseignern der Wasserrechte zustanden.

## Stinkende Bäume

Nach zunächst relativ steilem Anstieg erreicht der Weg nach 20 Min. **La Fajana (7),** eine kleine Ebene, zu der früher die Baumstämme mit Lastenaufzügen von den angrenzenden Hängen herabgelassen wurden, um sie hier auf Karren zu verladen. Auf der Ebene erhebt sich eine Gruppe des imposanten **Stinklorbeers** (Ocotea foetens). Die ersten europäischen Siedler nannten im 15. Jh. den ihnen unbekannten Baum einfach Linde (span. tilo), aufgrund seines weichen Holzes. Da er sich in der schattigen Schlucht des Barranco del Agua mit ihren recht tiefgründigen, stets feuchten Böden besonders wohl fühlt, wurde er namengebend für das Waldgebiet von Los Tilos. Seinen deutschen Namen verdankt der Stinklorbeer dem unangenehmen Geruch, den sein frisch geschlagenes Holz verströmt, der sich aber bald verliert. So nutzten die Palmeros das Holz früher für Bauzwecke. Erkennbar ist der Baum, der inzwischen unter Schutz steht, an seinen eichelähnlichen Früchten und dem stattlichen Wuchs. Mit bis zu 30 m Höhe überragt er alle anderen Bäume des Lorbeerwalds.

## Monteverde – ein Mosaik

In Serpentinen geht es weiter bergauf, den Wasserstollen (s. o.) und ein **Aquädukt** passierend **(8)**. Ein Motor versorgte die Arbeiter bei der Anlage des Stollens mit Energie. Allmählich verwandelt sich der Lorbeerwald in **Fayal-Brezal (9),** einen artenärmeren Vegetationstyp, in dem Gagelbaum (faya) und Baumheide (brezo) vorherrschen. Beide vertragen mehr Trockenheit und Wind, größere Temperaturunterschiede und kargere Böden als die Lor-

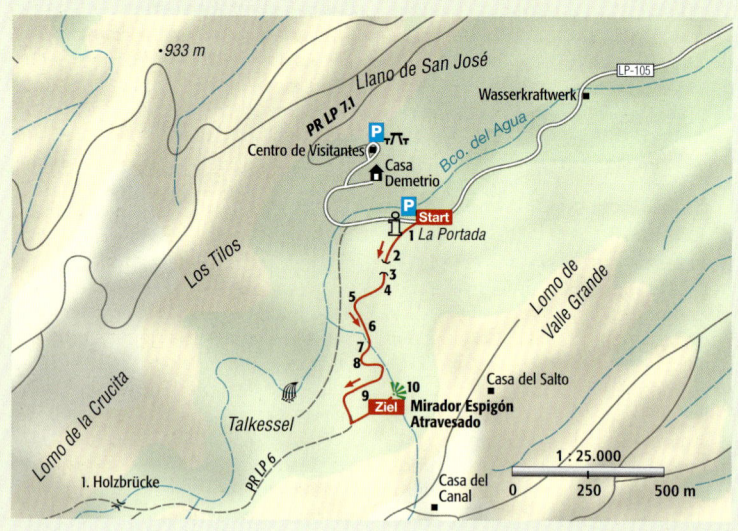

beerbäume. Diese Bedingungen herrschen auf Bergrücken, aber auch in den Randbereichen der Lorbeerwaldverbreitung, also in größeren Höhen oder in niederschlagsärmeren Teilen der Insel. Die Übergänge sind fließend. Oft bilden Laurisilva und Fayal-Brezal ein Mosaik, das Berg und Tal nachzeichnet. So fassen die Einheimischen beide Pflanzenformationen auch gerne unter dem Begriff Monteverde (grüner Berg) zusammen.

## Kühn erbaut

Nach etwa einer Stunde Gehzeit zweigt links im spitzen Winkel der gelb-weiß markierte Treppenweg PR LP 6 ab, der auf einem schmalen Felsgrat (durch Geländer gesichert) nach weiteren 5 Minuten zu dem äußerst exponierten **Mirador Espigón Atravesado (10)** führt. Bei gutem Wetter eröffnet sich hier ein Panoramablick über den Lorbeerwald von Los Tilos. In der senkrechten Felswand unter dem Aussichtspunkt nistet der Gelbschnabel-Sturmtaucher (span. *pardela cenicienta*), eigentlich ein Meeresvogel, der seinen Nachwuchs jedoch in den Schluchten des Inselinneren aufzieht. Häufig ist rund um den Mirador der gar nicht scheue La-Palma-Buchfink (span. *pinzón*) zu hören und zu sehen. Vielleicht zeigt sich auch die früher stark durch Jäger dezimierte, jetzt aber unter strengen Schutz gestellte Lorbeertaube (Columba bollii). Charakteristisch ist, wie ihr spanischer Name *turquesa* andeutet, das türkisfarbene Federkleid am Hals. Außer auf La Palma lebt dieser scheue Vogel nur auf Teneriffa und Gomera.

## Noch mehr Lorbeer

Auf demselben Weg geht es zurück zum Parkplatz. Ergänzend bietet sich jetzt die Weiterfahrt zum **Centro de Visitantes Los Tiles** (s. S. 245) an, vielleicht in Verbindung mit der Einkehr im urigen Waldlokal Casa Demetrio. Rund um den Parkplatz des Besucherzentrums tragen die Bäume Namensschilder, praktisch zum Kennenlernen weiterer wichtiger Arten des Lorbeerwaldes. Von unten kommend steht auf der rechten Seite ein **Azoren-Lorbeer** (Laurus azorica), der häufigste Baum der Laurisilva und eng mit dem mediterranen Edellorbeer verwandt. Seine Blätter riechen allerdings weniger intensiv.

Nebenan kann man den schon erwähnten **Gagelbaum** aus der Nähe betrachten. Wie der Stinklorbeer war auch er den spanischen Konquistadoren unbekannt. So gaben sie ihm den nicht wirklich passenden Namen *faya* (Buche). Die brombeerähnlichen Früchte schmecken fade, wurden früher aber in Notzeiten gegessen.

Linker Hand, vor der Wand des Besucherzentrums, gedeiht die **Kanarische Weide** (Salix canariensis). Der kleine, nur bis 10 m hohe Baum benötigt ausgesprochen viel Wasser. So ist er von Natur aus am Grund der Barrancos anzutreffen, wo er die Ufer der Wildbäche säumt. Gleich daneben steht ein weiterer, für tiefergelegene und wärmere Zonen typischer Vertreter der Lorbeergewächse, der mit dem amerikanischen Avocadobaum verwandte *viñatigo*. Seine kleinen Früchte sind für den Menschen ungenießbar. Dafür wurde sein schönes, rotbraunes Holz früher für die Möbelherstellung intensiv genutzt und unter dem Namen **Kanarisches Mahagoni** vermarktet. Die älteren Blätter färben sich ab dem Frühsommer leuchtend rot, bevor sie abfallen. Denn auch immergrüne Gewächse tauschen ihr Blattwerk nach ein paar Jahren aus.

Tilos und bis nach Los Sauces bietet. Dort kann man umkehren oder in etwa anderthalb Stunden auf einer Piste nach Los Sauces hinunterwandern.

### Zur Cascada de Los Tilos

*Leichte bis mittelschwere Wanderung, hin u. zurück insgesamt 1.30 Std.*
Die mit üppiger Vegetation überwucherte Schlucht **Barranco del Agua** ist wegen Steinschlaggefahr nur eingeschränkt zugänglich. Der mit einer Pforte verschlossene Zugang befindet sich in der Straßenkurve unterhalb des Besucherzentrums, gegenüber der Einfahrt zum Restaurant Casa Demetrio Los Tilos. Wer den Barranco del Agua kennenlernen möchte, muss sich zuvor an der Informationshütte am ersten Parkplatz anmelden. Dort werden – falls die Besichtigung gestattet ist – 2 € Eintritt pro Person kassiert. Wer die Gebühr entrichtet hat, darf die Schlucht, dem Bachbett bergauf folgend, bis zur Cascada de Los Tilos (45 Min.) erkunden. Der Wasserfall stürzt in einem halbrunden Talkessel eine etwa 20 m hohe Steilstufe hinunter. Von dort geht es zurück zum Ausgangspunkt.

### Kanalweg zu den Nacientes de Marcos y Cordero ▶ E 4

*Mittelschwere Wanderung, Ausgangspunkt Casa del Monte, hin und zurück insgesamt 4 Std.*
Im oberen Bereich des **Barranco del Agua**, in etwa 1300 m Höhe, sprudeln im wasserreichsten Gebiet La Palmas zwei ergiebige Quellen *(nacientes)*: Marcos und Cordero – nach ihren Entdeckern, zwei frühen Einwanderern aus Katalonien, benannt. Sie speisen einen Kanal, der bis zur Casa del Monte mit geringstmöglichem Gefälle fast höhenparallel verläuft, um dann das Wasser steil abwärts zum Kraftwerk El Mulato (s. S. 245) zu leiten. Die **Casa del Monte** diente Ingenieuren und Arbeitern An-

fang des 20. Jh. bei der Erschließung der Quellen als Zentrale. Heute befindet sich nebenan ein Picknickplatz mit Toiletten und Trinkwasser.

Der Kanalweg zwischen der Casa del Monte und dem idyllischen Quellgebiet erfreut sich wegen seiner landschaftlichen Reize bei Wanderern besonderer Beliebtheit. Es sind 13 Tunnels zu durchqueren, der längste davon misst 400 m. Eine Taschenlampe sowie Regenschutz (in einigen Tunnels ist es sehr nass) sind unabdingbar.

Zwischen 8.30 und 15 Uhr bringen geländegängige Taxis Wanderer von Los Tilos oder ab der Landstraße LP-1 in **Las Lomadas** (▶ G 3, Bushaltestelle) auf einer holprigen Piste, die mit dem Pkw nicht befahrbar ist, zur Casa del Monte. Ein Taxi kommt auf 60 € für die einfache Fahrt (Tel. 629 21 34 35, 616 41 88 47 od. 649 94 54 81). Wer die Kosten für die Rückfahrt sparen möchte, kann in weiteren 3 Std. von der Casa del Monte auf dem ausgeschilderten und weiß-gelb markierten Wanderweg PR LP 6 zur LP-1 nach Las Lomadas absteigen (ca. 1150 Höhenmeter steil abwärts).

## Essen & Trinken

*Mitten im Wald –* **Casa Demetrio Los Tilos:** unterhalb des Besucherzentrums, Tel. 922 45 10 81, Fr–Mi 10–21 Uhr (nur im Sommer), Hauptgerichte 7–9,50 €. An heißen Tagen genießt man die schattige Terrasse. Wenn es kühl und feucht ist, wird der große Kamin befeuert. Kanarische Küche.

## Infos

### Verkehr

**Bus:** L 2 ab Santa Cruz bis Las Lomadas oder Los Sauces (5–10 x tgl., Fahrzeit ca. 45 Min.), dann 4 bzw. 5 km zu Fuß.

# La Galga ▶ G 3/4

In La Galga (500 Einw.) bietet sich ein Abstecher zum Mirador de San Bartolo an (s. u.). Die kurze Stichstraße passiert die schlichte Dorfkirche aus dem 17. Jh. Sie ist San Bartolomé geweiht, den die Einheimischen oft liebevoll auch einfach San Bartolo nennen. Vom Aussichtsbalkon neben der Kirche fällt der Blick in den tiefen **Barranco de La Galga**, den angrenzenden **Barranco de La Fuente** und dahinter bis Los Sauces. Beide Schluchten sind nur durch einen schmalen Felsgrat getrennt und vereinen sich zur Küste hin.

## Mirador de San Bartolo ▶ G 3
*Ab LP-1 ausgeschildert*
Der eigentliche Mirador de San Bartolo (auch Mirador de La Montaña) am Straßenende, auf der vorgelagerten Kuppe La Galga (437 m), bietet Sicht über die Küste und bei klarer Luft bis nach Teneriffa und Gomera. Beachtung verdient auch der Panoramablick über den meist wolkenverhangenen Lorbeerwald oberhalb des Ortes. An dem großzügig gestalteten, mit jungen Drachenbäumen bepflanzten Mirador steht – 2004 von **Fran Concepción** (geb. 1965 in Santa Cruz de La Palma) geschaffen – die Skulptur eines Hirten, der in Erinnerung an die Legende »El Salto del Enamorado« (Der Sprung des Verliebten) mit einem Stab springt, wie es schon bei den Altkanariern Sitte war. Kurz nach der Conquista soll sich ein Hirte aus La Galga unsterblich in ein Bauernmädchen verliebt haben. Als der junge Mann, der für seine außergewöhnliche Geschicklichkeit bekannt war, ihr seine Gefühle gestand, verlangte sie von ihm einen Liebesbeweis. Dreimal sollte er seinen Stab an der Kante des Barranco de Nogales schräg in den Boden stecken und –

frei über dem Abgrund schwebend – im Halbkreis springen. Zweimal gelang dem Verliebten das Kunststück, doch beim dritten Sprung verließ ihn der Mut und er stürzte rettungslos in die Tiefe. Die junge Frau wurde ihres Lebens nicht mehr froh, sie soll den Verstand verloren und tagein, tagaus ihr Elend beklagt haben.

## Wanderung in den Cubo de La Galga ▶ F 4
*Leicht, hin und zurück insgesamt 1 bis 1.30 Std.*
Der Lorbeerwald des Cubo de La Galga steht als Teil des Naturparks Monte de Los Sauces y Puntallana unter Schutz. Ein Teil des urwaldähnlichen Gebietes – auch als **Bosque Encantado** (Zauberwald oder Märchenwald) bekannt – lässt sich problemlos zu Fuß erkunden. Der Ausgangspunkt (ausgeschildert) befindet sich an der LP-1 nördlich des Ortes La Galga bei Km 16, zwischen zwei Tunnels. Man parkt bei der dortigen **Caseta de Información** (Informationshütte, tgl. 9–14, 15–17 Uhr), wo es ein mehrsprachiges Begleitheft für den als *sendero autoguiado* (Naturlehrpfad) ausgewiesenen Weg gibt.

Der Weg führt den Talgrund des **Barranco de La Galga** hinauf, erst durch Kastanienhaine, dann in immer üppigeren Urwald. Nach einer Viertelstunde endet die Asphaltdecke des Forstwegs. Von Lianen umschlungene Lorbeerbäume tauchen die Schlucht nun in tiefen Schatten. Den Bach säumend, bildet die Kanarische Weide ein dichtes Gebüsch und von den ständig feuchten Felswänden am Rand des Tales hängen die riesigen, bis zu 3 m langen Wedel des Wurzelnden Kettenfarns – des schönsten Farns der Kanaren – wie ein grüner Schleier herab.

An einer Gabelung geht es links in den Cubo de La Galga, der nach einer guten halben Stunde erreicht ist. An

Nur scheinbar undurchdringlich: der urwüchsige Lorbeerwald des Cubo de La Galga

diesem idyllischen Platz feiern die Bewohner des Ortes im August das Fest des hl. Bartholomäus (s. S. 254). Hier zeigt sich der Lorbeerwald in seiner ganzen Schönheit, wie kaum irgendwo sonst auf La Palma, außer natürlich bei Los Tilos. Sogar der *til* (Stinklorbeer), der optimale Bedingungen für sein Wachstum benötigt, gedeiht hier.

Auf demselben Weg wandert man anschließend zum Ausgangspunkt zurück. Oder aber man folgt ab dem Cubo de La Galga linker Hand dem weiß-gelb markierten Wanderweg PR LP 5.1 steil aufwärts (absolute Trittsicherheit erforderlich) in weiteren 45 Min. bis zum **Mirador de la Somada Alta.** Von dort ist es möglich, auf einer Piste zum Ort La Galga abzusteigen.

### Monumento al Jardín de las Hespérides ▶ G 3

Bei Km 17 lädt an der LP-1 ein gepflegter **Mirador** zum Halt ein. Tief fällt der Blick in den dschungelartig überwucherten Barranco de La Galga. Am Aussichtspunkt erhebt sich das »Denkmal für den Garten der Hesperiden«, eine Gemeinschaftsarbeit der palmerischen Bildhauer Jorge Beda und Fran Concepción (s. S. 251). Das Werk besteht aus zwei Skulpturen aus

Vulkangestein, die Venus und einen Widder darstellen. In der griechischen Mythologie gilt Hesperis, die Verkörperung des Abendsterns (also die römische Venus) als Mutter der Hesperiden – Nymphen, die am westlichen Rand der damals bekannten Welt einen wunderschönen Garten mit einem Baum voller goldener Äpfel gehütet haben sollen. Wahrscheinlich waren damit die Kanarischen Inseln gemeint. Der Widder symbolisierte in der Antike die Fruchtbarkeit.

Als das Denkmal 2007 aufgestellt wurde, erregte die nackte Venus, mit nur halbem Körper, ohne Arme und in schwangerem Zustand dargestellt, bei etlichen Palmeros Missfallen. Inzwischen haben sich die Gemüter beruhigt und die Skulptur gilt als wichtiger Schritt auf dem Weg zur geplanten Verschönerung der Landstraßen auf der ganzen Insel. Ein Brunnen mit Trinkwasser ergänzt das Angebot für den Reisenden, der am Mirador anhält, um Landschaft und Kunst zu bewundern.

## Essen & Trinken

*Grundsolide* – **Casa Asterio:** Ctra. General 1 (LP-1), Tel. 922 43 01 11, Mi–Mo

10.30–23 Uhr, Hauptgerichte 8–10 €. Typisches Lokal mit riesigem Speiseraum, vorwiegend palmerischen Gästen und einheimischer Küche. Wer nur wenig Hunger hat, lässt sich am breiten Tresen der Bar ein *bocadillo* servieren.

## Infos & Termine

### Feste & Veranstaltungen
**Fiesta de San Bartolomé:** 24. August. Vor der Kirche steht ein mit Blumen, Früchten und Brot dekorierter Bogen. Waldpicknick, von Blasmusik begleitet, im Cubo de La Galga.

### Verkehr
**Bus:** L 2 Santa Cruz – Los Sauces (z. T. weiter nach Los Llanos) passiert 5–10 x tgl.

# Puntallana ▶ G 4

Die Hochebene von Puntallana wurde früher **Granero de la Isla** (Kornkammer der Insel) genannt. Inzwischen haben Bananenplantagen am Meer die vielen Getreidefelder weiter oben ersetzt. Touristisch ist in dieser Gegend wenig los, oft fällt ein leichter Nieselregen aus den hier häufig aufziehenden Wolken.

## Iglesia San Juan Bautista
Das Ortszentrum (Casco Urbano) von Puntallana (400 Einw., in der Gesamtgemeinde leben 2400 Menschen) liegt abseits der Durchgangsstraße (LP-1). Um die Pfarrkirche gruppieren sich ein paar Häuser und Kneipen. Hoch überragt das Gotteshaus die Steilküste, von der Terrasse nebenan bietet sich ein schöner Blick. Die Kirche stammt aus dem 16. Jh., erhielt aber ihre heutige, typisch kanarische Form erst Anfang des 18. Jh.

*Mein Tipp*

### Deutsche Literatur auf den Kanaren
Mit der Bila (Biblioteca internacional en lengua alemana) fand die erste und wohl einzige deutschsprachige Bibliothek der Kanarischen Inseln in Puntallana ihr Zuhause, in der ehemaligen Stadtbücherei unterhalb der Kirche. Sie umfasst rund 5000 Titel mit dem Schwerpunkt auf deutscher Literatur aus dem Nachlass eines Berliner Buchhändlers, der in den 1980er-/1990er-Jahren auf La Palma lebte (**Bila**, Calle Procesiones 2, rechts neben der Kirche abwärts, Tel. 922 43 09 73, Mi–Fr 17–20 Uhr).

## Casa Luján
*El Pósito 3 (Zufahrt nahe LP-1 ausgeschildert, Parkplatz oberhalb des Hauses), Tel. 922 43 03 08, Mo–Sa 10–13, 16–19 Uhr, Eintritt 2 €*
Nördlich der Iglesia San Juan Bautista, durch einen Barranco von dieser getrennt, steht die Casa Luján. Der stilecht renovierte Gutshofkomplex (19. Jh.) fungiert heute als Volkskundemuseum. Ein gepflegter Garten umgibt die Casa. Eingerichtet ist sie mit zeitgenössischem Mobiliar, das aus verschiedenen palmerischen Herrenhäusern zusammengetragen wurde. Riesige Puppen »beleben« die Szenerie. Diese *mayos* haben von alters her magische Bedeutung auf La Palma. Am 1. Mai wurden sie früher überall in den Dörfern aufgestellt, um zum Winterende das Böse zu vertreiben. In einem Nebengebäude stellt das Centro de Artesanía einheimisches Kunsthandwerk vor, speziell Stickereien und Webarbeiten.

### Fuente San Juan

Die Calle Procesiones geht an der **Bila** (s. Kasten S. 254) vorbei abwärts in eine steile Betonpiste über. Einheimische fahren mit dem Auto, nervenschonender ist es zu laufen. Auch von der Casa Luján ist die Piste durch eine enge Gasse zu erreichen. Nach ca. 10 Gehminuten ab Ortszentrum weist rechts ein Schild zur Albergue de Puntallana. Dort verbirgt sich im angrenzenden Barranco die Fuente San Juan (Johannisquelle). Wasser tropft aus Spalten unter einer überhängenden Felswand und speist mehrere moos- und farnbewachsene Becken. 1889 steht als Erbauungsdatum an der Quellfassung. Steinbänke laden zur Rast ein, tropische Vegetation umgibt das idyllische Ensemble.

### Playa de Nogales

Unterhalb von Puntallana liegt dieser landschaftlich besonders attraktive, wenn auch zum Schwimmen im Atlantik weniger geeignete Strand (ab Ortszentrum ausgeschildert). Es geht zunächst auf der LP-102 abwärts, nach ca. 2,5 km dann links abbiegen. Die Zufahrtsstraße passiert ein hübsches kleines Picknickgelände und endet nach weiteren 2,5 km an einem Parkplatz. Jetzt sind es noch ca. 15 Min. zu Fuß über Treppen und mit Geländern gesicherte Querpassagen durch eine Steilwand. Für den etwas mühsamen Anmarsch entschädigt der Anblick der imposanten Felsküste, vor die unten die Brandung schlägt. Die dunkelsandige Playa ist etwa 500 m lang, von einer großartigen Kulisse umgeben und völlig naturbelassen, abgesehen von den Süßwasserduschen. Baden gilt hier jedoch wegen unkalkulierbarer Unterströmungen als gefährlich. Daher nur dann ins Wasser gehen, wenn die Rettungsstation besetzt ist (i. d. R. 1. Juni–30. Sept. tgl. 11–18 Uhr) und eine grüne oder gelbe Flagge das Baden erlaubt.

### Ermita Santa Lucía ▶ G 5

Im südlichen Ortsteil Santa Lucía (200 Einw.) besaß die Familie des Eroberers Lugo große Ländereien. Eine schmale Straße zweigt von der LP-1 zwischen Km 9 und 10 aufwärts ab und führt zur Ermita Santa Lucía auf einer palmenbestandenen Kuppe mit weitem Meerblick. Die auf das Jahr 1530 zurückgehende Kirche bleibt meist verschlossen – schade, denn sie birgt eine zur Erbauungszeit aus Flandern importierte, spätgotische Figur der Kirchenpatronin. Gegenüber befindet sich der einstige Landsitz der Lugos auch heute noch in Privatbesitz.

## Übernachten

*Einfach, aber idyllisch –* **Albergue de Puntallana (La Fuente):** Calle Procesiones s/n. Staatliche Berghütte am Fernwanderweg GR 130 mit 30 Plätzen in einem schönen kanarischen Dorfhaus bei der Fuente San Juan. Verfügbar ab Ende 2009 oder 2010, aktuelle Infos unter www.senderos delapalma.com.

## Infos & Termine

### Feste & Veranstaltungen

**Fiesta de San Juan:** 24. Juni. Am Vorabend gegen 22 Uhr wird ein Feuerwerk zu Ehren des hl. Johannes entfacht. Das vierzehntägige Beiprogramm sieht Folklore, Bauern- und Viehmarkt, Pferderennen und vieles mehr vor (genaue Termine in der Gratis-Zeitung D'Ocasión). Am nächstgelegenen Wochenende tanzen die jüngeren Teilnehmer bis zum Morgengrauen zu Popmusik.

### Verkehr

**Bus:** L 2 nach Santa Cruz 5–10 x tgl.

# Caldera und höchste Gipfel

## Highlights!

**Roque de Los Muchachos:** Geheimnisvoll erschien schon den Ureinwohnern der höchste Inselgipfel, auf dem fast ganzjährig die Sonne lacht, der sich aber auch rau und mit Eis und Schnee bedeckt zeigen kann. Einmalig ist der Panoramablick. S. 259

**La Cumbrecita:** Der schmale Bergsattel bietet einen wunderbaren Tiefblick in die Caldera de Taburiente. Weitere eindrucksvolle Aussichtspunkte sind von La Cumbrecita zu Fuß erreichbar. S. 268

## Auf Entdeckungstour

**Naturschätze der Caldera:** Kerngebiet des palmerischen Nationalparks ist der gewaltige Kessel der Caldera de Taburiente. Ein langer Wanderweg führt durch das von bizarren Gesteinsformationen und stillen Kiefernwäldern geprägte Gebiet. S. 264

**Die Vulkanroute:** Unzählige Vulkankegel überragen die Cumbre Vieja, aus Kratern und Schlünden dampft es noch Jahrzehnte nach der letzten Eruption. Ein aussichtsreicher Wanderweg erschließt den menschenleeren Gebirgskamm. S. 274

Roque de Los Muchachos
▲■ Observatorio Astrofísico
Naturschätze der Caldera
Balcón de Taburiente ■  La Cumbrecita
Los Llanos ○  El Paso
Cumbre Vieja
El Pilar
○ Pico Birigoyo
▲
Vulkanroute

## Kultur & Sehenswertes

**Observatorio Astrofísico:** Sternengucker aus ganz Europa bevölkern die
Sternwarte am Roque de Los Muchachos. Weit und breit ist der Himmel nirgendwo so klar wie auf dem »Dach der
Insel«. S. 259

**Centro de Visitantes La Caldera de Ta-
buriente:** Wichtige Anlaufstation für
jeden Besucher des Nationalparks ist
dessen Besucherzentrum in El Paso –
mit Schautafeln, interaktiven Bildern
und botanischem Garten. S. 268

## Aktiv & Kreativ

**Pilzlehrpfad:** Im Herbst entpuppt sich
La Palma als Eldorado der Pilzesamm-
ler. Ab El Pilar bringt ein lehrreicher
Pfad interessierten Laien die Welt der
›Schirmträger‹ ein wenig näher. S. 277

## Genießen & Atmosphäre

**Auf dem Balkon:** Wanderer lieben dieses Lokal an der Zufahrt zur Caldera
einfach: das Balcón de Taburiente. Ob
auf einen Drink, ein paar Tapas oder
ein Zickleinragout, hier einkehren
nach der Tour durch die Caldera ist fast
schon Pflicht. S. 263

**Aussicht pur:** Gar nicht einmal so
schwer zu besteigen ist der Pico Birigoyo, *der* Aussichtsgipfel der Vulkanroute. Weit schweift der Panoramablick. S. 278

## Abends & Nachts

**Playa de Taburiente:** In der Dunkelheit
funkeln über dem Inselinneren La Palmas die Sterne. Am schönsten zu erleben bei einer Zeltübernachtung mitten
in der Caldera de Taburiente. S. 263

# Wanderparadiese im Inselinnern

Einmalig ist das Panorama von der **Cumbre de La Caldera,** dem mächtigen Gebirgszug, der den tiefen Talkessel der Caldera de Taburiente halbkreisförmig umschließt. Sie gipfelt im höchsten Berg La Palmas, dem sagenumwobenen **Roque de Los Mucha-** chos (2426 m). Oft fließen »Wolkenfälle« über die Cumbre, doch die Teleskope einer der größten Sternwarten der Welt in Gipfelnähe erreicht der Nebel nicht. Fast immer durchflutet Sonne diese karge Landschaft oberhalb des Meeres der Passatwolken. So lädt die Gebirgskette zu ausblickreichen Wanderungen ein.

Einen direkten Weg hinab in die Caldera gibt es nur vom schon viel tiefer gelegenen Bergsattel **La Cumbrecita** (1287 m), doch er gilt als äußerst gefährlich. Sehr viel eher machbar ist die wohl eindrucksvollste Wanderroute La Palmas, der lange Weg durch den Nationalpark Caldera de Taburiente vom **Mirador de Los Brecitos** durch stille Kiefernwälder, vorbei an erfrischenden Quellen und über reißende Wildbäche. Viel fotografiert ist der steil aufragende **Roque Idafe,** abenteuerlich wirkt die enge Klamm des **Barranco de Las Angustias.**

Richtung Süden stellen Cumbre Nueva und Cumbre Vieja die Verlängerung des Gebirgszugs bis zur Südspitze dar. Auf der **Cumbre Vieja,** die zum Naturpark erklärt wurde, laufen Wanderer auf der »Vulkanroute« von Krater zu Krater, über schwarze Aschefelder und bei klarer Sicht stets La Palmas Nachbarinseln Teneriffa, Gomera und Hierro im Blick. Heißer Boden und schwefelige Dämpfe erinnern daran, dass diese jungvulkanische Zone noch längst nicht zur Ruhe gekommen ist.

La Palmas gebirgiges Inneres ist Landschaft pur. Wer dieses grandiose Gebiet – sicherlich das touristische Aushängeschild der Insel – nicht nur auf Tagesausflügen zu Gesicht bekommen will, muss mit Übernachtungsmöglichkeiten auf zwei einfa-

## Infobox

### Touristeninformation

Das **Besucherzentrum des Nationalparks** oberhalb von El Paso (s. S. 268) informiert über Zugangsmöglichkeiten und Wanderwege auf der Cumbre de la Caldera, in der Caldera de Taburiente und an der Cumbrecita. Die Nationalparkverwaltung unterhält außerdem **Informationshütten** am Roque de Los Muchachos (s. S. 261), in der Caldera de Taburiente (s. S. 263) und an der Cumbrecita (s. S. 272). Am Passübergang El Pilar, dem Ausgangspunkt der »Vulkanroute«, informiert das **Besucherzentrum des Naturparks Cumbre Vieja** (s. S. 273).

### Anreise und Weiterkommen

**Bus:** Auf den Gebirgsstrecken zur Cumbre de La Caldera, nach La Cumbrecita, in die Caldera de Taburiente sowie über die Cumbre Nueva/Cumbre Vieja verkehren keine Linienbusse. Linie L 1 von Santa Cruz de La Palma nach Los Llanos (alle 30–60 Min.) hält am Centro de Visitantes. Wer über viel Kondition und Unternehmungslust verfügt, kann von dort in die Berge wandern. In der Regel empfiehlt sich allerdings die Anfahrt per Mietwagen oder Taxi.

chen Zeltplätzen vorlieb nehmen. Auch Einkehrmöglichkeiten gibt es praktisch nicht, Proviant und Getränke gehören also immer ins Gepäck.

# Cumbre de La Caldera ► E 3/4

Halbkreisförmig umschließt die steile Cumbre de La Caldera den Kessel der Caldera de Taburiente und erreicht im Norden mit dem Roque des Los Muchachos (2426 m) ihre größte Höhe. Wanderveranstalter nennen den Gebirgszug in ihren deutschsprachigen Werbebroschüren gern das »Dach der Insel«, was gar nicht einmal übertrieben ist, locken doch großartige Ausblicke über ganz La Palma bis hin zu den Nachbarinseln bei meist wolkenfreiem Himmel. Sowohl von Santa Cruz als auch von Villa de Garafía lässt sich die Cumbre de La Caldera auf der gut ausgebauten, jedoch recht kurvenreichen Höhenstraße LP-4 (auf Karten auch LP-22, LP-1032/LP-113) erreichen.

Von Santa Cruz benötigt man bis zur Gipfelregion etwa 1,30 Std., von Santo Domingo de Garafía beträgt die Fahrzeit etwa eine Stunde. Auch wenn die Berge, von der Küste betrachtet, wolkenverhangen wirken, so ist doch in den höchsten Lagen mit Sonne und klarer Sicht zu rechnen. Allerdings kann es, vor allem im Winter, recht kalt sein. Nicht selten fällt in den größeren Höhen Schnee, der manchmal wochenlang liegen bleibt.

Extreme Temperaturunterschiede und Wassermangel lassen auf der Cumbre de La Caldera eine ganz eigene, hoch spezialisierte Flora aus nur wenigen Arten gedeihen (s. S. 67).

## Aussichtspunkte ► D 4

Im Tagesverlauf bilden sich bei Passatwind an der Ostseite der Insel oft Wolken. Sie verhüllen zunächst die niedrigere Cumbre Nueva und später auch die Cumbre de La Caldera, lösen sich aber auf der Leeseite dieser Höhenzüge sofort auf, sobald die Luft dort die Hänge hinabstreicht. Dann entstehen die berühmten ›Wolkenfälle‹, die wie eine gigantische Kaskade wirken. Dieses Schauspiel kann man von zwei Aussichtspunkten auf sich wirken lassen: Sobald die Straße aus Richtung Santa Cruz die Cumbre de La Caldera erreicht, befindet sich links mit der **Degollada de Franceses** der erste Mirador. Von dem kühn in eine Felsscharte hineingebauten Aussichtsbalkon bietet sich ein beeindruckendes Panorama hinab in die Caldera. Weiter westlich liegt der von der Straße aus über eine Treppe erreichbare **Mirador de Los Andenes**. Hier blickt man sowohl in die Caldera als auch zur Nordküste der Insel.

## Roque de Los Muchachos! ► D 4

An den Hängen des höchsten Berges der Insel steht mit dem **Observatorio Astrofísico** (tgl. 9–20 Uhr, s. S. 89) eine der weltweit größten Sternwarten. Strahlend weiße, fotogene Teleskope beherrschen das Bild, dazwischen verteilen sich metallisch schimmernde Beobachtungstürme und die verschiedensten Messinstrumente. Oberhalb der Passatwolkenschicht herrschen hier an rund 260 Tagen im Jahr gute bis sehr gute Sichtverhältnisse, die Nächte sind dann »kristallklar«, wie die Astronomen sagen.

Zum Gipfel führt eine Stichstraße (Schild: Observatorio Astrofísico).

# Caldera und höchste Gipfel

Diese gabelt sich noch einmal, dort rechts halten. Die Straße passiert die Teleskope GTC und Galileo und endet an einem Parkplatz, von dem es bis zu den bizarren Felsformationen am Roque de Los Muchachos nur wenige Meter sind. Der Blick schweift über die Caldera de Taburiente hinweg zur Westküste bei Los Llanos. In der Ferne ist der fast stets wolkenfreie Pico del Teide auf Teneriffa auszumachen – mit 3718 m der höchste Berg Spaniens. Bei klarer Sicht kann man weiter rechts auch die kleineren Nachbarinseln Gomera und Hierro erkennen.

## Wanderung am Roque de Los Muchachos

*Mittelschwer, hin und zurück insgesamt 5 Std., beschildert als GR 131 und weiß-rot markiert*

Eine sehr schöne Tour führt auf einem Teilabschnitt der berühmten **Crestería** (Höhenweg) vom Parkplatz am Roque de Los Muchachos auf dem Kamm der Cumbre entlang zum Pico de la Cruz. Man sollte früh aufbrechen, da sich die Berge im Osten der Cumbre de La Caldera oft gegen Mittag in Wolken hüllen, und den Weg aus Sicherheitsgründen nur in Angriff nehmen, wenn er nicht vereist ist. Es geht zunächst bis zur Aussichtskanzel auf der kleinen Kuppe des **Pico Fuente Nueva** (2366 m) und an einer Gruppe von Teleskopen vorbei (30 Min.). Der Pfad berührt hier eine Straße und entfernt sich gleich wieder nach rechts. Wenig weiter liegt linker Hand der **Mirador de Los Andenes** (s. S. 259).

Weiter dem GR 131 folgend wandert man bald durch das Felsentor **Pared de Roberto**. Um dieses rankt sich folgende schaurige Legende: Vor langer Zeit verliebte sich ein junger Mann aus Garafía in ein Mädchen, das im Valle de Aridane lebte. Um seine Geliebte zu besuchen, wählte er stets den damals kürzesten Weg über den Roque de Los Muchachos. Doch der Teufel in Menschengestalt, der sich Roberto nannte, wurde eifersüchtig. Über Nacht errichtete er eine unüberwindliche Felswand. Als der Junge das nächste Mal des Weges kam, erschien Roberto und machte dem Verzweifelten ein Angebot. Wenn er ihm seine Seele verkaufe, würde er die Wand niederreißen. Der unsterblich Verliebte willigte ein und der Teufel schlug eine Bresche in die Wand.

Nächstes Etappenziel ist die **Degollada de Franceses** (s. S. 259, 1.45 Std.). Vom dortigen Mirador folgt man der Höhenstraße etwa 150 m nach rechts und findet wiederum rechts den Einstieg in den weiteren Wanderweg. Die Route entfernt sich jetzt von der Straße und führt auf die (geschlossene) Schutzhütte am **Pico de la Cruz** (▶ E 4, 2361 m) zu. Von dessen Gipfel (ca. 2.30

Std.) bietet sich ein schöner Blick zur Sternwarte am Roque de Los Muchachos. Für Autofahrer empfiehlt es sich, hier umzukehren.

Wer mit dem Taxi gekommen ist, kann entlang des Höhenkamms über den **Pico de la Piedra Llana** (▶ E 4, 2321 m) zum **Pico de la Nieve** (▶ E 4, 2239 m) weiterlaufen. Südlich dieses Gipfels zweigt der weiß-gelb markierte, beschilderte Wanderweg PR LP 3 links ab, zur Höhenstraße hinab (ab Pico de la Cruz ca. 2.30 Std.). Die meisten Taxifahrer kennen die Stelle, an welcher der Weg auf die Straße trifft.

## Essen & Trinken

Auf der Cumbre de La Caldera gibt es keinerlei Versorgungsmöglichkeiten. Verpflegung und Getränke müssen daher mitgebracht werden.

## Infos

### Tourismusbüro
**Caseta de Información Roque de Los Muchachos:** Tel. 922 40 55 00, tgl. 10–18 Uhr (Sommer 9–20.25) Uhr. Informationshütte der Nationalparkverwaltung am Roque de Los Muchachos.

### Verkehr
**Bus:** Es gibt keine Busverbindung zur Cumbre de La Caldera.

# Caldera de Taburiente ▶ C/D/E 4/5

Für Wanderer und Naturfreunde zählt ein Besuch in der Caldera de Taburiente zu den Höhepunkten eines Aufenthalts auf La Palma. Den riesigen Kessel (span. *caldera*) – er misst etwa 7 km im Durch-

**Fantastische Aussicht vom Roque de Los Muchachos, dem höchsten Gipfel La Palmas**

messer – umgeben auf allen Seiten steile Felswände. Sein Grund steigt von rund 300 m im unteren Bereich auf etwa 900 m an. Abgesehen vom engen Durchlass des **Barranco de Las Angustias** Richtung Westen ist die Caldera rundum von Gebirgszügen umgeben. Während diese oft in Wolken gehüllt sind, zeigt sich der vor Winden aus allen Richtungen geschützte Kessel meist sonnig und trocken.

Bei der Caldera de Taburiente handelt es sich weltweit um einen der größten Krater. So begannen sich schon frühzeitig Wissenschaftler für ihn zu interessieren. Nach Untersuchungen des deutschen Geologen **Leopold von Buch** (1774–1853) entstand er durch den Einsturz eines einstmals weitaus höheren Vulkans, weil dessen Magmakammer keinen Nachschub mehr an flüssigem Gestein aus dem Erdinnern erhielt. Von Buch führte den früher nur auf den Kanaren üblichen Begriff Caldera (Kessel) in die Fachsprache ein. Beobachtungen beim Ausbruch des nordamerikanischen Mount St. Helens 1980 und jüngere Untersuchungen des deutschen Vulkanologen Hans-Ulrich Schmincke zeigten jedoch, dass die Caldera de Taburiente ihre Entstehung einem gewaltigen Erdrutsch mit darauf folgender Explosion verdankt (s. S. 60). Alle auf diese Weise entstandenen Krater weisen die charakteristische Hufeisenform der Caldera de Taburiente auf.

Seit 1954 firmiert die Caldera als Nationalpark. Kurz zuvor war es der Erbengemeinschaft des Kölner Kaufmanns Jakob Grünenberg alias Jácome Monteverde (s. S. 73) nach langwierigen Auseinandersetzungen mit der zuständigen Gemeinde El Paso gelungen, den Kessel als ihren Privatbesitz in das Eigentumsregister (etwa dem deutschen Grundbuch vergleichbar) eintragen zu lassen. Durch die Erklärung zum Natio-

nalpark entschärfte die spanische Regierung diese Situation, denn die Nutzungsrechte wurden dadurch stark eingeschränkt. Nach wie vor verfügt die Erbengemeinschaft allerdings über das Quellwasser der Caldera de Taburiente.

Der Nationalpark erstreckt sich über eine Fläche von 4690 ha. Er nimmt den größten Teil des Kessels bis hinauf zu den angrenzenden Bergkämmen ein, dazu einen Teil des Barranco de Las Angustias sowie den Sattel La Cumbrecita mit dem oberen Bereich des Barranco del Riachuelo und die Südseite des Pico Bejenado. Die Verwaltung obliegt Parques Nacionales, der staatlichen spanischen Nationalparkbehörde. Diese informiert in mehreren Büros, unterhält das gut gepflegte Wegenetz und sorgt für die Einhaltung gewisser Verhaltensregeln. So ist es verboten, Abfall zu hinterlassen, Pflanzen, Tiere oder Steine zu sammeln, offenes Feuer zu machen oder außerhalb des offiziellen Campinggeländes zu zelten. Auch Klettern und Bergsteigen sind im Nationalpark nicht gestattet.

Alle Ziegen, die früher halbwild lebend in großer Zahl die Caldera durchstreiften und schwere Schäden an der Vegetation anrichteten, ließ die Nationalparkbehörde abschießen. Stattdessen siedelte sie nordafrikanische Mähnenschafe als Jagdwild an, die – wie sich bald herausstellte – allerdings dem Pflanzenwuchs ebenfalls erheblich zusetzen. Durch Abschuss wurde ihre Zahl mittlerweile stark reduziert.

### Mirador de La Cancelita ▶ C 6

*Ab Los Llanos der LP-214, Beschilderung Parque Nacional Caldera Taburiente, folgen. Dann rechts in die Calle Cancelita*

Für eine erste Annäherung an die Caldera de Taburiente bietet sich ein Abstecher zu diesem eindrucksvollen

Aussichtspunkt an. Sobald die Asphaltdecke der Calle Cancelita endet, ist es sinnvoll, den Wagen abzustellen. Zu Fuß sind es dann noch fünf bis zehn Minuten auf einer holprigen Piste bis zu dem großzügig angelegten Aussichtsbalkon. Der Blick fällt sowohl zurück nach Los Llanos als auch steil hinab in den Barranco de Las Angustias und weit in die Caldera hinein bis zu den im Hintergrund aufragenden höchsten Gipfeln La Palmas.

### Barranco de Las Angustias ▶ C 6
*Ab Los Llanos der LP-214, Beschilderung Parque Nacional Caldera Taburiente, folgen*

In zwei lang ausgezogenen Straßenkehren geht es hinab in den imposanten Barranco de Las Angustias, die »Schlucht der Todesängste«. Diesen seltsamen Namen verdankt das Tal den Konquistadoren, die Ende des 15. Jh. den wegen des Wasserreichtums damals fast unpassierbaren Barranco monatelang belagerten, bevor sie den gefürchteten Fürsten Tanausú bezwingen konnten (s. S. 68).

An dem großen, gebührenfreien Wanderparkplatz im Talgrund, in etwa 300 m Höhe über dem Meer, endet die Fahrt mehr oder weniger zwangsläufig. Zwar führt die (von hier an sehr schmale) Straße weiter zum **Mirador de Los Brecitos** (▶ C/D 5, 1081 m), doch ist das Parken dort wie auch entlang der gesamten Straße verboten. Sammeltaxis stehen am Parkplatz, um Interessenten gegen Gebühr zum Mirador zu transportieren, dem Ausgangspunkt des klassischen **Wanderwegs durch die Caldera de Taburiente** (s. Entdeckungstour S. 264). Wer diesen Service nicht in Anspruch nehmen möchte, kann vom Parkplatz im gerölligen Grund des Barranco de Las Angustias beliebig weit aufwärts wandern. Bis zum **Was-serwerk Dos Aguas** (▶ D 5, 480 m) läuft man hin und zurück insgesamt etwa 4,30 bis 5 Stunden. Dort wird heute das Oberflächenwasser der Caldera in eine Leitung gespeist, um es im Valle de Aridane für Bewässerungszwecke zu nutzen. Das Bachbett führt daher unterhalb von Dos Aguas nur nach starken Regenfällen Wasser.

## Übernachten

*Total romantisch –* **Camping Playa de Taburiente:** Zelten inmitten der Caldera (▶ D 5), fernab der Zivilisation – ein unvergleichliches Erlebnis. Nachts leuchten hier nur die Sterne und der Mond. Schriftliche Genehmigung erforderlich (s. S. 27), maximale Aufenthaltsdauer je nach Jahreszeit 2 bis 6 Nächte. Man erhält einen Müllsack mit der Nummer der Zelterlaubnis. Den Beutel muss man aus der Caldera wieder heraustragen. Servicegebäude mit Trinkwasser, Toiletten, Duschen.

## Essen & Trinken

*Heißer Tipp nach dem Wandern –* **Balcón de Taburiente:** Los Barros (▶ C 6), Camino Los Cantadores 2, nahe der Zufahrt zur Caldera, Tel. 922 40 21 95, Mo u. Mi–Fr 11–23, Sa, So, Fei 10–24 Uhr, Hauptgerichte um 8 €. Schöne Terrasse mit Blick in den Barranco de Las Angustias. Gute Tapas, außerdem sind speziell Zicklein oder Kaninchen empfehlenswert.

## Infos

### Tourismusbüros
**Caseta de Información Lomo de Los Caballos:** Winter tgl. 8–18 Uhr, Sommer tgl. 8.35–20 Uhr. Informations-

# Auf Entdeckungstour

## Naturschätze der Caldera – in La Palmas Nationalpark

Genau im Zentrum der Insel liegt, umgeben von unzugänglichen Felswänden, der wilde, unberührte Talkessel der Caldera de Taburiente. Ein langer Wanderweg passiert bizarre Felsen, schroffe Schluchten und sprudelnde Wildbäche.

**Dauer:** 6 Std. reine Gehzeit (unterwegs keine Einkehrmöglichkeit!)

**Reisekarte:** ▶ C 6

**Start- und Endpunkt:** Wanderparkplatz im Barranco de Las Angustias (keine Busanbindung). Dort tgl. 9–12, Sommer 8.30–13 Uhr Großraum-Sammeltaxis zur Fahrt zum Mirador de Los Brecitos (max. 6 Pers., pro Taxi 51 €, Tel. 629 16 18 19 od. 609 53 93 81).

**Info:** Bei starkem Regen wird der Wegabschnitt ab der Playa de Taburiente aus Sicherheitsgründen gesperrt (Hinweise der Ranger beachten!).

Lediglich erfahrene und gut ausgerüstete Wanderer sollten diese Tour in Angriff nehmen. Es handelt sich um eine anspruchsvolle Streckenwanderung auf steinigen Pfaden mit Abstieg von insgesamt etwa 800 Höhenmetern. Am Straßenende, am **Mirador de Los Brecitos** (1081 m), beginnt der gut ausgeschilderte Wanderweg Richtung Zona de Acampada.

## Wasser auskämmen

Fast unmerklich bergab geht es schräg zum Westhang der Caldera de Taburiente. Dieser ist wie fast alle Hänge des Kessels mit Kiefernwald bedeckt. Die Kanarische Kiefer (s. S. 65) spielt für den Wasserhaushalt der Caldera eine bedeutende Rolle. Mit ihren bis zu 30 cm langen Nadeln kämmt sie feinste Tropfen aus den Wolken, führt sie dem Boden und somit zumindest teilweise dem Grundwasser zu. Ihren eigenen Wasserbedarf deckt sie natürlich auch.

Große, abgeschliffene Felsbrocken türmen sich im **Barranco de las Piedras Redondas** (Schlucht der abgerundeten Steine), auf den unterwegs ein Schild hinweist. Es handelt sich um Bruchstücke einer Brekzie, also um verfestigtes Bergrutschmaterial, das später wieder grob zertrümmert wurde.

## Strand ohne Meer

Nach etwa anderthalb Stunden ist eine Gabelung erreicht. Wendet man sich dort nach rechts, kommt man zur **Playa de Taburiente** (780 m). Dabei handelt es sich nicht etwa um einen Strand, sondern um ein breites, geröllbedecktes und von Rinnsalen durchzogenes Stück Talgrund am Zusammenfluss mehrerer Bäche, die sich hier zum **Río de Taburiente** vereinen. Je nach Jahreszeit führen die Rinnen recht viel Wasser, dann gestaltet sich die Überquerung nicht ganz einfach.

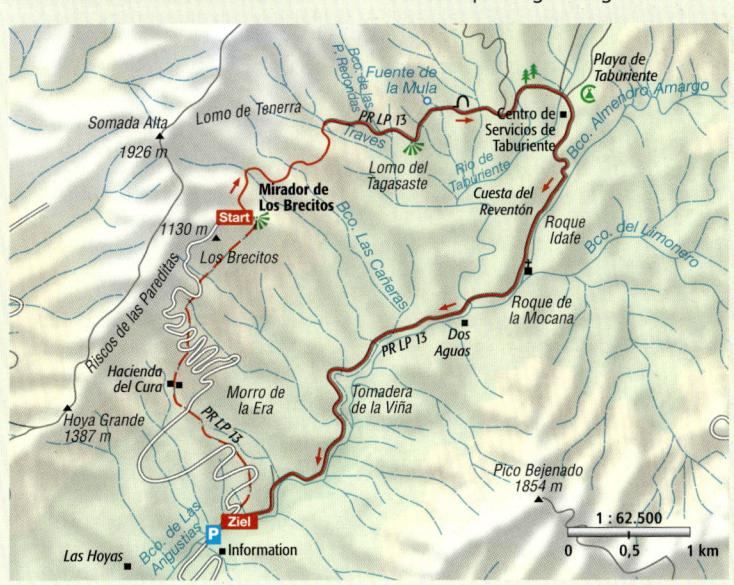

Auf der anderen Talseite erwartet den Wanderer zunächst ein mannshohes Gebüsch aus Kanarischer Weide (s. S. 249). Dahinter liegt im Schatten höherer Bäume der gleichnamige Zeltplatz (1.30 Std.). Tische und Bänke laden zur Rast und zum Verzehr des mitgebrachten Proviants ein. Etwas erhöht steht das **Centro de Servicios de Taburiente,** ein Auskunftsbüro mit kleinem Ausstellungssaal (tgl. 11–16, im Sommer 9–20.25 Uhr). Richtung Barranco de Las Angustias geht es vom Campinggelände auf einem schmalen, beschilderten Pfad aufwärts, an dem Servicezentrum vorbei. Über einen flachen Sattel führt der Weg zunächst in den **Barranco Almendro Amargo** und an dessen steilem Westhang talab.

## Fruchtbarkeitskult

Von Weitem grüßt nun schon der spitze **Roque de Idafe,** der heilige Fels der Altkanarier. In vorspanischer Zeit spielte sich an seinem Fuß regelmäßig ein feierliches Opferritual ab, so berichten die Chroniken der Konquistadoren. Jedes Mal, wenn die Hirten, deren Vieh in der Caldera weidete, ein Tier geschlachtet hatten, nahmen zwei Männer den mühseligen Aufstieg zu dem fast unzugänglichen Felsen auf sich, um dort die Innereien darzubringen. Die Benahoaritas verehrten den Roque de Idafe aus Angst, er könne umfallen. Viele Forscher glauben in diesem Zusammenhang an einen Fruchtbarkeitskult, die phallische Gestalt des Felsens ist schließlich unverkennbar.

Aus Sicht der Geologen handelt es sich beim Roque de Idafe um die freigelegte Schlotfüllung eines Vulkans. Saures und daher zähflüssiges Magma blieb gegen Ende des Ausbruchs im Schlot stecken und erstarrte dort zu Trachyt, einem relativ festen Gestein.

Es widerstand der anschließenden Erosion, im Gegensatz zu den äußeren, aus lockerer Asche bestehenden Schichten des Vulkans.

## Buntes Wasser

Bald ist der Talgrund erreicht. Dort steht am Wegrand ein Altar mit einem weißen Kreuz und einer kaum noch leserlichen Inschrift. An dieser Stelle wurde, so heißt es, nach der endgültigen Kapitulation der Benahoaritas die erste christliche Messe auf La Palma gefeiert. Bis heute bringen Gläubige hier Kiefernzweige als Opfer dar.

Unterhalb des Roque de Idafe treffen mehrere Barrancos zusammen, die entscheidenden Anteil an der Ausformung der Caldera de Taburiente haben. Unter feuchteren klimatischen Bedingungen als heute schnitten in vergangenen Jahrtausenden reißende Gebirgsbäche auf ihrem kurzen Weg zum Meer diese tiefen Schluchten ins Inselinnere. Die Caldera entstand wohl im Wesentlichen durch Erosion. Das Zentrum des gewaltigen ehemaligen Schichtvulkans, der den Norden der Insel bildete und ursprünglich 3500 m über die Meeresoberfläche hinausragte, war offenbar aus vulkanischem Tuff aufgebaut. Dieses besonders weiche Gestein leistete der Abschwemmung durch Regenwasser kaum Widerstand, während die härteren äußeren Felsschichten heute die Cumbre de La Caldera bilden.

Zunächst fließt von links der **Barranco del Limonero** in den Barranco Almendro Amargo. Eisenoxide färben sein Wasser kräftig gelb. Sie stammen aus bunten Gesteinsschichten weiter oben im Barranco, die in einer gesperrten Schutzzone des Nationalparks liegen. Im frei zugänglichen Unterlauf des ansonsten meist ausge-

trockneten Bachbetts haben sich Tümpel gebildet. Einheimische baden darin im Sommer.

Wenig weiter unterhalb tritt beim Wasserwerk **Dos Aguas** (3.15 Std.) von rechts der schon von seinem Oberlauf bekannte Río de Taburiente hinzu, dessen Überquerung bei starker Wasserführung Probleme bereiten kann. Er vereint sich mit dem Barranco Almendro Amargo zum **Barranco de Las Angustias.**

## Grüne Kissen

Engstellen gliedern den Barranco de Las Angustias. Der Wildbach hat sich hier in Felsen des Basalkomplexes eingeschnitten, des durch tektonische Hebung über den Meeresspiegel gelang-

ten geologischen Grundstocks der Insel. Vorwiegend handelt es sich um kissenförmige Lavablöcke mit Durchmessern bis zu 1 m. Teilweise ist die Kissenlava grün gefärbt. Durch Hitze und Druck in der Tiefe wandelte sie sich zu sogenanntem Grünstein um. Auch der granitähnliche Gabbro, ein grobkristallines Tiefengestein, gelangte durch Tektonik nach oben und damit ans Tageslicht.

Der Weg verläuft nun abwechselnd im meist ausgetrockneten Talgrund oder entlang der angrenzenden Hänge. Im Zweifel helfen Schilder oder Steinmännchen bei der Orientierung. Nach etwa 6 Stunden Gesamtgehzeit ist der **Wanderparkplatz** im Barranco de Las Angustias erreicht.

hütte der Nationalparkverwaltung an der Zufahrtsstraße zum Parkplatz im Barranco de Las Angustias (▶ C 6).

**Centro de Servicios de Taburiente:** Playa de Taburiente (▶ D 5), Winter tgl. 11–16 Uhr, Sommer tgl. 9–20.25 Uhr. Auskünfte über Wandermöglichkeiten in der Caldera. Kleiner Ausstellungssaal.

### Verkehr

**Taxi:** Am Parkplatz im Barranco de Las Angustias stehen tgl. 9–12 Uhr (Winter) bzw. 8.30–13 Uhr (Sommer) Großraum-Sammeltaxis (Tel. 629 16 18 19 oder 609 53 93 81) für die Fahrt zum Mirador de Los Brecitos bereit. Für ein Taxi (maximal 6 Personen) werden 51 € pro Strecke verlangt. Wer nur die gut ausgebaute Wegstrecke bis zur Playa de Taburiente und zurück nach Los Brecitos laufen möchte (insgesamt ca. 3 Std.), sollte frühzeitig aufbrechen und den Rücktransport vorher verabreden. Keine Ermäßigung für Hin- und Rückfahrt.

# Südrand des Nationalparks ▶ D/E 5/6

Den oberen Teil des **Valle de Aridane** prägen junge, von grauen Flechten überzogene Lavaströme. Dort, wo die Lava stärker verwittert ist, gedeihen Mandelbäume, die der Landschaft speziell zur Blütezeit im Januar/Februar einen lieblichen Aspekt verleihen.

### Centro de Visitantes La Caldera de Taburiente ▶ E 6/7

*El Paso, Ctra. General de Padrón 47 (LP-3 El Paso – Santa Cruz), Tel. 922 49 72 77, caldera@mma.es, tgl. 9–18.30 Uhr*
Das Besucherzentrum des Nationalparks fungiert als Eingangstor für Aus-

flüge und Wanderungen am Südrand der Cumbre de La Caldera wie auch der südlich anschließenden Cumbre Nueva. Erfahrene Ranger erteilen Auskünfte über Wanderungen und geführte Exkursionen. Eine Ausstellung führt in Geologie, Flora und Fauna des Parks ein. Nebenan im **Jardín Didáctico**, einem kleinen Botanischen Garten, sind Pflanzen der Kanarischen Inseln zu sehen. Schilder geben ihre wissenschaftlichen und (falls vorhanden) umgangssprachlichen spanischen Namen an.

### La Cumbrecita **!** ▶ E 5

Den umfassendsten Blick in die Caldera de Taburiente gewährt zweifellos der Bergsattel La Cumbrecita (1287 m). Eine Tafel am Beginn der Zufahrtsstraße LP-302 (links neben dem Centro de Visitantes) gibt an, ob die Auffahrt frei gestattet (in der Nebensaison oft der Fall) oder eingeschränkt ist. Im letzteren Fall muss man sich im Besucherzentrum in eine Liste eintragen, erhält ein nummeriertes Ticket (gratis) und muss dann warten, bis man aufgerufen wird. Normalerweise beträgt die Wartezeit zwischen 10 und 30 Minuten. In der Hochsaison empfiehlt sich allerdings eine frühzeitige Ankunft (spätestens 10 Uhr), da sich im Verlauf des Tages die Wartezeit auf bis zu zwei Stunden erhöhen kann. Ohnehin ist am frühen Morgen (und dann wieder um die Abenddämmerung) die Sicht am besten, da die Cumbre de La Caldera sich dann meist wolkenfrei präsentiert.

Ist die Erlaubnis erteilt, folgt man der LP-302 und den Schildern *parque nacional*. Unterwegs wird an der Grenze zum Nationalpark an einer Schranke die Zugangsnummer kontrolliert.

Vom Parkplatz La Cumbrecita ist zu Fuß linker Hand über eine Forstpiste in 30 Min. der **Lomo de Las Chozas** zu erreichen, ein schmaler Bergrücken mit einem gewagt angelegten **Mirador** (▶ D 5) an der Spitze. Dieser Abstecher lässt sich – gutes Schuhwerk vorausgesetzt – zu einer kleinen Rundwanderung (ca. 1.30 Std.) ausbauen. Dazu schlägt man ab dem Lomo de Las Chozas, dort wo sich die Forstpiste zu einer Wendeschleife erweitert, in östlicher Richtung einen schmalen Waldweg ein. Dieser führt auf und ab durch mehrere enge Taleinschnitte bis zum **Mirador de Los Roques** (▶ E 5, 1200 m) und von dort aufwärts zurück zum Parkplatz.

### Ermita Virgen del Pino ▶ E 6

Die Zufahrt zu der idyllisch gelegenen Wallfahrtskirche führt über die LP-302 Richtung La Cumbrecita (Schild *parque nacional*), ist aber jederzeit frei. Schon etwa 1 km nach dem Besucherzentrum biegt man rechts in eine Allee ein und erreicht kurz darauf das sehr sehenswerte Waldheiligtum (s. Lieblingsort S. 270).

Oberhalb der Ermita Virgen del Pino ist der **Camino Real** (Königsweg) noch gut erhalten. In früheren Zeiten stellte der breite Pflasterweg die Verbindung zwischen der Hauptstadt Santa Cruz und dem fruchtbaren Valle de Aridane für Fußgänger, Reiter und Lasttiere her. Heute ist er als Wanderweg PR LP 1 ausgeschildert und weiß-gelb markiert. In rund 1.30 Std. geht es durch Kiefernwald 500 steile Höhenmeter aufwärts zum **Reventón**, einem Pass auf dem Gebirgszug Cumbre Nueva, der bei wolkenfreiem Wetter Ausblicke zu beiden Inselseiten bietet.

### Pico Bejenado ▶ D 5

*Anspruchsvolle Wanderung, hin und zurück insgesamt 4.30 Std., als PR LP 13.3 beschildert und weiß-gelb markiert*

Ein beliebter Wanderweg führt durch lichten, meist von der Sonne durchfluteten Kiefernwald auf den Pico Beje-

nado (1854 m). Im Auf- und Abstieg sind jeweils 700 m Höhenunterschied zu überwinden. Lohn der Anstrengung ist ein fantastischer Panoramablick vom Gipfel.

Die Anfahrt unterliegt nicht den bei La Cumbrecita beschriebenen Einschränkungen. Es geht zunächst auf der Straße LP-302 Richtung *parque nacional*, über die Abzweigung zur Ermita Virgen del Pino hinaus. Bald darauf hält man sich aber geradeaus (Schild: Valencia) und fährt bis zum Ende der Asphaltdecke. Ab dort mit einem robusten Fahrzeug (oder zu Fuß) noch 1,4 km auf der Piste geradeaus weiter bis zu einer Infotafel, wo der eigentliche, dank der guten Beschilderung nicht zu verfehlende Wanderweg linker Hand beginnt. **Achtung:** Wenn im Sommer heißer, trockener Saharawind *(calima)* weht, be-

## *Mein Tipp*

### Der schnelle Hunger

Wenn sich nach der Wanderung auf den Pico Bejenado Hunger und Durst einstellen, gibt es im oberen Valle de Aridane nicht allzu viele Möglichkeiten, diese auf die Schnelle zu stillen. Eine löbliche Ausnahme stellt eine Tankstellen-Cafeteria an der LP-3 oberhalb von El Paso und dem Centro de Visitantes dar. Sicher etwas unkonventionell, aber praktisch, preisgünstig und gut. Die hier einkehrenden palmerischen Auto- und Lkw-Fahrer wissen die Qualität der in der Theke ausgestellten Tapas *(media ración* um 3 €) sehr wohl zu schätzen. Auch ein Tagesgericht (ca. 6,50 €) ist immer im Angebot (**Shell-Tankstelle,** zwischen El Paso und dem Centro de Visitantes).

*Lieblingsort*

**Ermita Virgen del Pino – ein romantisches Waldheiligtum**

▶ E 6

Die mächtigste Kanarenkiefer weit und breit ragt neben der strahlend weißen Wallfahrtskirche auf. Ihre langen, haarfeinen Nadeln vibrieren selbst beim leisesten Windhauch. Bei klarem Himmel wirft der Baum angenehm kühlen Schatten auf eine Steinbank – ein idealer Platz, um die Seele baumeln zu lassen. Im stillen Inneren der Ermita kann, wer mag, der Kiefernjungfrau ein Kerzenlicht anzünden, wie es seit Urzeiten die Gläubigen von El Paso tun. Zunächst verehrten sie die Madonna in einer Nische des wohl 600 bis 800 Jahre alten Baumes, in dessen Geäst kurz nach der Conquista einige Männer aus des Feldherren Lugos Truppe übermütig kletterten und nicht schlecht staunten, als sie daselbst eine Marienfigur fanden. Erst im 19. Jh. erbaute man die Kirche, deren Altar die Statue seither ziert.

steht in diesem Gebiet Waldbrandge-fahr, dann ist es sicherer, die Tour auf eine andere Wetterlage zu verschieben.

## Infos & Termine

### Tourismusbüro
**Caseta de Información La Cumbrecita:** Winter tgl. 8–18 Uhr, Sommer tgl. 8–19.25 Uhr. Informationshütte der Nationalparkverwaltung am Parkplatz von La Cumbrecita. Auskünfte über die hier beginnenden Wanderwege, z. B. zum Pico Bejenado (bis zum Gipfel 2.30 Std. Gehzeit und 600 Höhenmeter Anstieg, Schwindelfreiheit erforder-lich) oder zum Mirador de La Cancelita (derzeit erst 2 der insgesamt 9 km fer-tiggestellt, am Morro de los Gatos am Nordabhang des Pico Bejenado muss man nach ca. 1 Std. vorerst umkehren). Weil Wege nach Erdrutschen eventuell gesperrt sind oder das Begehen dann zumindest gefährlich ist, empfiehlt es sich in jedem Fall, den Informations-service in Anspruch zu nehmen.

### Feste & Veranstaltungen
**Bajada de Nuestra Señora del Pino:** alle drei Jahre im August/September (2012, 2015, …). Am ersten oder zweiten Au-gustsonntag holt eine Prozession prächtig geschmückter Festwagen die Statue der Kiefernjungfrau nach El Paso. In der dortigen Pfarrkirche ver-bleibt sie bis zum ersten Sonntag im September. Nach der Frühmesse (ab etwa 7 Uhr) begleiten Tausende von Wallfahrern die Figur zurück zur Er-mita Virgen del Pino, wo sie gegen 10 Uhr eintreffen und anschließend ein ausgelassenes Picknick im Wald veranstalten. Den Abschluss der Fiesta bildet ein Pferderennen, das traditio-nell nur zwischen zwei Tieren ausge-tragen wird. Programm unter www.ayuntamientodeelpaso.org.

# Cumbre Vieja ▸ E 8/9/10

Der bis 1949 m hohe Gebirgszug Cum-bre Vieja teilt La Palmas Südhälfte in zwei klimatisch sehr unterschiedliche Gebiete. An der Ostflanke des Bergrü-ckens erstrecken sich beinahe undurch-dringliche Laubwälder (Fayal-Brezal, s. S. 65), die ihre lebensnotwendige Feuchtigkeit aus dem Passatnebel be-ziehen. Recht trocken und von der Sonne verwöhnt sind dagegen die Westflanke und auch der sanft abfal-lende Südhang der Cumbre Vieja. Hier dehnen sich lichte Kiefernwälder mit seltenen endemischen Pflanzenarten aus. Das gesamte, rund 7500 ha große Gebiet steht als **Parque Natural de Cum-bre Vieja** unter Schutz.

Die Cumbre Vieja ist bis heute geolo-gisch aktiv. Wiederholt kam es in histo-rischer Zeit zu Vulkanausbrüchen (s. S. 58). Lavamassen wälzten sich die Ge-birgsflanken hinunter und begruben Häuser und Ackerland unter sich. Für Wanderer ist die Cumbre Vieja heute von besonderem Reiz. Viele ihrer Na-turschönheiten lassen sich nur auf der recht anstrengenden **Vulkanroute** (s. Entdeckungstour S. 274) erkunden. An einigen Stellen können sich aber auch Spaziergänger und Gelegenheitswan-derer einen Eindruck von dem jungvul-kanischen Gebiet verschaffen.

# Llano del Jable ▸ D/E 7

Die kurvenreiche, doch landschaftlich sehr schöne Bergstraße LP-301 er-schließt von El Paso aus den Nordrand der Cumbre Vieja. Auf dem Weg zur Passhöhe El Pilar (1470 m) passiert sie das ausgedehnte Vulkanaschenfeld Llano del Jable. *Llano* bedeutet Ebene, *jable* ist ein kanarischer Ausdruck für Sand (eine Hispanisierung des französi-schen Wortes *sable*). Tatsächlich erinnert die bizarre Landschaft ein wenig an eine Sandwüste.

Nahe dem Vulkan **Montaña Quemada** befindet sich ein Parkplatz, von dem aus man den Llano del Jable zu Fuß durchstreifen kann. Kaum ein Baum oder Strauch konnte bisher in den schwarzen Aschen und Lapilli Fuß fassen, die beim Ausbruch der Montaña Quemada im 15. Jh. ausgeworfen wurden und das Land bedeckten.

Weiter aufwärts lädt in einer deutlichen Linkskurve der LP-301 der **Mirador de los Llanos del Jable** zum Halt ein. Eine Informationstafel bezeichnet markante Punkte des Panoramas in Richtung Valle de Aridane und erläutert die geologische Entstehung des Llano del Jable.

### Cráter Llano del Banco ► E 8

Am Mirador de los Llanos del Jable zweigt eine per Geländewagen oder Mountainbike befahrbare Piste Richtung Süden ab. Wer mit einem normalen PKW gekommen ist, parkt am Aussichtspunkt und läuft auf dem sanft abfallenden, mit weiß-grünen Balken markierten Weg durch den Kiefernwald, bis sich nach etwa 20 Min. zur Rechten der Cráter Llano del Banco auftut, eine dunkle Spalte, aus der 1949 die Lavamassen der San-Juan-Eruption strömten und sich ihren Weg Richtung Westküste bahnten.

### Wanderung zum Hoyo de la Sima ► E 8

*Leicht, hin u. zurück insges. 2.30 Std.*
Wer eine ausgedehntere Wanderung machen möchte, kann vom Llano de Banco auf der Forstpiste weitere 45 Min. bis zum Hoyo de la Sima laufen. Dazu geht man zunächst in einer Serpentine sanft bergab und hält sich dann an einer Gabelung links aufwärts (also nicht rechts, wo ein Schild Richtung Jedey weist).

Dann ist es nicht mehr weit bis zum Hoyo de la Sima. Bei diesem Naturwunder handelt es sich um den Schlot eines Vulkans, der nach dem Ausbruch nicht – wie meist der Fall – mit Lava verstopfte, sondern als tiefer Schlund erhalten blieb. Stufen führen zu einem Aussichtsbalkon über dem mit Holzgeländern gesicherten Loch. Als ob sie die bösen Mächte des Erdinnern besänftigen wollten, haben Gläubige nahebei eine Nische im Stamm einer Kiefer ausgehöhlt und eine kleine Madonnenfigur hineingestellt.

## El Pilar ► E 8

### Centro de Visitantes Ruta de Los Volcanes

*Tgl. 9–17 Uhr, mit Video über die Vulkanroute*
Die kleine Hochfläche El Pilar war einst ein wichtiger Wegknotenpunkt. Hier kreuzte sich der »Königsweg« von Breña Baja in den Westen der Insel mit dem Gipfelkammweg entlang der Cumbres. Eine ehemalige Schutzhütte, das Refugio El Pilar, wurde inzwischen zum Besucherzentrum des Naturparks ausgebaut. In einer Nische an der Außenseite des Gebäudes steht eine stets blumengeschmückte Figur der namengebenden Madonna, Nuestra Señora del Pilar. Sie sollte (und soll) Reisende und Wanderer beschützen. Rund um das Zentrum arrangierte die Naturparkverwaltung endemische Pflanzen des kanarischen Kiefernwalds zu einem winzigen **Botanischen Garten.**

Gleich oberhalb des Centro de Visitantes beginnt ein **Naturlehrpfad** *(sendero autoguiado).* Mit Pflöcken markiert, führt er als Rundweg eine gute Stunde durch Kiefernwald. Bei Nebel ist die Orientierung erschwert. Ansonsten bietet die Route keine besonderen Schwierigkeiten, abgesehen vom stei-

# *Auf Entdeckungstour*

## Die Vulkanroute – Wanderung auf der Cumbre Vieja

Einer der attraktivsten Wanderwege La Palmas ist die Ruta de Los Volcanes. Spuren junger Eruptionen sind als Lavaströme und Aschefelder, düstere Schlünde und rauchende Solfataren präsent. Weit schweift der Blick über Wolken und Meer.

**Reisekarte:** ▶ E 8/9

**Dauer:** 6 Std. inkl. Rückweg (unterwegs keine Einkehrmöglichkeit)!

**Charakter:** An- und Abstiege von insgesamt rund 600 Höhenmetern. Der Weg ist gut ausgebaut.

**Start- und Endpunkt:** Picknick- und Campinggelände **El Pilar** an der LP-203. Keine Busanbindung.

**Centro de Visitantes Ruta de Los Volcanes:** tgl. 9–17 Uhr.

Geologisch jünger als der Norden La Palmas sind die südlichen Inselteile. An die Cumbre de La Caldera schließt die Cumbre Nueva an, die in die Cumbre Vieja übergeht. Dieser lange Gebirgszug verdankt seine Entstehung einem spaltenförmigen Riss in der Erdkruste. An der Störungszone dringt immer wieder Magma an die Oberfläche. Auf dem Kamm der Cumbre Vieja reihen sich über 100 Vulkankegel und Krater. Wiederholt kam es noch in historischer Zeit zu Ausbrüchen, zuletzt bei der 1949 auf den Tag des hl. Johannes (24. Juni) gefallenen San-Juan-Eruption.

## Aller Anfang ist schwer

Es empfiehlt sich, an einem klaren Tag und recht frühzeitig aufzubrechen, um die Vulkanroute bei Sonnenschein zu genießen. Vom Parkplatz am Straßenrand bei El Pilar geht es auf der gegenüberliegenden Straßenseite quer über das dortige Picknickgelände *(área recreativa)* auf das im hinteren Teil stehende **Centro de Visitantes Ruta de Los Volcanes** (Besucherzentrum des Naturparks Cumbre Vieja) zu. Hier lässt sich anhand von Schautafeln, einer informativen Begleitbroschüre in deutscher Sprache und eines Videos ein guter Überblick über die Naturwunder und das Ökosystem des **Parque Natural de Cumbre Vieja** gewinnen. Der nun folgende Wanderweg führt durch den zentralen und schönsten Teil des Naturparks.

Rechts am Besucherzentrum vorbei ist die Ruta de Los Volcanes als GR 131 ausgeschildert und weiß-rot markiert. Rasch gewinnt der Weg an Höhe, passiert den kleinen **Mirador del Birigoyo** mit Ausblick auf die Westflanke der Cumbre Nueva und umrundet den links aufragenden Pico Birigoyo.

Nach ca. 40 Minuten trifft der Pfad auf eine Forstpiste. Auf dieser geht es

etwa 10 Minuten bergauf, bis rechts wiederum ein Fußweg abzweigt (Schild: Los Canarios). Dieser verläuft durch lichten Kiefernwald, quert auf einer Brücke einen schmalen Barranco, steigt danach steiler an und tritt schließlich aus dem Wald heraus. Der Kamm der Cumbre Vieja ist erklommen, der anstrengendste Teil der Wanderung absolviert. Nun folgt purer Genuss.

## Schlünde und Dämpfe

Über eine Wegkreuzung hinweg geradeaus und auf dem Kamm entlang wird bald die erste Hauptattraktion der Route erreicht, der 1742 m hoch gelegene **Mirador del Hoyo Negro** (2 Std.). Ein Blick in den gleichnamigen Krater von 1949 zeigt, dass er seinen Namen (schwarzes Loch) durchaus verdient. Vorsicht ist dabei geboten, denn die Vulkanaschen am Kraterrand sind locker und abrutschgefährdet. Im Krater selbst tritt fester, dunkler Basalt zutage – ein auf der Cumbre Vieja sehr häufiges Gestein, bei dem es sich um erstarrtes Magma aus großen Tiefen handelt, das bei seinem Aufstieg in die Nähe der Oberfläche keinerlei chemische Veränderungen erfuhr. Der Ausbruch des Hoyo Negro dauerte zunächst elf Tage, vom 12. bis 22. Juli 1949. Am 30. Juli, gegen Ende der San-Juan-Eruption, regnete es noch einmal Asche aus dem Schlot. Aus Rissen im Kraterrand steigen bis heute hin und wieder heiße Dämpfe (Fumarolen).

Der Schlund des Hoyo Negro bleibt nun rechts liegen. Zur Linken erhebt sich abseits der Ruta de los Volcanes, von Kiefernwald umgeben, der **Pico Nambroque** (1925 m). Als einziger Vulkan der Cumbre Vieja weist er eine felsige Schlotfüllung auf, die durch Abspülung der lockeren Aschen an den Flanken ans Tageslicht geriet. Der also gegen Ende einer früheren Eruption dauerhaft verstopfte Schlot des Nam-broque stellte für das Magma der San-Juan-Eruption ein Hindernis dar, das durch Öffnung eines neuen Kraters an der Flanke, nämlich des Hoyo Negro, umgangen wurde.

### Faule Eier statt Pfirsiche

Der Weg überquert einen Sattel und steigt dann, von knorrigen Kiefern ge-säumt, allmählich ab. Voraus taucht nach ca. 2,30 Stunden Gehzeit der rötli-che Kraterrand des **Duraznero** (1767 m) auf, zu dem von einer Gabelung ein schmaler Pfad hinaufführt. Hier be-gann entlang eines 400 m langen Ris-ses die San-Juan-Eruption von 1949 mit dem explosionsartigen Ausschleu-dern stark gashaltigen, unter hohem Druck stehenden Magmas. Es drang vom 24. Juni bis 8. Juli aus fünf Kami-nen entlang der Spalte und verfes-tigte sich noch beim Flug durch die Luft zu bimssteinähnlichem Lavagrus, den sogenannten Lapilli. Sie bede-cken überall in der Umgebung den Boden. Gegen Ende der Ausbruchs-phase wurde der Vulkan, dem die Pal-meros jetzt seinen seltsamen Namen – Pfirsichbaum – gaben, noch einmal aktiv. Aus dem nun entstandenen Kra-ter flossen am 30. Juli 12 Stunden lang recht dünnflüssige Lavamassen, die sich als breiter Strom nach Osten hi-nabwälzten, um bei Tiguerorte 300 m vor der Küste zum Stehen zu kom-men. Bis heute dringen ständig schwefelhaltige, heiße Dämpfe aus Spalten am Kraterrand. Je nach Wind-richtung verströmen sie einen unver-kennbaren Geruch nach faulen Eiern. Solche Solfataren gelten generell wie auch die Fumarolen am Hoyo Negro als postvulkanisches Phänomen. Er-neute Ausbrüche an diesen Stellen sind dennoch nicht ausgeschlossen, falls die Temperatur der Gase zuneh-men oder ihre chemische Zusammen-setzung sich verändern sollte.

### Flugzeugperspektive

Auf dem Hauptweg sind es jetzt noch etwa 30 Minuten bis zum **Volcán de Las Deseadas.** Er entstand bei einer älte-ren, prähistorischen Eruptionsphase. 1949 waren hier keine Aktivitäten mehr zu verzeichnen. Zwei flache Gip-fel sitzen seinem Kraterrand auf: Ein rela-tiv anstrengender Aufstieg führt zu-nächst zur Gipfelsäule der **Deseada II** (Mirador de las Deseadas, 1937 m). Wer mag, kann am Südrand des Kra-ters entlang noch bis zur gegenüber-liegenden **Deseada I** (1949 m) gehen, der höchsten Erhebung der Cumbre Vieja. In beiden Fällen genießt man ei-nen wunderbaren Ausblick nach Sü-den auf die ab hier allmählich an Höhe verlierende Vulkanlandschaft oder – je nach Wetterlage – auch auf ein ausge-dehntes Wolkenmeer. Selbstfahrer kehren anschließend auf demselben Weg nach **El Pilar** zurück.

### Und weiter bis zur Südspitze

Wer mit dem Taxi nach El Pilar fährt, kann die gesamte Ruta de Los Volcanes bis Fuencaliente (Los Canarios) laufen (ab El Pilar 6 bis 7 Std.). Sie ist durch-gängig als GR 131 ausgeschildert und weiß-rot markiert. Als weiteres High-light berührt sie den rötlichen Volcán Martín (1602 m) mit der Fuente del Fuego (Feuerquelle) in einem seiner beiden Krater. Seine Lavamassen ergos-sen sich am Martinstag (11.11.) des Jah-res 1646 Richtung Südostküste. Rück-fahrt per Linienbus L 3 (nach Santa Cruz 7–8 x tgl., Los Llanos 6–8 x tgl.) oder L 31 (nach Cerca Vieja/Princess-Hotels 6–8 x tgl.). Ein Trost für Selbstfahrer: Beson-ders lohnend ist jedoch der im Haupt-text beschriebene, erste Teil des Weges bis Las Deseadas.

len Aufstieg zur **Montaña de la Venta,** der bei schönem Wetter durch einen hervorragenden Ausblick über den Osten La Palmas belohnt wird. Der Name des dicht überwucherten Vulkankegels erinnert an ein Wirtshaus *(venta)*, das einst in der Nähe stand und allen, die zu Fuß oder reitend das Gebirge überquerten, als Versorgungsstation diente.

Ebenfalls ausgehend vom Centro de Visitantes bringt speziell Interessierten ein **Pilzlehrpfad** *(sendero micológico)* die Pilzflora von La Palma nahe. Die Route verläuft rings um das Picknick- und Zeltgelände von El Pilar. Naturgemäß lohnt sie vor allem im Herbst. Eine Begleitbroschüre in spanischer Sprache ist im Besucherzentrum erhältlich.

### Wanderung zum Pico Birigoyo

*Mittelschwer, hin und zurück insgesamt 2.30 Std.*
Viele Wanderer, die nicht die gesamte Vulkanroute laufen wollen, begnügen sich mit der Besteigung des Aussichtsgipfels Pico Birigoyo (1808 m, s. Lieblingsort S. 278). Ab El Pilar folgt man zunächst der als GR 131 ausgeschilderten und weiß-rot markierten Ruta de Los Volcanes. Nach etwa 45 Minuten zweigt ein beschilderter Pfad zum links aufragenden Pico Birigoyo ab. Seine Flanke geht es steil aufwärts und anschließend am Kraterrand rechts entlang bis zur weithin sichtbaren Gipfelsäule.

### Pared Vieja und Mirador de La Cumbre ▶ E 7/8

Wer sich von Osten her der Cumbre Vieja nähert, fährt ab San Isidro über die LP-301. Diese passiert in ungefähr 1200 m Höhe den Waldpicknickplatz Pared Vieja. Eine Informationstafel über Wanderwege markiert den Eingang. Parkmöglichkeiten bestehen an der Straße. Die Picknicktische und Grillstellen von Pared Vieja erfreuen sich am Wochenende, speziell an Sonntagen,

### Zelten ganz einfach

An der LP-301 gegenüber vom Centro de Visitantes gibt es ein einfaches öffentliches Zeltgelände, den **Camping Refugio El Pilar.** Benutzung gratis, (schriftliche Genehmigung des Cabildo de La Palma, Santa Cruz de La Palma, Avenida Bajamar 20, Tel. 922 41 15 83 od. 922 42 01 87). Maximale Aufenthaltsdauer 7 Tage. Keinerlei Einkaufsmöglichkeiten. WC, Dusche, Trinkwasser und Grillstellen sind vorhanden.

bei einheimischen Familien großer Beliebtheit. Ansonsten geht es hier sehr ruhig zu. Im Herbst streifen Pilzsammler durch die angrenzenden Wälder, die besonders reiche Ernte versprechen. Ein **Naturlehrpfad** *(sendero autoguiado)* beginnt bei der – meist geschlossenen – Caseta de Información (Informationshütte) im hinteren, unteren Teil des Freizeitgeländes. Highlight des einstündigen Rundgangs ist die Vulkanhöhle **Cueva del Diablo**.

Auf der Weiterfahrt gilt es rechter Hand auf den nicht ausgeschilderten **Mirador de La Cumbre** zu achten. Er ist an einer Parkbucht und an Steintreppen, die zur Aussichtsebene hinaufführen, zu erkennen. Von diesem bei klarer Luft großartigen und doch erstaunlich wenig besuchten Mirador schaut man nach Osten weit über das sogenannte Mar de las Nublas (Wolkenmeer), also die Obergrenze der Passatbewölkung, und nach Norden über die Cumbre Nueva hinweg zu den höchsten Gipfeln der Cumbre de La Caldera.

## Infos

### Verkehr

**Bus:** Auf der LP-301 über El Pilar verkehren keine Linienbusse.

## Pico Birigoyo – Aussicht mit Klasse ▶ E 8

Der kahle runde Gipfel ist La Palmas idealer Panoramaberg und noch dazu problemlos zu besteigen. Bei sonnigem Wetter bietet sich beim Blick vom höchsten Punkt nach Norden fast jeden Tag ein überwältigendes Schauspiel. Vom Aridane-Tal und den lichten Kiefernwäldern bei El Pilar schweifen die Augen nach oben, zur Cumbre Nueva, über die sich die sogenannten Wolkenfälle ergießen – eine Kaskade aus weißer Passatbewölkung. Von der Ostseite der Insel steigt sie über den zentralen Gebirgszug und löst sich beim Herunterfallen rasch auf. Der trockeneren Luft im Westen, die einen Föneffekt hervorruft, sei es gedankt.

## Kanarisches Spanisch

Selbst wer etwas Spanisch kann, wird seine Mühe haben, die Kanarier zu verstehen, denn sie sprechen ›atlantisches Spanisch‹, d. h. statt des kastilischen Stakkato einen weich-melodischen Singsang. Während im Kastilischen, dem reinen Spanisch, das ›c‹ (vor e und i) und das ›z‹ wie das englische ›th‹ ausgesprochen werden, heißt es bei den Kanariern wie bei den Lateinamerikanern einfach nur ›s‹. Konsonanten zwischen Vokalen und am Ende des Wortes werden prinzipiell weggelassen: So klingt *todos* (alle) wie ›to-o‹, Los Llanos wird zu ›Lo Llano‹ verkürzt.

## Konsonanten:

| | |
|---|---|
| c | vor a, o, u wie k, z. B. casa; vor e, i wie s |
| ch | wie tsch, z. B. chico |
| g | vor e, i wie deutsches ch in Dach, z. B. gente |
| h | wird nicht gesprochen |
| j | wie deutsches ch, z. B. jefe |
| ll | wie deutsches j, z. B. llamo |
| ñ | wie gn bei Champagner, z. B. niña |
| qu | wie k, z. B. porque |
| y | am Wortende wie i, z. B. hay; sonst wie deutsches j, z. B. yo |
| z | wie s |

## Begrüßung/Verabschiedung

| | |
|---|---|
| Guten Tag | Buenos días, |
| (nachmittags:) | Buenas tardes |
| Hallo | Hola |
| Ich bin aus … | Soy de … |
| Deutschland, | Alemania, |
| Österreich, | Austria, |
| Schweiz | Suiza |
| Auf Wiedersehen | Adiós |
| Bis bald | Hasta luego |

## Allgemeines

| | |
|---|---|
| Danke (sehr) | (Muchas) gracias |
| Entschuldigung | Perdón |
| ja/nein | si/no |
| zu klein/ zu groß | Demasiado pequeño/grande |
| Gefällt mir nicht | No me gusta |
| mehr/weniger | más/menos |

## Unterkunft

| | |
|---|---|
| Doppelzimmer | habitación doble |
| Einzelzimmer | habitación individual |
| mit Dusche/Bad | con ducha/baño/ |
| Balkon | balcón |
| Halbpension/ | media pensión/ |
| Vollpension | pensión completa |
| Frühstück | desayuno |
| Mittagessen | almuerzo |
| Abendessen | cena |
| Es gibt kein/ | No hay/ |
| Ich habe kein … | No tengo … |
| Handtuch | toalla |
| Wasser | agua |
| Toilettenpapier | papel higiénico |

## Im Restaurant

| | |
|---|---|
| Die Speisekarte bitte | La carta, por favor |
| Was empfehlen Sie? | ¿Qué recomienda? |
| Weinkarte | lista de vinos |
| Eine halbe Flasche von … | media botella de … |
| Ein Glas … | un vaso de … |
| Öl, Pfeffer, Salz | aceite, pimienta, sal |
| Die Rechnung bitte | La cuenta, por favor |

## Unterwegs

| | |
|---|---|
| Tankstelle | gasolinera |
| Benzin/Super | gasolina/super |
| Voll, bitte | Lleno, por favor |
| Abschleppdienst | grúa |
| Werkstatt | taller de reparaciones |
| Bus | guagua |
| Haltestelle | parada |
| Ankunft | llegada |
| Abfahrt | salida |
| Postamt | correos |
| Bahnhof/Flughafen | estación/aeropuerto |
| Auskunft | información |

## Im Krankheitsfall

| | |
|---|---|
| Magenschmerzen | dolores de estómago |
| Durchfall | diarrea |
| Notfall | emergencia |
| Krankenhaus | hospital, clínica |
| Sprechstunde | horas de consulta |

## Wochentage

| | |
|---|---|
| Sonntag | domingo |
| Montag | lunes |
| Dienstag | martes |
| Mittwoch | miércoles |
| Donnerstag | jueves |
| Freitag | viernes |
| Samstag | sábado |

## Zeit

| | |
|---|---|
| Um wie viel Uhr? | ¿A qué hora…? |
| heute | hoy |
| morgen | mañana |
| gestern | ayer |
| morgens | por la mañana |
| mittags | al mediodía |
| nachmittags | por la tarde |
| diese Woche | esta semana |

## Zahlen

| | | | |
|---|---|---|---|
| 0 | cero | 17 | diecisiete |
| 1 | uno | 18 | dieciocho |
| 2 | dos | 19 | diecinueve |
| 3 | tres | 20 | veinte |
| 4 | cuatro | 21 | veintiuno |
| 5 | cinco | 30 | treinta |
| 6 | seis | 31 | treinta y uno |
| 7 | siete | 40 | cuarenta |
| 8 | ocho | 50 | cinquenta |
| 9 | nueve | 60 | sesenta |
| 10 | diez | 70 | setenta |
| 11 | once | 80 | ochenta |
| 12 | doce | 90 | noventa |
| 13 | trece | 100 | cien |
| 14 | catorce | 200 | doscientos/as |
| 15 | quince | 500 | quinientos/as |
| 16 | dieciséis | 1000 | mil |

## Die wichtigsten Sätze

### Allgemeines

| | |
|---|---|
| Ich spreche kein Spanisch. | No hablo español. |
| Sprechen Sie Deutsch, Englisch? | ¿Habla alemán, inglés? |
| Ich heiße … | Me llamo … |
| Wie heißt du/ | ¿Cómo te llamas? |
| Wie heißen Sie? | ¿Cómo se llama? |
| Wie geht's? | ¿Qué tal? |
| | ¿Cómo estás? |
| Danke, gut. | Muy bien, gracias. |
| Wie viel Uhr ist es? | ¿Qué hora es? |

### Unterwegs

| | |
|---|---|
| Wo ist …? | ¿Dónde está …? |
| Wie komme ich nach …? | ¿Por dónde se va a …? |
| Wie lange brauche ich bis …? | ¿Cuánto tiempo necesito a …? |
| Wann kommt …? | ¿Cuándo llega …? |

### Notfall

| | |
|---|---|
| Ich brauche einen Arzt | Necesito un médico. |
| Mir tut es hier weh. | Me duele aquí. |
| Ich bin Diabetiker. | Soy diabético. |

### Übernachten

| | |
|---|---|
| Haben Sie ein Zimmer frei? | ¿Tiene una habitación libre? |
| Wie teuer ist es? | ¿Qué precio tiene? |
| Haben Sie ein ruhigeres Zimmer? | ¿Tiene una habitación más tranquila? |

### Einkaufen

| | |
|---|---|
| Was kostet …? | ¿Cuánto cuesta …? |
| Haben Sie …? | ¿Tiene usted …? |
| Kann ich das (an)probieren? | ¿Puedo probar (melo)? |
| Kann ich … umtauschen? | ¿Puedo cambiar …? |

# Kulinarisches Lexikon

## Frühstück (desayuno)

| | |
|---|---|
| churros con chocolate | Fettgebäck mit Trink-schokolade |
| embutidos | Wurstwaren |
| fiambres | Aufschnitt |
| huevo | Ei |
| huevo frito | Spiegelei |
| huevo revuelto | Rührei |
| jamón | Schinken |
| leche | Milch |
| mantequilla | Butter |
| miel | Honig |
| pan | Brot |
| panecillo | Brötchen, Semmel |
| queso tierno (fresco) | Frischkäse |
| queso duro (curado) | Hartkäse |
| rebanada | Schnitte, Scheibe |
| tortilla | Omelett mit Kartoffeln |

## Getränke (bebidas)

| | |
|---|---|
| café solo | Espresso |
| café cortado | Espresso mit Milch |
| café con leche | Milchkaffee |
| caña | Bier vom Fass |
| cerveza | Bier |
| guindilla | Sauerkirschlikör auf Rumbasis |
| hielo | Eis in Getränken |
| vino blanco | Weißwein |
| vino rosado | Roséwein |
| vino tinto | Rotwein |
| vino seco | trockener Wein |
| vino de mesa | Tischwein |
| zumo | frisch gepresster Saft |

## Suppen (caldos)

| | |
|---|---|
| cocido | gekocht, Eintopf |
| consomé | Kraftbrühe |
| escaldón | Gofio-Gemüse-brühe |
| gazpacho | kalte Gemüsesuppe |
| potaje | Gemüseeintopf |
| puchero | Gemüseeintopf mit Fleisch |

## Beilagen (guarniciones)

| | |
|---|---|
| arroz | Reis |
| gofio | Speise aus geröstetem Getreide |
| papas arrugadas | ›Runzelkartoffeln‹ |
| papas fritas | Pommes frites |
| pastas | Nudeln |

## Gewürze (especias)

| | |
|---|---|
| aceite de oliva | Olivenöl |
| azúcar | Zucker |
| mostaza | Senf |
| pimienta | Pfeffer |
| sal, salado | Salz, salzig |
| vinagre | Essig |

## Gemüse (legumbres)

| | |
|---|---|
| ajo | Knoblauch |
| alcachofa | Artischocke |
| batata | Süßkartoffel |
| berenjena | Aubergine |
| garbanzo | Kichererbse |
| guisante | Erbse |
| hierbas | Kräuter |
| hongos/setas | Pilze |
| judías verdes | grüne Bohnen |
| lechuga | grüner Salat |
| papa | Kartoffel |
| pepino | Gurke |
| perejil | Petersilie |
| pimiento | Paprika |
| zanahorias | Karotten |

## Fleisch (carne)

| | |
|---|---|
| albóndigas | Fleischbällchen |
| asado | Braten, gebraten |
| aves | Geflügel |
| bistec | Beefsteak |
| cabra, cabrito | Ziege, Zicklein |
| carajaca | Leber in Pfeffersoße |
| chuleta | Kotelett |
| cochinillo | Spanferkel |
| conejo | Kaninchen |
| cordero | Lamm |
| escalope | Schnitzel |

| | |
|---|---|
| estofado | Schmorbraten |
| gallina | Huhn |
| guisado | Schmorfleisch |
| lomo | Lende |
| pato | Ente |
| picadillo | Gehacktes |
| pollo | junges Huhn |
| parrillada | vom Grill, Grillplatte |
| salchichas | kleine Bratwürste |
| solomillo | Filet |
| de cerdo | vom Schwein |
| de res | vom Rind |
| de ternera | vom Kalb |
| de vaca | vom Rind |

## Zubereitungen

| | |
|---|---|
| ahumado | geräuchert |
| a la plancha | auf heißer Metall-platte gegart |
| bien hecho | durchgebraten |
| blando | mild, weich |
| con mojo picón (rojo) | mit scharfer Soße |
| con mojo verde | mit Kräutersoße |
| empanado | paniert |
| frito | gebacken, gebraten |
| maduro | reif |
| manteca de cerdo | Schweineschmalz |
| medio hecho | halb durchgebraten |
| nata | Sahne, Rahm |
| sabroso | saftig, schmackhaft |
| salsa | Soße |
| tierno | zart, weich |

## Fisch und Meeresfrüchte (pescado y frutas del mar)

| | |
|---|---|
| almeja | Venusmuschel |
| atún | Thunfisch |
| bacalao | Kabeljau |
| bogavante | Hummer |
| bonito | kleine Thunfischart |
| caballa | Makrele |
| calamares (en su tinta) | Tintenfische (in der eigenen Tinte) |
| camarones | kleine Krabben |
| cangrejo | Krebs |

| | |
|---|---|
| cigala | kleine Languste |
| dorada | Goldbrasse |
| gambas | Garnelen |
| langostinos | große Garnelen |
| lenguado | Seezunge |
| mariscos | Meeresfrüchte |
| mejillones | Miesmuscheln |
| merluza | Seehecht |
| mero | Zackenbarsch |
| pez espada | Schwertfisch |
| pulpo | Oktopus, Krake |
| rape | Seeteufel |
| raya | Rochen |
| salmón | Lachs |
| sancocho | gesalzener Fisch mit Kartoffeln |
| vieja | Papageienfisch |
| zarzuela | Fisch und Meeres-früchte in Soße |

## Obst und Desserts (fruta y postres)

| | |
|---|---|
| aguacate | Avocado |
| almendra | Mandel |
| bienmesabe | Mandel-Honig-Creme |
| bizcocho | süßes Gebäck |
| flan | Karamellpudding |
| frangollo | Maispudding |
| fresas | Erdbeeren |
| helado | Speiseeis |
| higos | Feigen |
| limón | Zitrone |
| macedonia de frutas | Obstsalat |
| manzana | Apfel |
| melocotón | Pfirsich |
| naranja | Orange |
| pasteles | Kuchen, Gebäck |
| piña | Ananas |
| plátano | Banane |
| pomelo | Pampelmuse |
| sandía | Wassermelone |
| tarta | Torte |
| turrón | Mandelgebäck |
| uva | Weintraube |

# Register

Alfombra 79
Anreise 21
Apotheken 41
Arce y Rojas, José Francisco de 119
Architektur 81, 84
Argual Abajo 195
Artesanado 82
Ärzte 41
Astronomie 89
Ausrüstung 17
Ausweispapiere 21
Autofähre 22
Autos de Reyes Magos 79
Autos sacramentales 77

Baden 34, 117, 135, 147, 160, 177, 204, 212, 244
Bajada de La Virgen 78, 111
Bananenplantagen 91
Barlovento 234
Barranco de Izcagua 218
Barranco de La Galga 251
Barranco de la Luz 224
Barranco de Las Angustias 61, 262, 263, 267
Barranco del Agua 250
Beda, Jorge 252
Behinderte 45
Béthencourt, Jean de 54
Blumenteppiche 79
Bootstouren 34, 205
Bosque Encantado 251
Botanik 148
Brandt, Bruno 113
Breña Alta 140
Breña Baja 138
Buch, Leopold von 262
Busrundfahrten 23
Busse 23

Caldera de Taburiente 60, 258, 261, **264**
Calderón 77
Camino real 233
Camping 26, 27, 236, 277
Canario 86
Casa Museo del Vino 168
Cascada de Los Tilos 250
Celta 173
Central Hidroeléctrica de El Mulato 245

Centro de Interpretación de la Reserva Marina de La Palma 157
Cerda, Luis de la 54
Charco Azul 244
Chinno, Martín 110
Concepción, Fran 251, 252
Cossió, Mariano de 109
Cráter Llano del Banco 167, 273
Crestería 260
Cubo de La Galga 251
Cueva Bonita 204
Cueva de Belmaco 147
Cueva del Diablo 277
Cumbre de La Caldera 259
Cumbre Vieja 272
Cumbrecita 268

Dale, Pauwel (Pablo) van 75
Danza de Enanos 78
Degollada de Franceses 259, 260
Díaz, Manuel Hernández 103
Dinarte, Jácome 74
Diplomatische Vertretungen 42
Drachenbäume 63, 236
Dragos Gemelos 143
Dramen, geistliche 77
Duraznero 276

Einreisebestimmungen 21
El Calvario 224
El Fayal 215
El Paso 169
El Pilar 273
El Pinar 215
El Pueblo 144, 214
El Remo 178
El Tablado 233
Elektrizität 42
Enyesques (Tapas) 31
Ermita 85
Ermita Virgen del Pino 269, 271
Estévez, Fernando 108

Fährverbindungen 22
Faro de Fuencaliente 156
Fayal-Brezal 65
Feiertage 42

Ferienhäuser 26, 85
Ferienorte 25
Ferienwohnungen 26
Fernsehen 43
Fernwanderwege 20
Feste 37
Festkalender 39
Fierro Santa Cruz, José María 120
Fin, Jorge 188
FKK 43
Flohmarkt 196, 219
Flughafen 21
Flugverbindungen 21
Folklore 86
Franceses 234
Fronleichnamsfest 79
Fuencaliente 149
Fuente del Llano 236
Fuente San Juan 255
Fuente Santa 160

Gallegos 234
Geld 43
Geschichte 54
Gil, Marcos 83
Glashütte 196
Gleitschirmfliegen 32, 163, 182
Gofio 29
Golfplätze 96
Gómez Felipe, Antonio 186
González, Pedro 186
Grünenberg, Jakob 55, 73, 74, 110, 116, 119, 120, 195, 199, 203, 262

Haciendas de Argual y Tazacorte 73
Handel 70
Handicapped 45
Handwerk 112
Haustiere 21
Herbergen für Wanderer 26
Hita y Castillo, Benito de 185
Höhlenerkundung (Caving) 32, 163
Holzbalkone 80
Hotels 25
Hoyo de la Sima 273

Information 14
Internetadressen 14
Internetzugang 44

Jardín de las Aves 173
Jedey 167

Kacheln 162
Kajaktouren 35, 163
Kamelreiten 163
Kanalweg Nacientes de
  Marcos y Cordero 250
Karten 15
Kartenzahlung 43
Kirchenfeste 77
Kleidung 17, 49
Klima 16
Konzerte 123, 137, 173
Kriminalität 45
Kulturpark La Zarza 226
Kunst 80, 82
Kunsthandwerk 45, 119,
  123, 139, 162, 172, 218,
  240

La Cumbrecita 268
La Fajana 237
La Galga 251
La Glorieta 167
La Laguna 174
La Mata 233
La Tosca 236
La Zarza 226
Lage 17
Laguna de Barlovento 236
Landwirtschaft, ökologische
  93
Las Casas, Guillén de 54
Las Lomadas 250
Las Manchas 166
Las Nieves 129
Las Tricias 219
Laurisilva siehe Lorbeerwald
Le Clerc, François (Pie de
  Palo, Holzbein) 70
Leihwagen 23
Lexikon 282
Literatur 15, 67, 69, 72, 254
Live-Konzerte 88
Llano del Jable 272
Llano Negro 225
Lokale 28
Lomo de La Fajana 171

Lorbeerwald (Laurisilva) 64,
  245, **246**
Los Cancajos 134
Los Llanos de Aridane 183
– Archäologisches Museum
  188, **190**
– Avenida Tanausú 183
– Iglesia Nuestra Señora de
  Los Remedios 184
– Museo de Arte Sacro 185
– Parque Gómez Felipe 186
– Plaza Chica 185
– Plaza de España 183
– Plaza Mercado (Mercado
  Municipal) 183
Los Sauces 240
Los Tilos 245
Lugo, Alonso Fernández de
  54, 68, 103
Lugo, Juan de 73

Malagueña 86
Malerei 40, 123
Malkurse 149
Maroparque 128
Martín-Romero, Pelayo
  López 120
Massieu Salgado, Nicolás
  121
Mayo, Luis 186
Méndez, Manuel González
  113
Mietwagen 23
Mirador de Garome 214
Mirador de La Cancelita
  262
Mirador de La Concepción
  127
Mirador de La Cumbre 277
Mirador de las Barandas
  245
Mirador de Los Andenes
  259, 260
Mirador de Los Brecitos 263
Mirador de los Dragos 214
Mirador de los Llanos del
  Jable 273
Mirador de Los Roques 269
Mirador de Puerto Naos 177
Mirador de San Bartolo 251
Mirador del Birigoyo 275
Mirador del Hoyo Negro
  275

Mirador Espigón Atrave-
  sado 246
Mirador La Tosca 236
Mirador Montaña de
  Molino 236
Mobilfunknetz 48
Molino El Regente 241
Montaña de La Breña 139
Montaña de la Venta 277
Montaña Quemada 273
Monteverde, Jácome siehe
  Grünenberg
Monumento al Jardín de las
  Hespérides 252
Morera, Luis 78, 88, 168,
  177, 186
Motorradfahren 24, 32, 219
Mudéjar-Stil 80
Musik 86
Musikinstrumente 115

Nachtleben 40, 123, 137,
  172, 182, 194
Naturführer 15
Naturkostläden 172
Naturlehrpfad von Cubo de
  La Galga 64
Naturlehrpfad von El Fayal
  (Puntagorda) 64
Naturlehrpfad von Los Tilos
  64
Naturschutzgebiet Paisaje
  Protegido del Tablado
  233
Naturschutzgebiet Tamanca
  61
Nordic Walking 182
Nordküstenweg 233
Notruf 44
Nueva Canción Canaria 88

Observatorio Astrofísico 36,
  89, 259
Oehlen, Albert 186
Öffnungszeiten 44

Pared de Roberto 260
Pared Vieja 277
Parque Arqueológico de
  Belmaco 147
Parque Cultural La Zarza 226
Parque Natural de Cumbre
  Vieja 272

# Register

Pensionen 26
Peraza, Hernán 54
Petroglifos 170
Pico Bejenado 269
Pico Birigoyo 277, 278
Pico de la Nieve 261
Pico de la Piedra Llana 261
Pico Fuente Nueva 260
Pico Nambroque 275
Pilzlehrpfad (Sendero micológico) 277
Pinto de Guisla, Antonio Ignacio 120
Piraten 70
Piscina La Fajana 237
Playa Chica 160
Playa de Charco Verde 180
Playa de El Faro 157
Playa de la Veta 212
Playa de las Monjas 177
Playa de Nogales 255
Playa de Puerto Naos 177
Playa de Taburiente 265
Playa del Puerto 204
Playa Echentive 160
Playa La Bombilla 178
Playa Nueva 178
Playa Punta Larga 160
Playa Salemera 147
Playas de La Zamora 160
Playas de Los Cancajos 135
Popkonzerte 126, 194
Porís de Candelaria 211
Post 44
Pourbus, Pieter 82, 116
Puertito de Santo Domingo 225
Puerto de Talavera 237
Puerto de Tazacorte 202
Puerto Espíndola 242
Puerto Naos 176
Punta Cumplida 237
Punta de Fuencaliente 156
Punta de Tijarafe 204
Puntagorda 214
Puntallana 254

Radfahren 32, 137, 163, 182, 194
Radio 43
Rauchen 45
Regen 16
Reisekosten 45

Reisende mit Handicap 45
Reisezeit 16
Reiten 33, 144, 172
Rem, Lukas 74
Roque de Idafe 266
Roque de Los Muchachos 89, 259
Roque del Faro 233
Rosenkranzfest 78
Rundreisen 18
Ruta de las Fuentes 236
Ruta de Los Volcanes 60, **274**

Salazar de Friaas, Don Ventura 119
Salinas Marinas de Fuencaliente 157
San Andrés 243
San Antonio del Monte 225
San Isidro 140
San Nicolás 167
San Pedro 140
Santa Cruz de La Palma 70, **100**
– Avenida Marítima 109
– Ayuntamiento (Rathaus) 108
– Barco de La Virgen mit Museo Naval 111
– Casa Arce y Rojas 119
– Casa Fierro 120
– Casa Massieu Sotomayor 121
– Casa Massieu Tello de Eslava 120
– Casa Monteverde 120
– Casa Pinto 120
– Casa Principal de Salazar 119
– Casa Sotomayor 119
– Casa van de Walle 120
– Casas de los Balcones 121
– Castillo de La Virgen 111
– Castillo de Santa Catalina 109
– Convento de San Francisco de Asís 110
– Convento de San Miguel de las Victorias 116
– Denkmal Manuel Hernández Díaz 103
– Enano-Brunnen 78, 111

– Ermita de San Sebastían 117
– Ermita de San Telmo 116
– Farmacia de Puente de Doctor Argany 109
– Holzkreuz Cruz del Tercero 110
– La Pila 103
– Mercado La Recova (Plaza del Mercado) 109
– Museo Insular 110, **112**
– Parroquia de El Salvador 108
– Parroquia de La Encarnación 111
– Placeta de Borrero 122
– Playa de Bajamar 117
– Plaza de España 103
– Plaza de La Alameda 110
– Plaza de San Francisco 110
– Plaza San Sebastián 117
– Sociedad La Cosmológica 117
Santo Domingo de Garafía 224
Santuario de Fátima 167
Schnorcheln 35, 137
Schwimmen siehe Baden
Scirocco 16
Seide 114, 169
Sicherheit 45
Sirinoque 86
Soler, Carlos 160
Sotomayor y Topete, Juan de 119
Sotomayor, Clara Margarita de 121
Souvenirs 46
Spartipps 45
Spezialitäten 28, 46
Sport 32
Sprachführer 280
Standortwahl 25
Sternenbeobachtung 36
Sternwarte 36, 89, 259
Strände (siehe auch Playa) 34
Straßenverkehr 24
Stromspannung 42
Suarez, Antonio González 113

Tajuya 173

Tanausú 54, 68
Tapas 31
Tauchen 35, 137, 163, 182
Taxi 23
Tazacorte 196
– Museo História del Plátano 198
Telefonieren 48
Temperaturen 16
Teutsch, Natán 186
Theater 123
Tijarafe 210
Todoque 174
Toledo, Gregorio de 113
Torriani, Leonardo 61
Tourismus 94
Touristeninformation 14
Trinkgeld 49
Tubo de Todoque 167

Übernachten 25
Umgangsformen 49

Umweltschutz 97
Valle de Aridane 268
Vega, Lope de 77
Veranstaltungen 37
Verkehrsmittel 23
Viehmarkt 225
Viera y Clavijo 68
Villa de Garafía 224
Villa de Mazo 144
Vogelpark 173
Volcán de Las Deseadas 276
Volcán de San Antonio 60, **150**
Volcán Teneguía 58, **150**
Volksarchitektur 84
Volksmusik 86
Volkstänze 86

Walle, Louis (Luis) van de 74, 116
Wanderführer 15
Wanderherbergen 26

Wanderkarte 15
Wandern 20, 33, 137, 148, 163, 176, 182, 194, 201, 204, 211, 224, 236, 245, 251, 260, 263, 269, 273, 274
Wasserqualität 49
Wassertemperaturen 17
Wasserwerk Dos Aguas 263
Weinberge 152
Wellness 36, 144, 172
Wetter 16
Wind 16

Zeitungen 44
Zigarrendrehen 114
Zollvorschriften 21
Zoo 128
Zwergentanz 78
Zwillingsdrachenbäume 141

# atmosfair

## Das Klima im Blick

Reisen bereichert und verbindet Menschen und Kulturen. Wer reist, erzeugt auch $CO_2$. Der Flugverkehr trägt mit einem Anteil von bis zu 10 % zur globalen Erwärmung bei. Wer das Klima schützen will, sollte sich für eine schonendere Reiseform (z. B. die Bahn) entscheiden – oder die Projekte von *atmosfair* unterstützen. *Atmosfair* ist eine gemeinnützige Klimaschutzorganisation. Die Idee: Flugpassagiere spenden einen kilometerabhängigen Beitrag für die von ihnen verursachten Emissionen und finanzieren damit Projekte in Entwicklungsländern, die dort den Ausstoß von Klimagasen verringern helfen. Dazu berechnet man mit dem Emissionsrechner auf *www.atmosfair.de,* wie viel $CO_2$ der Flug produziert und was es kostet, eine vergleichbare Menge Klimagase einzusparen (z. B. Berlin – London – Berlin 13 €). *Atmosfair* garantiert die sorgfältige Verwendung Ihres Beitrags. Klar – auch der DuMont Reiseverlag fliegt mit *atmosfair!*

## Abbildungsnachweis

Bildagentur Huber, Garmisch-Parten-kirchen: Umschlagklappe vorn, 11 u. re., S. 50/51, 71, 132 li., 136, 180/181, 231 li., 246 (R. Schmid); S. 126/127 (F. Olimpio); S. 58/59 (E. Worch)

Bilderberg, Hamburg: S. 11 o. li., 164 re., 175, 270/271 (J. Sackermann); S. 208 re., 220 (B. Jonkmanns)

Oliver Breda, Duisburg: S. 8, 10 o. re., 112, 118, 121, 158/159, 187, 190, 192/193, 198

dpa Picture-Alliance, Frankfurt: S. 267 (W. Thieme)

DuMont Bildarchiv, Ostfildern: S. 66, 89, 98/99, 101 li., 131, 132 re., 140/141, 146 (M. Sasse); S. 68, 228 (H. Zaglitsch)

Reinhold John, March: S. 9

laif, Köln: S. 10 u. re., 206/207, 256 li., 260/262 (H. Eid); S. 12/13, 96, 100 li., 106/107, Umschlagrückseite (M. Gonzalez); Titelbild, S. 27, 91 (G. Knechtel); S. 94/95, 243 (A. Liebsch); S. 152 (Hemis); S. 78 (C. Piepen-burg); S. 10 u. li., 43, 100 o. re., 115, 162, 165 li., 170, 202/203, 223, 238/239 (M. Sasse); S. 62 (F. Siemers); S. 67 (F. Zanettini)

Look-foto, München: S. 257 li., 274 (Stuart Black/The Travel Library); S. 80/81, 83, 87, 208 li., 216/217, 256 re., 264 (J. Richter); S. 46/47 (E. Schaffer); S. 32/33 (U. Seer); S. 73 (The Travel Library)

Mauritius images, Mittenwald: S. 133 li., 150/151 (AVA); S. 74 (C. Handl); S. 22 (R. Mattes); S. 76 (Imagebroker/H. Zadlitsch); S. 84, 230 re., 212, 235 (E. Laue); S. 11 u. li., 124/125 (D. von Mallinck-rodt); S. 197 (Photononstop); S. 11 o. re., 10 o. li., 142/143, 164 li., 167, 209 li., 226, 230 o. li., 252/253, 278/279 (M. Siepmann)

Whitestar, Hamburg: S. 65 (F. M. Frei)

### Kartografie

DuMont Reisekartografie, Fürstenfeldbruck
© DuMont Reiseverlag, Ostfildern

## Umschlagfotos

Titelbild: Blick auf das kleine Dorf El Tablado an der Nordküste La Palmas
Umschlagklappe vorn: Am Strand von Puerto Naos

**Hinweis:** Autorin und Verlag haben alle Informationen mit größtmöglicher Sorg-falt geprüft. Gleichwohl sind Fehler nicht vollständig auszuschließen. Alle An-gaben erfolgen ohne Gewähr. Bitte, schreiben Sie uns! Über Ihre Rückmeldung zum Buch und über Verbesserungsvorschläge freuen sich Autorin und Verlag: **DuMont Reiseverlag,** Postfach 3151, 73751 Ostfildern, info@dumontreise.de, www.dumontreise.de

1. Auflage 2010
© DuMont Reiseverlag, Ostfildern
Alle Rechte vorbehalten
Lektorat: Katharina John, Bildredaktion: Sylvia Pollex
Grafisches Konzept: Groschwitz, Hamburg
Printed in Germany